Soziale Sicherung im Kontext von Stabilisierung und Strukturanpassung

Entwicklung und Finanzierung
Development and Finance

Herausgegeben von/Edited by
Manfred Nitsch, Reinhard H. Schmidt und Claus-Peter Zeitinger

Bd./Vol. 15

PETER LANG
Frankfurt am Main · Berlin · Bern · Bruxelles · New York · Oxford · Wien

Katja Hujo

Soziale Sicherung im Kontext von Stabilisierung und Strukturanpassung

Die Reform der Rentenversicherung in Argentinien

PETER LANG
Europäischer Verlag der Wissenschaften

Bibliografische Information Der Deutschen Bibliothek
Die Deutsche Bibliothek verzeichnet diese Publikation in der Deutschen Nationalbibliografie; detaillierte bibliografische Daten sind im Internet über <http://dnb.ddb.de> abrufbar.

Zugl.: Berlin, Freie Univ., Diss., 2003

D 188
ISSN 0946-0209
ISBN 3-631-52372-6

www.peterlang.de

DANKSAGUNG

Diese Danksagung ist vielen Menschen gewidmet. Sie namentlich zu nennen, würde eine lange Liste füllen. Allen diesen Personen und den Institutionen, die mir mein Studium ermöglicht haben - die Universität Tübingen, die Universidad Nacional de Córdoba, die Freie Universität Berlin, das Nachwuchsförderungsprogramm (NAFÖG) des Berliner Senats, der Deutsche Akademische Austauschdienst (DAAD) - möchte ich an dieser Stelle meinen großen Dank aussprechen.

Bei einigen Menschen kann ich dies persönlich tun. Dazu gehören meine Professoren Manfred Nitsch und Hajo Riese: Ich danke Ihnen für Ihr Interesse und die langjährige Betreuung meiner Argentinienstudien. Was ich von Ihnen lernen durfte, bildet die Grundlage und Motivation für diese Arbeit.

Carmelo Mesa-Lago von der University of Pittsburgh danke ich für ermutigende und hilfreiche Kommentare und seine engagierte Zusammenarbeit mit unserer Studiengruppe am Lateinamerika-Institut.

Barbara Fritz, Katharina Müller, Carlos Santos und Helmut Schwarzer verdanke ich anregende und spannende Diskussionen, Unterstützung in vielerlei Hinsicht und hilfreiche Anmerkungen zum Manuskript. Ein besonderer Dank gilt André Schmidl für seine Mitarbeit und Unterstützung bei der Herstellung der Druckvorlage dieses Buches.

In Argentinien bedanke ich mich bei Anabel Marin, Roberto Bisang, Roberto Bouzas, Oscar Cetrángolo, Rafael Rofman und Carlos Grushka für wichtige Kommentare und Information.

Danke auch meinen Eltern, Ingrid und Hans Hujo, die mich immer motiviert und liebevoll unterstützt haben.

Gracias a Judith y Vanina für ihre großartige Hilfe und Unterstützung.

An Javier und Leander Nahuel sage ich nur: Danke für alles!

VORWORT

Aktuelle Rentenreformen werden auf der ganzen Welt an dem radikalen Modell der chilenischen Reform von 1981 gemessen, durch die auf der Basis einer außergewöhnlichen politischen Situation (Pinochet-Diktatur) und einer ultraliberalen wirtschaftspolitischen und -theoretischen Position („Chicago Boys“) das herkömmliche Umlagesystem in ein privat verwaltetes, aber obligatorisches Kapitaldeckungssystem umgewandelt wurde. Seither hat es in Lateinamerika, aber auch in Osteuropa und ansatzweise in Westeuropa eine Reihe von Reformen gegeben, die Mischsysteme eingeführt haben. Eines dieser Länder ist Argentinien mit seiner Reform von 1994 gewesen, die wiederum zum Vorbild für andere Länder geworden ist.

Katja Hujo stellt in ihrer Dissertation die argentinische Rentenreform in den historischen Zusammenhang dieses Landes - bis hin zur aktuellen Krise mit einem Moratorium bezüglich der Auslandsschulden. Ihre wichtigste Leistung liegt jedoch darin, dass sie den Zusammenhang zwischen Wohlfahrts- und Akkumulationsregime einer theoretisch fundierten ökonomischen Analyse unterzieht, die paradigmatisch vorgeht und über die Fallstudie Argentinien hinaus weist. Mit der genauen Nachzeichnung der argentinischen Erfahrungen wird der Mythos von der Mobilisierung der internen Ersparnis für die gesamtwirtschaftliche Investition durch die Einführung der Kapitaldeckung für die Renten widerlegt. Die Fiskalkrise wurde durch das Wegbrechen der Beiträge zur Rentenversicherung erst richtig akut. Die argentinische Regierung versuchte zwar, die Übergangskosten durch Kürzung der Ansprüche zu senken und durch Privatisierungserlöse aufzufangen, aber die zusätzliche Neuverschuldung wurde in der Öffentlichkeit und bei den internationalen Finanzinstitutionen trotzdem als unverantwortlich hohes Budgetdefizit wahrgenommen, - obwohl streng genommen nur implizite Staatsschulden in explizite verwandelt und noch dazu reduziert worden waren.

Über die fiskalischen Aspekte hinaus arbeitet Katja Hujo den Irrtum der These vom Sparfonds heraus und betont - in der monetär-keynesianischen Tradition stehend - den Einkommensbildungsprozess, welcher die Investition und die Exporte an den Anfang setzt und die Ersparnis als Residualgröße begreift. Eine Erhöhung der externen Verschuldung wird als Problem, nicht als Lösung der Akkumulationsschwäche angesehen, denn die Qualität der eigenen Währung wird geschwächt. Das argentinische Beispiel zeigt überdies, dass auch eine strikte Bindung an eine starke Währung keine dauerhafte Lösung darstellt.

Bezüglich der allgemeinen Debatte über die Ausgestaltung des impliziten wie expliziten Generationenvertrages zeigt das argentinische Beispiel, dass das Kapitaldeckungsverfahren noch weniger als das relativ flexible Umlageverfahren vor Krisen gefeit ist und dass die Größenordnungen zu beachten sind: Ab einem gewissen Deckungsgrad der Bevölkerung betragen bei einem Umlagesystem die Renten- und Pensionsansprüche gegen den Staat oder andere öffentliche Institutionen meist ein Vielfaches von dem, was der formelle, formalisierte Kapitalmarkt auf der Sparer- und Investorseite an Ansprüchen und Beteiligungen bietet. In Deutschland beispielsweise mit weitgehend monetarisierter Ökonomie und hohem Deckungsgrad ist die implizite Verschuldung des Staates und der Sozialversicherungsträger gegenüber den Rentnern und Pensionären vier bis fünf Mal so hoch wie die Summe der expliziten Staatsschulden; der Kapitalmarkt ist seinem Volumen nach insgesamt nur etwa halb so groß wie die kapitalisierten Renten und Pensionen! Mit einer konsequenten Kapitaldeckung würden nicht nur die Renten und Pensionen den häufig zitierten „Launen" der Kapitalmärkte ausgesetzt, sondern auch umgekehrt würde angesichts der Größenverhältnisse deren normales Funktionieren gefährdet, wenn der komplexe soziale Wandel im Hinblick auf Demografie, Migration, Arbeitsmarkt, Erwerbsbiografien, etc. durch die Finanzmärkte statt durch staatliche Transfersysteme aufgefangen werden müsste.

Das Konzept, die Rentenversicherungsbeiträge in Pensionsfonds zu leiten, die wiederum dem Kapitalmarkt langfristige Mittel zur Verfügung stellen, klingt verführerisch und war in den 1990er Jahren auch feste Doktrin der Weltbank. Seitdem ist jedoch auch sie von diesem Konzept etwas abgerückt, denn in Chile wird die „Reform der Reform" diskutiert, und, wie hier ausgeführt, hat in Argentinien die Einführung der Kapitaldeckung nicht die Akkumulation gefördert, sondern maßgeblich zur Krise beigetragen. Ein aktueller Überblick über den Stand der Rentenreformen in Lateinamerika - unter Einschluss der Ergebnisse von Katja Hujos Forschungsarbeit über Argentinien - ist soeben auf Spanisch erschienen.*

Berlin, Januar 2004

Manfred Nitsch

---

* Hujo, Katja/Mesa-Lago, Carmelo/Nitsch, Manfred (Hrsg.): ¿Públicos o privados? Los sistemas de pensiones en América Latina después de dos décadas de reformas, Caracas: Nueva Sociedad, 2004.

Inhalt

VERZEICHNIS DER TABELLEN UND ABBILDUNGEN IM TEXT

Verzeichnis der Abkürzungen

ADEBA	Asociación de Bancos Argentinos (argentinische Bankenvereinigung)
ADR	American Depositary Certificate (Einlagenzertifikat)
AFIP	Administración Federal de Ingresos Públicos (argentinische Steuerbehörde)
AFJP	Administradora de Fondos de Jubilaciones y Pensiones (Rentenfondsverwaltungsgesellschaft)
AMPO	Aporte Medio Previsonal Obligatorio (durchschnittlicher Pflichtrentenbeitrag)
ANSES	Administración Nacional de Seguridad Social (nationale Sozialversicherungsverwaltung)
ART	Administradora de Riesgos de Trabajo (berufliche Unfallversicherung)
ASAP	Asociación de Administradoras Privadas (Vereinigung privater Rentenfondsverwalter)
BCRA	Banco Central de la República Argentina (argentinische Zentralbank)
BFAI	Bundesstelle für Außenhandelsinformation, Bonn/Berlin
BID	Banco Interamericano de Desarrollo (Interamerikanische Entwicklungsbank, s. IADB)
BIP	Bruttoinlandsprodukt
BOCON	Bono de Consolidación (Konsolidierungsbonds)
CB	Currency Board (Währungsamt)
CECE	Centro de Estudios para el Cambio Estructural (argentinisches Forschungsinstitut, Buenos Aires)
CEDES	Centro de Estudios de Estado y Sociedad, Buenos Aires (argentinisches Forschungsinstitut)
CEPAL	Comisión Económica para América Latina y el Caribe (Wirtschaftskommission der Vereinten Nationen für Lateinamerika)
CEPR	Center for Economic and Policy Research (US-amerikanisches Forschungsinstitut, Washington D.C.)

CIEDLA	Centro Interdisciplinario de Estudios sobre el Desarrollo Latinoamericano (Forschungsinstitut der KAS in Buenos Aires)
CIEPP	Centro interdisciplinario para el estudio de las políticas públicas (argentinisches Forschungsinstitut, Buenos Aires)
CNV	Comisión Nacional de Valores (Börsenaufsicht)
COFEPRES	Consejo Federal de Previsión Social (Föderaler Rentenrat)
CPI	Consumer Price Index (Konsumentenpreisindex)
CUSS	Contribución Única de Seguridad Social (gesamter Sozialversicherungsbeitrag)
DB	Defined Benefit (Leistungsprimat, festgelegtes Leistungsniveau)
DBLA	Dresdner Bank Lateinamerika
DC	Defined Contribution (Beitragsprimat, festgelegter Beitragssatz)
DGI	Dirección General Impositiva (ehem. argentinische Steuerbehörde)
DIE	Deutsches Institut für Entwicklungspolitik, Bonn
DIW	Deutsches Institut für Wirtschaftsforschung, Berlin
DSE	Deutsche Stiftung für internationale Entwicklung, Bonn
EBRD	European Bank for Reconstruction and Development
EFF	Extended Fund Facility (erweiterte Kreditfazilität des IWF)
EMBI+	Emerging Markets Bonds Index (Anleihenindex Schwellenländer)
FDI	Foreign Direct Investment (ausländische Direktinvestitionen)
FES	Friedrich-Ebert Stiftung, Bonn
FF	Fully Funded (kapitalgedeckt)
FIDE	Fundación de Investigaciones para el Desarrollo. (argentinisches Forschungsinstitut, Buenos Aires)
FIEL	Fundación de Investigaciónes Económicas Latinoamericanas (argentinisches Forschungsinstitut, Buenos Aires)

FLACSO	Facultad Latinoamericana de Ciencias Sociales (Lateinamerikanische Fakultät für Sozialwissenschaften), Buenos Aires u.a.
FREPASO	Frente para un País Solidario (argentinisches Parteienbündnis)
GPI	Gross Price Index (Großhandelspreisindex)
IADB	Inter-American Development Bank (s. BID)
IDI	Instituto para el Desarrollo Industrial (argentinisches Forschungsinstitut, Buenos Aires)
IFF	Individually Fully Funded (individuell kapitalgedeckt)
IFS	International Financial Statistics (internationale Finanzstatistiken, IWF)
IIK	Institut für Iberoamerika-Kunde, Hamburg
ILO	International Labour Office, (Internationale Arbeitsorganisation), Genf
IMF	International Monetary Fund (IWF), Washington D.C.
INDEC	Instituto de Estadísticas y Censo (argentinisches Statistikamt)
INPS	Instituto Nacional de Previsión Social (ehem. nationales Renteninstitut)
IPEA	Instituto de Pesquisa e Economia Aplicada (bras. Forschungsinstitut)
IRELA	Instituto de Relaciones Europeo-Latinoamericanas (ehem. Forschungsinstitut, Madrid)
ISI	Importsubstitutierende Industrialisierung
ISSA (AISS)	International Social Security Association, Genf
JO	Jubilación Ordinaria (Normalrente in der kapitalgedeckten Säule)
k.A.	keine Angabe
KAS	Konrad-Adenauer-Stiftung, Berlin
K.H.	Katja Hujo
LAI	Lateinamerika-Institut, Berlin
LASA	Latin American Studies Association, USA
LETES	Letras del Tesoro (Bundesschatzbriefe, Argentinien)

LOLR	Lender of Last Resort (Kreditgeber in letzter Instanz)
MECON	Ministerio de Economía (Wirtschaftsministerium, Buenos Aires)
MEOSP	Ministerio de Economía y de Obras y Servicios Públicos (ehem. Wirtschaftsministerium)
MERCOSUR	Mercado Común del Sur (gemeinsamer Markt des Südens)
MERVAL	Mercado de Valores, Bs.As. (argentinische Börse)
Mio.	Million
MOPRE	Módulo Previsional (Rentenmodul)
Mrd.	Milliarde
MTSS	Ministerio de Trabajo y Seguridad Social (argentinisches Arbeitsministerium)
NBER	National Bureau for Economic Research (US-amerikanisches Forschungsinstitut)
NDC	Notional Defined Contribution (virtuelles individuelles Kapitaldeckungsverfahren)
OECD	Organisation for Economic Cooperation and Development, Paris
PAMI	Programa de Asistencia Médica Integral, Sozialwerk (Krankenversicherung) der Rentner
PAYG	Pay-as-you-go (Umlageverfahren, umlagefinanziert)
PEA	Población Económicamente Activa (erwerbsfähige Bevölkerung)
PP	Prestación Proporcional (proportionale Leistung) Rentenreformdekret de la Rúa
PRONATASS	Programa Nacional de Asistencia Técnica para la Adminis tración de los Servicios Sociales en la República Argentina (nationales Hilfsprogramm für die Verwaltung sozialer Dienstleistungen in der Republik Argentinien)
PS	Prestación Suplementária (ergänzende Leistung) Rentenreformdekret de la Rúa
PU	Prestación Universal (universelle Leistung) Rentenreformdekret de la Rúa
SAFJP	Superintendencia de Administradoras de Fondos de Pensiones y Jubilaciones (Aufsichtsbehörde AFJP-System)

SIJP	Sistema Integrado de Jubilaciones y Pensiones (integriertes Rentensystem)
SNPS	Sistema Nacional de Previsión Social (ehem. nationales Rentensystem)
SPNF	Sector Público No Financiero (nicht-finanzieller öffentlicher Sektor)
SSA	Social Security Administration (Sozialversicherungsverwaltung, USA)
SSN	Superintendencia de Seguros de la Nación (Aufsichtsbehörde Versicherungswesen)
SSS	Secretaría de Seguridad Social (Sekretariat für Soziale Sicherung)
UADE	Universidad Argentina de la Empresa (Privatuniversität, Buenos Aires)
UAFJP	Unión de AFJP (Verband der AFJPs, Buenos Aires)
UCR	Unión Cívica Radical (argentinische Partei)
UIA	Unión Industrial Argentina (argentinischer Industrieverband)
YPF	Yacimientos Petrolíferos Fiscales, argentinische Erdölgesellschaft (privatisiert)

Teil I

Einleitung und Forschungsprogramm

I.1 Rentenreform und Wirtschaftspolitik in Argentinien: Eine Einführung

Argentinien durchlebt zurzeit eine der schwersten Wirtschaftskrisen in der Geschichte des Landes. Nachdem die Regierung Ende 2001 die Zahlungsunfähigkeit auf 146 Mrd. US$ Auslandsschulden erklärt hat und anschließend mit einer Abwertung des Pesos den Ausstieg aus dem seit 1991 bestehenden Konvertibilitätsprogramm vollzog, ist das Land von den internationalen Finanzmärkten abgeschnitten, die Arbeitslosigkeit auf Rekordhöhe und sind weite Teile des Banken- und Unternehmenssektors vom Zusammenbruch bedroht. Obwohl dem Land Wirtschafts- und Währungskrisen nicht unbekannt sind, hat die jüngste Krise eine neue Dimension: Auch der sich weitgehend in ausländischem Besitz befindliche private Bankensektor sowie die neu gegründeten Rentenfondsgesellschaften konnten Sparer und Versicherte nicht vor einer Konfiszierung und radikalen Entwertung ihres Vermögens bewahren. Wie konnte es hierzu kommen?

In den 1990er Jahren hat Argentinien einen Großteil der Maßnahmen umgesetzt, die allgemein als gute Wirtschaftspolitik bezeichnet werden: Märkte wurden dereguliert, Staatsunternehmen privatisiert, der Außenhandel sowie der Kapitalverkehr liberalisiert und die (in der Vergangenheit wenig erfolgreiche) Wechselkurs- und Geldpolitik durch die Etablierung eines *currency boards* und die Ankoppelung des Pesos an den US-Dollar de facto eliminiert. Der Musterschüler, dem es gelungen war, nach einem Jahrzehnt der Krise und einer Hyperinflation die Preissteigerungsraten unter US-amerikanisches Niveau zu drücken und dabei noch hohe Wachstumsraten und Budgetüberschüsse zu erzielen, stand in der Gunst von Anlegern und Analysten weit oben, wurde gar als Vorbild für andere Länder bezeichnet. Der Enthusiasmus von Wissenschaftlern gepaart mit dem Stolz einer Nation, die bis vor wenigen Jahrzehnten noch zu den reichsten Ländern der Welt gehörte, ließ die Bevölkerung bereits den Wiederaufstieg in die Erste Welt feiern.

Dabei stellte die neo-peronistische Menem-Regierung nicht nur in wirtschaftspolitischer Hinsicht das etatistisch-protektionistische Erbe ihres Parteigründers Perón auf den Kopf. Auch in der Sozialpolitik sollte ein grundlegender Wandel demonstriert und Empfehlungen von multilateralen Kreditorganisationen wie der Weltbank entsprochen werden. Mehr Eigenverantwortung, mehr Markt, mehr Leistungsprinzip, weniger Umverteilung und vor allem weniger Staat: Entlang dieser Leitlinien wurde eine Neugestaltung der sozialen Sicherungssysteme diskutiert. 1994 fand schließlich als wichtigste sozialpolitische Reform ein Systemwechsel in der Alterssicherung statt: Die öffentliche, umlagefinanzierte Rentenversicherung wurde durch ein Mehrsäulen-Modell ersetzt, in dem eine staatliche Grundrente mit (vorwiegend) privaten Rentenfonds, die nach dem individuellen Kapitaldeckungsverfahren finanziert werden, kombiniert wird.

Das Modell eines dezentral verwalteten Rentensystems auf der Basis individueller Kapitaldeckung war in Lateinamerika nicht neu. Das Nachbarland Chile hatte bereits als weltweit erstes Land 1981 unter dem Militärregime Pinochets die staatliche Rentenversicherung durch ein solches System ersetzt, jedoch ohne damit einen Nachahmungseffekt in anderen Ländern ausgelöst zu haben. Dies änderte sich ein Jahrzehnt später; Anfang der 1990er Jahre propagierte die Weltbank ein an das chilenische Vorbild angelehntes Rentensystem als Lösung für die globale Alterungskrise.

Die Tatsache, dass in Argentinien im Kontext der wirtschaftlichen Transformation nach 1991 auch in der Rentenpolitik den Empfehlungen der einflussreichen Gläubigerinstitution gefolgt wurde, unterstreicht die Existenz eines engen Zusammenhangs zwischen Wohlfahrts- und Akkumulationsregime. Hierbei stellt sich die Frage, ob die 1994 in Argentinien implementierte Rentenreform den länderspezifischen Problemen und Gegebenheiten angepasst war und somit einen sozialpolitischen Fortschritt darstellte oder ob sie eine Komponente mehr bei dem Versuch des Landes war, sich den Normen einer internationalen Wirtschaftsordnung anzupassen, deren Funktionsbedingungen bisher nicht zu seinem Vorteil gereichten.

Dass ein grundlegender Reformbedarf bestand, steht außer Frage. Argentiniens staatliches Umlageverfahren litt, wie ähnliche Systeme weltweit, unter den Folgen des demographischen Wandels, sinkender Beschäftigung, internationalem Wettbewerbsdruck und fiskalischen Engpässen. Verschärft wurde die Rentenkrise durch eine Reihe negativer Anreize im System sowie durch ein Absinken der realen Rentenleistungen in einem Kontext hoher und volatiler Inflationsraten in den 1980er Jahren.[1] Der argentinische Staat sah sich durch die prekäre soziale Situation der Rentner, die ihren Protest über Demonstrationen und Gerichtsverfahren artikulierten, zu raschem Handeln veranlasst.

Mit der Rentenreform von 1994 wurden jedoch höhere Erwartungen verknüpft, als „nur" ein finanziell nachhaltiges und gerechtes Rentensystem zu schaffen: Die Weltbank formuliert den Anspruch, den sich seither zahlreiche Entwicklungs- und Transformationsländer zu eigen machten, in ihrem 1994 erschienenen *Policy Report* bereits im Titel: *Averting the old age crisis: policies to protect the old and to promote growth.* Das Reformmodell der Weltbank - eine Kombination aus privaten Pensionsfonds, steuerfinanzierten Fürsorgerenten und freiwilliger Altersvorsorge - sollte sowohl Einkommensschutz im Alter als auch positive Impulse für das Wirtschaftswachstum ermöglichen.

[1] Auf die Systemkonsistenz des alten und neuen argentinischen Rentensystems hebt die Dissertation von Friedericke Trappe (2000) ab.

Diese Kombination klingt verlockend. Das Rentensystem fördert das Wachstum, das Wachstum steigert die Renten. Möglich gemacht wird die gegenseitige Befruchtung durch die Akkumulation von Sicherungskapital im Rahmen eines individuellen Kapitaldeckungsverfahrens. Als Ergebnis sollen eine höhere aggregierte Ersparnis, eine Vertiefung des heimischen Kapitalmarktes sowie positive Arbeitsmarkteffekte erreicht werden. An die Stelle eines leistungshemmenden Transferstaates tritt eine symbiotische Beziehung zwischen Sozialsystemen und Wirtschaftsentwicklung. Dem Negativmodell eines populistischen Wohlfahrtsstaates, der Leistungen sozialer Sicherung an privilegierte Interessengruppen zur Ausweitung seiner Machtbasis verteilt, wird das Positivmodell eines regulierenden, subsidiären Staates gegenübergestellt, der die Sicherungsfunktionen an effiziente private Akteure übergibt und sich auf seine Aufsichtsfunktion und eine zielgruppenorientierte Armutspolitik beschränkt (Nitsch/ Schwarzer 1996: 1). Insbesondere den Staaten der Peripherie wird der Eindruck vermittelt, eine neue und wirksame Formel für die wirtschaftliche und soziale Entwicklung gefunden zu haben.

Für Länder wie Argentinien war jedoch ein weiterer Effekt einer strukturellen Rentenreform wichtiger als die erwarteten Wachstumsimpulse: die Signalwirkung nach außen. Was die Weltbank für richtig hielt, wurde auch von den internationalen Finanzmärkten begrüßt. Der Zugang zu weichen Krediten der Bretton-Woods-Institutionen und eine positive Einschätzung der Gläubiger waren jedoch von entscheidender Bedeutung für die wirtschaftliche *performance* Argentiniens in den 1990er Jahren, das im Kontext des *currency boards* mehr denn je auf den Zustrom von Auslandskapital angewiesen war.

Es verwundert also nicht, dass statt einer Sanierung des Umlageverfahrens, die zudem aufgrund von notwendigen Leistungseinschnitten (insbesondere für die Versicherten-Aristokratie) in der Vergangenheit mehrfach blockiert worden war und deshalb als politisch nicht durchsetzbar galt, ein radikaler Systemwechsel vorgezogen wurde. Hohe fiskalische Übergangskosten und eine Erhöhung des individuellen Risikos wurden dabei in Kauf genommen. Die Tatsache, dass zum Zeitpunkt der Reform eine *stabilization-cum-growth*-Phase herrschte und die Regierung die Kosten der Reform durch Privatisierungserlöse, steigende Steuereinnahmen und internationale Kredite für finanzierbar hielt, ließ jegliche Kritik an dem Modell in den Hintergrund treten.

Dass nun alles ganz anders gekommen ist, als die optimistischen Prognosen versprochen haben, gibt Kritikern jedoch keinen Anlass zur Genugtuung. Die Herausforderung, der sich die folgende Arbeit stellen will, liegt deshalb darin, der gegenwärtigen Diskussion um die Ursachen der argentinischen Misere, die entweder Politikfehler oder die Wirkung externer Schocks in den Vordergrund hebt, eine ökonomische Analyse entgegenzusetzen, die sich mit dem Besonderen und dem Allgemeinen des argentinischen Falles beschäftigt:

Was das Besondere anbetrifft, soll untersucht werden, warum ein spezifisches Reformmodell, nämlich der Einstieg in die individuelle Kapitaldeckung, gewählt wurde und welche Faktoren einem möglichen Erfolg dieser Rentenreform im Kontext des Konvertibilitätsprogramms entgegenstanden bzw. künftig entgegenstehen könnten. Diese Frage soll im Rahmen einer historisch-empirischen Herangehensweise untersucht werden, die allein es erlaubt, sich der Komplexität der realen Ereignisse zu nähern. Dazu bedarf es einer Einordnung der argentinischen Rentenreform in den spezifischen wirtschaftspolitischen Kontext der 1990er Jahre. Die gemeinsame Analyse von Wohlfahrtsregime und Akkumulationsmodell soll dazu betragen, einen vermeintlichen Widerspruch auflösen, der sich in der gegenwärtigen Diskussion in einer Verwirrung darüber niederschlägt, ob Argentinien am (falschen) Modell oder seiner (mangelhaften) Umsetzung gescheitert ist. Es wird sich herausstellen, dass die strukturelle Rentenreform zwar aus politökonomischer Perspektive rational war, weil sie die wirtschaftspolitische Strategie der Menem-Regierung optimal zu komplementieren schien und damit eine Erhöhung der Glaubwürdigkeit erwirkte. Sie musste jedoch an einer Marktkonstellation[2] scheitern, die das Land in eine Schuldenkrise hineintrieb, in deren Kontext die fiskalische Belastung durch die Rentenreform nicht mehr zu finanzieren war.

Die Analyse des Allgemeinen des argentinischen Falles erfordert demgegenüber eine Beschäftigung mit den theoretischen Grundlagen, die den Empfehlungen der multilateralen Kreditorganisationen bzw. der argentinischen Entwicklungsstrategie der letzten Dekade zugrunde lagen. Sie ist somit eine Auseinandersetzung mit den paradigmatischen Wurzeln dessen, was sich für Entwicklungsländer als implizite oder explizite Konditionalität ihrer Teilnahme am Weltmarkt (und sei es nur als Kreditnehmer) manifestiert.

So soll die folgende Dissertation sowohl einen Beitrag zur theoretischen Debatte über Rentensysteme und Wirtschaftsentwicklung leisten als auch der Frage ein Stück näher kommen, wie die jüngste wirtschafts- und sozialpolitische Transformation Argentiniens zu erklären und im Hinblick auf den zukünftigen Entwicklungsweg des Landes zu bewerten ist.

---

[2] Unter einer Marktphase oder Marktkonstellation versteht Riese eine (zyklusübergreifende) Konstellation binnenwirtschaftlicher und außenwirtschaftlicher Gegebenheiten, die der Wirtschaftspolitik den Handlungskontext setzen, jedoch nur bedingt von ihr beeinflussbar sind. Vgl. dazu die Aufsatzauswahl „Das Konzept der Marktphasen" in Band 2 Riese 2001: S. 786-864.

I.2 Die Grundlagen des Forschungsprogramms[3]

Die folgenden beiden Abschnitte sollen zum einen den Forschungskontext der Doktorandin erläutern sowie den Forschungsgegenstand, Wirtschafts- und Rentenpolitik in Argentinien, konkretisieren (I.2.1), zum anderen eine Einführung in die paradigmatischen Grundlagen der Dissertation geben (I.2.2).

I.2.1 Kontext und Gegenstand der Forschung

Die Motivation zur Auswahl des Themas „Soziale Sicherung im Kontext von Stabilisierung und Strukturanpassung: Die Reform der Rentenversicherung in Argentinien" speist sich hauptsächlich aus zwei Quellen:

Die Beschäftigung mit Systemen sozialer Sicherung insbesondere Alterssicherung hat in den letzten Jahren einen zentralen Stellenwert im Forschungsprogramm des Lehrstuhls Ökonomie unter Leitung von Manfred Nitsch am Lateinamerika-Institut (LAI) der Freien Universität Berlin erlangt. Die radikale Transformation der Rentensysteme in Lateinamerika wurde im Rahmen von Lehrveranstaltungen, Konferenzen sowie zahlreichen Diplom- und Dissertationsarbeiten analysiert.[4] Als sehr fruchtbar erwies sich hierbei die Zusammenarbeit mit Carmelo Mesa-Lago von der University of Pittsburgh, der als wichtigster internationaler Experte für lateinamerikanische Sozialversicherung im Rahmen eines Alexander von Humboldt-Stipendiums 1997 als Gastdozent am LAI tätig war sowie 1995, 1997 und erneut im Juli 2002 maßgeblich bei vom LAI veranstalteten Konferenzen zu den lateinamerikanischen Rentenreformen mitgewirkt hat.[5]

---

[3] Hier wird der Begriff Forschungsprogramm neben seiner wissenschaftstheoretischen Bedeutung in der Terminologie von Lakatos durchaus wörtlich im Sinne einer allgemeinen Beschreibung des Forschungsvorhabens der Doktorandin angewendet.

[4] Vgl. Kleinjans 1995, Kiefer 1998, Albin 1999, Hein 1999, Schwarzer 2003, u.a.

[5] Die erste internationale Konferenz zum Thema „Finanzmarktreformen und Sozialpolitik an der Peripherie: Lateinamerika und Osteuropa" fand im Oktober 1995 am LAI statt. Die zweite internationale Tagung wurde in Zusammenarbeit mit dem Institut für Iberoamerika-Kunde in Hamburg 1997 durchgeführt; die Ergebnisse dieser Konferenz sind in einem Themenheft der Zeitschrift Lateinamerika. Analysen-Daten-Dokumentation veröffentlicht worden (IIK 1997). Der 2002 von Lateinamerika-Institut und FU Berlin organisierte internationale Workshop trug den Titel: „Pension Reform in Latin America: The Argentinian Challenge" und fand vom 11. bis 12. Juli 2002 in Berlin statt. Die Konferenzbeiträge sind 2004 auf Spanisch in einem Sammelband bei Nueva Sociedad erschienen, vgl. Hujo et al. 2004.

Ein zentrales Anliegen der Studiengruppe des LAI bei der Analyse der sozialpolitischen Reformen in Lateinamerika stellt der Versuch dar, die Vielschichtigkeit des Forschungsgegenstandes abzubilden: Traditionell wird die Untersuchung der sozialen Sicherungssysteme in den Wirtschaftswissenschaften unter die öffentlichen Finanzen subsumiert, obwohl die Dimensionen der sozialen Sicherung in verschiedenste Teilbereiche der sozialwissenschaftlichen Disziplinen hineinreichen (Nitsch 1997). Entsprechend werden die Systeme sozialer Sicherung trotz ihrer politischen, sozialen und wirtschaftlichen Bedeutung häufig als Anhängsel der verschiedenen Wissenschaftszweige behandelt, was Nitsch treffend als Syndrom der „Sekundarität" bezeichnet:

> „Dieser fragmentäre Charakter wissenschaftlicher Positionen hängt nicht zuletzt damit zusammen, daß man es in Bezug auf soziale Sicherung mit einem ‚Syndrom von Sekundarität' zu tun hat: Trotz ihrer Wichtigkeit fristet soziale Sicherung innerhalb der jeweiligen Teildisziplin ein sekundäres Dasein." (Nitsch 1997: 16)

Dieses zweitrangige Dasein, welches sozialpolitische Themen in der Wissenschaft fristen, führt dazu, dass selten der Versuch unternommen wird, die Komplexität der Fragestellungen abzubilden und die verschiedenen Dimensionen der Sozialpolitik mit ihren Wechselwirkungen zu analysieren.[6]

Die zweite Anregung zur Auswahl des Themas entspringt der langjährigen Auseinandersetzung der Verfasserin mit den Entwicklungsproblemen Argentiniens, deren Analyse im paradigmatischen Kontext der von Hajo Riese begründeten Berliner Schule eines monetär fundierten Keynesianismus steht.[7]

Als Ergebnis ergibt sich für das vorliegende Forschungsprojekt eine doppelte Herausforderung: Zum einen sollen zwei traditionell getrennt behandelte Politikbereiche, Wirtschafts- und Sozialpolitik, aus theoretischer und empirischer Sicht gemeinsam untersucht und die Mehrdimensionalität dieser Beziehung abgebildet werden. Zum anderen soll die Verbindung zwischen Akkumulationsstrategie und Wohlfahrtsregime in Argentinien auf Basis des monetärkeynesianischen Paradigmas analysiert werden.[8] Trotz einer vordergründigen

---

[6] Vgl. Nitsch 1997: Nitsch verweist auf verschiedenen Dimensionen von Sozialtransfers und -systemen: Sie konstituieren ein zweites Einkommen, funktionieren als zweites Finanzsystem und als Staat im Staate.

[7] Vgl. die Ausführungen unter I.2.2 sowie die Diplomarbeit der Verfasserin über den Konvertibilitätsplan in Argentinien, Hujo 1996.

[8] Die Anregung zu einer Verbindung dieser Politikfelder verdanke ich u.a. Alrich Nicolas.

Abweichung von der traditionellen Thematik der Berliner Schule[9] erscheint dies deshalb möglich, weil strukturelle Rentenreformen in der jüngeren Debatte explizit als Teil einer Wachstums- bzw. Entwicklungsstrategie bezeichnet werden. Aus diesem Grund ergeben sich vielfältige Anknüpfungspunkte mit einem Schwerpunktthema der Theorie der Geldwirtschaft: der Problematik nachholender Entwicklung (siehe I.2.2).

Ein zweiter Anknüpfungspunkt des gewählten Themas mit der Theorie der Geldwirtschaft ergibt sich aus einer Kritik an dem effizienztheoretisch geprägten Umgang orthodoxer Ökonomen mit sozialen Sicherungssystemen. Die Reduktion der Fragestellung auf optimale Ressourcenallokation unter bestimmten wohlfahrtspolitischen Zielsetzungen blendet jedoch aus, wie die Funktionsbedingungen einer monetär gesteuerten Marktwirtschaft so abgesichert werden können, dass über einen dynamischen Einkommensbildungsprozess das Einkommen entsteht, das zur Finanzierung von sozialen Sicherungssystemen benötigt wird. Die sich seit den 1980er Jahren ausweitende globale Wirtschafts- und Beschäftigungskrise bedeutet nämlich letztendlich auch die Krise der sozialen Sicherungssysteme, da eine schrumpfende Anzahl erwerbstätiger Beitrags- und Steuerzahler die wachsenden Kosten der Arbeitslosigkeit, der Bevölkerungsalterung und anderer sozialer Risiken tragen muss.

Zwar wird die Notwendigkeit sozialer Sicherungssysteme selten so deutlich wie in Zeiten wirtschaftlicher Krisen, in denen ihre (Einkommensersatz-) Mechanismen voll zum Tragen kommen, so dass einer Rezessionsverschärfung durch einen Nachfrageeinbruch entgegen gewirkt wird. Die Einkommenssicherung durch das soziale Netz, die unter ökonomischen Gesichtspunkten als „automatische Stabilisatoren" ihre Berechtigung erhält, ist jedoch dann überfordert, wenn sie im Rahmen einer langfristigen Stagnationsphase genuine Einkommensbildung ersetzen soll.[10]

> „Dabei aber erhält er (der Wohlfahrtsstaat, Anm. K.H.) eine neue Qualität, da aus der Umverteilungsmaschinerie, dem auf einen Ausgleich von Einnahmen und Ausgaben basierenden Sozialvertrag zwischen Leistenden und Empfangenden, eine Aufwandsmaschinerie wird, die das allgemeine Budget in immer stärkerem Maße belastet." (Riese 1995c: 34)

[9] Vgl. hierzu den Überblick zu den Forschungsschwerpunkten der Theorie der Geldwirtschaft in Riese 2001.

[10] Dazu gehören neben Arbeitslosenunterstützung und Sozialhilfe auch staatliche Renten- und Krankenversicherungszahlungen, die beitragsunabhängig sind.

Da ein steigendes Budgetdefizit vor dem Hintergrund hoher Unterbeschäftigung selbst in einem funktionierendem Steuerstaat nicht über eine ständig erweiterte Einnahmensteigerung finanziert werden kann, weil diese auf politische Verweigerung trifft und zu einer Beeinträchtigung der ökonomischen Leistungsfähigkeit führt, resultiert das Wachstum der Sozialausgaben in einer Zunahme der Staatsverschuldung. Die Grenzen der Wohlfahrtspolitik werden zu Grenzen der Staatsverschuldung (Riese 1995c: 35).[11] Dies erzwingt eine Senkung der Ausgaben der öffentlichen Hand und macht Privatisierungen zu einer attraktiven Politikoption.

> „Sie (die Privatisierung, Anm. K.H.) folgt (...) nicht effizienztheoretischen Gesichtspunkten, beispielsweise einer unterstellten höheren Effizienz privatwirtschaftlicher gegenüber staatlicher Betätigung, die uns eine neoklassische Schulweisheit suggerieren will. Solche Argumente bleiben reine Konstruktion, weil in der Realität die Notwendigkeit einer Begrenzung staatlicher Ausgaben die Privatisierung erzwingt." (Riese 1995c: 37)

Argentinien bestätigt diese These, allerdings mit einer interessanten Variation: Zwar ist die Sozialpolitik ebenfalls der Logik der staatlichen Budgetrestriktion unterworfen, nur wird in der kurzen Frist versucht, diese Budgetrestriktion durch internationale Kredite zu überschreiten, während man mittelfristig eine Senkung der staatlichen Ausgaben anstrebt bzw. dieses den Märkten signalisiert. Für beide Ziele ist eine Privatisierung von Staatsaufgaben die geeignete Option. Auch wenn die Privatisierung der Rentenversicherung in der kurzen Frist eine fiskalische Belastung bedeutet, wird diese durch den erwarteten Zustrom von Auslandskapital für tragbar gehalten. Mittelfristig soll sich eine Reduzierung der Staatsausgaben ergeben, weil sich der Staat in der Alterssicherung allein auf Armutsbekämpfung und seine Aufsichtsfunktionen konzentrieren kann.

Die Ursachen und Wirkungen der Subsumption der Sozialpolitik unter die allgemeine makropolitische Strategie in Argentinien werden zum zentralen Forschungsgegenstand in dieser Arbeit. Deshalb wird dem wirtschaftspolitischen Kontext der Reform besondere Aufmerksamkeit gewidmet und der Versuch unternommen, eine genaue Bestimmung der zur Zeit der Rentenreform vorherrschenden Marktkonstellation sowie der wirtschaftspolitischen Strategie Argentiniens vorzunehmen (Teil III). Wenn für die Analyse der argentinischen Rentenreform in Teil IV auch sozialpolitische Kriterien zur Bewertung herangezogen

[11] Das wiederum macht wirtschaftliches Wachstum zur Voraussetzung einer Begrenzung der Staatsschuld, wie von Domar 1944 gezeigt wurde, vgl. die Darstellung in Riese 1995c: 36.

werden und dem politischen Reformprozess besondere Aufmerksamkeit gewidmet wird, steht auch dies im Kontext des Grundanliegens der Dissertation, die Mehrdimensionalität des Forschungsgegenstandes abzubilden und den Zusammenhang zwischen Wohlfahrts- und Wirtschaftspolitik herauszuarbeiten. Beide sind den Funktionsbedingungen des Kapitalismus unterworfen und müssen seinen Spielregeln folgen, was immer wieder zu Friktionen mit den entwicklungs- und sozialpolitischen Zielen von Entscheidungsträgern führt. Die Analyse der Politischen Ökonomie der Rentenreform in Argentinien wird jedoch gerade die Unterwerfung der nationalen Wirtschafts- und Sozialpolitik unter die Anforderungen des internationalen Wirtschaftssystems offen legen. Dem gegenüber wird die Analyse der Reform nach sozialpolitischen Kriterien zeigen, dass im Kontext einer gestörten Weltwirtschaft (Riese 1999) wirtschaftliche und soziale Entwicklung der Dritten Welt an vielfältige Barrieren stößt und nur für wenige Länder gelingen kann.

I.2.2 Die paradigmatischen Grundlagen: Theorie der Geldwirtschaft

Eine Rentenreform nach dem chilenischen Modell, wie sie in Argentinien 1994 umgesetzt wurde, wird auch als Teil einer Wachstumsstrategie bezeichnet, welche die Erhöhung der nationalen Ersparnis und die Entwicklung des Finanzsektors zum Ziel hat. Da die Umstellung auf ein individuelles Kapitaldeckungsverfahren zudem die Lohnkosten und langfristig das staatliche Budget entlasten soll, mutiert die Rentenpolitik zu einer wirtschaftspolitischen Wunderwaffe für krisengeschüttelte Entwicklungsländer.

Die theoretischen Ansätze, welche derartige Schlussfolgerungen möglich machen, sind jedoch aus der hier vertretenen Perspektive problematisch: Das Kernproblem der Unterentwicklung wird nicht identifiziert, hingegen als Ursache interpretiert, was nur Symptom von Unterentwicklung ist. Demgegenüber wird nur unzureichend herausgearbeitet, welche Rahmenbedingungen und welche Wirtschaftspolitik die angestrebte Entwicklung befördern. Und schließlich wird als Entwicklungsstrategie bezeichnet, was im Endeffekt in eine Entwicklungsblockade führt. Dass eine solche Wirtschaftswissenschaft als Synonym für ökonomische Rationalität gilt, muss Gründe haben, denen an dieser Stelle nicht weiter nachgegangen werden kann.[12]

[12] Wenn im Rahmen der hier vertretenen Theorie davon gesprochen wird, dass die orthodoxe Wirtschaftspolitik den Status quo einer zweigeteilten Welt zementiert bzw. Stabilisierungs- und Liberalisierungspolitik sowie Entwicklungshilfe im Kern der Absicherung der Interessen der Industrieländer dient, wird deutlich, für wen diese Art von Ökonomie rational ist.

Während der Vorteil einer Analyse auf Basis der herrschenden Meinung darin liegt, theoretische Ausführungen weitgehend vermeiden zu können, erfordert die Abwendung vom *mainstream*, sei er neoklassischer oder keynesianischer Provenienz, eine kurze Darstellung der paradigmatischen Grundlagen, die in dieser Arbeit zur Anwendung kommen. Die folgende Analyse basiert auf der Theorie des monetären Keynesianismus, einem theoretischen Gegenentwurf zur Orthodoxie, welcher von Hajo Riese und seinen MitarbeiterInnen an der FU Berlin entwickelt worden ist. Der Anspruch muss jedoch bescheiden bleiben: Eine umfassende Darstellung der Theorie der Geldwirtschaft kann im Rahmen einer empirischen Länderstudie nicht geleistet werden.[13]

Die im Folgenden dargestellten Elemente der Theorie des monetären Keynesianismus beziehen sich daher in erster Linie auf Themenbereiche, die für die Analyse der Entwicklung Argentiniens zentral sind. Sie werden im Verlauf der Arbeit anhand der empirischen Analyse der Wirtschafts- und Rentenpolitik Argentiniens sowie der theoretischen Grundlagen der internationalen Rentendebatte verdeutlicht und ergänzt werden.

Unter I.2.2.1 „Entwicklung unter geldwirtschaftlichen Bedingungen“, wird dargestellt, wie in einer monetär gesteuerten Ökonomie Entwicklung als vom Vermögensmarkt gesteuerter, dynamischer Prozess der Einkommensbildung definiert wird. Unter I.2.2.2 „Stabilisierungspolitik als entwicklungspolitische Sackgasse“, soll gezeigt werden, wie orthodoxe Stabilisierungsprogramme, die als Reaktion auf Währungs- und Zahlungsbilanzkrisen implementiert werden, hemmend auf den Entwicklungsprozess wirken. Unter I.2.2.3 „Wechselkurs-basierte Stabilisierung mit einem *currency board*: Ausweg aus der Sackgasse?“, soll das für Argentinien relevante Stabilisierungsmodell der 1990er Jahre einer kritischen Analyse unterworfen werden, und unter I.2.2.4 „Potentielle Strategien einer nachholenden Entwicklung unter Weltmarktbedingungen“, wird beschrieben, an welchen Marktkriterien sich eine erfolgreiche Entperipherisierungspolitik orientieren sollte.

I.2.2.1 Entwicklung unter geldwirtschaftlichen Bedingungen

Ein guter Arzt konzentriert sich zuerst auf die Herausforderung, eine korrekte Diagnose für das Leiden seiner Patienten zu stellen. Ob der medizinische

---

[13] Bezüglich umfassender Darstellungen des monetären Keynesianismus vgl. die Publikationen von Riese 1986a, 1990a, sowie die Aufsatzsammlung Hajo Riese 2001. Grundlegungen eines monetären Keynesianismus. Ausgewählte Schriften 1964-1999 (hrsg. von Betz, Fritsche, Heine et al.); Stadermann./Steiger (Hrsg.) 1993, Schelkle 1992, Lüken gen. Klaßen 1993, Betz 1993, Hauskrecht 1998, Nitsch 1999, Roy 2000.

Instrumentenkasten dann eine Heilungsmöglichkeit eröffnet, ist ein zweiter Schritt - so könnte die Philosophie des monetären Keynesianismus paraphrasiert werden, der sich als Forschungsprogramm die Analyse der Funktionsbedingungen einer Geldwirtschaft gesetzt hat, um Kriterien einer marktkonformen Wirtschaftspolitik herauszuarbeiten.[14] Die Tatsache, dass eine marktkonforme Wirtschaftspolitik (Geldpolitik, Einkommenspolitik) identifiziert werden kann, heißt nämlich nicht, dass die richtige weil marktorientierte Politik Garant für eine positive Wirtschaftsentwicklung, das Erreichen eines Vollbeschäftigungsgleichgewichtes oder die Angleichung der Lebensbedingungen sämtlicher Weltmarktteilnehmer ist.

Genau dies nimmt hingegen die orthodoxe Theorie an, wenn sie die Probleme von Entwicklungsländern auf eine falsche Politik zurückführt und implizit andeutet, dass das Wohlfahrtsoptimum in diesen Ländern v.a. durch (politisch motivierte) Interventionen in das Marktgeschehen verhindert wird.[15] Während im Umkehrschluss die Orthodoxie die Möglichkeit von (nachholender) Entwicklung für alle Weltmarktteilnehmer grundsätzlich bejaht, sind die Schlussfolgerungen der Theorie der Geldwirtschaft weniger optimistisch.

Dabei muss sie nicht, wie andere heterodoxe Ansätze, auf strukturelle oder historische Faktoren zurückgreifen, um die ungleichen Entwicklungschancen von Ländern und die Dominanzverhältnisse auf dem Weltmarkt zu erklären.[16] Sie kann ihre Diagnose auf der Grundlage einer Theorie stellen, die nach den Voraussetzungen für die Bildung von Einkommen in einer durch Geld gesteuerten Wirtschaft fragt. Unterentwicklung ist demzufolge ein Problem mangelnder Einkommensbildung, ein Beschäftigungsproblem, dessen Ursache jedoch auf die Dominanz der Vermögensmärkte über die Gütermärkte zurückgeführt werden kann. Im Kern ist Unterentwicklung also ein monetäres Problem[17], wie im Folgenden näher erläutert werden wird.

---

[14] *„Wissenschaft muss zuerst auf Erkenntnis, somit auf Erklärung, kann höchstens als Folge auch auf Heilung zielen.“* Riese 1986c: 2.

[15] Der Umkehrschluss der keynesianischen Orthodoxie, die Probleme (Unterbeschäftigung als Abweichung vom Gleichgewicht) seien auf Marktversagen zurückzuführen und durch politische Intervention (Wohlfahrts-, Nachfragepolitik) zu kurieren, läuft der Logik einer Geldwirtschaft ebenso zuwider.

[16] Was nicht heißen soll, dass diese keinen Erklärungswert für die ökonomische Entwicklung eines Landes haben. Sie sind vielmehr der ökonomischen Analyse nachgelagert, ergänzen sie und ersetzen deren Argumente nicht.

[17] Und bestätigt damit die Beobachtung, dass Ressourcenreichtum, der im Gegensatz zu Ländern wie Japan oder der BRD in vielen Dritte-Welt-Ländern vorhanden ist, keine Garantie für wirtschaftliche Entwicklung ist.

Die Dominanz der Vermögensmärkte über die Gütermärkte grenzt den monetären Keynesianismus von einem neoklassischen Forschungsprogramm ab, das den Tausch einer vorgegebenen Erstausstattung an Gütern und Ressourcen in den Mittelpunkt seiner Allokationstheorie stellt und die effiziente Aufteilung dieser gegebenen Gütermenge auf Konsum und Produktion untersucht. Nur wenn auf Konsum verzichtet wird und ein Teil der Erstausstattung in Form von Ersparnissen dem Produktionsprozess zur Verfügung gestellt wird, kann in diesem Modell (einer geschlossenen Volkswirtschaft) Einkommen erwirtschaftet werden.[18]

Es gilt als Verdienst der keynesianischen Theorie, den Einkommensbildungsprozess von der Ressourcenausstattung losgelöst zu haben. Statt Konsumverzicht steht die Bereitschaft zur Verschuldung am Beginn der Ableitungskette. Geld erlaubt die Verfügung über Ressourcen und Güter, und Geld entsteht (vereinfacht dargestellt) dadurch, dass sich Unternehmer in Erwartung eines Profiteinkommens bei einer Bank verschulden, während sich die Bank in Erwartung des zu erhaltenden Zinseinkommens bei der Zentralbank refinanziert.[19]

Die Konstitution von Gläubiger-Schuldner-Beziehungen ist somit für die Ökonomisierung von Ressourcen entscheidend, und erst aus deren Beschäftigung entstehen Einkommen in Form von Löhnen, Profiten und Zinsen, aus denen ein Teil zur Vermögensbildung verwendet, oder anders gesagt, gespart werden kann. Ersparnis ist, wie von Keynes bereits 1930 (Treatise) herausgearbeitet wurde, eine Kategorie der Einkommensverwendung, nicht der Einkommensentstehung.[20]

Wenn Geld statt vorgegebener Güter und Ressourcen die Budgetrestriktion einer Geldwirtschaft darstellt, also ein „Nichts“ die Verfügung über „Etwas“ steuern soll (Riese 1980: 195), muss Geld knapp gehalten werden. Nur die Begrenzung des Geldangebots und damit die Begrenzung des Ressourceneinsatzes erlaubt die Erwirtschaftung eines Profits, indem Preise am Markt durchgesetzt werden, welche die Kosten übersteigen (*mark-up pricing*).[21] Unterbeschäfti-

[18] Da Entwicklungsländer oft reich an Erstaustattung sind, kann in diesem Modell nur zu geringe Ersparnis die Ursache für Unterentwicklung sein, jedoch auch dieses Symptom wird häufig außerökonomisch, also über Mentalitäten, Kultur etc. interpretiert, vgl. auch Schelkle 1999a.

[19] Riese (1995a) fasst die Definition von Geld in die beiden Sätze: „*Geld ist kein Kredit*“, und „*Geld entsteht aus dem Kredit*“.

[20] Dennoch ist für die Rentendebatte die vor-keynesianische Auffassung eines Sparfonds als Voraussetzung für Wachstum von größter Bedeutung, wie im Verlauf der Arbeit gezeigt werden wird.

[21] Dabei ist in Abweichung zum Fundamental-Keynesianismus, die Interpretation des Profits als laufender Einkommensstrom, auch im Gleichgewicht, in Abgrenzung zu einer aus Ange-

gung, also ein Überschuss an Ressourcen (inklusive Arbeitskräften), ist in diesem Modell nicht Ungleichgewicht oder Marktversagen, sondern Ausdruck der Knappheit des Geldes, somit Funktionsbedingung einer monetär gesteuerten Ökonomie. Demgegenüber stellt Vollbeschäftigung durch die damit verbundene Gewinn- und Einkommensinflation ein Moment der Instabilität (Ungleichgewicht) dar (Riese 1994a).

Das nationale Geld knapp zu halten, ist Aufgabe der Zentralbank. Sie muss ihr Geld zu einem Erfüllungsmedium der Gläubiger-Schuldner-Verträge machen (Zahlungsmittelfunktion), indem sie seine Stabilität nach innen (Preisniveaustabilität) und nach außen (Wechselkursstabilität) wahrt. Denn die Akzeptanz des heimischen Geldes kann nicht erzwungen werden. Wer über Vermögen disponiert und höhere Transaktionskosten in Kauf nimmt, kann auch (inflationssicheres) Sachvermögen statt Geldvermögen bzw. Fremdwährung statt (abwertungsverdächtiger) Eigenwährung halten.

Die Bereitschaft, in inländischem Geld Vermögen zu bilden und damit auf eine effektive Nachfrage zu verzichten ist jedoch für die Stabilität der realen Einkommensbildung unverzichtbar. Hier liegt die eigentliche Bedeutung der Ersparnis: Ohne ein Gleichgewicht zwischen realer Kreditausweitung und Geldvermögensbildung kann es zu Preisniveauschüben und letztendlich zu einem inflationären Prozess kommen.[22] Dieser erhält ein kumulatives Moment, wenn als Folge der Inflation die Flucht in Sachwerte (Preissteigerungen) und in ausländische Währung (Abwertungs-Inflationsspirale) zunimmt (vgl. Schelkle 2000: 2-3). Im Gleichgewicht entspricht deshalb die Bereitschaft der Vermögenseigentümer, nominale Forderungen zu halten (S) den Produktionsvorschüssen (I) bei konstantem Preisniveau.[23]

Eine das Preisniveau destabilisierende Diskrepanz zwischen Kreditvergabe und Ersparnis kann sich auch durch eine Finanzierung des Staatsbudgets über die Notenpresse ergeben und führt ebenfalls zu einem Inflations- und Abwertungsprozess, in dessen Folge die Kontraktfähigkeit[24] der Währung sukzessive

---

botsengpässen resultierenden Quasi-Rente (Q'), die nur transitorisch sein kann, zu beachten. Vgl. Riese 1980: 202-4.

[22] Der Übergang von einem Preisniveauschub zum kumulativen Prozess einer Inflation erfolgt (in einer geschlossenen Volkswirtschaft) bei Existenz von Angebotsrigiditäten (Entstehung von Q'-Profiten bzw. Quasirenten = Gewinninflation) und steigenden Lohnforderungen, die eine Lohn-Preis-Spirale auslösen.

[23] Bzw. wird die Ex-post-Identität auch durch unfreiwilliges Sparen aufgrund von unerwarteten Preissteigerungen, die den realen Konsum der Haushalte senken oder ungeplante Lagerinvestitionen hergestellt.

[24] Kontraktfähigkeit einer Währung heißt, dass auf ihrer Basis Gläubiger-Schuldner-Verträge bzw. jegliche Art von Wirtschaftsverträgen abgeschlossen werden, die eine Stabilität (Preis- und Wechselkurs) der Währung voraussetzen. Das heimische Geld muss sich gegen Sachwer-

ausgehöhlt wird, weil das heimische Geld seine Vermögenssicherungsfunktion nicht mehr erfüllt.

Als Voraussetzung für das Etablieren eines knappen, damit kontraktfähigen Geldes gilt es also, der Schaffung eines Geldangebots, dem keine entsprechende Nachfrage gegenübersteht, entgegen zu wirken. Geld ist hingegen immer knapp und kann bei Bedarf weiter verknappt werden, wenn es von der Zentralbank gegen (real positive) Zinsen abwerfende Kredite an Geschäftsbanken oder andere kommerzielle Schuldner (*borrowed base*) emittiert wird. Wird Geld hingegen durch den Ankauf von Devisen oder Kredite an den Staat geschaffen (*unborrowed base*), beeinträchtigt dies die Steuerungsfähigkeit der Zentralbank, über kurzfristige Zinserhöhungen eine Geldmengenkontraktion auszulösen.[25]

Bevor wir zu den Möglichkeiten und Problemen einer geldpolitischen Inflationsbekämpfung und deren Konsequenzen für die Einkommensbildung kommen, soll näher untersucht werden, welche Entwicklungsbedingungen durch das internationale Wirtschaftssystem - den Weltmarkt - vorgegeben sind.

So wie sich in der binnenwirtschaftlichen Betrachtung Geld als nicht-neutral herausgestellt hat, sind Währungen in der Theorie der Geldwirtschaft im Gegensatz zur neoklassischen Auffassung nicht gleichberechtigt, sondern stehen untereinander in Konkurrenz. Schauplatz dieser Konkurrenz ist der Devisenmarkt, auf dem Vermögenseigentümer und Zentralbanken über ihre Portfolioentscheidungen und damit der Nachfrage oder dem Angebot bestimmter Währungen den Preis einer Währung (Wechselkurs) bestimmen.[26] An der Spitze der Währungshierarchie stehen Gläubigerländer mit aufwertungsverdächtigen Währungen, die sich aufgrund der hohen Präferenz der Vermögenseigentümer für ihre Währung durch ein niedrigeres gleichgewichtiges Zinsniveau auszeichnen.[27]

---

te und Fremdwährung durchsetzen, um einen eigenständigen Währungsraum zu konstitutieren. Vgl. Schelkle 1992 und Riese 2001.

[25] In Bezug auf die Forderung nach einer unabhängigen Zentralbank sowie dem Verzicht auf Monetisierung von Budgetdefiziten kommt die Theorie der Geldwirtschaft zu den gleichen Schlussfolgerungen, wie die neoklassisch-monetaristische Orthodoxie. Die Problematik, die mit der *unborrowed base* angesprochen wurde, weist jedoch bereits auf eine kritischere Einstellung gegenüber Kapitalimporten hin.

[26] Der Wechselkurs wird als Vermögenspreis mit realen Wirkungen und nicht als relativer Güterpreis definiert. Er ist dem Gütermarkt als Faktor der internationalen Wettbewerbsfähigkeit vorgelagert und somit entscheidend für die Weltmarktfähigkeit nationaler Produkte, vgl. Lüken gen. Klaßen 1993. Das orthodoxe Argument, dass immer ein Wechselkurs existiert, der Angebot und Nachfrage nach einer Währung zum Ausgleich bringt, ist insofern falsch, als durch Abwertungsspiralen und Hyperinflation der Fremdwährungspreis (gemessen in heimischer Währung) ins Unendliche steigen kann. Vgl. auch Riese 1988: 14.

[27] Das Konzept der Währungskonkurrenz ergibt sich aus einer Übertragung der Liquiditätspräferenztheorie auf unterschiedliche Währungen (Riese 1989a: 207). Der niedrigere Zinssatz

Schuldnerländer hingegen verfügen über schwache, abwertungsverdächtige Währungen und müssen dieses Manko über ein höheres Zinsniveau kompensieren. Die Konstitution eines Gleichgewichtes zwischen Währungsräumen erfordert somit ein Zinsdifferential, um eine anhaltende Fremdwährungsnachfrage der nationalen Vermögenseigentümer zu unterbinden.[28] Ein höherer gleichgewichtiger Zinssatz in Schuldnerländern führt jedoch zu einem niedrigeren Vorschussvolumen und als Konsequenz zu geringerer Produktion, Beschäftigung und Reallöhnen als im Gläubigerland.[29] Das Gleichgewicht auf dem Weltmarkt führt bei der Existenz von unterschiedlich bewerteten Währungen also nicht zu einer Aufhebung von Entwicklungsunterschieden, sondern zu deren Verstetigung, da allein eine Veränderung des Gleichgewichtes über einen Abbau des Zinsdifferentials eine Angleichung bewirken könnte.[30]

Das positive Zinsdifferential gegenüber Hartwährungsländern ist ein Marktergebnis der Funktionsbedingungen des Weltwährungssystems, welches der Einkommensbildung in Entwicklungsländern entgegensteht. Es erklärt u.a., warum in diesen Ländern ein hoher Staatsanteil und Eingriffe im Außenhandel oder Finanzsektor an der Tagesordnung sind. Der Versuch, gegen die Spielregeln des Marktes ein Mindestmaß an Beschäftigung und Nachfrage aufrechtzuerhalten, Kapitalflucht durch Devisenkontrollen einzudämmen und den zerstörten Markt für Kredit und Eigenkapital durch staatliche Banken zu ersetzen, führt jedoch - abgesehen von Effizienz- und Korruptionsproblemen - durch den damit verbundenen Verschuldungsanstieg und steigende Budgetdefizite letztendlich zu einer Verschärfung der Krise (vgl. Schelkle 1992, 1999).

Ein zweiter (preistheoretischer) Ausdruck der mangelnden Konkurrenzfähigkeit der Entwicklungsländer ist die Überbewertung ihrer Währungen, die sich in einer defizitären Leistungsbilanz (Kombination von Importüberschüssen und Kapitalexporten) manifestiert und zu einer kumulativen Erhöhung der Fremdwährungsverschuldung der Länder führt.[31] Überbewertung (bezogen auf die

---

einer Anlagewährung ergibt sich dadurch, dass durch die Präferenz für die Haltung dieser Währung (neben Zinshöhe induziert durch Preis- und Wechselkursstabilität, aber auch durch Größe des Währungsraumes, politische Stabilität etc.) eine hohe Liquiditätsprämie bzw. nicht-pekuniäre Ertragsrate vorherrscht, die eine Senkung der pekuniären Rate erlaubt. Langfristige Kapitalbewegungen folgen hauptsächlich dem Motiv der (nicht-pekuniären) Vermögenssicherung und bestimmen den Währungspreis (Wechselkurs), Vgl. auch Lüken gen. Klaßen 1993.

[28] Vgl. Lüken gen. Klaßen, 1993: 13. Eine Überschussnachfrage nach Fremdwährung führt zu einem ständigen Abwertungsdruck.

[29] Hier wird gleiche Grenzleistungsfähigkeit des Kapitals angenommen; es findet kein internationaler Faktorpreisausgleich statt, vgl. Lüken gen. Klaßen 1993: Kapitel II.1.2.

[30] Vgl. Lüken gen. Klaßen 1994: 9.

[31] Riese 1998a: 9-10 erklärt den Importüberschuss in Lateinamerika als einkommensinduziert, d. h. der Kapitalimportüberschuss wird durch das Leistungsbilanzdefizit, welches einen Über-

Leistungsströme) und Abwertungsverdacht (bezogen auf die Vermögensmärkte) sind dabei die konstitutiven Merkmale einer Dritte-Welt-Währung (Riese 1999).[32] Eine überbewertete Währung verbilligt Importe und verteuert Exporte und behindert so den Aufbau einer wettbewerbsfähigen heimischen Produktion, während die mit der Überbewertung verbundenen Abwertungserwartungen eine Einkommensdynamik auf Basis des heimischen Geldes verhindern (Riese 1997b: 84).[33]

Zahlungsbilanzkrisen sind, wie für den Fall Argentinien gezeigt werden wird, für ein Schuldnerland dann unvermeidlich, wenn die steigenden Leistungsbilanzdefizite nicht mehr über ausreichende Kapitalimporte finanziert werden können. Sie zwingen die Länder in Stabilisierungsprogramme, um ihre Zahlungsfähigkeit und Kreditwürdigkeit zu reetablieren. Gelingt dies, ist ein neuer Verschuldungszyklus vorprogrammiert. Entwicklungspolitisch stellt diese Politik eine Sackgasse dar, wie in den folgenden beiden Abschnitten gezeigt werden soll.

I.2.2.2 Stabilisierungspolitik als entwicklungspolitische Sackgasse

Nach dem Ende der keynesianischen Ära der Wirtschaftspolitik hat sich das neue Paradigma einer monetaristisch-neoklassischen Stabilitätspolitik weltweit durchgesetzt und ist zur „Norm der Integration der Entwicklungsländer in die Weltwirtschaft" (Riese 1997b: 81) geworden. Stabilität bedeutet hierbei monetäre Stabilität nach innen und außen, d.h. Preis- und Wechselkursstabilität.[34]

Obwohl der Paradigmenwechsel in der Wirtschaftspolitik die monetären Grenzen einer Vollbeschäftigungspolitik - Inflation - richtig reflektiert, gilt dies

---

schuss der Einkommensverwendung über die Einkommensentstehung anzeigt, verursacht. Zu geringe Produktion, ein Mangel an Einkommensbildung ist die Ursache für diese „Lücke", nicht ein mangelnder Konsumverzicht, wie das Sparlückenkonzept der Neoklassik suggeriert. Vgl. auch Riese 1999 sowie Riese 1998c.

[32] Während eine Überbewertung mit Aufwertungsverdacht Schlüsselwährungen charakterisiert. So kann sich die Schlüsselwährung US-Dollar z.B. trotz eines hohen Leistungsbilanzdefizits und als Nettoschuldner aufgrund der Tatsache, dass die Verschuldung auf heimische Währung lautet, immer über Abwertungen entschulden, vgl. auch unter I.2.2.4.

[33] An dieser Stelle ist es nicht entscheidend, ob es sich um flexible oder feste Wechselkurse handelt, da in beiden Fällen die Überbewertung nicht durch Abwertungen eliminiert werden kann. Zur Bedeutung fixer Wechselkurse für die Funktionsfähigkeit einer Geldwirtschaft bzw. als Stabilisierungsstrategie vgl. weiter unten.

[34] Im Gegensatz zur Orthodoxie ist die Stabilitätsanforderung auf den nominalen und nicht realen Wechselkurs bezogen: Vermögen wird als Nominalvermögen gehalten und jede Abwertung ist ein Vermögensverlust, der die Währungsqualität mindert.

nicht für die realen Effekte der Stabilisierungspolitik. Arbeitslosigkeit und Budgetdefizite sind jedoch Konsequenzen einer Austeritätspolitik, die mittels restriktiver Geld- und Fiskalpolitik die Profiterwartungen negativ beeinträchtigt und zu einer Senkung der Investitionen führt. Es besteht in gewisser Hinsicht ein *trade off* zwischen (monetärer) Stabilisierung und Entwicklung: Um eine Zahlungsbilanzkrise zu überwinden, soll Inflation durch restriktive Geldpolitik eingedämmt und eine Überbewertung des Wechselkurses durch Abwertungen eliminiert werden. Als Ergebnis wächst jedoch durch eine Verringerung von Konsum und Produktion die Lücke zwischen Güterverwendung und -produktion, die im Leistungsbilanzdefizit ausgedrückt wird. Eine Einkommensdynamik, insbesondere Exportüberschüsse, welche einen Verschuldungsabbau erlauben könnte, wird dabei nicht erreicht (Riese 1988: 13).

In Bezug auf den Schuldenstand in der Ökonomie wirkt sich eine Preisniveaustabilisierung (wie eine Wechselkursabwertung) sogar negativ aus, da sie zu einer Schuldenaufwertung führt. Solange das Schuldenproblem jedoch nicht gelöst werden kann, bedeutet Stabilisierungspolitik eine unterdrückte Überbewertung mit reduzierter Investitionsdynamik, ohne dass die Abwertungserwartungen umgekehrt bzw. die Profiterwartungen erhöht werden können. Im schlimmsten Fall kann die durch eine Hochzinspolitik hervorgerufene Rezession in eine Deflationskrise (kumulative Preis-Lohn-Senkungen) münden, die durch die damit verbundene Schuldenaufwertung zu Unternehmens- und Bankenzusammenbrüchen führen kann, während die Zentralbank (auch in einem Gläubigerland) weitgehend machtlos ist. Sie kann in einem Kontext negativer Profiterwartungen die Refinanzierungssätze auf Null senken und dennoch keine Kreditausweitung erzwingen.[35]

Das Dilemma von Ländern, die durch hohe Inflation und Flucht aus der Währung gekennzeichnet sind, liegt in diesem Spannungsverhältnis von Stabilisierung und Entwicklung: Entweder wird über eine Aufrechterhaltung der Zinssatzdifferenz zu den Schlüsselwährungen bzw. über eine Hochzinspolitik im Falle einer Stabilisierungskrise eine Verstetigung des Entwicklungsgefälles produziert oder durch eine Abweichung vom gleichgewichtigen Vermögensmarktzins eine Überschussnachfrage nach Fremdwährung generiert.

Die *stop-and-go*-Zyklen der Entwicklungsländer veranschaulichen dieses Schwanken zwischen dem Erzeugen einer Einkommensdynamik und dem Versuch, die Vermögenssicherungsqualität der Währung zu reetablieren: Eine *go*-Phase charakterisiert sich durch eine Politik des leichten Geldes mit dem Ziel

[35] Vgl. Schelkle 2000: 4. Ein Beispiel für die Machtlosigkeit der Zentralbank bei Deflation ist gegenwärtig Japan. Geldpolitik wird auch als Seil bezeichnet, an dem man ziehen (restriktiv wirken) aber nicht drücken (expansiv wirken) kann. Deflation führt zu Produktionsverzicht, da Geldhaltung einen Zins erbringt.

einer Kreditexpansion, was jedoch vom Vermögensmarkt durch eine Entwertung des Geldvermögens sanktioniert wird.[36] Die Aushöhlung des Vertrauens in die heimische Währung führt zu einem Überschussangebot derselben am Devisenmarkt und zwingt die Zentralbank zur Intervention. Devisenabflüsse und schließlich Verschuldung (der Zentralbank) in Fremdwährung senken die Vermögenssicherungsqualität der heimischen Währung jedoch weiter. Versucht hingegen ein Schuldnerland im Anschluss an eine Reaktivierungsphase mit Hilfe einer restriktiven Geldpolitik, der *stop*-Phase, das Überangebot an heimischer Währung abzubauen, gerät es in die beschriebene Konstellation einer Entwicklungsblockade mit sinkenden Investitionen und sinkender Beschäftigung.[37]

I.2.2.3 Wechselkurs-basierte Stabilisierung durch ein *currency board*: Ausweg aus der Sackgasse?

Gibt es alternative Stabilisierungsstrategien für Schuldnerländer, kumulative Inflations- und Dollarisierungsprozesse zu bekämpfen, ohne über eine Unterdrückung der Einkommensbildung in eine Stagnation bzw. Rezession zu geraten? Die unbefriedigenden Resultate orthodoxer Inflationsbekämpfung im Rahmen von IWF-Stabilisierungsprogrammen in den 1980er Jahren haben zu einer verstärkten Diskussion von Regimen der Währungsankoppelung geführt, die über einen Stabilitätsimport eine rasche Preisniveaustabilisierung erzielen können, dabei jedoch (zumindest in der Anfangsphase) eine Stabilisierungskrise vermeiden.[38] Die rigideste Variante eines solchen Fixkurssystems ist ein *currency board* (CB), wie es 1991 in Argentinien eingeführt wurde.[39]

Ein CB charakterisiert sich neben der festen Ankoppelung des Wechselkurses an eine stabile Schlüsselwährung durch eine vollständige Deckung der Geldbasis durch Devisenreserven und eine garantierte Konvertibilität der Währung zum festgesetzten Wechselkurs, also freien Kapitalverkehr. Die strikte De-

[36] Vgl. Betz 1992: 26: Die Vermögenseigentümer weiten in der Folge ihren Sachvermögensanteil aus, was zu einer Überschussnachfrage und entsprechend zu steigenden Preisen führt. Steigende Fremdwährungsnachfrage generiert Abwertungserwartungen.

[37] Vgl. Betz 1992: 84, 133: der positive Effekt einer Reduzierung der Fremdwährungsnachfrage bleibt dabei unsicher.

[38] Einen Überblick über die Theorieansätze wechselkurs-basierter Stabilisierung gibt Fritz 2001. Die hier formulierte Kritik an den Wirkungen orthodoxer Stabilisierung wird auch von der lateinamerikanischen Heterodoxie (Neostrukturalismus) geteilt, die Begründung ist jedoch eine andere.

[39] Vgl. zur Theorie und Geschichte dieses monetären Arrangements der Kolonialzeit Krüger 1994, Walters 1989, Hanke/Schuler 1992, 1994, Liviatan 1992, Schwarz 1992, Enoch/Gulde 1998, Gosh/Gulde/Wolf 1998, Fuhrmann 1995, 1999 u.a.

ckungsregel führt dazu, dass im Gegensatz zu einem modernen zweistufigen Bankensystem die Geldversorgung im CB-System allein durch die Deviseneinnahmen des Währungsamtes bestimmt wird. Unter bestimmten Annahmen[40] erfolgt ein automatischer Ausgleich der Zahlungsbilanz über einen Anpassungsmechanismus, der dem *specie-flow*-Mechanismus des Goldstandards entspricht.[41]

Die Tatsache, dass in der Praxis die restriktiven Annahmen bezüglich des Anpassungsmechanismus nicht zutreffen und die Proportionalität von Leistungsbewegungen und Geldmenge über autonome Kapitalbewegungen sowie durch eine Privatisierung von Devisen durchbrochen werden kann, ist für die Rationalität des Modells aus orthodoxer Perspektive nicht entscheidend. Kapitalimporte, welche die Geldversorgung flexibilisieren, sind Ausweis einer guten Wirtschaftspolitik und ermöglichen die Finanzierung eines (temporären) Leistungsbilanzdefizits, welches im Falle von Entwicklungsländern als notwendig angesehen wird, um einen späteren Wachstumsprozess einzuleiten.[42] Nicht eine ausgeglichene Leistungsbilanz ist also Erfolgskriterium eines CBs, sondern die langfristige Aufrechterhaltung des Modells (also die nachhaltige Finanzierung des Defizits) sowie die Bereitschaft, rezessive Schocks zuzulassen, wenn sinkende Deviseneinnahmen eine Kontraktion der Geldmenge bewirken (Schweickert 1995).

In der Praxis ist die zentrale Motivation, die der Einführung eines CBs zugrunde liegt, eine Erhöhung der Glaubwürdigkeit der Wirtschaftspolitik, die durch die Kombination aus fixem Wechselkurs und passiver Geldpolitik de facto entnationalisiert wird.[43] Diese Einschränkung des wirtschaftspolitischen Handlungsspielraumes wird für notwendig gehalten, wenn in der Vergangenheit eine

---

[40] Noten und Münzen des CB sind die einzig umlaufenden Zahlungsmittel. Geschäftsbanken halten eine konstante Barreserve auf Depositenverbindlichkeiten. Das Publikum hält ein konstantes Bargeld-Depositen-Verhältnis und es existiert kein Kapitalverkehr.

[41] Dem Automatismus liegen bestimmte Verhaltensannahmen zugrunde und erfordert freien Außenhandel sowie die Abwesenheit von Kapitalverkehr. Der *specie-flow*-Mechanismus des Goldstandard bzw. der Geldmengen-Preis-Mechanismus der monetären Zahlungsbilanztheorie führt unter der Voraussetzung flexibler Preise immer zu einem Leistungsbilanzgleichgewicht. Vgl. das Beispiel in Hanke/Schuler 1992: 8: Ausgangspunkt ausgeglichene Leistungsbilanz: Importe fallen und Exporte steigen, Leistungsbilanzüberschuss, Bankreserven steigen, dadurch steigen Kredite, Zinsen fallen, Sozialprodukt steigt, Nachfrage (inkl. Noten und Münzen) steigt, inländisches Preisniveau steigt, dadurch steigen Importe und Exporte sinken, neues Leistungsbilanz-Gleichgewicht wird erreicht.

[42] Vgl. die Darstellung in Fritz 2001 sowie zur Diskussion der *gap-theory* weiter unten.

[43] Das Glaubwürdigkeitsproblem wurde erstmalig im Rahmen der Thematik von Zeitinkonsistenz geldpolitischer Entscheidungen diskutiert; vgl. Kydland/Prescott 1977, Barro/Gordon 1983. Vgl. auch Cottarelli/Giannini 1997.

marktinkonforme Politik (v.a. die Monetisierung von Budgetdefiziten) zu einem Vertrauensschwund bezüglich der Fähigkeit von Zentralbank und Staat geführt hat, ein makroökonomisches Gleichgewicht und effiziente Ressourcenallokation zu fördern.

Demgegenüber macht die Regelgebundenheit der Geldpolitik einen Missbrauch diskretionärer Geldpolitik unmöglich und hat weitreichende „Disziplinierungswirkungen" auf die restliche Wirtschaftspolitik. Denn das Modell ist nur funktionsfähig, wenn nach der Wechselkursfixierung eine rasche Senkung des heimischen Preisniveaus auf die Inflationsrate der Ankerwährung stattfindet, da ein Inflationsdifferential zu einer Überbewertung und damit zu einer Passivierung von Handels- und Leistungsbilanz führt (und entsprechend die Geldmenge kontrahiert). Um die schnelle Senkung der Inflationsraten zu ermöglichen, erfordert das Modell des CBs neben freiem Kapitalverkehr eine Liberalisierung des Außenhandels, so dass über Importkonkurrenz ein Preisdruck nach unten geschaffen wird, und zweitens eine restriktive Lohn- und Fiskalpolitik, um die (auf Restinflation zurückzuführende und durch Kapitalimporte verursachte) Aufwertungstendenz zu neutralisieren.

Last but not least soll die garantierte Konvertibilität in Verbindung mit dem Stabilitätsimport einem Dollarisierungsprozess entgegenwirken und die Nachfrage nach heimischer Währung erhöhen.

Auch wenn aus geldwirtschaftlicher Perspektive die Forderung nach externer und interner Stabilisierung, einem ausgeglichenem Budget und der Eindämmung von Prozessen der Währungssubstitution ihre Berechtigung hat, wird das Modell eines CBs sowohl in Bezug auf das Ziel der Währungsstabilisierung als auch hinsichtlich seiner Entwicklungsperspektiven kritisch gesehen.[44]

Zum einen erhöht die Tatsache, dass in einem CB das Geldangebot über Deviseneinnahmen bestimmt und nicht über die Zinspolitik der Zentralbank gesteuert wird, die Gefahr von Solvenz- und Liquiditätskrisen im Banken- und Unternehmenssektor. Dies ist darauf zurück zu führen, dass in einem CB eine Kombination aus fehlendem *lender of last resort* (LOLR), damit unelastischer, aber gleichzeitig volatiler Geldversorgung herrscht, die nicht automatisch der Geldnachfrage entspricht bzw. diese destabilisiert.[45] Kommt es bei sinkenden

[44] Vgl. u.a. Schelkle 2000, Riese 1997b, Hujo 1996, Fritz 2001.

[45] Es gibt kein überzeugendes Argument, warum die Geldnachfrage proportional zu Bestandsveränderungen der Devisen des CB variieren sollte. Vielmehr impliziert eine vertikale Geldangebotsfunktion die Gefahr, dass die Geldnachfrage unendlich elastisch wird. Die stabile Geldnachfragefunktion, welche dem CB-Modell sowie den IWF-Stabilisierungspro-grammen zugrundeliegt (vgl. Schelkle 2000), vernachlässigt die Präferenzen für Geldhaltung, die auf Vermögenssicherung abzielen; vgl. Riese 1993 sowie zum Vorsichtskassenmotiv der Geldhaltung Roy 2000.

Reserven zu einer Geldmengenkontraktion, kann diese (über höhere Zinsen und Schuldenaufwertung bei sinkendem Preisniveau) zu Solvenzproblemen im Unternehmens- und Bankensektor führen, die sich rasch zu einer Liquiditätskrise entwickeln können: Denn die Marktakteure wissen um die fehlende Elastizität der Geldversorgung und werden bei den geringsten Krisenanzeichen im Finanzsektor ihre Einlagen abziehen. Um systemische Bankenkrisen zu vermeiden, bedarf es also eines ständig geöffneten Diskontfensters und einer Zentralbank, die als Marktteilnehmerin agiert.[46]

Im umgekehrten Fall, wenn aufgrund von Leistungsbilanzüberschüssen bzw. Nettokapitalimporten die Geldmenge expandiert, muss aufgrund der Passivität des CBs die Sterilisierung der Geldmengenexpansion über eine restriktive Fiskal- und Lohnpolitik stattfinden, sollen eine Aufwertung des fixen Wechselkurses und damit Wettbewerbseinbußen verhindert werden.[47] Diese hohen Anforderungen an die Einkommenspolitik sind jedoch gerade für Entwicklungsländer schwer erfüllbar und können allenfalls während des auf die Stabilisierung folgenden Wachstumsschubs umgesetzt werden, wenn die steigende Absorption zu einem Anstieg der endogenen Steuereinnahmen führt, die eventuell noch durch Privatisierungseinnahmen ergänzt werden.[48]

Das CB ist also im schlimmsten Fall von einer Liquiditätskrise mit Banken- und Unternehmenszusammenbrüchen bedroht (und erzwingt in diesem Fall die Umgehung der Spielregeln oder den *exit*), im „besten" Fall von einer steigenden Überbewertung des Wechselkurses und einer Vertiefung der Verschuldungsposition, weil Fremdwährungsverschuldung wegen niedrigerer Zinsen und bei Verstaatlichung des Wechselkursrisikos rational ist und weil das steigende Leistungsbilanzdefizit über Kapitalimporte alimentiert werden muss.[49] Letztere

---

[46] Die Notwendigkeit eines permanent geöffneten Diskontfensters zur Verhinderung von Zahlungskrisen wurde am Beispiel der Bank of England von Bagehot (1873) herausgearbeitet. Dass multilaterale Geber wie der IWF als LOLR fungieren können, wie verschiedentlich gefordert wird, schließt sich per definitionem aus der Fondseigenschaft des Internationalen Währungsfonds aus, vgl. auch Caprio et al. 1996 sowie Roy 2000.

[47] Beide Fälle illustrieren, dass eine passive Geldpolitik allein die Gleichgewichtskonstellation des Goldstandards reflektiert, während die Verteidigung der Geldfunktionen diskretionäre Geldpolitik verlangt, vgl. Riese 1997b, sowie Riese 1993.

[48] Vgl. Schelkle 2000 sowie Fritz 2001: Als traditionell schwache Steuerstaaten und Kompensatoren für die Beschäftigungs- und Nachfrageschwäche ist die Erzielung von Budgetüberschüssen für Entwicklungsländer in den meisten Fällen unrealistisch, kurzfristige Ausgabenkürzungen sind zudem politisch schwer zu realisieren bzw. nicht sinnvoll, wenn es um klassische Staatsaufgaben geht. Zu den Bedingungen einer restriktiven Lohnpolitik siehe weiter unten.

[49] Es wird davon ausgegangen, dass der Aufwertungsdruck nicht konterkariert werden kann: Dafür sprechen die bereits genannten Argumente, die niedrigen internationalen Inflationsraten und die Tatsache, dass Schwachwährungsländern bereits mit überbewerteter Währung in das

Konstellation birgt jedoch die Gefahr einer Zahlungsbilanzkrise, wenn sich die Kapitalströme umdrehen.[50] Es erscheint unwahrscheinlich, dass das Vertrauen in das einheimische Geld bei dieser Marktkonstellation gestärkt werden kann[51]: Vielmehr wird die Fremdwährungsnachfrage trotz Konvertibilitätsgarantie durch Importüberschuss, Schuldendienst und Abwertungserwartungen sowie fehlendem LOLR erhöht werden.

Zusammenfassend führt ein CB zu *stop-and-go*-Zyklen im Rhythmus der internationalen Kapitalströme, wobei im Fall sinkender Nettozuflüsse eine Kontraktion der Einkommensbildung wie im Falle der restriktiven Geldpolitik unausweichlich ist, während die *go*-Phase die Marktkonstellation der Überbewertung (reflektiert in steigenden Leistungsbilanzdefiziten und kumulativer Verschuldung) zementiert.

Die Durchsetzung einer harten (von der Ankerwährung importierten) Budgetrestriktion im Rahmen eines CBs wird im Kontext einer überbewerteten Währung zur Fiktion. Sie ist letztendlich auch gar nicht intendiert. Schließlich führt die Erfahrung der Schuldnerländer, Leistungsbilanzüberschüsse nur über eine Einkommenskontraktion zu erreichen, zu dem Versuch, die Budgetrestriktion der Zahlungsbilanz möglichst dauerhaft über Nettokapitalimporte auszuweiten. Die Einrichtung eines CB dient dann dem einzigen Zweck, das Vertrauen der internationalen Investoren als Vorbedingung für Kapitalzuflüsse wiederzugewinnen bzw. permanent zu sichern (vgl. Roy/Betz 2000: 15).

I.2.2.4 Potentielle Strategien einer nachholenden Entwicklung unter Weltmarktbedingungen

Dass nachholende Entwicklung unter Weltmarktbedingungen möglich ist, haben Länder wie die USA, Westeuropa (insbesondere die BRD) und Japan gezeigt. Die Entwicklungsbedingungen und -strategien dieser Staaten entsprachen

Stabilisierungsprogramm gehen und diese Tendenz durch die (bereits vor der Wechselkursfixierung stattfindende) Devisenakkumulation zur Verteidigung des fixen Wechselkurses verstärkt wird.

[50] Dafür gibt es verschiedene Gründe, die von Zinsänderungen der Schlüsselwährungen bis zu einer veränderten Einschätzung der Länder-*Performance* durch die internationalen Investoren reicht. Vgl. hierzu die Modelle spekulativer Attacken, Krugman 1979 u.a.

[51] Allerdings existieren auch für ein CB Marktkonstellationen, die Entschuldung und Stärkung der Währung ermöglichen (vgl. CBs in Hongkong, Singapur, Indien, zu letzterem Betz 2000). Dafür sind jedoch Voraussetzungen erforderlich, deren Existenz den Einsatz des Stabilisierungsmodells CB obsolet machen: „*If you can have it, you don't need it, and if you need it, you can't have it.*" (Auernheimer in Liviatan 1992: 83.)

dabei kaum den Anforderungen, welche die Textbuch-Ökonomie formuliert. Das liegt zum einen daran, dass die Orthodoxie der Etablierung eine kontraktfähigen Währung, die einen Abbau des Zinsdifferentials zu den Gläubigerländern erlaubt, keine Bedeutung beimisst und, was noch schlimmer ist, die Dominanz von Kapitalbewegungen über Leistungsbewegungen leugnet. Sie interpretiert deshalb den in Entwicklungsländern zu beobachtenden „strukturellen" Importüberschuss nicht als Konsequenz von Kapitalimporten und deren Wirkung auf den Wechselkurs, sondern hängt weiterhin dem Mythos einer Finanzierungslücke in Entwicklungsländern an, die über Kapitalimporte geschlossen werden muss.[52] In der Praxis fördern Kapitalimporte alias Verschuldung jedoch nicht die Entwicklung, sondern behindern sie, indem sie zu einer Überbewertung der Währung führen und damit erst den strukturellen Importbedarf hervorrufen, den sie in Folge weiter finanzieren sollen.[53]

Demgegenüber erfordert nachholende Entwicklung eine Kombination aus Exportüberschüssen und Investitionsdynamik, um einen Abbau der externen Verschuldung[54] und über die steigende Währungsqualität eine Senkung des Zinsdifferentials zu ermöglichen.[55] Eine Erhöhung der Exporte und somit ein verstärkter Forderungsanstieg ist jedoch vom Weltmarktpreis der Produkte der Schuldnerländer abhängig. Da sich der Angebotspreis eines peripheren Produ-

---

[52] Das postkeynesianische *two-gap*-Modell fordert einen Ressourcentransfer zur Schließung der vermeintlichen Spar- und Devisenlücke (Aufbringungs- und Transferproblem) der Entwicklungsländer und liegt immer noch der gängigen Praxis von IWF-Stabilisierungsprogrammen zugrunde, die über Devisenkredite die Importfähigkeit von Entwicklungsländern gewährleisten sollen. Aus der hier vertretenen Sicht existiert weder ein struktureller Importbedarf, da über die Kapitalimporte eine Überbewertung und entsprechend zu hohe Güterimporte erfolgen, noch eine mangelnde Ersparnis, da allein die mangelnde Bereitschaft, heimische Forderungen in Höhe der Investitionen zu halten, den Entwicklungsprozess begrenzt; vgl. Schelkle 1992: 30 und S. 74, Riese 1986b: 170; Lüken gen. Klaßen 1993: 139 sowie Easterly 1999.

[53] Als instruktives Beispiel für diesen Mechanismus ist die Asienkrise von 1997 zu werten, vgl. die zahlreichen Publikationen zu diesem Thema von Riese z.B. Riese 1998a, 1998c, 1999.

[54] Auf die Möglichkeit von Währungsreformen und Entschuldungsabkommen zur schnellen Entwertung der *stocks* gegenüber den *flows* wird erst im Rahmen der Länderstudie eingegangen.

[55] Es wird deutlich, dass eine Entperipherisierung unter den Bedingungen der Währungskonkurrenz immer nur für einzelne Entwicklungsländer eine Option darstellt, indem sie die Verschuldung auf schwächere Währungsräume abwälzen und in der Weltmarktskala aufsteigen; insgesamt bleiben die Hierarchieverhältnisse zwischen Gläubiger- und Schuldnerwährungen und damit die Entwicklungsunterschiede jedoch bestehen, vgl. Lüken gen Klaßen 1993: 72, Schelkle 1999a. In eine ähnliche Richtung geht eine Argumentation von Stiglitz 2002: 24 der von der *„simple arithmetic of global finance"* spricht, die Saldenmechanik der globalen Zahlungsbilanz jedoch als Störung der globalen Finanzarchitektur interpretiert.

zenten als Quotient von heimischem Angebotspreis und Wechselkurs ergibt, kann ein unterbewerteter Wechselkurs im Sinne einer globalen Protektion wirken, indem über eine Veränderung der absoluten Vorteile Exporte gefördert und Importe beschränkt werden.[56] Diese Strategie der stabilitätsorientierten Unterbewertung erfordert jedoch eine wirtschaftspolitische Absicherung, damit die Wettbewerbsvorteile der Unterbewertung nicht über die Preiseffekte der Exportüberschüsse zunichte gemacht werden. Eine strategische Fremdwährungsnachfrage der Zentralbank über Devisenaufschatzung oder marktinduzierte private Kapitalexporte erlauben eine Aufrechterhaltung der Unterbewertung, eine Stabilisierung des Wechselkurses und schließlich einen Abbau der Fremdwährungsverschuldung. Diese im Kern handelsmerkantilistische Politik unterbindet durch ihre Devisenbestandspolitik die Anpassung der Leistungsbilanz über das Preisniveau und führt zu einer Härtung der Währung und steigender internationaler Wettbewerbsfähigkeit.[57]

Notwendige Bedingung für eine Strategie der Unterbewertung ist eine an Preisniveaustabilität orientierte Geldpolitik, wobei parallel zur Verteidigung eines stabilen nominalen Wechselkurses geringere Inflationsraten als im Ausland erzielt werden sollten - eine Anforderung, die aufgrund der globalen Stabilitätsnorm allerdings eine zunehmend unüberwindbare Hürde darstellt. Die Gefahr einer Entwicklungsblockade, die eine restriktive Geldpolitik impliziert, kann über Einkommenspolitik und Budgetüberschüsse entschärft werden. Ein ausgeglichenes Budget und somit eine Absage an die Strategie ausschließlich interner Expansion ist für eine geldwirtschaftliche Entwicklung *conditio sine qua non.* Budgetüberschüsse und eine restriktive Lohnpolitik, die Nominallohnsteigerungen unter dem Zuwachs der Arbeitsproduktivität hält, stellen jedoch (wie bereits bei der Darstellung des CB-Modells angesprochen) Ausnahmefälle dar, die eine hohe wirtschaftspolitische Steuerungskapazität und gesellschaftlichen Konsens bzw. Repression verlangen.[58]

---

[56] Vgl. Lüken gen. Klaßen 1993: 143: Ebenfalls günstig wirken sich eine Erhöhung der Arbeitsproduktivität der Peripherie und eine Erhöhung von Nominallöhnen und *mark-up* im Zentrum auf die Konkurrenzfähigkeit der Peripherie aus. (Anmerkung: Die Begriffe Peripherie-Zentrum wurden Ende der 1940er Jahre von dem argentinischen Strukturalisten Raúl Prebisch in die entwicklungstheoretische Debatte eingebracht. Aufgrund ihrer Anschaulichkeit werden sie auch in dem hier vertretenen theoretischen Kontext verwendet.)

[57] Vgl. Lüken gen Klaßen 1993: 164ff. Sowohl der Geldmengen-Preis-Mechanismus als auch der Wechselkurs-Preis-Mechanismus müssen unterbunden werden.

[58] Beispiel für den ersten Fall ist die BRD, Beispiele für eine repressive Unterdrückung der Lohnentwicklung sind Chile, Südkorea u.a. Schwellenländer. Vgl. auch Lüken gen. Klaßen 1993: 167 und 142.

Neben den Restriktionen für eine Unterbewertungsstrategie, die auf die inhärenten Merkmale der Schwachwährungsländer zurückzuführen ist[59], bestimmt die Wechselkurspolitik der Gläubigerländer in entscheidendem Maße die Erfolgschancen der Entperipherisierung. Während in einem stabilen Leitwährungssystem, wie z.B. in der Zeit des Goldstandards, Währungen von reichen Ländern Anlagecharakter aufwiesen, höhere Kapitalimporte in diese *core countries* eine Überbewertung und diese einen Importüberschuss induzierten, konnte letzterer durch Zinseinnahmen aus der Gläubigerposition ausgeglichen werden. Ärmeren Ländern wurde somit eine Kombination aus Kapitalexportüberschüssen und Exportüberschüssen aufgrund von Unterbewertung und somit Entwicklungschancen ermöglicht.[60] Im Vergleich zu einem stabilen Leitwährungsland lassen jedoch aufsteigende Gläubigerländer keine Importüberschüsse zu. Exportüberschüsse gelten als Indiz für monetäre Disziplin und regen Kapitalimporte an[61], zudem haben sie positive Beschäftigungseffekte - Gründe, die einem Politikwechsel in den Industrieländern entgegenstehen. Im Gegensatz zum Goldstandard mit seiner Tendenz zu einem Ausgleich der Zahlungsbilanz führt die Konkurrenz zwischen Hartwährungen in einem Multiwährungsstandard also zu kumulativen Devisenbewegungen und damit verbundenen Zahlungsbilanzkrisen.[62] Gerade in Bezug auf die Strategie einer wechselkurs-basierten Stabilisierung sind jedoch schwankende internationale Zinsen und Wechselkurse sowie volatile Kapitalströme problematisch.[63]

So wie freier Kapitalverkehr bei fixen Wechselkursen problematisch ist und (insbesondere bei geringen Sterilisierungsmöglichkeiten der Zentralbank)

---

[59] Vgl. Lüken gen. Klaßen 1993: 168: Hierzu zählen der hohe Grad an externer Verschuldung, der Zwang zu einem ausgeglichenen Budget bei einer Ausgangssituation mit hoher staatlich-administrativer Steuerung sowie die mangelnde Kohärenz der Produktionsstruktur. Weiterhin wird der Erfolg der beschriebenen Entperipherisierungsstrategien entscheidend von der (erfolgreichen) Durchführung bzw. Nichtdurchführung einer Währungsreform bestimmt, vgl. hierzu die weiteren Ausführungen im Text.

[60] Vgl. Riese 1986b: 184. Argentiniens *Golden Age* ist von dieser stabilen Verbindung mit dem Leitwährungsland Großbritannien bestimmt, vgl. dazu Nicolas 1995a.

[61] Vgl. Riese 1986b: 183: So charakterisiert sich die gegenwärtige Situation durch eine Verbindung von Exportüberschüssen und Kapitalimportüberschüssen in Industrieländer im Gegensatz zu Importüberschüssen und Kapitalexportüberschüssen in den Entwicklungsländer.

[62] Vgl. Lüken gen. Klaßen 1993: 172. Eine weitere negative Konsequenz der Gläubigerkonkurrenz ist die Erhöhung des internationalen Zinsniveaus, das den gleichgewichtigen Vermögensmarktzins in der Peripherie in die Höhe treibt.

[63] Deshalb weist Schwarz 1992: 18 darauf hin, dass CBs im Goldstandard und während des Bretton-Woods-Systems besser funktioniert hätten.

eine Begrenzung von Kapitalimporten nahe legt (vgl. Schelkle 2000)[64], ist auch völlig freier Güterverkehr einer Strategie der nachholenden Entwicklung abträglich. Neben der Unterbewertungsstrategie induziert hingegen eine selektive Protektion in Form von Zollpolitik den Strukturwandel, der notwendig ist, um steigende Wettbewerbsfähigkeit mit steigenden Reallöhnen kompatibel zu machen. Selektive Zollpolitik bewirkt eine Veränderung der komparativen Vorteile und zielt auf diejenigen Sektoren ab, die höhere Löhne bei konstanten Preisen erlauben.[65] Protektionismus wird somit für die Peripherie zu einer notwendigen Bedingung von Entwicklung, während Freihandel der Absicherung einer dominanten Position dient.[66]

Die Darstellung einer monetären Entwicklungsstrategie für Schuldnerländer zeigt, dass die von Argentinien in den 1990er Jahren gewählte Stabilisierung über ein CB sehr kontraproduktive Wirkungen hervorrufen musste, da die Austeritätspolitik allein in den Dienst einer Stabilisierung der Überbewertungskonstellation gestellt wurde, während letztere in Verbindung mit liberalisierten Gütermärkten einen beträchtlichen Teil der einheimischen Produktions- und Beschäftigungspotentiale zerstörte (vgl. Teil III und V).

I.3 Gliederung der Arbeit

Der weitere Aufbau der Arbeit gestaltet sich wie folgt: Der zweite Teil ist mit dem Titel „Der rentenpolitische Kontext: Theorie" überschrieben. Es geht um die Darstellung wichtiger Begriffe, Gestaltungsmerkmale und Paradigmen in der ökonomischen Analyse der Alterssicherung (Kapitel II.1) sowie um eine kritische Untersuchung der von der Orthodoxie postulierten ökonomischen Wirkungen von Rentensystemen (Kapitel II.2). Im letzten Kapitel (II.3) wird die internationale Rentenreformdebatte untersucht, die zum einen durch die chilenische Rentenprivatisierung von 1981, zum anderen durch die kontroverse Debatte um das Weltbankmodell geprägt ist. Als letzter Aspekt der internationalen Re-

---

[64] Dies wird in der Literatur als *impossible trinity* bezeichnet (fixer Wechselkurs, freier Kapitalverkehr, autonome Geldpolitik). Auf die Problematik fixer Wechselkurs, freier Kapitalverkehr und Aufwertungsdruck wird im Rahmen der Rentenreform erneut eingegangen, vgl. dazu insbesondere III.7.

[65] Vgl. Lüken gen. Klaßen 1993: 15 und 174. Ohne Strukturwandel besteht die Gefahr, dass aufgrund der Elastizitätsbedingungen eine Steigerung traditioneller Exporte zu sinkenden Erlösen führt.

[66] Vgl. Riese 1986b: 178 und Lüken gen. Klaßen 1993 175; vgl. hierzu die Ausführungen im Rahmen der Länderanalyse.

formdebatte werden die (Un-)Möglichkeiten struktureller Rentenreformen aus einer politökonomischen Perspektive betrachtet.

Thema des dritten Teils der Dissertation ist die Wirtschaftspolitik Argentiniens mit Schwerpunkt auf den Entwicklungen der 1990er Jahre. Zum besseren Verständnis der radikalen Reformpolitik unter Präsident Menem soll im ersten Kapitel ein zusammenfassender Rückblick auf Entwicklung und Krise der argentinischen Geldwirtschaft erfolgen (III.1), um daran anschließend dem Dilemma des *currency board*-Modells nachzugehen, welches in dem unauflösbaren Konflikt besteht, zwar Stabilisierung erreichen zu können, die Akkumulationsdynamik des Landes jedoch zu paralysieren. Die wirtschaftspolitischen Bereiche, die für das Verständnis des argentinischen Entwicklungsmodells und der Analyse der Rentenreform zentral sind, werden in den Kapiteln III.2 bis III.6 behandelt. Im letzten Kapitel des dritten Teils (III.7) soll im Rahmen einer Zwischenbewertung dargestellt werden, inwiefern sich eine strukturelle Rentenreform und das CB-Modell ergänzen bzw. in der orthodoxen Weltsicht eine Komplementaritätsbeziehung aufweisen.

Der vierte Teil der Arbeit liefert eine detaillierte Analyse der argentinischen Rentenreform von 1994. Die Analyse ist unterteilt in ein Kapitel über die historische Entwicklung des argentinischen Rentensystems (IV.1.1) und den politischen Reformprozess (IV.1.2) und ein Kapitel (IV.2), welches Konzeption und erste *performance* des neuen Systems entlang ökonomischer und sozialpolitischer Kriterien beschreibt.

Schließlich steht das Zusammenspiel zwischen Wirtschaftspolitik und Rentenreform in Argentinien im Mittelpunkt des fünften Teils. In Anknüpfung an die Ausführungen des dritten Teils zur argentinischen Wirtschaftspolitik *vor* Implementierung der Reform wird ein Überblick über die Wirtschaftsentwicklung *nach* 1994 gegeben (V.1). Die darauf folgende Analyse der Auswirkungen der Rentenreform auf die Staatsfinanzen (V.2), den Finanzsektor (V.3) und den Prozess der Einkommensbildung (V.4) soll die Verflechtung von Wirtschafts- und Sozialpolitik verdeutlichen. Das letzte Kapitel (V.5) gibt erste Hinweise darauf, wie sich die wirtschaftlichen Entwicklungen nach Inkrafttreten der Reform, d.h. die Effekte der Rezession, des Zusammenbruchs des *currency boards*, der Abwertung des Pesos und der Erklärung des Staatsbankrotts im Januar 2002, auf das neue Alterssicherungssystem auswirken.

Der letzte Teil (VI) der Dissertation greift Arbeitshypothesen und Ergebnisse auf und versucht, ein abschließendes Resümé zu ziehen.

Teil II

Der rentenpolitische Kontext: Theorie

Im folgenden Teil der Arbeit geht es darum, zentrale Begriffe der ökonomischen Analyse der Alterssicherung zu klären sowie Ausschnitte der theoretischen Diskussion einzuführen, die für die Untersuchung der Privatisierung der argentinischen Rentenversicherung eine Rolle spielen. Obwohl die wissenschaftliche Auseinandersetzung um die Bewältigung der Krise des Wohlfahrtsstaates und die ökonomischen Wirkungen von Rentensystemen bereits einige Jahrzehnte alt ist, hat sie sich seit Anfang der 1990er Jahre ausgeweitet und intensiviert.

In der jüngeren *welfare state*-Debatte können im Vergleich zur älteren Diskussion zwei neue Aspekte identifiziert werden: Während in der Vergangenheit v.a. die zunehmende wirtschaftliche Belastung der ausgebauten Sozialsysteme in den Industrieländern im Vordergrund stand[67], wird seit Anfang der 1990er Jahre der Problematik von sozialen Sicherungssystemen in Entwicklungsländern vermehrt Aufmerksamkeit gewidmet. Dabei wird u.a. der Frage nachgegangen, inwiefern Rentensysteme das Wirtschaftswachstum positiv oder negativ beeinflussen können.

Die Thematik der sozialen Sicherung in Entwicklungsländer ist dabei alles andere als homogen. Während für die meisten Länder der Peripherie die Herausforderung darin liegt, formelle Sicherungssysteme unter schwierigen wirtschaftlichen Rahmenbedingungen erst einzuführen bzw. rudimentäre Strukturen auszubauen, weil die traditionellen und familiären Sicherungsnetze durch die Veränderung der wirtschaftlichen und gesellschaftlichen Strukturen an Bedeutung oder Wirkungskraft verlieren, ähneln die Probleme der lateinamerikanischen Schwellenländer eher denen der Industrieländer. Zwar hat ein hoher Anteil der Bevölkerung Zugang zu ausgebauten formellen Sicherungssysteme; diese geraten aber durch demographische Veränderungen, sinkende Beschäftigung und begrenzte staatliche Ressourcen unter Reformdruck.[68]

Die Suche nach finanzierbaren und an die jeweiligen Ländergegebenheiten angepassten sozialen Sicherungssystemen basiert auf der Erkenntnis, dass wirtschaftliche und soziale Entwicklung in einem demokratischen Kontext zusammen gehören. Nicht nur ein hohes reales Pro-Kopf-Einkommen charakterisiert den Status der Ersten Welt, sondern auch die Qualität der Lebensbedingungen und die Einkommenssicherheit, d.h. der Zugang einer breiten Bevölkerungsmehrheit zu sozialen Leistungen wie Bildung, Kranken-, Unfall- und Ren-

---

[67] Allein diese Notion reflektierte schon einen Paradigmenwechsel im Vergleich zur Nachkriegszeit, als von einer weitgehend harmonischen Beziehung zwischen Wirtschafts- und Sozialsystem ausgegangen wurde. Vgl. zum paradigmatischen Wandel in der *welfare state*-Debatte z.B. Draibe/Henrique 1988, Snower 2000.

[68] Im Folgenden wird aus theoretischer Sicht nicht mehr explizit auf die allgemeine Problematik (formeller und informeller) sozialer Sicherungssysteme in der Dritten Welt eingegangen. Vgl. dazu z.B. Ahmad/Dreze 1991, Sankaran et al. 1994, Müller 2000b, BMZ 1999, Mesa-Lago 1999 u.a.

tenversicherung, Arbeitslosenunterstützung, Familienleistungen und Sozialhilfe. Auch wenn unterschiedliche Auffassungen über die konkrete Ausgestaltung und Reichweite sozialer Sicherungssysteme bestehen, existiert ein weitgehender Konsens darüber, dass der Ausgleich einkommensbedingter Risiken neben seinen integrierenden und legitimierenden sozialen und politischen Wirkungen auch wichtige ökonomische Funktionen ausübt. Entwicklung des Humankapitals, Erhöhung der Arbeitsproduktivität sowie die Dämpfung von Konjunkturzyklen durch automatische Stabilisatoren seien hier nur als Stichworte genannt.

Wie die jüngste Debatte jedoch zeigt, und dies ist der zweite neue Aspekt, gehen neuerdings die wirtschaftlichen Ziele, die mit sozialen Sicherungssystemen und insbesondere Rentensystemen verbunden werden, über diese bescheidenen Funktionen weit hinaus. Ein Rentensystem, welches auf dem individuellen Kapitaldeckungsverfahren basiert und privat verwaltet wird, soll nach Auffassung orthodoxer Ökonomen die aggregierte Ersparnis erhöhen, auf diese Weise Investitionen stimulieren und in Verbindung mit positiven Effekten auf den Finanzsektor und den Arbeitsmarkt das Wirtschaftswachstum fördern. Bei der Verbreitung dieser neuen rentenpolitischen Orthodoxie hat die Weltbank eine Katalysatorfunktion eingenommen. Sie hat die in den 1970er Jahren von US-Ökonomen initiierte Privatisierungsdebatte aufgegriffen und über das Propagieren ihres *multi-pillar approach* die traditionellen Paradigmen und Akteure in der Wohlfahrtsstaat-Diskussion abgelöst.

Teil II der Dissertation ist wie folgt aufgebaut: In einem ersten Kapitel werden ausgewählte Aspekte der ökonomischen Analyse der Alterssicherung dargestellt, wobei diese Auswahl selektiv und im Hinblick auf die Länderstudie erfolgt ist und nicht den Anspruch erhebt, die umfassende wissenschaftliche Diskussion über diese Themen abzudecken. Es sollen grundlegende Begriffsklärungen erfolgen, Gestaltungsoptionen und Paradigmen der Alterssicherung beschrieben werden sowie die von der Orthodoxie postulierten ökonomischen Wirkungen von Rentensystemen auf Ersparnis, Wachstum, Finanzsektor und Arbeitsmarkt kurz dargestellt und aus geldwirtschaftlicher Perspektive kritisiert werden.

Im zweiten Kapitel des rententheoretischen Teils geht es um den internationalen Reformdiskurs. Die bereits in Kapitel I.2 kritisierten wirtschaftspolitischen Empfehlungen liegen nämlich auch dem einflussreichen *Policy Report* der Weltbank von 1994 zugrunde. Seit der chilenischen Rentenreform von 1981, die mit einer vergleichsweise positiven wirtschaftlichen Entwicklung einherging, gelten diese Argumentationslinien auch als Rechtfertigung für die hochgesteckten ökonomischen Erwartungen, die in Transformations- und Entwicklungsländern mit einer Rentenprivatisierung verbunden sind. Wie bereits im ersten Teil der Arbeit angesprochen wurde, gehen die postulierten Vorteile der Ansammlung eines Sparfonds auf die gleichen theoretischen Wurzeln zurück, wie der

Mythos von der Finanzierungslücke in Entwicklungsländern, der über Jahrzehnte die Praxis der Entwicklungshilfe von bi- und multilateralen Kreditgebern bestimmte.[69]

Abschließend werden einige Hypothesen aus dem Bereich der Politischen Ökonomie der Rentenreform aufgegriffen, die später für die Analyse des Reformprozesses, der beteiligten Akteure sowie des Reformergebnisses in Argentinien herangezogen werden.

II.1 Ausgewählte Aspekte der ökonomischen Analyse der Alterssicherung

II.1.1 Begriffsklärung

Die ökonomische Aufgabe eines sozialen Netzes kann als die Gewährleistung eines adäquaten Einkommens in allen Lebenslagen, d.h. sowohl im normalen Lebenszyklus (Kindheit, Mutterschaft und Erziehungszeiten, Krankheit, Alter) als auch in außergewöhnlichen Notlagen (Arbeitslosigkeit, Unfall, Invalidität, Hinterbliebene) bezeichnet werden (Börsch-Supan 1997, Nitsch 1997). Das soziale Netz umfasst dabei in einer weiten Definition Solidargemeinschaften (Familie, Verwandtschaft, Nachbarschaft), kooperative Systeme für Mitglieder von (Selbsthilfe-) Organisationen und Verbänden (Gewerkschaften, Genossenschaften), private und betriebliche Versicherungen sowie die staatliche Sozialversicherung und öffentliche Sozialleistungen (BMZ 1999). 1952 wurde von der Internationalen Arbeitsorganisation das Übereinkommen Nr. 102 über die Mindestnormen sozialer Sicherheit verabschiedet, welches als Standardrisiken Krankheit, Arbeitslosigkeit, Alter, Arbeitsunfälle, Berufskrankheiten, Mutterschaft sowie Invalidität und Tod eines Unterhaltspflichtigen klassifiziert hat.

Die Festlegung der Höhe eines adäquaten Einkommens bzw. minimalen Konsumniveaus und das Ausmaß der staatlichen Eingriffe hängen sowohl von den makroökonomischen Rahmenbedingungen als auch von Wertvorstellungen und Leitbildern einer Gesellschaft ab. Tendiert letztere zu einer Leistungsgesellschaft mit Betonung des Individualprinzips, wird sie soziale Sicherungssysteme vorziehen, die die persönliche Freiheit und Leistungsbereitschaft des Individuums möglichst wenig beeinträchtigen. Entsprechend sollte für Ereignisse, die

[69] Vgl. zu einer Kritik an der Anwendung der sogenannten Lückenkonzepte (*two-gap-model*) Easterly 1999.

im normalen Lebenszyklus zu erwarten sind, durch Sparen[70] und für Risiken, die am Markt versicherbar sind[71], eigenverantwortlich vorgesorgt werden. Das Versicherungsprinzip (auch Äquivalenzprinzip) wird zum zentralen Prinzip. Der Finanzierungsanteil eines Einzelnen wird nach der Höhe seines individuellen Beitrags zum Gesamtrisiko festgesetzt.

Bezeichnet sich eine Gesellschaft hingegen als Sozialstaat, wird dem Solidar- oder Sozialprinzip ein höherer Stellenwert eingeräumt und Freiheit bzw. Gerechtigkeit nicht formal, sondern auch material bzw. distributiv interpretiert. Die Gesellschaft trägt Mitverantwortung für die Gestaltung der individuellen Lebensbedingungen (vgl. Kath 1995), so dass neben der Versicherungs- und Sparkomponente zusätzlich Umverteilungsmaßnahmen durchgeführt werden. Das Ausmaß der staatlichen Zwangsversicherung nimmt in der Regel zu.[72]

Weitere wichtige Gestaltungsprinzipien in der sozialen Sicherung sind das Versorgungsprinzip, das Leistungen ohne Gegenleistung in Form von Beitragszahlungen für bestimmte Gesellschaftsmitglieder (z.B. Beamte, Kriegsopfer) oder sogar die ganze Wohnbevölkerung (Staatsbürgerversorgung) beinhaltet, und das Fürsorgeprinzip, nach dem Leistungen nach einer Prüfung der individuellen Bedürftigkeit und auf Grundlage des Subsidiaritätsgrundsatzes (wie beispielsweise bei der Sozialhilfe) erteilt werden.

II.1.2 Gestaltungsmerkmale

Systeme der Alterssicherung, welche die Bereitstellung eines ausreichenden Einkommens im Fall der Invalidität, dem Tod des Haupteinkommensbeziehers und dem Erreichen einer bestimmten Altersgrenze gewährleisten sollen, können je nach zugrunde liegenden Wertvorstellungen und paradigmatischer

[70] Dies setzt allerdings die Existenz von perfekten Kapitalmärkten und den Zugang der gesamten Bevölkerung zu diesen voraus.

[71] Nach Kath 1995: 431-2 ist Versicherbarkeit gegeben, wenn eine hinreichend große Zahl an Individuen durch potentiell gleichartige Risiken bedroht ist, zu jedem Zeitpunkt jedoch nur ein Teil tatsächlich von Folgen der Risiken betroffen ist, Schadensfälle unabhängige Ereignisse sind, Probleme von adverser Selektion und moralischem Risiko ausgeschlossen werden können und das Ausmaß des Gesamtschadens kalkuliert werden kann.

[72] Umverteilungsmaßnahmen erhalten auch ihre Berechtigung durch die Tatsache, dass in sozialen Sicherungssystemen nicht nur monetäres Einkommen transferiert wird, sondern gerade Frauen über Kindererziehung und Pflegeleistungen nicht monetär entgoltene Arbeitsleistungen in den Konsum von Nicht-Erwerbstätigen investieren, vgl. Nitsch 1997: 16.

Orientierung unterschiedlich ausgestaltet werden. Folgende grundsätzliche Entscheidungen sind hierbei zu treffen (vgl. Müller 1999, Homburg 1988 u.a.).

a) Zwangsversicherung versus freiwillige Versicherung

Bei einer Zwangsversicherung wird eine Voll- oder Mindestsicherung gesetzlich vorgeschrieben und staatlich kontrolliert. Das Hauptargument für eine obligatorische Versicherung ist die mögliche mangelnde Eigenvorsorge der Individuen, die entweder mit Kurzsichtigkeit[73] oder einem absichtlichen Trittbrettfahrer-Verhalten (*free-riding*) begründet wird. Unzureichende oder fehlende Eigenvorsorge führt zu späteren Kosten für den Staat und bildet somit eine negative Externalität, welche eine Zwangsmitgliedschaft rechtfertigen kann. Zudem kann es bei freiwilliger Versicherung zu Problemen der adversen Selektion (in Bezug auf Langlebigkeit und Erwerbsunfähigkeit) kommen. Über eine Zwangsversicherung, die gute und schlechte Risiken poolt, kann dieses Problem vermieden werden.[74]

b) Staatliche versus private Verwaltung

Alterssicherungsverfahren können unabhängig davon, ob es sich um freiwillige oder um obligatorische Versicherungen handelt, staatlich oder privat verwaltet werden. Die Verwaltung der Pflichtversicherung steht jedoch im Mittelpunkt des Interesses, da sie quantitativ am bedeutendsten ist und Aussagen über die paradigmatische Orientierung eines Rentensystems zulässt (vgl. Müller 1999).

Liberal eingestellte Ökonomen und Sozialpolitiker werden grundsätzlich einer privaten Trägerschaft höhere Effizienz beimessen. Dabei besteht die Erwartung, dass private Verwaltung, die nur bei dezentralen, wettbewerblich organisierten Rentenfonds oder Lebensversicherungen Sinn macht, einem staatlichen Monopol überlegen ist, weil vollkommener Wettbewerb zu höheren Leistungen bei geringeren Kosten führt. Zusätzlich wird die Empfänglichkeit staatlicher Institutionen für politischen Druck, die in der Manipulation von wichtigen Variablen des Systems oder zur Gewährleistung von Privilegien und nicht finanzierba-

---

[73] Dieses Argument geht auf das Postulat der Minderschätzung (Abdiskontierung) zukünftiger Bedürfnisse von Böhm-Bawerk (1921) zurück, vgl. Homburg 1988, Kap. 4.2 für eine ausführliche Kritik.

[74] Mangels Information über individuelle Risiken orientieren sich Versicherungsprämien am durchschnittlichen Risiko. Dies kann für gute Risiken zu teuer sein und lockt überproportional schlechte Risiken an, vgl. Börsch-Supan 1997: 184. Hier ist anzumerken, dass die Prämien nach Maßgabe von Selbst- oder Fremdauskünften (Ärzten) der Versicherungsnehmer durch Risikozuschläge (z.B. für Raucher) zunehmend individualisiert werden.

ren Leistungsversprechen resultiert, angeführt und auf die mangelnde Glaubwürdigkeit vieler staatlicher Sozialversicherungssysteme verwiesen (vgl. auch die Argumente der Weltbank unter II.3.2). Dennoch wird in der Regel nicht in Frage gestellt, dass es sich bei einer obligatorischen Alterssicherung immer um ein staatliches System handelt, da selbst bei privater Trägerschaft dem Staat eine Vielzahl von Aufgaben verbleiben, welche die Kontrolle und Regulierung der privaten Träger sowie eine generelle Risikoabsicherung der Versicherten betrifft.

Aus einer sozialstaatlichen Perspektive sind staatliche Systeme privaten dann überlegen, wenn innerhalb der Rentenversicherung auch Umverteilung zugunsten bestimmter Versichertengruppen (Frauen, Familien) bzw. zwischen Hoch- und Niedrigverdienern stattfinden soll und wenn es um die Bewältigung von (teilweise systemischen) Risiken wie Kriegen, Wirtschaftskrisen, Kapitalmarktrisiken oder Inflation nach Renteneintritt geht. Was die Verwaltungskosten angeht, so haben sich dezentrale Rentensysteme aufgrund ihrer hohen Werbungs- und Marketingkosten sowie geringerer Skaleneffekte als weitaus kostenintensiver herausgestellt als die meisten staatlichen Sozialversicherungen.

c) Sparen und Versicherung versus Umverteilung

Sowie der staatliche Charakter einer obligatorischen Rentenversicherung unstrittig sein dürfte, besteht auch ein Konsens darüber, dass individuelles Sparen, selbst wenn es gesetzlich verpflichtend wäre, keinen ausreichenden Risikoschutz für Hinterbliebene, bei Berufsunfähigkeit, Langlebigkeit (d.h. Überleben über die durchschnittliche Lebenserwartung der Bevölkerung hinaus) und auch in Bezug auf das allgemeine Einkommensrisiko einer Generation (Inflations- und Zinsrisiko) bietet. Die hierfür notwendige kollektive Absicherung kann jedoch bis auf das zuletzt genannte Risiko auch durch private Versicherungen geleistet werden, die eine versicherungsmathematisch korrekte Beziehung zwischen Beiträgen und Leistung herstellen (s.o.). In einem erweiterten Sinne wird eine Rentenversicherung als versicherungsmathematisch fair bezeichnet, wenn der Nettoerlös aus der Teilnahme an dem Alterssicherungssystem gleich Null ist, d.h. wenn für alle Pensionierungsalter und alle Kohorten der Barwert der Auszahlungen gleich dem Barwert der Einzahlungen ist (Börsch-Supan 1997: 201-2).

Baut die Alterssicherung nur auf den beiden Prinzipien Sparen und Versichern auf, so handelt es sich um ein System, welches über den Markt organisiert werden kann: Die im Erwerbsleben aufgebauten Statusdifferenzen sowie vorhandene individuelle Risikomerkmale (z.B. demographische Risiken) werden in den Ruhestand übertragen. Das Individualprinzip, auf dem eine liberal orientierte Gesellschaft basiert, käme vollständig zum Tragen.

Umverteilungsmechanismen, die nur in einem Zwangssystem möglich sind, zielen hingegen auf eine Angleichung von Alterseinkommen ab, indem z.B. zwischen Arm und Reich umverteilt wird (allerdings ist die Lebenserwartung und damit die Zeit des Rentenbezugs von Hocheinkommensbeziehern höher[75]) oder Ausfallzeiten bei der Beitragszahlung aufgrund von Ausbildung, Erziehungszeiten oder Arbeitslosigkeit kompensiert werden.[76]

Umverteilungspolitik innerhalb eines Rentensystems wird von der rentenpolitischen Orthodoxie weitgehend abgelehnt, zumindest in der Form, wie sie in den bestehenden staatlichen Rentensystemen bisher durchgeführt worden ist. Die Kritik bezieht sich neben dem Vorwurf mangelnder Transparenz und politischer Manipulierbarkeit zum einen auf die regressiven Umverteilungswirkungen, die sich durch höhere Leistungen für privilegierte Gesellschaftsgruppen und deren (teilweise) Finanzierung über indirekte (Konsum-)Steuern ergeben.[77] Zum anderen betreffen sie die Finanzierungsprobleme und steuerlichen Belastungen (mit entsprechenden Verzerrungen für die Wirtschaft), die durch eine fehlende versicherungsmathematische Äquivalenz zwischen Beiträgen und Leistungen in der Rentenversicherung verursacht werden.

Auch die aggregierte Ersparnis kann nach Auffassung einiger Autoren durch Umverteilung beeinträchtigt werden. Auerbach/Kotlikoff (1998: 165) weisen darauf hin, dass intra-generationale Umverteilung zu einer Senkung der Ersparnis führt, wenn von Haushalten mit hoher Sparneigung zu Haushalten mit hoher Konsumneigung umverteilt wird. Für Thompson (1983: 1445) würde hingegen eine inverse Umverteilung innerhalb des Rentensystems von Arm zu Reich zu sinkender Ersparnis führen, weil Hochverdiener ihre private Ersparnis bei höheren Leistungen reduzieren, während Niedrigverdiener die Rentensenkung über andere Transferleistungen kompensieren müssen. Die Auswirkungen eines Rentensystems auf die Ersparnis werden unter II.2.2 genauer betrachtet.

[75] Mitchell/Zeldes (1996: 365) verweisen diesbezüglich auf eine Studie von Konstantijn Panis und Lee Lillard von 1995: Socioeconomic Differentials in the Returns to Social Security. RAND WP, Santa Monica, CA.

[76] Thompson (1983: 1462) weist darauf hin, dass die Absicherung gegen das Risiko eines intra-generational unterdurchschnittlichen Einkommens durch Umverteilungsmechanismen durchaus mit dem Versicherungsansatz vereinbar ist und eine Abweichung vom individuellen Äquivalenzprinzip rechtfertigt.

[77] Obwohl grundsätzlich die Finanzierung von Sozialtransfers über Pauschalsteuern aufgrund der geringeren Verzerrungen bevorzugt wird, vgl. Auerbach/Kotlikoff 1998.

d) Kapitaldeckungsverfahren versus Umlageverfahren

Eine weitere zentrale Entscheidung bei der Gestaltung von Alterssicherungsverfahren bezieht sich auf die Wahl der Finanzierungsmethode. Beim Umlageverfahren (PAYG *pay-as-you-go system*) werden die Rentenleistungen durch Beiträge der Erwerbstätigen finanziert. Grundlage der Umlagefinanzierung ist deshalb ein so genannter Generationenvertrag, bei dem die Beitragszahlung der Erwerbstätigen zugunsten der Rentnergeneration einen Anspruch auf spätere Rentenleistungen begründet, die dann wiederum Beitragszahlungen der Erwerbsgeneration voraussetzen. Eine Teilnahme am wirtschaftlichen Fortschritt wird im Umlageverfahren durch Indexierungsregeln gewährleistet, wobei Rentenleistungen entweder an die Preis- oder an die Lohnentwicklung angepasst werden.

Im Kapitaldeckungsverfahren (FF *fully funded system*) hingegen zahlt die aktive Generation in Rentenfonds ein, deren akkumuliertes und verzinstes Kapital die Einkommensleistungen im Ruhestand speist, indem z.B. das individuell angesparte Kapital in eine Annuität (lebenslanger gleicher Zahlungsstrom) umgewandelt wird. Im Rahmen des Kapitaldeckungsverfahrens besteht auch die Möglichkeit, einen zentralen, staatlich verwalteten Rentenfonds aufzubauen (*national provident fund*) bzw. eine Mischung aus Umlage und Kapitaldeckung über ein Abschnittsdeckungsverfahren (Kapitalakkumulation über bestimmte Periode oder für bestimmte Gruppen) zu realisieren.

Bei einer Bewertung der beiden Finanzierungsverfahren stehen die ökonomischen Auswirkungen von Umlage versus Kapitaldeckung im Vordergrund der Debatte. Dem Kapitaldeckungsverfahren werden von orthodoxen Ökonomen eine höhere interne Rendite als dem Umlageverfahren und positive Effekte auf die wirtschaftliche Entwicklung zugeschrieben (vgl. II.2). Aus einer sozialpolitischen Perspektive sind, neben der Frage der Umverteilung, die unterschiedlichen Risiken für die Versicherten zu beachten (siehe Tab. 2.1).[78] Während Versicherte im Kapitaldeckungsverfahren stärker durch makroökonomische Risiken betroffen sind, als im Umlageverfahren, wird die Gefahr von politischen Risiken im Umlageverfahren höher eingeschätzt. Was demographische Risiken anbetrifft, sind Versicherte in beiden Finanzierungsverfahren betroffen. Die Diskussion um eine Veränderung der individuellen Risiken bei einer Umstellung des Finanzierungsverfahrens wird vor allem von der Internationalen Arbeitsorganisation ILO und anderen Kritikern des Weltbankmodells aufgegriffen (vgl. Kapitel II.3).

---

[78] Risiken haben neben einer sozialen natürlich auch eine (makro-)ökonomische Komponente, da die Folgen von systemischen Krisen häufig staatlich finanziert werden müssen.

e) Beitragsprimat versus Leistungsprimat

In der jüngsten Rentendiskussion haben zwei neue Begriffe Einzug gehalten, die eine weitere Grundsatzentscheidung bei der Ausgestaltung von Alterssicherungssystemen betreffen. Es geht um die Wahl zwischen einem System mit Leistungsprimat (DB *defined benefit system*), d.h. nach einer festzulegenden Rentenformel wird eine definierte Lohnersatzrate garantiert und zu diesem Zweck andere Variablen des Systems wie z.B. der Beitragssatz angepasst, oder einem System mit Beitragsprimat (DC *defined contribution system*), in dem die Rentenleistung von dem akkumulierten Kapital (Beiträge plus Verzinsung) bei Renteneintritt sowie individuellen demographischen Merkmalen abhängt. Ein System mit Beitragsprimat macht in erster Linie im Rahmen eines individuellen Kapitaldeckungsverfahren Sinn. Die versicherungsmathematisch korrekte Rentenberechnung bei einem stabilen Beitragssatz kann jedoch auch innerhalb der Umlagefinanzierung angewendet werden, was als *notional defined contribution*-System (NDC) bezeichnet wird. Hier findet die Kapitalakkumulation allerdings nur fiktiv statt, so dass auch die Verzinsung der individuellen Beiträge nur eine virtuelle ist und politisch festgelegt werden muss (z.B. nach Wachstumsraten, Preis- oder Lohnsteigerungen etc.).[79]

Der Hauptunterschied zwischen der Garantie einer festen Rentenleistung und der Festlegung eines Beitragssatzes besteht in der Risikoverteilung zwischen Individuum, Versichertenkollektiv, Versicherungsgesellschaften und dem Staat. Die *defined contribution*-Lösung überträgt langfristige Risiken in Bezug auf Inflation, Investitionen, demographische Merkmale (wie Geschlecht und Familienstand) auf das Individuum und betont das Ziel der finanziellen Nachhaltigkeit der Rentenversicherung bei stabiler Beitragsbelastung der Lohnsumme (vgl. Schwarzer 2003 sowie Tabelle 2.1).[80]

---

[79] Vgl. z.B. Holzmann 1997c und Müller 1999. NDC-Pläne wurden in Schweden, Italien und verschiedenen osteuropäischen Staaten eingeführt. Der Vorteil im Vergleich zu einem Übergang zu kapitalgedeckten DC-Plänen liegt in der Tatsache, dass keine Übergangskosten zu finanzieren sind, da die implizite Rentenschuld nicht explizit gemacht wird. Vgl. weiter unten.

[80] Vgl. zur Diskussion der Risikoverteilung und -bewältigung in Rentensystemen auch Mitchell 1997, Burtless 2000, Srinivas et al. 2000 sowie die ausführliche Analyse unter IV.2.3.2.

Tabelle 2.1 Risikoanfälligkeit von Finanzierungsverfahren der Rentenversicherung

	Umlageverfahren	Kapitaldeckungsverfahren
Makroökonomische Risiken		
Negativer Outputschock	Niedrigere Einnahmen, aber Effekte auf Individuen können gemildert werden	Mögliche Finanzierungseffekte, die nicht gemildert werden können
Arbeitslosigkeit	Niedrigere Einnahmen, aber Effekte auf Individuen können gemildert werden	Keine Wirkung auf Finanzierung, aber betroffenes Individuum erhält in Zukunft niedrigere Leistungen
Niedriges Lohnwachstum	Niedrigere Einnahmen, aber Effekte auf Individuen können gemildert werden	Keine Wirkung auf Finanzierung und gegenwärtiges Leistungsniveau
Finanzkrisen (Depression, Krieg, Hyperinflation, Naturkatastrophe)	Eventuell niedrigere Einnahmen, aber Effekte auf Individuen können gemildert werden	Akkumulierter Vermögensbestand wird reduziert oder eliminiert
Niedrige Ertragsraten	Keine direkten Auswirkungen auf Finanzierung und Leistungen	Keine Wirkung auf Finanzierung, aber niedrigere Leistungen
Demographische Risiken		
Höhere Abhängigkeitsrate	Verschlechterung der Finanzierung	Keine Wirkung auf Finanzierung und Leistungsniveau
Niedrigere Erwerbsbevölkerung	Höhere Löhne und zukünftige Leistungen	Niedrigere Ertragsraten und zukünftige Leistungsniveaus
Politische Risiken		
Vertragsänderung	Leicht	Schwierig
Abhängigkeit von Budgetsituation	Hoch	Niedrig

Quelle: Holzmann 1997c: 9, modifiziert.

II.1.3 Paradigmen

Mit dieser ersten Gegenüberstellung der zentralen Designparameter für ein Alterssicherungssystem ist bereits deutlich geworden, dass in jeweiliger Übereinstimmung mit dem vorherrschenden sozialpolitischen Paradigma eines Landes eine bestimmte Kombination der Merkmale wahrscheinlich wird. Diese spiegelt die gesellschaftliche Auffassung über die Rolle des Staates, das Ausmaß der Eigenverantwortung der Individuen sowie der gesellschaftlichen Verantwortung gegenüber seinen Bürgern wider. Einer liberalen Position entspräche die Kombination freiwillige, privat verwaltete Rentenversicherung auf Basis individueller Kapitaldeckung. Würde aus den unter II.1.2 angeführten Gründen ein obligatorisches Rentensystem befürwortet, käme die Präferenz für ein System mit Beitragsprimat hinzu.[81] Eine sozialstaatliche Position würde sich demgegenüber durch eine Präferenz für ein staatliches Pflichtsystem mit Umlagefinanzierung und Umverteilungselementen sowie einer festgelegten Lohnersatzrate ausdrücken.

Diese beiden paradigmatischen Alternativen sind nur bedingt mit den historischen Paradigmen von Bismarck und Beveridge kompatibel, welche die sozialstaatliche Debatte über Jahrzehnte geprägt haben.[82] Das Bismarcksche Sozialversicherungsmodell hat als Zielgruppe abhängig Beschäftigte und ihre Familien und charakterisiert sich durch beitragsfinanzierte einkommensbezogene Rentenleistungen, so dass ein Statuserhalt bzw. eine Sicherung des erreichten Lebensstandards im Alter stattfindet.[83] Der wohlfahrtsstaatliche Ansatz vom Beveridge-Typ zielt hingegen auf einen Schutz der gesamten (bedürftigen) Bevölkerung vor dem Risiko der Altersarmut ab und basiert auf steuerfinanzierten uniformen Leistungen.[84] Beide Paradigmen gehen von einer staatlichen Verwaltung aus, allerdings wird diese im Bismarckschen Typus innerhalb von drei-

[81] Zerche/Gründger 1996: 103-6 unterscheiden zwischen liberaler Konzeption der Sozialen Sicherung mit Versicherungszwang bis zum Existenzminimum und modifizierter liberaler Position mit steuerfinanziertem Existenzminimum plus freiwilliger Vorsorge.

[82] Vgl. auch die Klassifizierung von Esping-Andersen 1990 in konservativ-korporatistische Regimetypen (Österreich, Frankreich, Deutschland und Italien) versus liberale (USA, Kanada, Australien, Grossbritannien) und sozialdemokratisch-universalistische Typen (Norwegen, Schweden, Finnland, Dänemark).

[83] Bismarck führte 1883 die Krankenversicherung, 1884 die Unfallversicherung und 1889 die gesetzliche Rentenversicherung ein und verfolgte damit u.a. das Ziel einer Stabilisierung der monarchistischen Gesellschaftsordnung und ein Zurückdrängen der sozialistischen Arbeiterbewegung. Ein Übergang vom kollektiven Kapitaldeckungsverfahren zum Abschnittsdeckungsverfahren und schließlich zum Umlageverfahren fand in den 50er Jahren statt, nachdem der Kapitalstock durch die Hyperinflation in den 1920ern und in Folge von zwei Weltkriegen erodiert war. Vgl. Wilde 1981: 8-16, Lampert 1996, Rösner 1999.

[84] Leistungen im Beveridge-Modell können universell nach Bürgerstatus oder nach Bedürftigkeitsprüfung erbracht werden. Rösner 1999: 20 weist auf die konzeptionelle Geschlossenheit des Beveridge-Modells als zentralisiertes Grundsicherungssystem mit dem Ziel der Armutsvermeidung hin, während bei Bismarck nachgelagerte Sicherungssysteme zur Armutsvermeidung (z.B. Sozialhilfe) notwendig werden. Andererseits ist zum Erhalt des Lebensstandards im Beveridge-Modell private Vorsorge notwendig, die beim Bismarckschen System nur eine additive Funktion hat, vgl. Döring 1999: 159-60.

gliedrigen Gremien durch Vertreter aus Gewerkschaften und Arbeitgeberverbänden ergänzt.[85]

Tabelle 2.2 Paradigmen der Alterssicherung: Bismarck und Beveridge im Vergleich

	Bismarck-Modell	**Beveridge-Modell**
Ziel	Statuserhalt	Armutsvermeidung
Leistungsart	Einkommensbezogen	Einheitlich
Leistungsvoraussetzung	Beitragszahlungen	Bürgerstatus oder Bedürftigkeit
Finanzierung	Beiträge	Steuern
Verwaltung	Tripartite Gremien	Öffentlich-zentralisiert

Quelle: nach Müller 1999

In Lateinamerika hatte vor allem die Bismarcksche Sozialversicherung eine Vorbildfunktion bei der Entwicklung der Rentensysteme in der Region (vgl. Teil IV.1). Dennoch handelt es sich in der gegenwärtigen Reformdiskussion nicht mehr um eine Auseinandersetzung zwischen *tax-transfer model* à la Beveridge versus *insurance model* à la Bismarck. Beitragsfinanzierte Sicherungssysteme werden aufgrund ihrer höheren Transparenz und einer besseren Anreizwirkungen allgemein bevorzugt, während Steuerfinanzierung in zunehmendem Maße nur noch für die Sicherung des Existenzminimums akzeptiert wird.[86] Die Kontroverse geht, wie bereits angedeutet, um die staatliche oder private Verwaltung der Zwangssicherung, das Finanzierungsverfahren und die Leistungsgarantien. Wie Müller (1999: 14) anmerkt, findet häufig eine Kombination der beiden Modelle in einem mehrschichtigen Rentensystem statt, bei dem z.B. eine erste Säule Beveridge-Typ-Leistungen gewährt und eine zweite Säule nach den Bismarckschen Prinzipien organisiert ist. Dieser Trend wird bei der Darstellung der Reformvorschläge der internationalen Organisationen in Kapitel II.3 näher erläutert werden.

---

[85] Nitsch (1997: 30-31) definiert die tripartite Verwaltungsstruktur der Sozialversicherung als zweiten Staat. Da private Verbände hier öffentliche Funktionen wahrnehmen, wird auch von einem korporatistischen System gesprochen. Problematisch ist, dass aufgrund der Interessen der beteiligten Akteure kein Druck auf Steuersenkungen besteht (alle profitieren von höheren Beiträgen), wie im liberal-demokratischen System.

[86] Die breitere Bemessungsgrundlage des allgemeinen Steuersystems im Vergleich zur Beitragsfinanzierung wird zwar eher der gegenwärtigen Schrumpfung des Lohnsektors gerecht, allerdings ist eine reine Steuerfinanzierung von Lohnersatzleistungen aus den genannten Gründen (politischer Widerstand, wirtschaftliche Leistungsfähigkeit) problematisch. Vgl. auch OIT 1984.

II.2 Ökonomische Wirkungen von Rentensystemen

Wirtschaftswissenschaftler beschäftigen sich bereits seit mehr als vierzig Jahren mit der Frage, welche Wirkungen die Einführung einer obligatorischen Rentenversicherung in mikro- und makroökonomischer Hinsicht auslöst. Dabei geht es insbesondere um den Einfluss umlagefinanzierter oder kapitalgedeckter Systeme auf die nationale Ersparnis, den Finanzsektor und den Arbeitsmarkt. Nachdem zahlreiche Studien zu dem Ergebnis kamen, das Kapitaldeckungsverfahren sei dem Umlageverfahren aufgrund einer höheren Rendite sowie positiven Effekten auf Kapital- und Arbeitsmarkt überlegen, trat die Frage eines Systemwechsels in den Vordergrund. Denn der Übergang von einem Umlageverfahren zu einem Kapitaldeckungsverfahren erfordert die Finanzierung von Übergangskosten, die durch die Transformation der impliziten Rentenansprüche des Generationenvertrages in explizite Staatsverschuldung entstehen. In den nächsten Abschnitten werden die Diskussion dieser Themen sowie eine Kritik aus geldwirtschaftlicher Perspektive dargestellt.

II.2.1 Ist die Verzinsung im Kapitaldeckungsverfahren der internen Rendite des Umlageverfahrens überlegen?

Die Beantwortung dieser Frage erfolgt in der Literatur im Rahmen des Generationenmodells (overlapping-generations model), das im vereinfachten Fall zwei Generationen und zwei Perioden annimmt:[87] In jeder Periode t existieren zwei Generationen, N_t^1 Erwerbstätige und N_t^2 Rentner, die in der vorherigen Periode erwerbstätig waren, so dass gilt:

(1) $$N_t^1 = N_{t+1}^2.$$

Die Wachstumsrate der Erwerbstätigen ist definiert als

(2) $$n_t = (N_t^1 - N_{t-1}^1) / N_{t-1}^1$$

und die Wachstumsrate der Löhne g in Periode t als

(3) $$g_t = (w_t - w_{t-1}) / w_{t-1}$$

[87] Das Generationenmodell geht auf Samuelson 1958 zurück. Siehe auch Ando/Modigliani 1963 sowie Diamond 1965. Für eine ausführliche Darstellung siehe Homburg 1988.

Die Bevölkerungsentwicklung und der Zinssatz r werden als exogen angenommen. Ein repräsentatives Individuum will seinen Nutzen über die gesamte Lebensdauer maximieren:

(4) $$U = U(c_t^1, c_{t+1}^1)$$

Wird nun ein **umlagefinanziertes Rentensystem** eingeführt, müssen per definitionem Einnahmen und Ausgaben einer Periode übereinstimmen:

(5) $$N_t^1 w_t b_t = N_t^2 p_t$$

wobei b den Beitragssatz und p die Pro-Kopf-Rente darstellt, die unter Berücksichtigung von (1)

(6) $$p_t = (1 + n_t) w_t b_t$$

ergibt, so dass die Rente in der Periode t von der Wachstumsrate der Erwerbstätigen, vom Lohnsatz w sowie vom Beitragssatz in t abhängt.

Bei konstantem Beitragssatz und ohne Umverteilung folgt durch Umformungen der obigen Gleichungen für die interne Rendite i des Umlageverfahrens:

(7) $$1 + i_t = (1 + n_t)(1 + g_{t+1})$$

Die Rentenbeiträge verzinsen sich im Umlageverfahren mit der Wachstumsrate der Lohnsumme.

In einem **Kapitaldeckungsverfahren** werden die Renten in Periode t von den Beitragseinnahmen wb sowie dem Kapitalmarktzins r der Vorperiode bestimmt:

(8) $$p_t = (1 + r_{t-1}) w_{t-1} b_{t-1}$$

Die beiden Verfahren weisen dann die gleiche Rendite auf, wenn der Kapitalmarktzins der Wachstumsrate der Lohnsumme entspricht.[88]

[88] Der Fall $n + g > r$ wird von Aaron 1966 als Sozialversicherungsparadoxon bezeichnet, da in diesem Fall ein Umlageverfahren höhere soziale Wohlfahrt erbringt, als ein Kapitaldeckungsverfahren. Vgl. für eine Kritik Seidl 1988. Der Renditevergleich bezieht sich auf ein partielles Gleichgewicht und ignoriert Wirkungen der Rentenversicherung auf die Faktoreinkommen w und r.

In der jüngeren Rentendebatte wird vor dem Hintergrund einer aus demographischen Gründen abnehmenden Erwerbstätigenzahl sowie einer zunehmenden Freisetzung von Arbeit bei nur mäßigem Lohnwachstum dieser Renditevergleich herangezogen, um die Überlegenheit eines Alterssparsystems zu beweisen, dessen Beitragsrendite auf dem Kapitalmarktzins beruht.[89]

Feldstein (1998) vergleicht beispielsweise die Rendite des umlagefinanzierten US-amerikanischen Rentensystems seit 1960 (2,6% reales Lohnwachstum jährlich) mit der Rendite nicht-finanziellen, unbesteuerten Unternehmenskapitals (9,3%). Er errechnet aufgrund dieser Renditedifferenz einen jährlichen Wohlfahrtsverlust von 6% des BIP (ebenda: 9). Börsch-Supan (1998: 145-47) vergleicht den Gegenwartswert von Beitragszahlungen mit dem Gegenwartswert von Rentenleistungen über die Lebensspanne eines Individuums und errechnet eine implizite Beitragsverzinsung für das deutsche Umlagesystem von unter 3% im Vergleich zu einem Marktzins von fast 6%.

Der Vergleich der Beitragsverzinsung im Umlage- und Kapitaldeckungsverfahren ist jedoch aus verschiedenen Gründen problematisch, selbst wenn Wechselwirkungen zwischen Rentensystemen und makroökonomischen Variablen ignoriert werden[90]: Zwar ist im Kontext der derzeitigen globalen Beschäftigungskrise mit sinkenden Erwerbstätigenzahlen (v.a. aufgrund von Arbeitslosigkeit) und stagnierenden Löhnen (um das Profitgleichgewicht wieder herzustellen) der Marktzins höher als die Wachstumsrate der Lohnsumme. Da in einer Geldwirtschaft die Budgetrestriktion weder Arbeit noch das Bevölkerungswachstum, sondern Geld darstellt, dürfte dies auch so bleiben. Zudem ist das hohe internationale Zinsniveau Ergebnis der Währungskonkurrenz sowie einer Stabilisierungspolitik, die in Industrie- und Entwicklungsländern zu einer Bevorzugung von Vermögensanlagen gegenüber (beschäftigungswirksamen) Investitionen geführt hat (vgl. Teil I). Vordergründig scheint also das Renditeargument zu greifen.

Der hier vorgebrachte Einwand geht jedoch auf die *stock-flow*-Problematik zurück: Ein als monetäres Phänomen interpretierter Zins bezieht sich auf Bestände, das Umlageverfahren bezieht sich hingegen auf Stromgrößen, d.h. Ausgaben werden durch Einnahmen der gleichen Periode finanziert. Bei der Gegenüberstellung von Kapitaldeckungsverfahren und Umlageverfahren stehen sich

[89] Vgl. Börsch-Supan 1997: 204 und Siebert 1997: 8-12: Der Fall, dass das BSP-Wachstum den Marktzins langfristig übersteigt (dynamische Ineffizienz), wird empirisch und theoretisch ausgeschlossen. Siebert weist im Rahmen der neoklassischen Wachstumstheorie und bei Zeitpräferenzraten ≥ 0 nach, dass der Marktzins die Rendite im Umlageverfahren übersteigt.

[90] So wird z.B. nicht berücksichtigt, dass bei einem Übergang zum Kapitaldeckungsverfahren die Erhöhung des Angebots an Ersparnissen zu sinkenden Zinsen führen kann, somit auch die Rendite sinkt, vgl. DIW 1998, 2000 und Siebert 1997: 17.

also Vermögensmarkt- und Gütermarkt- bzw. Einkommenskategorien gegenüber. Dabei ist die implizite Beitragsverzinsung des Umlageverfahrens, die der Wachstumsrate der Lohnsumme entspricht, nicht mit dem durchschnittlichen Marktzins einer Periode zu vergleichen, da ein Kapitalstock, ein Vermögensbestand, Bewertungsänderungen unterworfen ist, die zu jedem Zeitpunkt des Vergleichs mit den Stromgrößen zu anderen Ergebnissen führen.[91]

Hinzu kommt, dass der Renditevergleich insofern irreführend ist, als weder die unterschiedlichen Verwaltungskosten der Systemalternativen (v.a. wenn es sich bei dem kapitalgedeckten System um ein privat verwaltetes handelt), noch die unterschiedlichen Risiken der Verfahren für die Versicherten berücksichtigt werden (vgl. Tabelle 2.1 und Burtless 2000, Mitchell/Zeldes 1996, Mitchell 1997) und die Rendite in einem Umlagesystem mit Umverteilung für verschiedene Personengruppen unterschiedlich ausfällt. *Last but not least* wird die Beitragsverzinsung im Kapitaldeckungsverfahren im Falle eines Systemwechsels für eine oder mehrere Generationen durch die Übergangskosten negativ beeinträchtigt.

Burtless (2000: 3) weist korrekterweise daraufhin, dass für das Erzielen einer höheren Rendite auf die Rentenbeitragszahlungen eine Privatisierung nicht notwendig sei, sondern ein staatlich verwaltetes Kapitaldeckungssystem mit Investitionen in Aktien und Anleihen am sinnvollsten wäre, da die niedrigeren Verwaltungskosten sogar eine eventuell niedrigere Effizienz der staatlichen Investitionstätigkeit kompensieren könnte. Diese Möglichkeit ist liberalen Ökonomen zwar bewusst, sie lehnen jedoch aus den genannten Gründen eine zentralisierte staatliche Verwaltung ab.[92]

---

[91] Dieses Problem mag von der Neoklassik deshalb nicht als relevant eingestuft werden, weil ihre Interpretation des Zinses als Güterzins ebenfalls das Paradox aufweist, an *flows* (das Angebot und die Nachfrage von S) gebunden zu sein (Riese 1983a). Vgl. zur empirischen Illustration der Problematik die fiktive Annuitätenberechnung aus einem Kapitaldeckungsverfahren bei Burtless 2000.

[92] Vgl. hierzu auch Feldstein (1997: 33).

II.2.2 Wirkung von Rentensystemen auf Wachstum und Beschäftigung

„...Bismarck would be surprised to learn that social security appears to have severely limited the investment, growth, and national saving of some of the world's leading nations." (Auerbach/Kotlikoff 1998: 158)

„Zur Finanzierung von Investitionen, staatlichen Aufgaben und Exporten aber braucht man Geld, Geld, und nochmals Geld, nicht aber Einkommen und vor allem keine Ersparnis." (Riese 1996 in Riese 2001: 1433)

II.2.2.1 Das Grundszenario: Einführung eines Rentensystems

Eng mit dem Thema der jeweiligen Rendite eines Finanzierungsverfahrens verbunden ist die Frage nach den Auswirkungen von Alterssicherungssystemen auf das Wirtschaftswachstum.

Gemäß der neoklassischen Sparfonds-Investitions-Theorie bestimmt in einer geschlossenen Volkswirtschaft die Höhe der gesamtwirtschaftlichen Ersparnis die Höhe der Investitionen und damit das Wachstum. Folglich interessiert die Orthodoxie vor allem die Frage, inwiefern die aggregierte Sparrate durch die Einführung eines Alterssicherungssystems bzw. durch unterschiedliche Finanzierungsverfahren beeinflusst wird. Die Kritik an dieser Theorie der Einkommensbildung, die einen Konsumverzicht an den Anfang der Ableitungskette stellt, ist bereits im ersten Teil angesprochen worden und soll in Abschnitt II.2.2.3 vertieft werden.

Wirkungen von Rentensystemen auf die Ersparnis

In der neoklassischen Gütermarkttheorie wird der Zins als Prämie für das Aufschieben des Konsums interpretiert, wobei aus präferenztheoretischer Sicht der Konsumverzicht, ausgedrückt in der Ersparnis, die Investition steuert. So wird auf Basis der Lebenszyklushypothese des Konsums (Ando/Modigliani 1963) angenommen, dass die Individuen gemäß Gleichung (4) $U = U(c_t^1, c_{t+1}^1)$ ihren Konsum intertemporal nach ihren Präferenzordnungen aufteilen. Während der Erwerbsphase wird Konsumverzicht geleistet und Vermögen gebildet, das in der Ruhestandsphase zu Konsumzwecken aufgelöst wird. Aus dem Modell (vgl. auch Homburg 1988: 55) ergibt sich, dass sich bei Einführung einer kapitalgedeckten Rentenversicherung die private Ersparnis genau um den Pflichtbeitrag vermindert, so dass die gesamtwirtschaftliche Ersparnis unverändert bleibt (Neutralitätssatz).

Wird ein Umlageverfahren eingeführt, so verringert sich ebenfalls die private Ersparnis und zwar quantitativ identisch zum Kapitaldeckungsverfahren, wenn die Wachstumsrate der Lohnsumme dem Zinssatz entspricht (Äquivalenzsatz, Homburg 1988: 57). In Bezug auf die gesamtwirtschaftliche Ersparnis besteht allerdings ein Unterschied, da im Kapitaldeckungsverfahren der reduzierten privaten Ersparnis die institutionelle Ersparnis des Rentensystems (der akkumulierte Kapitalstock) gegenübersteht, während im Umlageverfahren der Rückgang an privater Ersparnis dem Konsum der Rentnergeneration entspricht und entsprechend die gesamtwirtschaftliche Ersparnis im Umlageverfahren geringer als im Kapitaldeckungsverfahren ausfällt.[93]

Verschiedene empirische Studien haben dieses formale Ergebnis durch die Bildung anderer Verhaltensannahmen für das Haushaltssparen in Frage gestellt.[94] Die empirisch gestützten Argumente reichen von dem so genannten Bewusstseinseffekt (*recognition effect*, Cagan 1965), nach dem die private Ersparnis deshalb steigt, weil die Notwendigkeit zum Sparen durch das Pflichtsystem erst erkannt wird, über die psychologische Zielerreichungshypothese (*goal gradient hypothesis*, Katona 1965), dass Individuen um so mehr sparten, je näher sie ihrem Sparziel kämen, bis zur Annahme Ricardianischer Äquivalenz (Barro 1974), die besagt, dass die Rentner die Belastungen für zukünftige Generationen antizipieren und entsprechend mehr sparen, um Vermögen zu vererben oder zu verschenken. Munnell (1974) und Feldstein (1974) kommen zu dem Ergebnis, dass die private Ersparnis durch die Einführung eines Umlageverfahrens gemindert wird, wobei einerseits die private Ersparnis durch die Beitragszahlungen sinkt (*wealth replacement effect*) und andererseits die Möglichkeit einer vorgezogenen Rente die Spartätigkeit erhöht (*induced retirement effect*), jedoch in geringerem Maße als die Minderung durch den Substitutionseffekt.

Reisen (2000: 110) weist darauf hin, dass eine höhere Glaubwürdigkeit eines Rentensystems das Vorsichtssparen verringern und die Existenz von *loanable funds* im Finanzsektor zu höherer Kreditvergabe für Konsumzwecke führen kann, so dass als Folge die private Ersparnis sinke.[95] Er stellt allerdings die

[93] Dieses Modell berücksichtigt natürlich nicht, dass ohne staatliches Rentensystem die alte Generation neben privater Ersparnis auch über familiäre Transfers unterstützt wird (vgl. Nitsch 1997). Es handelt sich bei Einführung eines Umlagesystems also nicht nur um ein Geschenk an die Rentnergeneration, sondern auch an die Aktiven, die diese vorher monetär wie nicht-monetär „finanziert" haben. Vgl. auch Beattie/McGillivray 1996: 24.

[94] Vgl. den Überblick in Queisser 1993.

[95] Dieses Argument bezieht sich auf den Übergang von einem Umlageverfahren zu einem kapitalgedeckten Rentensystem; das Argument ist aber auch in Bezug auf die Grunddiskussion einer Einführung obligatorischer Alterssicherung anzuwenden.

vollständige Substitution von freiwilliger Ersparnis durch Zwangsersparnis bzw. die Kompensation einer zu hohen Zwangsersparnis durch individuelle Kreditaufnahme in Frage, wenn es sich um Individuen mit Kreditbeschränkungen handelt (ebenda: 117), ein Argument, dass v.a. für Entwicklungsländer als relevant eingestuft wird:

> „...at the aggregate level, an increase in the level of funded pension contributions could lead to an increase in savings if even only a fraction of households in the economy are being forced to save at a higher rate.“ (Reisen 2000: 117)

Inwiefern sich diese postulierten Reaktionen der privaten Ersparnis auf die Einführung einer obligatorischen Rentenversicherung auch auf die gesamtwirtschaftliche Ersparnis auswirken, ist in einer offenen Volkswirtschaft zusätzlich von der staatlichen Ersparnis (Budgetüberschuss) und der externen Ersparnis (Verschuldung)[96] abhängig und wird unter II.2.2.4 bei der Diskussion der Übergangsproblematik aufgegriffen.

Festzuhalten gilt, dass durch die Einführung eines Kapitaldeckungsverfahrens die gesamtwirtschaftliche Ersparnis nicht verringert wird, solange sich das Verfahren in der Aufbauphase befindet, denn dann übersteigt das Entsparen der Rentner die Kapitalakkumulation noch nicht. Die gesamtwirtschaftliche Ersparnis kann in der Akkumulationsphase sogar zunehmen, wenn der obligatorische Rentenbeitrag die freiwillige private Ersparnis übersteigt und diese Differenz mangels perfekter Kapitalmärkte nicht über Verschuldung kompensiert werden kann.

Der Zusammenhang von Ersparnis und Wachstum

Ob sich eine höhere Ersparnis in höheres Wirtschaftswachstum umsetzt bzw. ob die Verringerung der nationalen Ersparnis im Umlageverfahren durch das „Geschenk“ an die erste Rentnergeneration, die Leistungen ohne oder mit geringen Beitragszahlungen erhalten hat (*windfall profits*), zu einem niedrigerem Wachstum für alle zukünftigen Generationen führt, wird in der rentenpoliti-

[96] In einer offenen Volkswirtschaft mit Zugang zu internationalen Finanzmärkten ist die Investitionsrate auch in den orthodoxen Modellen nicht nur von der internen Ersparnis bestimmt (siehe Lückenmodelle), aber die mit Kapitalimporten verbundenen Leistungsbilanzdefizite sowie die Volatilität des internationalen Finanzkapitals werden auch von verschiedenen Neoklassikern als problematisch beurteilt, so dass eine größere „Unabhängigkeit“ angestrebt wird.

schen Debatte meist bejaht.[97] Dabei fällt die Antwort im Rahmen der orthodoxen Wachstumstheorie nicht eindeutig aus. Die Unschärfe bei den Verweisen auf die wissenschaftliche Diskussion spiegelt sich beispielsweise im Einführungssatz eines Lehrbuchartikels von Gerald Meier zum Zusammenhang von Ersparnis und Investitionen wider:

> „Few doubt that investment in physical and human capital, financed primarily by domestic savings, is crucial to the process of economic development." (Meier et al. 2000: 119)

Die Betonung liegt zwar auf Investitionen und erst in zweiter Linie auf heimischer Ersparnis. Dennoch wird implizit die Gütermarktkategorie Ersparnis als Finanzierungsgrundlage für den Investitionsprozess definiert, der letztendlich das Wachstum bestimmt. Diese postkeynesianische Argumentation, die auch der entwicklungstheoretischen Auffassung von Lewis (1954) zugrunde liegt, grenzt sich von der neoklassischen Wachstumstheorie ab[98], in der die Investitionen das Wachstum nur während des Übergangs zu einem neuen Gleichgewicht determinieren und zwar durch eine Veränderung der Rate des technischen Fortschritts. Die Zunahme des technischen Fortschritts bestimmt jedoch, in Verbindung mit der Wachstumsrate der Erwerbstätigen, letztendlich die gesamtwirtschaftliche Wachstumsrate. Investitionen in physisches Kapital weisen in der neoklassischen Theorie eine abnehmende Rendite auf, so dass langfristig zwar das Niveau des Pro-Kopf-Einkommens, nicht aber die Wachstumsrate beeinflusst werden kann.

Im Gleichgewicht (*steady state*) kommt es in diesem Modell bei einer verringerten Ersparnis (als Folge der Einführung eines Umlageverfahrens in Periode t) in der Periode t+1 zu einer geringeren Kapitalintensität (Kapitalstock pro Kopf) und damit zu einem niedrigeren Niveau des Wachstumspfades, der allerdings weiterhin exogen nach der Rate des Bevölkerungswachstums zunimmt. Theoretisch existiert eine Situation, im so genannten *golden rule point*, indem die Grenzproduktivität des Kapitals dem Zins und dem Bevölkerungswachstum entspricht, in der der Kapitalstock einer Wirtschaft die optimale Größe überschreitet und eine Verringerung der Ersparnis wohlfahrtssteigernd wirkt. In die-

---

[97] Dies entspricht auch der klassischen Auffassung, die Ersparnis dränge zur Investition, vgl. Riese 1983b: 265.

[98] Bzw. reflektiert die als postkeynesianisch titulierte Wachstumstheorie von Harrod und Domar, bei der Sparquote und Kapitalkoeffizient das Wachstum bestimmen.

sem Fall, der allerdings als wenig realistisch angesehen wird, wäre ein Übergang bzw. die Einführung eines Umlageverfahrens vorteilhaft.[99]

II.2.2.2 Rentenreform und Finanzsektorentwicklung

Die neuere Wachstumstheorie beurteilt die Wirkungen eines privaten Kapitaldeckungsverfahrens, unabhängig von einer tatsächlichen Erhöhung der aggregierten Ersparnis, über potentielle Struktureffekte auf die Entwicklung von Finanz- und Kapitalmärkten.[100] Die Bedeutung des Finanzsektors für das wirtschaftliche Wachstum wird insbesondere von Goldsmith (1969), McKinnon (1973) und Shaw (1973) sowie in jüngerer Zeit z.B. von Levine (1997) und von der Weltbank (2001) hervorgehoben: Levine (1997) arbeitet in seiner empirischen Studie einen eindeutigen Zusammenhang zwischen Finanzsystem und Wachstum heraus:

> „...the body of evidence would tend to push many skeptics toward the view that the finance-growth link is a first-order relationship and that difference in financial development can alter economic growth rates over ample time horizons.“ (Levine 1997: 145)

Die Weltbank kommt in ihrem Policy Report *Finance for Growth. Policy Choices in a Volatile World* (2001) zu einer ähnlichen Schlussfolgerung:

> „If implemented, the financial reforms proposed in this book can have pervasive - if often intangible - effects in expanding economic prosperity.“ (World Bank 2001: xi)

Nach Auffassung der Weltbank sind institutionelle Investoren wie Rentenfonds wichtige Elemente bei der Finanzsektorentwicklung: Während der Finanzsektor generell die Aufgaben der Ersparnismobilisierung, der Kapitalallokation, des Monitoring von Managern und der Risikotransformation wahrnimmt (World Bank 2001: 6), resultiere die Ausweitung von kollektiven Sparmedien

---

[99] Siehe auch Aron 1966 und Samuelson 1975 (zitiert nach Seidl 1988). Vgl. zu einer Diskussion der neoklassischen und keynesianischen Wachstumstheorie auf Basis des hier vertretenen Paradigmas Riese 1964, 1965, 1970, 1985 sowie 1997a.

[100] Positive externe Effekte resultieren in steigenden Skalenerträgen der gesamtwirtschaftlichen Produktionsfunktion und erhöhen das Wachstum (vgl. Queisser 1993: 166, Meier 2000: 120).

(Investmentfonds, *mutual funds*, Rentenfonds und Lebensversicherungen) in einer Stärkung und einem *upgrading* des Finanzsektors. Positiv wirke sich insbesondere die Stärkung der Nachfrageseite der Aktienmärkte, eine Verbreiterung des Angebots an Sparinstrumenten für mittlere Einkommensbezieher, der erhöhte Wettbewerb für Bankeinlagen, die durch institutionelle Investoren geförderten Finanzinnovationen, ein effizienteres Risikomanagement, das Angebot an stabiler Finanzierung für Finanzmarktnischen (*factoring, leasing, venture capital*) sowie die Nachfrage nach langfristigen Investitionen aus. Insbesondere letzteres Argument wird für Entwicklungsländer als bedeutend herausgestellt:

> „They (contractual savings institutions, Anm. K.H.) can also generate a demand for long-term investments, thereby providing a market-based solution to a perceived gap that many governments have tried to fill over years with costly and distorting administered solutions." (World Bank 2001: 9)[101]

Auch eine jüngere OECD-Publikation (2000) beschäftigt sich mit der wachsenden Bedeutung von institutionellen Investoren in Lateinamerika:

> „The OECD experience demonstrates how the growth of the institutional market can contribute to the modernisation of, and a stronger role for, the financial sector. An expansion of the domestic institutional market in Latin American economies could be expected to give a similar impetus for the development of the domestic financial sector." (OECD 2000: 19)

Walker und Lefort (2002)[102] sehen den Zusammenhang zwischen Kapitalmarktentwicklung und der Einführung von kapitalgedeckten Rentenfonds in der Akkumulation von „institutionellem Kapital", einer steigenden Spezialisierung im Investitionsentscheidungsprozess sowie in Anreizen für finanzielle Innovationen. Dabei wird unter institutionellem Kapital die Entwicklung von Regulierungsinstitutionen, die Verbriefung (*securitization*) eines wachsenden Anteils des nationalen Kapitalstocks, eine Erhöhung der Transparenz von Kapitalmarkttransaktionen (Informationsanforderungen, Monitoring, Risikoevaluierung) sowie eine Verbesserung der *corporate governance* durch die Teilnahme der Pensionsfonds am unternehmerischen Prozess in ihrer Funktion als Minder-

---

[101] Zu einer ähnlichen Einschätzung gelangt Studart 2000; vgl. die Ausführungen unter V.4.

[102] Die Autoren geben in ihrer Studie einen Überblick über die Literatur zum Thema Kapitalmärkte und Rentenreform und führen eine empirische Überprüfung der Thesen mit Daten aus Chile, Argentinien und Peru durch. Vgl. auch Teil V.3.

heitenaktionäre verstanden, während die Spezialisierung bei Investitionsentscheidungen durch das professionelle Management der Fonds erfolge.

Als Voraussetzung für eine erfolgreiche Beeinflussung des Finanzsektors durch die private Rentenfondsindustrie nennen die Autoren einen stabilen makroökonomischen Rahmen, korrekte Steueranreize[103], Kapitalmarktliberalisierung, Regulierung von Finanzdienstleistungsunternehmen sowie Wettbewerb in der Branche, den Schutz von Eigentums- und Investorenrechten sowie die Existenz einer Insolvenzordnung und die Privatisierung von Staatsunternehmen[104]. Werden diese Bedingungen erfüllt, könne eine Rentenreform über eine (eventuelle) Erhöhung der Ersparnis sowie eine effizientere Allokation derselben positive Wachstumswirkungen nach sich ziehen. Im einzelnen wirkt sich die effizientere Allokation des Kapitals nach Walker/Lefort in einer Reduzierung der Kapitalkosten für Unternehmen, einer höheren Finanzmarktintegration (mit den internationalen Finanzmärkten), einer Reduzierung von Transaktionskosten, höherer Liquidität sowie niedrigerer Preisvolatilität auf den Kapitalmärkten sowie über positive Nebeneffekte auf konkurrierende oder komplementäre Unternehmensbranchen wie Banken oder Versicherungsgesellschaften aus.

Für Vittas (2000) sind strukturelle Rentenreformen, die sich durch einen Übergang zum individuellen Kapitaldeckungsverfahren auszeichnen, zwar weder notwendige noch hinreichende Bedingung für die Entwicklung von Kapitalmärkten. Sind jedoch gewisse Voraussetzungen erfüllt, kann es zu einer symbiotischen Beziehung der verschiedenen Finanzmarktakteure kommen (vgl. auch World Bank 2001: 62-62), die zur Entwicklung einer modernen Finanzinfrastruktur beiträgt. Der Nutzen privater Pensionsfonds für die Finanzsektorentwicklung liegt nach Auffassung von Vittas in einer Intensivierung des Wettbewerbs (v.a. für Geschäfts- und Investmentbanken), der Entwicklung neuer Anlageprodukte, der Förderung der Marktintegrität (Investorschutz, *corporate management*, Schutz Minderheitenaktionäre), der Modernisierung des Handels (*clearing*-Stellen, zentrale Hinterlegung), einer Stärkung der Unternehmensführung (*voice* statt *exit*)[105] sowie der Schaffung effektiver Regulierungs- und Aufsichtsbehörden.

---

[103] Vgl. Walker/Lefort 2002: 12. Die Steuervorteile für Schuldverschreibungen fördern den Markt für Unternehmensanleihen; werden einbehaltene Gewinne gegenüber Aktienemissionen steuerlich bevorzugt, kann es wie in Chile zu einer Erhöhung der Unternehmensersparnis kommen. Wichtig ist auch die steuerliche Gleichstellung von Krediten und Anleihenfinanzierung für Unternehmen, vgl. V.4.

[104] Die Investition in Aktien privatisierter Staatsunternehmen war besonders in Chile bedeutend.

[105] D.h. in der Terminologie von Hirschman (siehe 1986, abgedruckt in Hirschman 1993) Teilnahme am Entscheidungsprozess durch Abstimmung etc. statt Verkauf der Papiere.

Die Voraussetzungen für das Etablieren von Rentenfonds sind nach Vittas weniger restriktiv[106] als die Bedingungen für die Realisierung positiver Entwicklungseffekte für die Kapitalmärkte durch eine Rentenreform. Makroökonomische Stabilität, die Existenz einer Kerngruppe von effizienten Banken- und Versicherungsunternehmen sowie effektive Regulierung und Kontrolle seien ausreichend, um ein System privater Rentenfonds zu lancieren (ebenda: 7-8). Die dynamische Interaktion zwischen Pensionsfonds und Kapitalmarkt führe dann mit wachsender Vermögensakkumulation zu einer graduellen Entwicklung des Sektors. Um jedoch den Finanzsektor-Entwicklungsimpuls von Pensionsfonds vollständig auszuschöpfen, müssten die institutionellen Investoren eine kritische Masse mit einer Größenordnung von etwa 20% des BIP erreichen, eine adäquate Regulierung der Unternehmen erfolgen, Investitionsoptimierungsstrategien von den Fonds verfolgt werden sowie wettbewerbliche Strukturen vorherrschen (ebenda: 9-10).

II.2.2.3 Rentenreform und Wachstum: Alternative Perspektiven

Es würde den Rahmen dieser Arbeit sprengen, an dieser Stelle eine Kritik an der neoklassischen und postkeynesianischen Wachstumstheorie zu leisten.[107] Entscheidend ist, dass sie den spezifischen Gehalt erfolgreicher Entwicklung gar nicht zu fassen vermögen, der nicht in der Stabilität bzw. Steigerung einer Wachstumsrate, sondern in der Etablierung einer Schlüsselwährung liegt (Riese 1997a: 209). Der orthodoxen Wachstumstheorie wird vom monetären Keynesianismus eine Entwicklungstheorie entgegengestellt, die, wie Kapitel I.2.2 ausführt, Investitionen und Exportüberschüsse als zentrale Gütermarktkategorien der Einkommensbildung identifiziert, wobei die Investition gleichzeitig aus einer Vermögensmarktperspektive angebotsbestimmt, also vom Angebot an Geld

[106] Vgl. auch die Weltbankstudie zu Vertragssparunternehmen in Ländern mit kleinem Finanzsektor, Impavido/Musalem/Vittas 2002 sowie Catalan/Impavido/Musalem 2000, die in der Studie eine kausale Beziehung von der Expansion institutioneller Investoren zu größerer Kapitalmarktentwicklung hin nachweisen und bei der Frage des *Sequencing* die Förderung von Vertragssparinstitutionen auch bei unterentwickelten Kapitalmärkten empfehlen (ebenda: S. 32).

[107] Vgl. dazu den Aufsatz von Riese mit dem instruktiven Titel: „Die moderne Wachstumstheorie: Eine keynesianische Unmöglichkeit“ von 1997, in dem er die Defizite der Wachstumstheorie neoklassischer wie keynesianischer Provenienz herausarbeitet und mit der Bezeichnung derselben als Unternehmenstheorie deren Anspruch, eine Allokationstheorie der langen Frist zu liefern, widerlegt. In der Theorie der Geldwirtschaft wird von Entwicklung gesprochen (und damit die Beschäftigungsfrage gestellt) im Gegensatz zu Wachstum (unter Annahme vollbeschäftigter Faktoren), um der Konnotation mit einem über Konsumverzicht gesteuertem Wachstumsprozess zu entgehen.

(bzw. der Aufgabe an Liquidität) abhängig ist - und damit letztendlich von der Kontraktfähigkeit der Währung.

> „Sie (die Investitionen, Anm. K.H.) stellen das tragende Element ökonomischer Entwicklung dar, weil sie sowohl unmittelbar - als effektive Nachfrage - Einkommen bilden als auch mittelbar durch ihren Kapazitätseffekt den Spielraum für zusätzliches Einkommen schaffen. (...) Die Schlüsselrolle der Investitionen für den Entwicklungsprozess ist unter diesem Doppelaspekt unbestritten; keineswegs unbestritten ist jedoch, daß sie dank der Finanzierung über den Vermögensmarkt eine aus der Gütermarktperspektive autonome Kategorie sind, somit nicht an Ersparnisse in irgendeiner Form gebunden sind." (Riese 1994a: 5)

Eine Kritik an der Kausalität von Ersparnis zu Investitionen und Wachstum - in der Tradition der postkeynesianischen Wachstumstheorie von Harrod und Domar - wird zwar gegenwärtig auch von einigen *mainstream*-Ökonomen geleistet: So gehen z.B. Reisen (2000), Holzmann (1997b), Gavin/Hausmann/ Talvi (1997) von einer inversen Beziehung aus, bei der das Wachstum einer höheren Ersparnis vorangeht. Anstelle einer theoretischen Fundierung verweisen sie jedoch zur Stützung dieser These auf eine empirische Studie (Carroll und Weil 1994), in der diese Beziehung für mehrere Ländern und Jahrzehnte positiv getestet wurde. Ihre Umkehrung des Sparfonds-Investitions-Mechanismus bleibt deshalb ebenso unbefriedigend wie innerhalb der älteren keynesianischen Wachstumstheorie: Statt einer vermögensmarkttheoretischen Interpretation der Investitionstätigkeit wird weiterhin am Rationalkalkül der Haushalte (Sparquote) als Bestimmungsgrund der Einkommensbildung festgehalten.[108]

In der Interpretation des Postkeynesianismus finanziert sich jede Investition, staatlich oder privat, selbst (bzw. über Kredit), da die Ausweitung der Produktion Einkommen und damit Ersparnisse generiert, die zur Finanzierung der zusätzlichen Investition notwendig sind. Die Ersparnis ist hier eine wachsende Funktion des Realeinkommens $S(Y) = I(r)$. Ersparnis wird im traditionellen Keynesianismus sogar als schädlich angesehen, da bei $S > I$ die effektive Nachfrage hinter der möglichen Produktion zurückbleiben kann, so dass eine Nachfragelücke entstehen und die Wirtschaft in eine Rezession gleiten kann (Felderer Homburg 1991).

Das Problem innerhalb der nachfragebestimmten Gütermarkttheorie des Keynesianismus ist jedoch die Tatsache, dass das Stimulieren der effektiven Nachfrage (Vollbeschäftigungspolitik) ohne Kapitalbildung zu Inflation führt.

[108] Vgl. auch Riese 1997a: 213.

Dabei ist jedoch nicht notwendig, dass die preisniveaustabilisierende Vermögensbildung bei den Haushalten stattfindet. Unter S als Residualgröße der Einkommensbildung werden auch die so genannten Marktlagengewinne Q' gefasst (steigende Preise bei gegebenen Faktorkosten), die als transitorische Quasi-Rente (da aus Angebotsbeschränkungen resultierend) Grundlage eines dynamischen Investitionsprozesses sind, solange die Preiseffekte der Gewinninflation durch eine parallele Einkommensdeflation (Lohn- und Fiskalpolitik) kompensiert werden können.[109]

> „Man sieht, daß das Ideal einer keynesianischen Entwicklungsstrategie in einer Marktkonstellation liegt, bei der die Ersparnis der Haushalte Null ist und die preisniveausteigernden Wirkungen der Investitionsdynamik von einer moderaten Einkommenspolitik aufgefangen werden.“ (Riese 1997a: 210)

Eine steigende Haushaltsersparnis verschiebt hingegen die Verteilung des Nichtkonsums zuungunsten der Unternehmergewinne und beeinträchtigt damit die Profitaussichten (Riese 1997a: 209).

Konsumverzicht bzw. korrekter Nichtkonsum (wirtschaftspolitisch induziert durch restriktive Fiskal- und Lohnpolitik) in der Theorie der Geldwirtschaft hat folglich einen völlig anderen Stellenwert als in der orthodoxen Theorie: Nicht als Voraussetzung für Produktion, sondern als notwendige Bedingung zur Stabilisierung einer Marktkonstellation, die sich durch positive Profiterwartungen und eine hohe Dynamik der Einkommensbildung auszeichnet, wird Nichtkonsum entscheidend. Die inflatorischen Effekte einer Einkommensdynamik sollen gedämpft werden, um die Geldpolitik von einer Hochzinspolitik zu entlasten, welche die Profiterwartungen negativ beeinflussen würde.

Verliert die Ersparnis die ihr verordnete Funktion, einen Produktionsprozess in Gang zu setzen, so sind die Studien über die Beeinflussung des individuellen Sparverhaltens durch Rentensysteme neu zu interpretieren Zum einen ist eine niedrige Haushaltsersparnis nicht grundsätzlich als Entwicklungshindernis zu interpretieren, sondern das Gegenteil kann der Fall sein.[110] Zweitens sind die Sparmotive, auch zum Zweck der Alterssicherung, nicht isoliert zu betrachten, sondern von den Motiven der Vermögenssicherung überlagert. Denn zum einen

---

[109] Dass es dabei zu einer beträchtlichen Vermögenskonzentration in Unternehmerhänden kommen kann, wie am Beispiel der BRD von Riese 1995c: 31 erläutert, ist Marktergebnis dieser dynamischen Marktkonstellation.

[110] Zu dieser Einsicht gelangte auch die argentinische Regierung im Kontext der jüngsten Wirtschaftskrise, als durch eine Senkung des Rentenbeitrags der Arbeitnehmer versucht wurde, die Nachfrage zu stimulieren. Vgl. Teil V.

wird in Entwicklungsländern nicht in heimischer Währung, sondern in Sachvermögen und Fremdwährung gespart, so dass es sich bei mangelnder Vermögensbildung in heimischer Währung mitnichten um Kurzsichtigkeit, vielmehr um rationale Entscheidungen handelt. Zum anderen wird die Funktionsfähigkeit obligatorischer Alterssparsysteme dann unterlaufen werden, wenn sie Ersparnis in einer Währung erzwingen, welche die Vermögenssicherungsfunktion nicht zu erfüllen mag. Trotz versicherungsmathematischer Äquivalenz wird dies zu Beitragshinterziehung führen, da Inflations- und Abwertungstendenzen permanente Vermögensverluste bedeuten würden. Ist hingegen Sparen in Fremdwährung erlaubt, impliziert die Erhöhung von S durch ein Zwangssparsystem eine Stabilisierung der Überschussnachfrage nach Fremdwährung und somit eine sinkende Qualität der heimischen Währung.

Die Kritik an den Argumenten der modernen Wachstumstheorie, welche die Wirkungen der Einführung privater Pensionsfonds auf den Finanzsektor untersuchen, geht in die gleiche Richtung. Positive Struktureffekte, auch wenn sie entwicklungspolitisch nicht unbedeutend sind, sollten nicht darüber hinweg täuschen, dass es nicht primär an einer mangelnden institutionellen Ausgestaltung des Finanzsektors, an politischer Intervention (*financial repression*) bzw. an der Kurzsichtigkeit der Sparer (und damit dem geringen und kurzfristig orientierten Sparvolumen) liegt, dass der Finanzsektor in Entwicklungsländern unzureichend funktioniert. Die zu beobachtenden Phänomene sind vielmehr Reflex der Unfähigkeit der Zentralbank, die Geldfunktionen zu wahren, d.h. die Kontraktfähigkeit der heimischen Währung nach innen und außen zu gewährleisten und der Reaktion der Vermögenseigentümer (zur Vermögenssicherung) und des Staates (zur Beschäftigungssicherung) auf dieses Dilemma.[111] Wirtschaftspolitisch macht es dann keinen Unterschied, ob die identifizierten Lücken (an langfristiger Finanzierung) vom Staat oder von „privaten" Rentenfonds ausgefüllt werden.[112]

Die Tatsache, dass alle Autoren einstimmig makroökonomische Stabilität, v.a. Preisniveaustabilität und ein ausgeglichenes Budget, als Vorbedingung für

[111] Der Unterschied zwischen einer Theorie, die institutionelle (Finanzsektor-)Entwicklung fordert und der monetärkeynesianischen Sicht, die nach den Bedingungen zur Etablierung einer Geldverfassung fragt, wird auch in dem Ansatz von Chick und Dow (1988) deutlich: Sie postulieren die Gültigkeit der *loanable-fund*-Theorie für die ersten Entwicklungsphasen eines Finanzsystems und führen erst für den fortgeschrittenen Entwicklungsfall die keynesianische Investitionstheorie ein. Vgl. dazu auch Nicolas 1995a sowie Studart 1997, der mit den Begriffen *funding* (Finanzintermediation) und *finance* (Kreditfinanzierung der Investitionen) operiert.

[112] Privat deshalb in Anführungszeichen, weil ein obligatorisches Rentensystem auch bei privater Verwaltung eine hohe staatliche Komponente hat, die privaten Unternehmen nur Zwangsbeiträge verwalten und ihre Profite nicht von ihrem Investitionserfolg abhängig sind.

das Etablieren von Pensionsfonds nennen, macht strukturelle Rentenreformen auch aus Sicht der modernen Wachstumstheorie für die Mehrzahl der Entwicklungsländer zu einem risikoreichen Unterfangen. Die Forderung nach Stabilität ist dabei in erster Linie dem vorrangigen Ziel eines Rentensystems geschuldet - nämlich „...the provision of adequate, affordable and sustainable benefits" (Vittas 2000: 2). Deshalb wird auch von Impavido et al. mit Nachdruck festgestellt:

> „Contractual savings in developing countries are often seen as a captive source of funds for targeted development of specific industries, sectors, or markets. Contractual savings represent long-term savings that should be managed in the best interest of beneficiaries and not used as development tools. They are not developmental tools." (Impavido et al. 2002: 27)

Zusammenfassend kann gesagt werden, dass vor dem Hintergrund einer schwachen heimischen Währung, welche keine stabilen Geldfunktionen zu etablieren vermag, bei der Wahl eines Rentensystems das Kapitaldeckungsverfahren insofern problematisch ist, als es keine Vermögenssicherung des aufgebauten Kapitalstocks in heimischem Geld gibt und trotz hoher Zinsen im Finanzsektor (Reflex der geringen nicht-pekuniären Rate) bzw. hoher Renditen der Staatsanleihen (*default risk*) die realen Ertragsraten v.a. langfristig extrem unsicher bleiben. Die Entscheidung bei der Wahl eines Finanzierungsverfahrens kann also nicht unabhängig vom Entwicklungsstand einer Geldwirtschaft getroffen werden.

Die Mehrzahl der Studien, die sich mit den Perspektiven einer Kapitalmarktentwicklung, insbesondere in Entwicklungsländern, durch die Stärkung von institutionellen Investoren (z.B. durch ein obligatorisches kapitalgedecktes Rentensystem) beschäftigt, zeigen hingegen, dass die Vorteile einer solchen institutionellen Finanzsektorentwicklung für das Wachstum gegenüber den Risiken für die Versicherten stärker gewichtet werden.

Noch kritikwürdiger wird die Entscheidung für ein Kapitaldeckungsverfahren, wenn es sich um einen Systemwechsel handelt und im Umlageverfahren erworbene Ansprüche anerkannt werden müssen. Dies führt zu einer kurz- und mittelfristigen Budgetbelastung, die für Entwicklungsländer besonders problematisch sein kann, wie im folgenden Kapitel (und in der Länderstudie) gezeigt wird.

II.2.2.4 Das Übergangsszenario: Wechsel vom Umlage- zum Kapitaldeckungsverfahren

„Shifting social security pensions from a pay-as-you-go system to a funded program based on individual accounts would gradually lead to a substantial increase in the nation's stock of investment in plant and equipment, raising total national income, real wages, and the general standard of living.“ (Feldstein 1997: 30)

In der bisherigen Analyse über die unterschiedliche Rendite der beiden Finanzierungsverfahren sowie in Bezug auf die Wachstumswirkungen ging es um das für die meisten Länder unrealistische Grundszenario, dass eine obligatorische Rentenversicherung neu eingeführt wird und die bis dato freiwillige, individuelle (bzw. familiäre) Vorsorge für den Ruhestand teilweise oder vollständig ersetzt. Aus verschiedenen Gründen ist eine Darstellung dieses Grundszenarios jedoch sinnvoll, weil einerseits viele Studien bei ihrer Argumentation auf diesen „unrealistischen“ Modellfall zurückgreifen, um die grundsätzliche Überlegenheit eines kapitalgedeckten Alterssicherungssystems gegenüber dem Umlageverfahren zu beweisen. Auf diese Weise soll der Politikempfehlung, diesen Fehler der Vergangenheit durch einen Systemwechsel wieder gut zu machen, mehr Gewicht verliehen werden. Andererseits existieren Länder, insbesondere Entwicklungsländer, die noch keine formale staatliche Alterssicherung haben bzw. deren Reichweite bezogen auf die Erwerbstätigen und die Gesamtbevölkerung sehr gering ist. Sobald jedoch die Deckung eines Rentensystems signifikant ausgeweitet wird, erhalten die im Grundszenario beschriebenen Wirkungen Relevanz.

Dabei liegt die Problematik eines Übergangs von einem Umlageverfahren zu einem Kapitaldeckungsverfahren in der Entstehung eines (para-) fiskalischen Defizits, sobald die Erwerbstätigen beginnen, ihren Rentenbeitrag im Rahmen des neuen Kapitaldeckungsverfahrens anzusparen, während die Rentnergeneration weiterhin anders finanziert werden muss. Zudem müssen Ansprüche noch aktiver Generationen, die durch Beitragszahlungen an das alte System erworben wurden, honoriert werden. Die Summe aus den Rentenansprüchen gegenwärtiger und zukünftiger Rentner, die aus dem Umlageverfahren entstanden sind, stellt die so genannte implizite Rentenschuld dar, die im Rahmen eines Systemwechsels explizit gemacht wird. Obwohl Friedman (aus einer Bestandsperspektive heraus korrekt) feststellt:

„There are no ‚costs of transition‘. The unfunded liability would simply have become funded“ (Friedman 1999: 3), besteht weitgehend Konsens darüber, dass die Finanzierung dieser Rentenschuld zu einer Mehrbelastung der aktiven Generation führt[113], da die Transferzahlungen an die gegenwärtigen und zukünftigen Rentner entweder aus Ausgabenkürzungen, Steuererhöhungen, Verschuldung oder Verkauf staatlicher Aktiva finanziert werden müssen.[114] Selbst wenn der Fall angenommen wird, dass die Übergangskosten vollständig über staatliche Verschuldung finanziert werden und diese Schuldverschreibungen von den neuen Pensionsfonds absorbiert werden (so dass die Zinswirkungen gering sind), so handelt es sich doch aufgrund der unterschiedlichen Verzinsung von impliziter und expliziter Staatsschuld nicht um einen verteilungspolitisch neutralen Vorgang.[115] Zudem sind der Höhe der expliziten staatlichen Verschuldung häufig gesetzliche Grenzen gesetzt, wie z.B. im deutschen Grundgesetz, das die zulässige Neuverschuldung an die Höhe der Investitionen bindet. Folglich erscheint ein pareto-optimaler Systemwechsel, d.h. keine Generation und keine Gruppe wird durch die Reform schlechter gestellt, nicht möglich.[116] Die Verschuldungsoption belastet alle zukünftigen Generationen, während die Budgetfinanzierung, also eine kontraktive Fiskalpolitik v.a. die Übergangsgeneration belastet, was allerdings aus neoklassischer Sicht positiv für die gesamtwirtschaftliche Ersparnis ist.[117]

---

[113] Dass die junge Generation trotz der Mehrbelastung einem Systemwechsel zustimmt, liegt an der mit einer Reform verbundenen Entwertung der Ansprüche der Alten bei gleichzeitiger Härtung der zukünftigen Ansprüche der Jungen, vgl. Nitsch 1997 sowie II.3.3.

[114] Insbesondere in Entwicklungsländern, deren formale Rentensysteme nur einen geringen Deckungsgrad aufweisen, stellt die Finanzierung der Übergangskosten durch die Allgemeinheit für die Versicherten im formellen Sektor ein verteilungspolitisches Problem dar.

[115] Holzmann 1997a: 15: Holzmann bezeichnet die Differenz zwischen der internen Verzinsung g und dem Marktzins r multipliziert mit der expliziten Rentenschuld als das echte Übergangsdefizit, d.h. es handelt sich nicht nur, wie von Friedman unterstellt, um eine Explizitmachung der impliziten Rentenschuld. Die Auswirkungen auf die gesamtwirtschaftliche Ersparnis sind auch nur dann neutral, wenn die Rendite der beiden Verfahren gleich ist.

[116] Vgl. DIW 1998: 838 und Siebert 1997: 22: Siebert kommt bei der Frage, ob ein Übergang wohlfahrtssteigernd sein kann, zu dem Ergebnis: „...*To decide upon a change of systems, a social welfare function would be needed.*"

[117] Das sogenannte Mackenroth-Theorem, welches die allokative Gleichwertigkeit der beiden Finanzierungsverfahren postuliert (verkürzt: „*aller Sozialaufwand muss aus dem laufenden Volkseinkommen gedeckt werden*" oder „*volkswirtschaftlich gibt es immer nur ein Umlageverfahren*", zitiert nach Homburg 1988: 67) basiert auf der Kreislauftheorie (Betrachtung von Stromgrößen) für eine geschlossene Volkswirtschaft und ist in vieler Hinsicht kritikwürdig, insbesondere weil die für Entwicklungsländer typische Diskrepanz zwischen Güterproduktion und -verwendung (Leistungsbilanzdefizit) nicht erfasst wird und ebensowenig eventuelle Rückwirkungen der (Vermögens-)bestände auf die Stromgrößen. Vgl. zu einer Kritik aus orthodoxer Sicht Homburg 1988: 55, zu einer Kritik aus postkeynesianischer Sicht Chick 2000.

Die Auswirkungen eines Systemwechsels auf die aggregierte Ersparnis ist jedoch nicht allein von der Art der Finanzierung abhängig, sondern auch vom Grad der Berücksichtigung der früher erworbenen Rentenansprüche.[118] Aufgrund des Ausmaßes der fiskalischen Belastung wurde bei den Rentenreformen in Lateinamerika die implizite Rentenschuld vor oder mit dem Systemwechsel verringert, in dem entweder die Beiträge erhöht, Rentenleistungen gekürzt, das Rentenalter heraufgesetzt, Anspruchsvoraussetzungen verschärft oder Indexierungsmechanismen (von Lohn- zu Preisanpassung) umgestellt wurden.

Neben der Kürzung alter Ansprüche existieren weitere Strategien, um die Finanzierung des Übergangsdefizits bei einem Systemwechsel in der Rentenversicherung zu erleichtern (Queisser 1998a: 41-44, Holzmann 1997a: 8-18, James 1998): So kann

a) nur ein partieller Übergang zu einem kapitalgedeckten System (im Rahmen eines Mehr-Säulen-Systems oder durch Ausschluss bestimmter Versichertengruppen) vorgenommen werden, damit ein Teil der Beitragseinnahmen zur Finanzierung des alten Systems verbleibt,

b) die Übergangsgeschwindigkeit beeinflusst werden, indem entweder alle Arbeitnehmer sofort in das neue System transferiert werden oder nur neue Erwerbstätige zugelassen werden, sowie

c) die Anerkennung erworbener Ansprüche der aktiven Generation unterschiedlich ausgestaltet werden, indem entweder eine sofortige Pauschalvergütung ausgezahlt wird (teuerste Variante), Schuldverschreibungen bei Renteneintritt übertragen werden (*recognition bonds*) oder eine Anerkennungsrente als *flow* (billigste Variante) gezahlt wird.[119]

Wie gezeigt wurde, sind die makroökonomischen Wirkungen eines Übergangs von einem Umlageverfahren zu einem Kapitaldeckungsverfahren weitaus komplexer als die des Grundszenarios. In einem orthodoxen Modellrahmen hängen die Wirkungen auf die gesamtwirtschaftliche Ersparnis sowohl vom Ausmaß des *partial fiscal defaults* ab, denn durch eine Reduzierung der Rentenansprüche werden Alte mit höherer Konsumneigung mehr belastet und Junge mit niedrigerer Konsumneigung entlastet, als auch von der Art der Übergangsfinanzierung, d.h. ob über Verschuldung oder über restriktive Fiskalpolitik finanziert wird. Zudem sind die unter II.2.2.1 beschriebenen Verhaltensänderungen der privaten Haushalte miteinzubeziehen, die zu Veränderungen der privaten Er-

[118] Queisser (1993: 184) bezeichnet es als politisch und ethisch geboten, diese Ansprüche zu honorieren; teilweise sind sie – wie z.B. in Deutschland – auch eigentumsrechtlich im Rahmen der Verfassung geschützt.

[119] Strategien b) und c) beeinflussen in erster Linie den *cash-flow* der Übergangsfinanzierung, d.h. wie die Finanzierungslast über die Zeit nach der Reform gestreckt wird.

sparnis führen können (insbesondere Glaubwürdigkeit, Rendite im Kapitaldeckungsverfahren, Zugang zu Konsumentenkrediten etc.). Weiterhin ist zu berücksichtigen, dass eine Eliminierung der Umverteilung zwischen Hoch- und Niedrigeinkommensbeziehern bei Einführung der Kapitaldeckung sowie eine progressive oder regressive Besteuerung zur Übergangsfinanzierung aufgrund der angenommenen unterschiedlichen Konsumneigungen von Arm und Reich zu Änderungen in der aggregierten Sparrate führen können (siehe auch Samwick 1999).

Aus geldwirtschaftlicher Perspektive ist die Erhöhung der expliziten Staatsverschuldung als Folge einer Rentenreform, die ein Kapitaldeckungsverfahren einführt, gerade für Schwachwährungsländer problematisch, da durch das geringe Vertrauen in die Währung ein hohes Zinsniveau vorherrscht und die neue Staatsverschuldung entsprechend kostenintensiv ist, also ein hohes echtes Übergangsdefizit entsteht. Erhält ein Land zur Finanzierung der Reform Fremdwährungskredite (beispielsweise von der Weltbank), wird die Liquiditätsprämie des heimischen Geldes weiter gesenkt. Eine restriktive Fiskalpolitik hingegen trifft vor dem Hintergrund schwacher und regressiv konstruierter Steuersysteme überproportional Geringverdiener, Arbeiter im informellen Sektor und Nicht-Erwerbstätige, die teilweise nicht einmal Zugang zu den Rentenleistungen haben, die sie mitfinanzieren. Zudem wirkt sie sich hemmend auf den Einkommensbildungsprozess aus und kann sich in einer Verringerung staatlicher Investitionen niederschlagen.

Während Budgetdefizite und höhere Verschuldung in Schwachwährungsländern auf jeden Fall negativ für die Qualität des nationalen Geldes sind, ist die Annahme, dass die Finanzmärkte implizite und explizite Staatsschulden gleich bewerten, insbesondere für Entwicklungsländer problematisch, wie im Falle Argentiniens zu zeigen sein wird.

II.2.2.5 Rentensystem und Arbeitsmarkt

Ein weiterer ökonomischer Vorteil, der dem Kapitaldeckungsverfahren zugeschrieben wird, sind im Vergleich zum Umlageverfahren geringere Verzerrungen auf dem Arbeitsarkt. Die Auswirkungen eines Alterssicherungsverfahrens auf den Arbeitsmarkt im Kontext eines orthodoxen Modellrahmens hängen indessen nicht von dem Finanzierungsverfahren ab, sondern ob die Rentenbeiträge als Steuern oder als Versicherungsbeiträge aufgefasst werden. Letzteres ist dann der Fall, wenn versicherungsmathematische Äquivalenz zwischen Beiträgen und Leistung besteht und der Rentenbeitrag als gesparter Lohnanteil angesehen wird, so dass die Entscheidungen auf dem Arbeitsmarkt anhand des Bruttolohns getroffen werden, ohne dass ursprüngliche Gleichgewicht zu verändern.[120] Werden die Rentenbeiträge hingegen als Steuern „empfunden"[121], so treten die gleichen allokativen Verzerrungen auf, die einer proportionalen Besteuerung von Arbeitseinkommen zugeschrieben werden:[122] Im Rahmen eines partialanalytischen Modells kommt es aufgrund des sinkenden Nettolohns einerseits zu einem Mehrangebot an Arbeit (Einkommenseffekt), andererseits aufgrund des sinkenden Grenznutzens der Arbeit zu einer Substitution von Arbeit durch Freizeit (Substitutionseffekt).

Um einen Nettoeffekt zu errechnen, müssten neben dem Grenzsteuersatz auch die Angebots- und Nachfrageelastizitäten der Arbeit sowie die Preiselastizitäten auf den Gütermärkten bekannt sein. Sie bestimmen, ob Arbeitnehmer, Arbeitgeber oder Konsumenten die Beitragslast tragen bzw. ob sich die gleichgewichtige Arbeitsmenge durch sinkende Nachfrage oder sinkendes Angebot verändert. Ist ein Überwälzen der höheren Lohnkosten auf die Preise (Konsumenten) oder die Arbeitnehmer nicht möglich, so wird eine sinkende Arbeitsnachfrage erwartet, da erstens der Faktor Kapital relativ billiger wird und zweitens in einer offenen Volkswirtschaft die Wettbewerbsfähigkeit der Unternehmen im Vergleich zum Ausland abnimmt.[123]

McGreevey (1990: 38) fasst als Konsens zusammen, dass in einem Wettbewerbsmodell das Arbeitsangebot relativ unelastisch reagiert und – unabhängig von der gesetzlichen Aufteilung eines Sozialversicherungsbeitrags auf Arbeitgeber oder Arbeitnehmer - letztere die Hauptlast des Beitrags tragen. Wird hingegen wie z.B. in Entwicklungsländern aufgrund der Möglichkeit, in unbesteuerte Bereiche der Ökonomie abzuwandern (Familienwirtschaft, informeller Sektor), das Arbeitsangebot im formellen Sektor elastisch, fällt die Inzidenz des Beitrags eher auf den Arbeitgeber. Zudem hänge es von dem internen und externen Wettbewerbsdruck einer Ökonomie ab, ob höhere Lohnkosten auf die Konsumenten übertragen werden könnten. Weiterhin wird angenommen, dass ein hoher Beitragssatz die Hinterziehungsraten erhöht und ein Anreiz bietet, monetäres

---

[120] Übersteigt der Zwangsbeitrag hier jedoch die freiwillige Ersparnis ohne die Existenz perfekter Kapitalmärkte oder wird die Beitragsrendite durch hohe Verwaltungskosten geschmälert, kann es zu Verhaltensänderungen kommen.

[121] Entweder aufgrund fehlender Beitragsäquivalenz oder wegen einer zu komplizierten Rentenformel, vgl. Kotlikoff 1989: 239: „*In some countries there is a strong link between marginal benefits and marginal taxes, but the formulae determining this linkage are so complex that workers are not likely to understand the degree of linkage and may simply assume it is zero.*"

[122] Vgl. den Überblick bei Queisser 1993 sowie McGreevey 1990., Brümmerhoff 1992, Musgrave et al. 1994.

[123] Dies wäre auch bei einem Überwälzen auf die Preise mit anschließenden kompensatorischen Lohnforderungen der Fall, wenn es sich um ein System fixer Wechselkurse handelt.

Arbeitsentgelt durch nicht-besteuerbare Lohnbestandteile (*fringe benefits*) zu ersetzen (Feldstein 1998).

Die Vorteile eines individuellen Kapitaldeckungsverfahrens bezüglich der Effekte von Rentensystemen auf den Arbeitsmarkt basieren zusammenfassend auf zwei Argumenten: Der Zusammenhang zwischen Beiträgen und Leistung ist versicherungsmathematisch korrekt und transparent, wodurch steuertypische Verhaltensänderungen, v.a. eine Verringerung des Arbeitsangebots (auch Frührente) oder eine Abwanderung in den informellen Sektor bzw. andere Formen der Beitragshinterziehung, minimiert werden.

Zweitens ist die prozentuale Belastung der Arbeitseinkommen aufgrund der postulierten höheren Rendite geringer (geringerer Beitragssatz), so dass – angenommen die Arbeitnehmer tragen den vollen Rentenbeitrag - höhere nominale Nettolöhne oder - wenn die Arbeitgeber die Beitragslast tragen - niedrigere Preise und damit eine Steigerung der (internationalen) Wettbewerbsfähigkeit die Folge sind.

Im Falle eines Systemwechsels verändert sich dieses Szenario insofern, als zur Finanzierung des Übergangs zum Teil neue verzerrende Steuern erhoben werden oder weil positive Subventionen des Arbeitsangebots durch die Eliminierung von Umverteilung wegfallen.[124]

Ähnlich wie im Falle der Ersparnis als Bestimmungsgröße der Investitionen stellt die orthodoxe Ökonomie auch im Falle der Beschäftigung von Arbeitskräften auf das Rationalkalkül der Haushalte ab und hebt die Determinanten des Arbeitsangebots in den Vordergrund, während die Arbeitsnachfrage von den Lohnkosten abhängig gemacht wird. In der Keynesianischen Theorie ist die Einkommensbildung hingegen unabhängig von der Lohnhöhe - die Produktion, das Investitionsvolumen steuert den Einsatz an Arbeitskräften, nicht umgekehrt. Die Investitionen werden hingegen durch die Knappheit des Geldangebots begrenzt.[125] Wie bereits in Teil I dargestellt, unterliegt der wirtschaftswissenschaftliche *mainstream* „...dem markttheoretischen Irrtum, es gäbe irgendwelche öko-

---

[124] Kotlikoff beschreibt (anhand des US-amerikanischen Beispiels) den Fall, wo ein Übergang zum Kapitaldeckungsverfahren wohlfahrtssteigernd ist, folgendermaßen: „*When the initial tax structure features a progressive income tax, when benefit-tax linkage is low, when consumption taxation is used to finance social security benefits during the transition, and when existing generations are fully compensated for their privatisation losses, there is a 4.5% welfare gain to future generations.*“ (Kotlikoff 1995: 30)

[125] Vgl. hierzu z.B. Riese 1981 und Riese 1986d. So wie S eine Residualgröße darstellt, ist auch die Arbeitsmarktlösung wegen der profitsichernden Aufschlagskalkulation ein Residuum. Arbeitslosigkeit auf zu hohe Löhne zurückzuführen ignoriert die Tatsache, dass der Reallohn ein Marktergebnis ist und ein zu hoher Reallohn (bzw. sinkende Nominallöhne) ein zu niedriges Preisniveau und damit die Präferenz für Geldhaltung widerspiegelt. Vgl. Riese 1986d sowie die Ausführungen in Teil V und VI.

nomischen Bedingungen, die Vollbeschäftigung ermöglichten“ (Riese 1998b: 32).

Trotz dieser weniger optimistischen Einschätzung möglicher gesamtwirtschaftlicher Beschäftigungswirkungen durch eine Senkung von Lohnkosten bzw. geringere Sozialversicherungsbeiträge, sind Faktoren wie eine höhere Transparenz, eine Stärkung des Äquivalenzprinzips und eine Senkung der Lohnnebenkosten natürlich zu begrüßen, v.a. um die Steuer- und Beitragshinterziehung bzw. eine Abwanderung in den informellen Sektor zu vermindern.

II.2.2.6 Zusammenfassung

Die Darstellung der ökonomischen Wirkung von Rentensystemen hat gezeigt, dass es keine eindeutigen Antworten auf die Frage gibt, ob ein privates Kapitaldeckungsverfahren einem staatlichen Umlageverfahren vorzuziehen ist, sei es auf Basis eines Renditevergleichs oder in Bezug auf Wachstumswirkungen, die auf die neoklassische Sparfonds-Investitions-Hypothese zurückgehen.

Bei Einbeziehung der Übergangskosten eines Systemwechsels werden die Argumente für die Privatisierung der Rentenversicherung noch schwächer. Holzmann (1997a: 24) kommt zu dem Ergebnis, dass die Finanzierung eines Systemwechsels selbst in der traditionellen neoklassischen Welt ökonomisch schwer zu rechtfertigen ist.

Festhalten lässt sich also, dass auf Basis der bisher präsentierten Argumente weder aus traditionell keynesianischer oder neoklassischer und noch weniger aus geldwirtschaftlicher Sicht ein Übergang zu einem individuellen Kapitaldeckungsverfahren gerechtfertigt bzw. anzuraten ist. Die überzeugenderen Argumente für eine solche Reform kommen demgegenüber aus der bereits erwähnten modernen Wachstumstheorie, die auf die positiven Impulse für die Finanzsektorentwicklung durch eine Rentenprivatisierung abhebt, und zum anderen aus der Politischen Ökonomie, welche die Vorteile der Privatisierungsoption bei der Überwindung von Reformblockaden sowie zur Erhöhung der wirtschaftspolitischen Glaubwürdigkeit in den Vordergrund stellt.

Im folgenden Kapitel werden die Erfahrungen aus der chilenischen Rentenreform, die Positionen der internationalen Organisationen und die Ergebnisse der Politischen Ökonomie der Rentenreform vorgestellt.

II.3 Die internationale Reformdebatte: Die neue rentenpolitische Orthodoxie

Der Begriff der neuen rentenpolitischen Orthodoxie wurde von dem argentinischen Ökonomen Rubén Lo Vuolo kreiert (1996: 292) und bezieht sich auf das neue Reformparadigma eines privaten, kapitalgedeckten Rentensystems mit festgelegten Beitragssätzen und Staatsgarantien, welches in Chile 1981 von der Militärregierung Pinochets eingeführt wurde und in der Weltbankstudie von 1994 als Mehr-Säulen-Modell zur Lösung der globalen Rentenkrise propagiert wird. Lo Vuolo (1996) bezeichnet Lateinamerika als Inspirationsquelle und als Versuchslabor für diese neue Rentenorthodoxie und die Weltbankstudie als Handbuch der Kreditkonditionalität für potentielle Reformländer. Inwiefern die internationale Debatte und die Entscheidung einer Vielzahl von Ländern für eine paradigmatische Rentenreform von den chilenischen Erfahrungen und der Position der Weltbank beeinflusst worden ist, soll im Folgenden analysiert werden.

II.3.1 Erfahrungen aus der chilenischen Rentenreform[126]

> „Ein Gespenst geht um die Welt – der Bankrott der staatlichen, auf dem Umlageverfahren aufgebauten Rentensysteme." (Piñera 1997: 21)

> „Man kann ohne Übertreibung sagen, daß die chilenische Rentenreform die auf der Welt durchgreifendste wirtschaftliche Reform der 80er Jahre war." (Schmidt-Hebbel 1999: 158)

Als erstes Land in Lateinamerika und weltweit setzte Chile acht Jahre nach der Machtübernahme der Militärs 1981 eine radikale Privatisierung seiner staatlichen, umlagefinanzierten Rentenversicherung durch. Inspiriert von der neoliberalen Ideologie der „*Chicago Boys*" wurde innerhalb eines ehrgeizigen Modernisierungsprogramms der chilenischen Gesellschaft auch die Sozialpolitik nach den Prinzipien von Individualismus und Markteffizienz umstrukturiert.[127]

---

[126] Zur chilenischen Rentenreform vgl. außer der zitierten Literatur auch Humeres 1995, Edwards 1996, 1998, Schulz-Weidner 1996, 1999, Rodriguez 1999, zu Vergleichen mit dem argentinischen Modell Barassi 1993, Arenas de Mesa/Bertranou 1997, Williamson/Pampel 1998, Hujo 1999.

[127] Zu der liberalen Ideologie der chilenischen Militärdiktatur, die sich u.a. an Hayek (*Constitution of Liberty, 1960*) und Friedman orientierte, vgl. Queisser (1993: 104-131). 21 Ökono-

Eine gesellschaftliche Debatte über Vor- und Nachteile bzw. Risiken der Reformen fand im Kontext des repressiven Pinochet-Regimes nicht statt, vielmehr wurde der zunehmende Machtverlust von Interessengruppen genutzt, um langjährige Reformblockaden zu überwinden.[128]

Chile war Anfang der 1970er Jahre in Lateinamerika das fortschrittlichste Land in der Sozialversicherung, litt aber wie andere Pionierländer der Region unter der hohen Fragmentierung seines Rentensystems, zahlreichen Privilegiensystemen, sinkenden Realleistungen sowie steigenden Kosten, die durch steigende Beiträge und staatlichen Subventionen finanziert werden mussten.[129]

Mittels eines Übergangs zu einem privat verwalteten Kapitaldeckungsverfahren wollte das Reformteam um Arbeitsminister José Piñera das Rentensystem vereinheitlichen und Privilegien eliminieren, eine bessere Bewältigung des demographischen Wandels erreichen, durch private, wettbewerbliche Verwaltung die Effizienz des Rentensystems erhöhen, höhere Alterseinkommen durch die Marktverzinsung der Beiträge erzielen sowie positive Wachstumsimpulse aufgrund von steigenden Sparquoten und einer Vertiefung der Kapitalmärkte auslösen (Uthoff 2001: 10).

Die erste Phase der Rentenreform begann 1979 mit einer Konsolidierung des alten Systems, welche den Wert der zukünftigen Renten im Umlageverfahren auf mehr als die Hälfte reduzierte (Schmidt-Hebbel 1999: 159, Uthoff 2001: 18) und somit die Kosten des Systemwechsels durch eine Reduzierung der impliziten Rentenschuld beträchtlich minderte (vgl. II.2.2.4).[130] Erklärtes Ziel der

---

men, die in Chicago, USA, studiert hatten, hielten Ämter innerhalb der Militärregierung inne, vgl. ebenda S. 286-87.

[128] Vgl. Mesa-Lago 1997a über den Zusammenhang zwischen politischen Regimen und strukturellen Rentenreformen. Die durch die Diktatur zerstörte Sozialpartnerschaft der dreigliedrigen Struktur des Umlageverfahrens erleichterte die Privatisierung, vgl. Nitsch 1997.

[129] Die Sozialversicherungsbeiträge erreichten 1974 bis zu 65% des Bruttogehaltes für Privatangestellte, Staatszuschüsse betrugen rund 18% in den 1970er Jahren, Beitragsfinanzierung erreichte ca. 80%. mit den Staatszuschüssen wurden u.a. redistributive Maßnahmen wie Familienbeihilfen und Mindestrenten/Sozialrenten finanziert, über die Hälfte subventionierte jedoch die Kasse der Militärs, vgl. Queisser 1993: 96-98 und Mesa-Lago/Arenas de Mesa 1997: 406.

[130] Die Vorreform bestand in der Einführung einheitlicher Indexierungsregeln sowie einer einheitlichen Mindestrente für alle Kassen, einer Erhöhung des Rentenalters auf 60/65 (Frauen/Männer) und der Eliminierung der sogenannten Dienstaltersrenten (Renten nach Mindestdienstzeit ohne Rücksicht auf Lebensalter) sowie der *pensiones perseguidoras* im öffentlichen Dienst. Letztere waren Renten für höhere Staatsangestellte, die sich nach dem letzten Gehalt vor Renteneintritt berechnen; Ersatzraten konnten bis zu 100% erreichen, vgl. Queisser (1993: 93). Das privilegierte Rentensystem von Militärs und Sicherheitskräften blieb jedoch insgesamt von der Reform ausgeschlossen.

Reformer war jedoch der endgültige Ausstieg aus dem Umlageverfahren, welches nach Piñera auf einem „unzutreffenden Menschenbild" aufbaute (Piñera 1997: 21)[131] und entsprechend nicht durch systeminterne Reformen optimiert werden konnte. Statt dessen sollte durch die Einführung eines privaten Kapitaldeckungsverfahrens ohne feste Leistungszusage ein System mit minimaler Staatsintervention und größtmöglicher persönlicher Entscheidungsfreiheit und Verantwortung etabliert werden und den ordnungspolitischen Kurswechsel unter den Militärs unterstreichen (Queisser 1993: 153).

Kernelement der zweiten Phase der Reform, die 1981 in Kraft trat, waren die neu gegründeten Rentenfondsgesellschaften, d.h. private, gewinnorientierte Unternehmen, welche die Pflichtrentenbeiträge der Arbeitnehmer von 10% auf individuellen Konten gutschreiben und in gesetzlich festgelegte Anlagen investieren.

Neben dieser aus Pflichtbeiträgen finanzierten privat verwalteten Säule auf Kapitaldeckungsbasis existieren noch zwei ergänzende Säulen: eine staatliche Absicherung, die dazu dienen soll, Altersarmut zu verhindern und die als steuerfinanzierte Mindestrentengarantie konzipiert ist sowie eine dritte Säule in Form von steuerbegünstigter freiwilliger Ersparnis.

Die privaten Aktiengesellschaften AFP (*Administradoras de Fondos de Pensiones*) konkurrieren um die Versicherten über ihre Gebühren (Verwaltungsgebühr, Prämien für Invaliditäts- und Hinterbliebenenschutz) sowie erzielte Investitionserträge. An die Stelle einer festgelegten Rentenleistung und deren Finanzierung über die Beiträge der Aktiven im Rahmen eines Generationenvertrags trat die obligatorische Ersparnis für das Alter in Form festgelegter Arbeitnehmerbeiträge. Die Arbeitgeberbeiträge wurden mit der Reform abgeschafft und durch eine Erhöhung des Nettolohns von 11% kompensiert.[132]

Da die neue Finanzierungsmethode eine strikte individuelle Beitrags-Leistungs-Äquivalenz festlegt, entscheidet allein das akkumulierte Kapital zuzüglich der Verzinsung bei Renteneintritt über die Rentenhöhe jedes Versicherten. Umverteilungselemente zwischen Versicherten bzw. Generationen und ein Risikoausgleich sind in Chile nicht vorgesehen. Neben dem Kontostand entscheiden individuelle Kriterien (Lebenserwartung nach Geschlecht, Anzahl von

---

131 „...*das Umlageverfahren versucht, die für das menschliche Verhalten und seine Antriebskräfte ganz entscheidende nachvollziehbare Verbindung zwischen Leistung und Vergütung, zwischen persönlicher Verantwortung und daraus abgeleitetem individuellen Anspruch aufzuheben.*" (Piñera 1997: 21)

132 Dies wurde durch die Erhöhung des Rentenalters finanzierbar, vgl. Ruiz-Tagle 1998: 6.

unterhaltsbedürftigen Angehörigen) sowie das Zinsniveau[133] über die spätere Rentenhöhe. Bei Eintritt in den Ruhestand kann das akkumulierte Kapital in eine Annuität umgewandelt werden oder eine programmierte Auflösung des Kapitalstocks gewählt werden bzw. eine Kombination aus beiden.[134] Diese Art von individualisierten Zwangssparsystemen werden von der Internationalen Arbeitsorganisation sowie der Internationalen Vereinigung für Soziale Sicherung nicht als vollwertige Sicherungsform anerkannt, da sie gegen verschiedene ILO-Konventionen (Mindeststandards der sozialen Sicherung) verstoßen, die allerdings nicht von Chile ratifiziert wurden.[135]

Der chilenische Staat wird zwar langfristig aus der Trägerschaft der Rentenversicherung entlassen, da das private System für junge Erwerbstätige verpflichtend ist; dennoch waren und sind seine Aufgaben und damit auch die finanzielle Belastung seit 1981 beträchtlich.

Wie unter II.2.2.4 beschrieben, muss das alte System abgewickelt werden, d.h. laufende Rentenzahlungen sowie eine Kompensation für bereits im alten System geleistete Beiträge (über die Emission staatlicher Schuldverschreibungen, *recognition bonds*)[136] finanziert werden. Zum anderen müssen die privaten Pensionsfonds vom Staat beaufsichtigt und reguliert werden sowie die Sicherheit des privaten Systems durch verschiedene Garantien gewährleistet werden. So wird das individuell angesparte Rentenkapital bei Renteneintritt (oder bei programmierten Rentenauszahlungen) dann aufgestockt, wenn es zum Bezug einer Mindestrente nicht ausreicht (steuerfinanzierte erste Säule), zweitens wird eine relative Mindestrentabilität garantiert, die sich am Durchschnitt des gesamten AFP-Systems orientiert und drittens eine Mindestrente im Falle der Zahlungsunfähigkeit von AFPs oder Versicherungsgesellschaften gewährt. Da die Mindestrentengarantie an eine 20jährige Beitragszeit geknüpft ist, finanziert der

[133] Das Zinsniveau bei Renteneintritt ist entscheidend bei der Berechnung von Lebensrenten, bei der programmierten Auslösung des Kapitalstocks wird die Rente jährlich nach der zur erwartenden Marktrendite und Restlebenserwartung neu berechnet.

[134] Da es sich bei der programmierten Auflösung um eine Auflösung des Kapitalstocks ohne Absicherung der Langlebigkeit handelt, werden die Auszahlungen mit der Mindestrentengarantie verknüpft, vgl. Schulz-Weidner 1999: 318.

[135] Es handelt sich um die Mindestkonvention Nr. 102 sowie Nr. 128, die eine Finanzierung der sozialen Sicherung durch Arbeitnehmer- und Arbeitgeberbeiträge vorsieht sowie eine staatliche oder tripartite Verwaltung, eine lebenslange Rentenzahlung und Mindest-Lohnersatzraten von 40% bestimmt, vgl. Gillion/Bonilla 1992: 193, Queisser 1993: 124.

[136] Zur Berechnung der Anerkennungsbonds, die bis Renteneintritt mit real 4% verzinst werden, siehe Edwards (1998: 248-9).

chilenische Staat zusätzlich eine begrenzte Anzahl beitragsunabhängiger Sozialrenten nach Feststellung der individuellen Bedürftigkeit.[137]

Das chilenische Rentensystem, das mittlerweile seit zwanzig Jahren existiert, hat sich zu einem begehrten Studienobjekt hinsichtlich der komplexen wirtschaftlichen Effekte einer systemischen Rentenreform entwickelt:

> „While other countries have implemented pension reforms in the 1990s, the debate always returns to Chile because it is the world's first privatization; it is both the model of reference and the greatest source of data for countries considering similar reforms" (Kay 2000: 134)

Allerdings fallen die Ergebnisse der empirischen Studien über die makroökonomischen Wirkungen der Reform, ähnlich wie in der theoretischen Diskussion, nicht eindeutig aus.[138]

Wenige Studien analysieren die Auswirkungen der Rentenreform auf den Arbeitsmarkt.[139] Edwards (1998: 251-7) kommt auf Basis von Simulationsrechnungen zu dem Ergebnis, dass unter realistischen Annahmen eines unelastischen Arbeitsangebots in Bezug auf die Rentenbeiträge die Löhne im informellen Sektor zwischen 4,6% und 7,7% gestiegen sind und eine formelle Beschäftigungserhöhung von 75 bis 119 Tausend Arbeitsplätzen entstanden ist. Dies entspräche einer Verringerung der Arbeitslosigkeit von 2,2% bis 3,6% (ebenda: 257).

Was die Wirkungen der Rentenreform auf Ersparnis, Finanzsektorentwicklung und Wachstum anbetrifft, so wird auf den außerordentlichen Anstieg der chilenischen Sparquote von durchschnittlich 16,7% des BIP von 1976-80 auf ca. 26,6% von 1990-94 verwiesen (Haindl 1997).[140] Nach Berechnungen von

---

[137] Bei den 20 Jahren Beitragszeit werden bis zu drei Jahre Arbeitslosigkeit als beitragsfreie Zeit anerkannt. Die Mindestrente beträgt 85% des Mindestlohns und beträgt ca. US$ 130, Ruiz-Tagle 1998: 21, nach Schulz-Weidner (1999: 329) 1995 97 Euro, die Sozialrente 52 Euro.

[138] Acuña/Iglesias 2001 geben einen Überblick über die empirischen Studien zu den makroökonomischen Effekten der chilenischen Rentenreform.

[139] Auch die jüngste Studie zum chilenischen Rentensystem von Acuña/Iglesias 2001 beschränkt sich auf die Wirkungen der Reform auf die Staatsfinanzen, die Ersparnis und die Kapitalmärkte.

[140] Verwiesen sei hier auch auf die statistische Problematik bei der Analyse von aggregierten Sparraten: S ist nur eine Residualgröße und die private S (Haushalts- und Unternehmens-S) wiederum ein Residuum dieser Restgröße (nach Abzug des Budgetsaldos). Weiterhin ist die Wirkung der Rentenreform schwer von anderen makroökonomischen Einflussvariablen zu trennen. Siehe Barrientos (2000: 7) und Kellner (1998: 59).

Haindl (1997: 130) sind ca. 6,6% dieses Anstiegs durch die Rentenreform zu erklären.[141] Holzmann (1997b: 242) errechnet einen Gesamteffekt von 1,6 bis 2,8% des BIP, allerdings führt er diese Erhöhung der Sparrate nicht direkt auf die Rentenreform, sondern auf die damit verbundene Enteignung von Rentenansprüchen[142], die Budgetüberschüsse und auf eine positive Verbindung zwischen Wachstumsraten und Ersparnis zurück. Das Wachstum sei wiederum durch den indirekten Entwicklungsimpuls der Rentenreform auf die Finanzmärkte gestiegen. Auch Barrientos kommt zu einer ähnlichen Schlussfolgerung:

> „In conclusion, there is no compelling evidence to show that the introduction of individual retirement accounts in Chile has directly resulted in a rise in household saving.[143] Explanations for the rise of private saving in Chile must be found in the growth of corporate saving, and more broadly in the sustained growth experience by the Chilean economy since the second half of the 1980s." (Barrientos 2000: 10)

Die Rentenreform habe zwar einen positiven Einfluss auf die Kapitalmarktentwicklung des Landes gehabt, indem dieser vergrößert, seine Instrumente verbreitert, die Institutionen modernisiert und der Wettbewerb intensiviert worden sei (ebenda: 12), jedoch fände in Chile die Unternehmensfinanzierung kaum über den Kapitalmarkt statt (ebenda: 15).[144]

Uthoff (2001: 31-33) kommt zu dem Ergebnis, dass die direkte Wirkung der Rentenreform auf die aggregierte Sparrate (von 1981-99 16,7%) durch das

---

[141] Allerdings setzt sich bei Haindl (1997: 123) die aggregierte Ersparnis aus der privaten S, der Rentenersparnis (Beiträge im Umlageverfahren wurden demgegenüber als Steuern verrechnet), der staatlichen S (Budgetsaldo) sowie der externen S (Leistungsbilanzsaldo) zusammen! Die Einbeziehung von Kapitalimporten in die gesamtwirtschaftliche Ersparnis wird auch von der Weltbank gehandhabt (BIP-C), vgl. Kellner 1998: 59. Siehe auch weiter unten.

[142] Vgl. Holzmann 1997b: 242 schätzt den *fiscal default* auf ca. 80% BIP, so dass die explizit gemachte Rentenschuld nur 126% BIP erreichte, S. 231.

[143] Bei der Wirkung der Rentenreform auf die private Haushaltsersparnis muss zudem noch berücksichtigt werden, dass der Beitragssatz im neuen System von 22% auf 13% gesenkt wurde (Ruiz-Tagle 1998: 15). Dabei kann nicht davon ausgegangen werden, dass diese Senkung vollständig durch eine Erhöhung der freiwilligen Ersparnis kompensiert wurde (letztere wird in der chilenischen VGR normalerweise auf 0 geschätzt, während Unternehmensersparnis als Differenz aus gesamter privater S und Sozialversicherungsbeiträgen errechnet wird vgl. Acuña/Iglesias 2001: 38). Erstaunlicherweise wird diese - von den Vertretern der Rentenorthodoxie so negativ gesehene - Ausweitung des Konsums der Arbeitnehmer als Folge der chilenischen Reform selten in der Literatur angemerkt.

[144] Zu den Wirkungen der Rentenreform auf die Kapitalmarktentwicklung vgl. Walker/Lefort 2001, Acuña/Iglesias 2001 sowie Hein 1999.

zu finanzierende Übergangsdefizit in den ersten zwei Jahrzehnten nach Implementierung negativ war. Zwischen 1981-99 erreichte das jährliche Rentendefizit im Durchschnitt 5,7% des BIP, während sich die Rentenersparnis, die an die Pensionsfonds geleitet wurde, nur auf 2,7% des BIP belief. Der allgemeine Anstieg der nationalen Sparrate sei hingegen auf die hohen staatlichen Budgetüberschüsse, die im Schnitt von 1981-99 9,2% des BIP (bei Abzug des Rentendefizits) ausmachten sowie auf eine 1984 implementierte Steuerreform zurückzuführen, die zu einem starken Anstieg der Unternehmensersparnis führte (ebenda: 31-32). Die Zunahme der privaten Ersparnis auf durchschnittlich 7,6% zwischen 1981-99 setzt sich hingegen aus einem Entsparen der privaten Haushalte von durchschnittlich 3% und einer Sparquote der Unternehmen von 9,6% zusammen. Insgesamt führt Uthoff 2,5% der höheren Sparquote auf die Rentenreform und deren Auswirkung auf die staatliche Fiskalpolitik zurück. Queisser (1993: 190-193) führt an, dass die Wirkungen der kontraktiven Fiskalpolitik sowie die so genannte externe Ersparnis (Verschuldung) entscheidender für die Entwicklung der gesamtwirtschaftlichen Ersparnis war, als die Akkumulation von Rentenkapital. Sie kommt zu dem Ergebnis:

> „...daß die Kapitalakkumulation durch das Alterssicherungssystem eine wichtige Funktion zur Finanzierung staatlicher Aufgaben übernommen hat, wobei die staatlichen Zahlungsverpflichtungen allerdings zu einem großen Teil durch die Rentenreform erst entstanden sind. Für eine Erhöhung der gesamtwirtschaftlichen Ersparnis und Investitionen durch den Systemwechsel gibt es jedoch keine empirischen Belege." (Queisser 1993: 193)

Das laufende Defizit der Rentenreform, welches bis 1998 im Durchschnitt 5,5% des BIP p.a. betragen hat (Acuña/Iglesias 2001), soll bis 2020 auslaufen. Das Defizit aus der Emission der *recognition bonds*, welches bis 1999 im Durchschnitt 0,5% des BIP im Jahr betrug, wird noch bis 2030 bestehen. Danach wird sich die fiskalische Belastung aus der Rentenversicherung neben der Finanzierung der bisher ausgeschlossenen Systeme aus der Mindestrentengarantie sowie den Sozialrenten zusammensetzen. In den letzten Jahren ist deutlich geworden, dass die Kosten aus der ersten Säule erhebliche Volumina annehmen könnten – obwohl die Höhe der Mindestrente keineswegs ausreichend ist, um das Existenzminimum der Berechtigten zu garantieren.[145] Die verstärkte Inan-

[145] Vgl. Acuña/Iglesias 2001: Tab. 6: Die Autoren verweisen auf Berechnungen von Arenas/Marcel 1999, welche die Kosten für Sozialrenten mit 0,4% des BIP, für Mindestrenten mit 0,3% des BIP p.a. beziffern. Das langfristige Rentendefizit beträgt demnach jährlich 0,7%

spruchnahme von Staatsgarantien könnte aus der sinkenden Deckung des Systems resultieren: 1999 zahlten nur noch 55,2% der Beschäftigten (bzw. 44% der AFP-Mitglieder) auch Beiträge (Uthoff 2001: 14) und 1,5 Millionen Selbständige, die auf freiwilliger Basis einer AFP beitreten könnten, sind nicht versichert.

Neben der mangelnden Reichweite des chilenischen Rentensystems, die trotz der positiven Anreize aufgrund des individuellen Äquivalenzprinzips schlechter als im alten Umlageverfahren ausfällt, sind die hohen Kosten des AFP-Systems, welche die individuelle Rendite der Versicherten stark beeinträchtigen, das zweite zentrale Problem. Im März 2001 betrugen die Verwaltungskosten inklusive Versicherungsprämie für Invaliditäts- und Hinterbliebenenschutz 2,31% der Löhne oder 19% des Gesamtbeitrags (von 12,31%).[146] In Verbindung mit einem Rückgang der Fondsrentabilität, die zwischen 1981-2000 im Durchschnitt noch real 10,6%, von 1995-2000 aber nur noch 4% betragen hat, kommt man für niedrigere Einkommensgruppen für den ersten Zeitraum auf 6,6%, für den zweiten nur noch auf 1,7% reale Nettorendite (d.h. abzüglich der Provision, Uthoff 2001: 29). Hierbei wäre eine weitere Gebühr bei Renteneintritt noch nicht berücksichtigt: Wird die Annuitätenoption gewählt, müssen bis zu 3% des akkumulierten Fonds als Bearbeitungsgebühr gezahlt werden. Die Netto-Beitragsverzinsung im chilenischen Kapitaldeckungsverfahren ist also nicht ausreichend, um das erhöhte Risiko für die Versicherten im Kapitaldeckungsverfahren zu kompensieren[147] und höhere Leistungen, als im Umlageverfahren zu finanzieren.

Welche Schlussfolgerungen können aus der chilenischen Erfahrung mit einer strukturellen Rentenreform gezogen werden?

Zum einen erscheinen die Rahmenbedingungen für eine erfolgreiche Reform sowohl in Bezug auf politische als auch ökonomische Faktoren relativ restriktiv zu sein. Die implizite Rentenschuld muss über parametrische Änderungen im alten System, also einer De-facto-Enteignung von Rentenansprüchen, beträchtlich reduziert werden. Zudem hatte Chile über viele Jahre hohe Budgetüberschüsse und außerordentliche Wachstumsraten. Die Erhöhung der gesamt-

---

des BIP, während das Übergangsdefizit (laufendes Defizit + Anerkennungsbonds) 2010 immerhin noch 2,4% erreicht.

[146] Hohe Verwaltungskosten sind auf die zu erreichenden Skaleneffekte und die damit zusammenhängenden Marketingaktivitäten (v.a. über Verkaufspersonal) der AFPs zurückzuführen. Demgegenüber ist die Preiselastizität der Nachfrage in Bezug auf Provision und Rendite relativ gering. Die Kosten haben sich nach einer Umstellung der Regulierung 1997, die das Volumen von Versicherten, welche die AFP wechseln, bis 2000 auf ein Viertel gesenkt hat, beträchtlich reduziert. Vgl. Uthoff 2001: 23-4.

[147] Nach den Berechnungen von Feldstein 1997 können die verschiedenen Risiken im privaten FF-System durch die höhere Rendite kompensiert werden.

wirtschaftlichen Ersparnis trotz der Rentendefizite von fast 6% des BIP pro Jahr ist auf die Erzielung von Haushaltsüberschüssen, Änderungen im Steuersystem, Kapitalimporte und die positive Wachstums*performance* zurückzuführen.[148] Die Kombination aus sinkender Ersparnis der privaten Haushalte, hoher Unternehmensersparnis und restriktiver Fiskalpolitik weist auf eine Marktkonstellation hin, die eine dynamische Einkommensbildung fördert und dabei dem inflatorischen Druck über die Budgetpolitik entgegenwirkt. Dies könnte die zentrale Ursache für die positive wirtschaftliche Entwicklung Chiles ab der zweiten Hälfte der 1980er Jahre gewesen sein.[149]

Tabelle 2.3 Ausgewählte Indikatoren zum chilenischen Rentensystem (Dez. 2001)

Reichweite	
-Mitglieder/Erwerbsfähige (PEA)	108,1%
-Beitragszahler/Mitglieder	53,7%
-Beitragszahler/Beschäftigte	58,0%
Fondsrentabilität	
-durchschnittliche reale Rendite 1981-2001	10,7%
Fondsvolumen	
-in US$	35.461 Mio.
-in % des BIP	55,0%
Beitragssatz in % Bruttolohn	10,00%
+Versicherungskosten in % Bruttolohn	0,67%
+Verwaltungsgebühr in % Bruttolohn	1,77%
Beitragsbemessungsgrundlage	60 UF (ca. 1455 US$)
Marktgröße	
Anzahl der AFPs	7
Konzentration (Marktanteil Fonds der größten 2 AFPs)	54,6%

148 Acuña/Iglesias 2001: 37. Während in den ersten Jahren nach der Reform die Übergangsfinanzierung durch Ausgabensenkungen, einen temporären Arbeitgeberbeitrag sowie Verschuldung erfolgte, ermöglichte die positive Wirtschaftsentwicklung in der zweiten Hälfte der 1980er eine Finanzierung über höhere Budgeteinnahmen (Privatisierungserlöse, höhere Steuereinnahmen u.a. auf Kupferexporte).

149 Sicherlich wäre an dieser Stelle eine genaue Analyse der wirtschaftlichen Entwicklung Chiles wünschenswert, da die entscheidenden Faktoren für den (im regionalen Vergleich) relativen Erfolg in der orthodoxen Literatur nicht deutlich werden; die vorliegende Arbeit beschränkt sich jedoch bei der ökonomischen Analyse auf das Fallbeispiel Argentinien.

Fortsetzung

Investititonsportfolio (Obergrenze in % des gesamten Fonds)	
-Staatspapiere (50)	35,0%
-Termineinlagen (50), Finanzinstitutionen	32,5%
-Unternehmensanleihen (45), Nicht-finanz. Institutionen	6,2%
-Aktien (40)	10,6%
-Investmentfonds (25)	2,5%
-Ausländische Investitionen (16)	13,1%
-Hedging Instrumente (20)	k.A.
Anlagen in Fremdwährung in % Gesamtfonds	17,6%

Quelle: AIOS 2001.

Demgegenüber scheint die Bedeutung des Aufbaus eines Kapitalstocks, abgesehen von den theoretischen Einwänden, auch aufgrund der hohen Übergangskosten wenig relevant zu sein. Wenn die 40- bis 50jährige Periode des Systemübergangs vorbei ist und das Kapitaldeckungsverfahren tatsächlich zu einer höheren Kapitalakkumulation beitragen könnte, kommt es schon wieder zu einem Abbau des Kapitalstocks, weil Rentner im neuen System ihre Ersparnisse auflösen.

Die Auswirkungen der Reform auf den Finanzsektor und den Kapitalmarkt werden als positiv bewertet - immerhin betrug das akkumulierte Fondskapital, welches von den AFPs verwaltet wird, 2000 35,4 Mrd. US$ oder 46,9% des BIP. Allerdings ist die direkte Wirkung als Instrument langfristiger Investitionsfinanzierung nicht eindeutig: Ein beträchtlicher Anteil des Rentenkapitals finanzierte Staatsverschuldung, Privatisierungen oder auch geldpolitische Maßnahmen der Zentralbank (Queisser 1993:192-3). *Last but not least* ist die Verzinsung im Kapitaldeckungsverfahren nach Abzug der Verwaltungs- und Versicherungsgebühren für bestimmte Einkommensgruppen und je nach Periode durchaus niedrig. Dazu kommen die höheren Risiken in einem kapitalgedeckten System ohne feste Leistungszusage, wobei der Staat nur ein minimales Sicherungsnetz unterhalb des Existenzminimums garantiert.

Trotz dieser vielfältigen Einschränkungen hat die Weltbank das chilenische Rentensystem als universelles Referenzmodell für Länder propagiert, die ihre staatliche Rentenversicherung reformieren wollen und war dabei höchst erfolgreich: In Lateinamerika haben bisher zehn Länder ihre Rentenversicherung teilweise oder vollständig auf das individuelle Kapitaldeckungsverfahren nach chilenischem Vorbild umgestellt (vgl. Tab. 2.4). Dabei wurde entweder das alte staatliche Umlageverfahren vollständig durch ein privates Kapitaldeckungsverfahren ersetzt (substitutiver Reformtyp), als Konkurrenz zum alten Umlageverfahren ein paralleles privates Kapitaldeckungsverfahren eingerichtet (paralleler

Reformtyp) oder eine Kombination aus staatlichem Umlageverfahren und privaten Rentenfonds hergestellt (gemischter Reformtyp).[150]

Tabelle 2.4 Neue Rentensysteme in Lateinamerika: Ein Überblick

	Chile	Peru	Argentinien	Kolumbien	Uruguay
System-beginn	1981	1993	1994	1994	1996
Reformtyp	substitutiv	parallel	gemischt/ parallel	parallel	gemischt
Staatliche Säule	läuft aus	staatliches UV als Alternative zu KDV	staatliches UV Grundrente Zusatzrente	staatliches UV als Alternative zu KDV	staatliches UV
Alte Beiträge	Anerken-nungsbonds	Anerken-nungsbonds	Kompensa-tionsrente	Anerken-nungsbonds	in Renten-formel
Private Säule	Rentenfonds obligatorisch für neue Erwerbstätige	Rentenfonds Alternative zu UV	Rentenfonds Alternative zu UV (Zusatzrente)	Rentenfonds Alternative zu UV	Rentenfonds obligatorisch ab US$ 800 Einkommen, freiwillig dar-unter und über Alter 39
Beitragssatz KDV	10% (AN)	8% (AN)	7,62% (AN)	2,5% (AN) 7,5% (AG)	12,27% (AN)
Beitrags-jahre	10-20	20	30	20	35
Rentenalter	60/65	65	60/65	57/62	60

[150] Die Klassifizierung der Reformtypen geht auf Mesa-Lago 1998 zurück, vgl. auch Mesa-Lago/Kleinjans 1997. Zu den lateinamerikanischen Rentenreformen vgl. neben den Publikationen von Mesa-Lago (insbesondere Mesa-Lago 2001 und 2002) z.B. Aiyr 1997, Barrientos 1998, Barretto de Oliveira 1994, Bertín/Perrotto 1997, Cruz-Saco/Mesa-Lago 1998, Mitchell/Barreto 1998, Williamson/Pampel 1998, Kay/Kritzer 2001, Lora/Pagés 2000, Devesa-Carpio et al. 2002, Müller 2000a. Siehe Müller 2003 für einen Vergleich mit den Rentenreformen in Osteuropa und Fox/Palmer 2001 für Lehren aus den jüngsten europäischen Reformen für Lateinamerika.

Fortsetzung

	Bolivien	Mexiko	El Salvador	Costa Rica	Nikaragua
System-beginn	1997	1997	1998	2001	2002
Reformtyp	substitutiv	substitutiv	substitutiv	gemischt	substitutiv
Staatliche Säule	beendet	beendet	läuft aus	staatliches UV	läuft aus
Alte Beiträge	Kompensa-tionsrente	in Renten-option	Anerken-nungsbonds	durch Grund-rente	
Private Säule	Rentenfonds obligatorisch für alleArbeit-nehmer	Rentenfonds obligatorisch für alleArbeit-nehmer	Rentenfonds obligatorisch für neue Erwerbstätige bis Alter 35, danach optativ	Rentenfonds obligatorisch für alleArbeit-nehmer	Rentenfonds obligatorisch für Arbeit-nehmer bis Alter 43
Beitragssatz KDV	10% (AN)	1,125% (AN) 5,2% (AG) 2,2% (Staat)	3,25% (AN) 6,75% (AG)	1% (AN) 3,25% (AG)	4% (AN) 6,5% (AG)
Beitrags-jahre	15	9,5 (25)	25	k.A.	k.A.
Rentenalter	65	65	55/60	k.A.	k.A.

Quelle: Eigene Zusammenstellung nach Devesa-Carpio/Vidal-Meliá 2002, Mesa-Lago 2000, Müller 2003.
KDV (Kapitaldeckungsverfahren), UV (Umlageverfahren, AG (Arbeitgeber), AN (Arbeitnehmer)

II.3.2 Das Weltbank-Modell und die Position der internationalen Organisationen

Obwohl das chilenische Modell unter Wirtschaftswissenschaftlern viel Zustimmung erhielt, war seine Attraktivität für Politiker über Jahre begrenzt – zu sehr wurde die Rentenprivatisierung mit dem autoritären Pinochet-Regime in Verbindung gebracht. Erst nach der Legitimierung der Reform durch die demokratische Nachfolgeregierung in Chile Anfang der 1990er Jahre konnte das Alterssicherungssystem in Chile zum internationalen Referenzmodell werden.

Gleichzeitig wurden neoliberale Stabilisierungs- und Strukturanpassungsprogramme auf Basis des *Washington Consensus* zur dominanten wirtschaftspolitischen Strategie Lateinamerikas der 1990er Jahre in der Nachfolge der Schuldenkrise (vgl. Teil III). Die Defizite der lateinamerikanischen Rentenkassen, die zu steigender Beitragsbelastung führte und staatliche Subventionen erforderte, wurden als Gefahr für die Stabilisierungspolitik interpretiert. Internationale Kreditorganisationen deklarierten Reformen der sozialen Sicherungssysteme zu einer prioritären Aufgabe im Rahmen der *second-stage* Anpassungsprozesse (Nelson 2000b, Huber 1999).

In diesen Kontext fällt die Veröffentlichung des Forschungsberichts „*Averting the old age crisis. Policies to protect the old and promote growth*“, womit die Weltbank 1994 das wohl wichtigste Dokument für die Rentendebatte der 1990er Jahre lancierte und die traditionellen mit sozialpolitischen Fragen beschäftigten Organisationen wie die Internationale Arbeitsorganisation (ILO) und die Internationale Vereinigung für Soziale Sicherheit (ISSA) in die Defensive gedrängt hat.[151] Die Weltbank traf mit ihrer Renten-Botschaft „Schütze die Alten und fördere dabei dein Wirtschaftswachstum“ im Kontext der wirtschaftlichen und politischen Transformation der 1990er Jahre auf offene Ohren und knüpfte mit ihrem Drei-Säulen-Modell an das neue chilenische Rentensystem von 1981 an.

Die Weltbank interessiert sich entsprechend ihrer Funktion als internationale Finanz- und Entwicklungsorganisation in erster Linie für die makroökonomischen Wirkungen von Rentensystemen und brachte die unter II.2 vorgestellten Argumente einer breiten Öffentlichkeit nahe. Als Schlüsselproblem für die Zukunft der Alterssicherungssysteme wird der globale Alterungsprozess identifiziert, der sich in einem Anstieg des Altersabhängigkeitsquotienten (Verhältnis Rentnerbevölkerung zu Erwerbstätigen) niederschlägt und staatliche Umlagesysteme in Industrie- und Entwicklungsländern unter Reformdruck setzt (World Bank 1994: 27-32). Diese Rentensysteme wiederum zeichnen sich durch ihre negativen Wirkungen auf Wachstum, Produktivität und Beschäftigung aus, da sie den Lohnsektor belasten, die aggregierte Ersparnis senken, staatliche Ressourcen ineffizient alloziieren sowie Budgetdefizite und Inflationssteuer fördern. Systemkonforme Reformen wie Beitragserhöhungen, Leistungskürzungen, das Heraufsetzen des Rentenalters und eine Erhöhung der Beitrags-Leistungs-Äquivalenz sind nach Auffassung der Weltbank zwar notwendig, jedoch nicht hinreichend, um die Rentenkrise langfristig zu entschärfen. Ziel einer Reform müsse vielmehr sein, über eine Umstellung der staatlichen Rentenversicherun-

[151] Vgl. zur Position von internationalen Organisationen wie BID, IWF, OECD, CEPAL auch Mesa-Lago 1996 sowie Queisser 2000, da im folgenden nur auf die Hauptkontrahenten ILO versus Weltbank eingegangen wird.

gen auf ein privates System individueller Kapitaldeckung die Wirtschaftsentwicklung zu fördern und damit die Wohlfahrt aller Generationen zu erhöhen:

> „The choice among alternative arrangements for old age security affects the welfare of the old, because it determines the share of the national pie they can claim. More fundamentally, it affects the welfare of everyone, old and young, by influencing the size of that pie.“ (World Bank 1994: 3)

Die wirtschaftlichen und sozialen Fortschritte, die von einer strukturellen Rentenreform erwartet werden, stehen im Gegensatz zu einer Vielzahl von Schwächen, welche die Weltbank als typisch für staatliche Umlagesysteme identifiziert (World Bank 1994: 12-13; 43-45): Problematisch sei die Anfälligkeit staatlicher Umlagesysteme für demographische Veränderungen und politische Manipulation. Letztere fände ihren Ausdruck in „irrationalen Leistungsversprechen“ während der Aufbauphase, die zu steigenden Beiträgen, Subventionen oder Leistungskürzungen während der Reifephase der Systeme führten. Zum anderen produziere die mangelnde Beitragsäquivalenz Anreize zur Beitragshinterziehung und Frühverrentung. Drittens habe ein staatliches Umlageverfahren adverse Wirkungen auf die nationale Ersparnis und den Arbeitsmarkt und verfehle dabei noch die sozialpolitischen Ziele, indem Leistungen unzureichend an die Inflation angepasst würden und eine regressive Umverteilung zugunsten von Besserverdienenden stattfände.[152] Letztlich wäre eine Folge steigender Defizite der Rentensysteme die Notwendigkeit, höhere Beiträge oder Steuern zu erheben, die Verschuldung zu erhöhen oder andere Sozialausgaben (Gesundheit, Bildung) zu kürzen.

> „For all these reasons, public systems that have tried to do it all have too often produced costly labor and capital market distortions and perverse redistributions to high-income groups while failing to provide security for the old – outcomes that are neither efficient nor equitable nor sustainable.“ (World Bank 1994: 14)

Als Alternative schlägt die Weltbank ein Mehr-Säulen-Modell vor (Abbildung 2.5), welches in etwa dem 1981 unter Pinochet in Chile eingeführten Rentensystem entspricht, bzw. auf das *annuity-welfare*-Modell zurückgeht, das in den 1970er Jahren von Ökonomen wie Ferrara und Feldstein (vgl. Thompson

---

[152] Besserverdienende profitieren durch eine längere Lebenserwartung, Rentenformeln mit Betonung der letzten Dienstjahre, durch Sonderregime und die Tatsache, dass der informelle Sektor über indirekte Steuern Versicherte im formellen Sektor subventioniert.

1983: 1437, 1448-1449) als Alternative zum *US-Social-Security-System* propagiert wurde. Das *annuity-welfare*-Modell zeichnet sich durch eine strikte Trennung einer Wohlfahrtskomponente (separates Steuer-Transfer-System) von einer Annuitäten-Komponente aus. Die Finanzierung einer versicherungsmathematisch korrekten Lebensrente soll dabei durch lohnbezogene Beiträge erfolgen, während die Wohlfahrtskomponente (nach Bedürftigkeitsprüfung oder als Pauschalleistung) aus allgemeinen Steuern finanziert werden soll. Als Vorteil dieser Trennung wird eine zieladäquate Finanzierung genannt sowie die Möglichkeit, beide Komponenten separat zu verändern.[153]

Abbildung 2.5 Das Mehr-Säulen-Modell der Weltbank

	Obligatorische staatliche Säule	**Obligatorische private Säule**	**Freiwillige private Säule**
Ziel	Umverteilung + Versicherung	Ersparnis + Versicherung	Ersparnis + Versicherung
Form	Bedürftigkeitsprüfung Mindestrente Pauschalrente Defined Benefit	Individueller Rentenplan oder Betriebsrentenplan Defined Contribution	Individueller Rentenplan oder Betriebsrentenplan Defined Contribution
Finanzierung	Umlage- oder Steuerfinanzierung	Individuelle Kapitaldeckung	Individuelle Kapitaldeckung

Quelle: World Bank (1994: 15), angepasst.

Das Weltbank-Modell reflektiert diese Idee einer Entkoppelung von Ersparnis und Umverteilung mit jeweils unterschiedlicher Finanzierungsgrundlage und bezieht noch die Möglichkeit von Betriebsrentenplänen[154] sowie freiwillige Rentenersparnis mit ein.

---

[153] Die Trennung der Rentenversicherung in Umverteilungskomponente versus Versicherungskomponente mit unterschiedlicher Finanzierung entspricht dem Ziel-Mittel-Denken der Orthodoxie, pro Ziel ein Instrument einzusetzen und reflektiert einmal mehr die Teleologie der neoklassisch-monetaristischen Wirtschaftspolitik.

[154] James 1998 bezeichnet ein Mehr-Säulen-Modell, das auf einem Betriebsrentensystem basiert, als OECD-Modell. Vgl. die obligatorischen Betriebsrentensysteme in Australien, Dänemark, der Schweiz und den Niederlanden. Die Vorteile gegenüber der chilenischen Variante liegen in Skaleneffekten, finanztechnischer Erfahrung, eventuell niedrigeren Marketingkosten. Als Problem gilt ein höheres Risiko für Arbeitnehmer aufgrund von *principal-agent*-Problemen sowie Probleme der Übertragbarkeit der Leistungen bei einem Arbeitsplatzwech-

Die erste, steuer- (oder umlage-) finanzierte Säule dient der Vermeidung von Altersarmut und der Absicherung gegen allgemeine Markt- und Einkommensrisiken, während die zweite Säule privat (bzw. betrieblich) verwaltet werden soll und nach dem individuellen Kapitaldeckungsverfahren finanziert wird. Sie ist die quantitativ wichtigste Säule und erfüllt die Funktion, einen Teil des Erwerbseinkommens in die Periode des Ruhestands zu transferieren (Lebenszyklushypothese des Konsums). Im Rahmen einer dritten Säule können die Leistungen der beiden obligatorischen Säulen durch freiwillige Ersparnis aufgestockt werden. Alle drei Säulen bieten kombiniert Versicherungsschutz gegen politische und ökonomische Risiken sowie gegen Langlebigkeit[155], Invalidität und Hinterbliebenenschaft.

Der Vorteil eines solchen Aufbaus besteht nach Aussage der Weltbank (ebenda: 239-254) in einer Trennung der Ziele von Armutsreduzierung und Einkommensersatz, einer allgemeinen Risikodiversifizierung und positiven Wachstumseffekten. In der ersten Säule findet transparente und zielgruppenorientierte Umverteilung statt, während durch die enge Beitrags-Leistungs-Äquivalenz und die Marktverzinsung der Beiträge in der zweiten Säule Beitragssätze, Hinterziehungsraten und Arbeitsmarktverzerrungen reduziert werden können und das Wirtschaftswachstum durch eine Erhöhung der Ersparnis und positive Kapitalmarkteffekte gefördert wird.[156] Die Risikodiversifizierung entsteht durch die Kombination aus privater und staatlicher Verwaltung, marktbestimmten und politisch festgelegten Leistungen und einer Finanzierungsbasis aus Lohnwachstum und Zinseinkommen (ebenda: 54).

Auch wenn die Praxis der Weltbankberatung bei Rentenreformen in Entwicklungsländern als weniger dogmatisch als das Modell bezeichnet wird (Queisser 2000: 44), so hat die Bestandsaufnahme der Probleme staatlicher Rentensysteme durch die Weltbank sowie deren uneingeschränkte Empfehlung, private Zwangssparsysteme mit festgelegten Beitragssätzen einzuführen, eine Welle der Kritik ausgelöst.

Dem traditionellen *welfare state*-Paradigma verbundene Organisationen wie die Internationale Arbeitsorganisation ILO und der Internationale Verband der Sozialversicherungsträger ISSA lehnen eine strukturelle Rentenreform ab und halten staatliche umlagefinanzierte Rentensysteme für durchaus reformfähig

---

sel. Im folgenden wird nicht mehr auf Betriebsrentensysteme eingegangen, da diese für Lateinamerika weniger relevant sind. Vgl. auch World Bank 1994: Kap. V.

155 Die Langlebigkeit wird entweder über den Erwerb einer Annuität oder durch die erste Säule abgesichert, vgl. die Ausführungen zum chilenischen Modell.

156 Hier wird auf die endogene Wachstumstheorie rekurriert, vgl. Abschnitt II.2.2.2. Dass die Auswirkungen auf die aggregierte Sparquote von der Finanzierung des Übergangs abhängig ist, wird in Kapitel 8 des Weltbankberichts ausgeführt, vgl. auch James (1997b: 10-13).

(vgl. Beattie/McGillivray 1995, AISS 1998). Sie arbeiten heraus, dass eine Vielzahl von Argumenten, welche die Überlegenheit eines dezentralen Kapitaldeckungsverfahrens belegen sollen, in Wirklichkeit nichts mit dem Finanzierungsverfahren zu tun haben.[157] So sei die Bewältigung des demographischen Wandels auch für ein Kapitaldeckungsverfahren problematisch, da zum einen bei steigender Lebenserwartung und statischem *output* Leistungen gekürzt oder Beiträge erhöht werden müssten und zum anderen der Marktzins und damit die Rendite des akkumulierten Kapitals bzw. die Höhe der Annuitäten beeinflusst würden, wenn große Rentnerkohorten ihr angespartes Kapital auflösten bzw. der Faktor Arbeit relativ zum Faktor Kapital abnähme (vgl. Scholz 2000, Börsch-Supan 1997: 206, Beck 2002).[158]

Weiterhin sei das Risiko politischer Einflussnahme auch in einem Kapitaldeckungsverfahren oder Mehr-Säulen-Modell durch die Festsetzung von Beiträgen, Besteuerungs- und Investitionsregeln, Bestimmung des Renteneintrittsalter oder Änderungen der steuerfinanzierten ersten Säule („Manövriermasse bei Haushaltskürzungen“) präsent.[159] Regressive Umverteilungsmechanismen für Besserverdienende seien entweder auch in der Kapitaldeckung vorhanden (Gegenwartswert einer Annuität für Hochverdiener aufgrund höherer Lebenserwartung höher) oder durch eine Umstellung der Rentenformel auch im Umlageverfahren zu eliminieren.[160]

Demgegenüber bezeichnen sie den Weltbank-Vorschlag als eine „risikoreiche Strategie“, da die Hauptsäule mit Beitragsprimat zu einer Risikoindividualisierung in Bezug auf spätere Rentenleistungen führe und ein Kapitalde-

---

[157] Im folgenden werden die Argumente von Beattie/McGillivray wenn angegeben durch andere Autoren ergänzt. Vgl. zu einer Kritik der „Weltbank-Attacke“ auch Baker 2001 und zur Position des internationalen Verbands der Sozialversicherungsträger auf Basis einer von Thompson (Urban Institute, Washington DC) im Rahmen der Stockholmer Initiative erstellten Studie: AISS 1998, sowie Sherman 2000.

[158] Barr (2000: 8) bezeichnet das Problem als Ungleichgewicht zwischen Angebot und Nachfrage auf Güter- oder Vermögensmärkten, welches zu Preisverfall bzw. Inflation führt und damit Renten schmälert. Durch Auslandsinvestitionen könnten die Probleme sinkender Renditen eines kapitalgedeckten Rentensystems umgangen werden (sowie Aufwertungsdruck hoher Kapitalzuflüsse konterkariert werden), dies impliziert allerdings neue Risiken, vgl. Börsch-Supan 1997: 206, Reisen/Williamson 1997, Reisen 2000, Fontaine 1997.

[159] Zudem kann den Autoren Recht gegeben werden, dass die notwendige Anpassung von Variablen des Umlagesystems, welche die finanzielle Nachhaltigkeit im Zeitablauf garantieren, nicht als Brechung irrationaler Leistungsversprechen oder Enteignung definiert werden kann, während die auch von der Weltbank empfohlene Reduzierung der impliziten Rentenschuld durchaus eine Enteignung darstellt.

[160] Dass Verzerrungen auf dem Arbeitsmarkt allein auf eine fehlende Beitragsäquivalenz zurückgeführt wird, wurde bereits in Abschnitt II.2.2.5 ausgeführt.

ckungsverfahren bei Existenz von rudimentären und volatilen Finanzmärkten in Entwicklungsländern beträchtlichen Risiken durch Inflation und geringe (Netto-) Renditen ausgesetzt sei. Entsprechend müsse der Staat eine effiziente Regulierung und ausreichende Garantien zur Verfügung stellen. Die in Kapitel II.2.2 diskutierten wirtschaftlichen Wirkungen auf den Arbeitsmarkt, die Finanzsektorentwicklung, die Ersparnis und das Wachstum werden von Kritikern des Weltbank-Modells hingegen in Frage gestellt, während die Belastung durch die Finanzierungserfordernisse eines Systemwechsels unterstrichen werden.[161]

Eine Kritik an den erwarteten makro- und mikroökonomischen Entwicklungsimpulsen einer strukturellen Rentenreform kommt auch aus den Reihen von Weltbank-Ökonomen selbst. Das bekannteste Papier wurde von dem ehemaligen Weltbank-Chefökonomen Joseph Stiglitz zusammen mit Peter R. Orszag 1999[162] verfasst. Es betont mit Blick auf den Weltbankbericht die Notwendigkeit, systeminhärente Eigenschaften von Rentenprogrammen von Implementierungsfehlern zu trennen, die Übergangsproblematik von PAYG zu FF vom Einführungsfall zu trennen sowie eine umfassende Wohlfahrtsanalyse von Kosten und Risiken für Individuen und Generationen statt einseitiger Konzentration auf Wachstumswirkungen in den Vordergrund zu stellen (Orszag/Stiglitz 1999: 6-8). Die Annahmen, dass private *defined contribution*-Pläne die nationale Ersparnis erhöhen, die Rendite bei Kapitaldeckung höher ist als bei Umlagefinanzierung, private *defined contribution*-Pläne positivere Anreize für den Arbeitsmarkt bieten und Verwaltungskosten privater Systeme durch Wettbewerb niedrig gehalten werden können, werden als Mythen bezeichnet und mit den bereits dargestellten Gegenargumenten konfrontiert. Die politökonomischen Argumente, dass private *defined contribution*-Pläne Schutz vor ineffizienten Regierungen, kostenintensiven *bail outs* und schlechter staatlicher Investitionspolitik biete, werden ebenfalls kritisiert, da sie unabhängig vom gewählten Rentensystem seien.

Die Autoren kommen zu dem Ergebnis, dass eine zweite Säule, die auf privaten Rentenfonds mit festgelegten Beiträgen beruht, für eine Vielzahl von Ländern nicht der geeignete Ansatz sei (ebenda: 8), da durch einen Systemwechsel neue Kosten und Risiken entständen, eine Vielzahl von Problemen wie unerwünschte politische Intervention, Ineffizienz des Staates, demographischer Wandel u.a. nicht gelöst werden könnten bzw. unabhängig vom Rentensystem seien und die positiven ökonomischen Wirkungen eines privaten Kapitaldeckungsverfahrens entweder nicht eindeutig seien oder zum Teil über Reformen des Umlagesystems erreicht werden könnten.

161 Vgl. zu einer Kritik an den postulierten Wirkungen einer Rentenreform auf den Finanzsektor auch Singh 1996.

162 Auch veröffentlicht in Holzmann et al. 2001.

Trotz der vielfältigen berechtigten Kritik an den Analysen und Reformvorschlägen der Weltbank, die in erster Linie auf unterschiedliche sozialpolitische Paradigmen (Rolle des Staates, Eigenverantwortung des Individuums, Überlegenheit privater Marktlösung, wer trägt Risiken etc.) sowie theoretische Differenzen (Wachstumswirkungen, Umverteilung) zurückgeht, muss anerkannt werden, dass der *Policy Report* der globalen Rentendebatte einen enormen Impuls verliehen hat und die Position der rentenpolitischen Orthodoxie schlagkräftig zusammengefasst und in ein universelles Modell gegossen hat. Die Kritiker der Weltbank haben hingegen kein einheitliches Gegenmodell entwickelt, sondern in erster Linie reaktiv geantwortet. Dabei betonten sie wiederholt die Reformfähigkeit der bestehenden Systeme bzw. empfahlen einen mittel- bis langfristigen Einstieg in eine diversifiziertere Rentenversicherung durch den Aufbau und die Förderung freiwilliger Pensionsfonds.[163]

In den letzten Jahren hat sich zwischen den internationalen Organisationen nach den anfänglichen Auseinandersetzungen eher eine Konvergenz ergeben (Queisser 2000, Ross 2000). Auch die ILO schlägt nun ein Mehr-Säulen-Modell vor, welches als ergänzendes Alterseinkommen eine freiwillige (oder obligatorische), privat oder staatlich verwaltete Säule mit festgelegten Beiträgen (Kapitaldeckungsverfahren) vorsieht. Der Hauptunterschied zum Weltbankmodell liegt in der ersten, staatlichen Säule, die bei der ILO umlagefinanziert ist und nicht nur der Armutsbekämpfung dienen, sondern ein festgelegtes Leistungsniveau von 40-50% des durchschnittlichen Lebenseinkommens erreichen soll (Gillion 2000), womit auch den Mindestnormen der Sozialversicherungskonvention der ILO (Nr. 102 von 1952) Rechnung getragen wird.[164]

Einige Rentenexperten der Weltbank hingegen empfehlen einen vollständigen Übergang zu einem individuellen Kapitaldeckungsverfahren nur noch für den Fall einer geringen impliziten Rentenschuld des alten Umlageverfahrens, einer sehr geringen Glaubwürdigkeit des alten Systems sowie bei Existenz von fiskalischen Ressourcen wie Privatisierungserlöse, welche die Übergangsfinanzierung erleichtern (vgl. Holzmann 1997c: 8). Sind diese Voraussetzungen nicht erfüllt, wird ein gradueller Übergang im Rahmen eines Mehr-Säulen-Modells empfohlen (Holzmann 1997c: 8-9), um sowohl den Einstieg in die private Kapitaldeckung zu gewinnen als auch die Übergangskosten und eventuellen politischen Widerstand gering zu halten.[165]

---

163 Vgl. hierzu die Publikationen von Mesa-Lago sowie der ILO, z.B. Gillion 2000.

164 Das Modell der ILO sieht auch eine steuerfinanzierte Sozialrente nach einer Prüfung der Bedürftigkeit vor, um Altersarmut zu vermeiden, diese ist der ersten Säule vorgelagert. Siehe Gillion 2000 sowie Gillion et al. 2000.

165 Sowohl ILO als auch Weltbank scheinen sich in letzter Zeit etwas von der paradigmatischen Kontroverse lösen zu wollen; während die ILO sich wieder verstärkt auf eine techni-

Das letzte Argument wird von Müller (1999: 28) als „versteckte Agenda" der Weltbank identifiziert: Reformmodelle, die umlagefinanzierte, festgelegte Leistungen mit einer privaten kapitalgedeckten Säule kombinieren, sind zwar aus Effizienzgründen für die Weltbank nur *second-best*-Lösungen, können aber eine geeignete Strategie darstellen, um über ein graduelles Auslaufen der staatlichen Komponente das private Modell einzuführen und dabei politischen Widerstand zu minimieren (vgl. World Bank 1997: 153).

In Bezug auf die von ILO und ISSA vertretene Position, die existierenden staatlichen Rentensysteme könnten über parametrische Reformen (bis hin zu einem NDC-Modell) finanziell nachhaltig und gerecht gestaltet werden, ist die Weltbank jedoch skeptisch; Holzmann (1997c: 6) hält dies für politisch unattraktiv, da die positiven Wirkungen erst langfristig sichtbar würden und zieht deshalb eine paradigmatische Reform vor. James (1996: 20) bezeichnet die globale Entwicklung, d.h. alternde Bevölkerung, geringes Reallohnwachstum und Beschäftigungsprobleme, demgegenüber hohe Kapitalmarktrenditen und entwickelte globale Finanzmärkte, als ausschlaggebend für einen Kurswechsel hin zu einem dezentralen Kapitaldeckungsverfahren. Zudem bezweifelt sie die Fähigkeit der Staaten, notwendige Reformen effektiv zu implementieren (1996: 12-13) und verweist im Falle einer Beibehaltung des Umlageverfahrens auf die „vertane Chance", mit einem Systemwechsel die Wirtschaft zu fördern.

Neben der theoretischen oder wissenschaftlichen Debatte um die Vorschläge und Analysen der Weltbank bzw. um die Vor- und Nachteile des chilenischen Modells gibt es eine dritte Dimension des internationalen Reformdiskurses, die für das Verständnis der argentinischen Rentenreform relevant ist. Diese bezieht sich auf die Frage, welche politischen Faktoren für die Wahl eines bestimmten Reformmodells ausschlaggebend sind und warum bestimmte paradigmatische Veränderung der Wirtschafts- und Sozialpolitik zu beobachten sind, die allein aus ökonomischer Perspektive nicht rational erscheinen. Jüngere Ansätze der Politischen Ökonomie der (Renten-)Reform (*political economy of policy reform*), die sich auf interdisziplinäre Weise mit der Interaktion von Ökonomie und Politik beschäftigen (vgl. Rodrik 1996: 39), sollen zur Klärung dieser Frage herangezogen werden und mit den Ergebnissen der älteren *Political Economy*-Literatur, v.a. der Medianwählermodelle und *public choice*-Theorie, konfrontiert werden.[166]

---

sche Beratungsfunktion beschränkt, erarbeitet die Weltbank ein neues Dokument zur Rentenfrage, welches die Diskussionen und Erfahrungen der letzten Jahre aufgreifen soll. In einem Vortrag in Berlin sprach sich der sozialpolitische Experte der Weltbank, Robert Holzmann, beispielsweise für die Einführung des NDC-Verfahrens in Westeuropa aus; vgl. Holzmann 2003.

[166] Die Anregung für die Beschäftigung mit diesem höchst aktuellen und spannenden Wissenschaftsfeld erhielt ich von Katharina Müller, siehe Müller (1999, 2001).

II.3.3 Zur Politischen Ökonomie von Rentenreformen

> „...social security privatisation in Latin America should not be seen as economically determined by structural adjustment or international economic pressures to lower wage costs, because privatisation is only one of several possible policy responses (which include various types of PAYG reform which are less costly to finance). If privatisation is the policy of choice in the region and PAYG is out of fashion, it is because privatisation has greater political appeal, not because it is economically determined." (Kay 1998:19)

Die von Kay zitierte Aussage spiegelt die veränderten Wahrnehmungen über die Möglichkeiten zur Durchsetzung radikaler Rentenreformen wider, die im letzten Jahrzehnt stattgefunden haben. Strukturelle Rentenreformen werden (aus noch darzustellenden Gründen) als politisch attraktiv bezeichnet, obwohl über Jahrzehnte von Sozialwissenschaftlern das Gegenteil behauptet wurde:

> „Any pronounced challenge to the basic structure of the (pension) system is equivalent to political suicide." (Buchanan 1983: 340)

> „It never pays to eliminate the (PAYG) system, regardless of how poor the return becomes." (Weaver 1983: 365)

Die Auffassung, dass entgegen aller (orthodoxen) ökonomischen Rationalität radikale Reformen von staatlichen Umlagesystemen politisch nicht durchzusetzen sind, findet auch Bestätigung durch die traditionelle Politische Ökonomie der Alterssicherung. Die Medianwählermodelle (Downs 1957, Browning 1975) kommen zu dem Ergebnis, dass in einer Mehrheitsdemokratie aufgrund des fortgeschrittenen Alters des Medianwählers (während Junge und zukünftige Generationen unterrepräsentiert sind) die Interessen der Alten und damit eine Beibehaltung bzw. Ausweitung des Umlageverfahrens (z.B. Erhöhung Beitragssatz) durchgesetzt wird, obwohl dies der Wohlfahrt der Gesamtbevölkerung abträglich ist. Das Gewicht des Medianwählers ist auch ausschlaggebend dafür, dass Systemwechsel vom Umlageverfahren zum Kapitaldeckungsverfahren als unwahrscheinlich angesehen werden (vgl. Homburg 1988) und eine entgegengesetzte Entwicklung vom Kapitaldeckungs- zum Umlageverfahren den normalen Systemwechsel darstellt.[167]

[167] Besteht im ursprünglichen Kapitaldeckungsverfahren keine individuelle Beitragsäquivalenz, kann es zu einer Aufzehrung des Kapitalbestandes durch Ausweitung von Leistungen

Ebenso kommt die *public choice*- oder Bürokratietheorie (Niskanen 1971) zu dem Ergebnis, dass trotz bestehender Ineffizienzen Sozialversicherungssysteme beibehalten oder ausgeweitet werden, weil die Bürokraten durch Budgetausweitung ihren persönlichen Nutzen maximieren.[168]

Politologische und soziologische Ansätze zur Genese und Entwicklung des Wohlfahrtsstaates (Williamson/Pampel 1993, Esping-Andersen 1990, 1998) erklären die Expansion sozialpolitischer Institutionen, insbesondere staatlicher Rentensysteme, als Folge von strukturellen oder funktionalen Veränderungen (Industrialisierung, staatliche Strukturen) und dem Einfluss von politischen Akteuren wie Klassen, Interessengruppen oder staatlichen Akteuren.[169]

Die wissenschaftliche Reaktion auf die postulierte Krise des Wohlfahrtsstaates seit den 1970er Jahren, welche u.a. in der Sparpolitik à la Reagan und Thatcher ihren Ausdruck fand, führte hingegen zu einer verstärkten Analyse der „*retrenchment*" Politik des Wohlfahrtsstaates (Pierson/Weaver 1993, Pierson 1994, 1996, Esping-Andersen 1996). Dabei wurde herausgearbeitet, dass unpopuläre Kürzungen im sozialpolitischen Bereich nur dann politisch machbar sind, wenn - in Verbindung mit zunehmendem globalen Druck oder grundlegenden institutionellen Veränderungen - durch Anwendung verschiedener Strategien die politischen Kosten dieser Maßnahmen minimiert werden können.[170] Dennoch kommen Pierson (1996: 173) und Esping-Andersen (1996: 24) zu dem Ergebnis, dass Kontinuität und Widerstand gegenüber radikalem Wechsel das hervorstechende Merkmal auch innerhalb der „*new politics of the welfare state*" (Pierson 1996) darstellt.

---

kommen. In Deutschland und in Lateinamerika wurde ein Wechsel hin zum Umlageverfahren vollzogen, nachdem die Reserven der kapitalgedeckten Rentenversicherung durch Inflation und Fehlinvestitionen bzw. Leistungsausweitungen dekapitalisierten. Siehe Breyer (1994) für einen Überblick über die jüngere Forschung der ökonomischen Abstimmungsmodelle, die größtenteils die Stabilität und Expansionstendenz der Umlagesysteme bestätigen.

[168] Dies ist möglich aufgrund asymmetrischer Information bzw. Prinzipal-Agent-Problemen, vgl. Überblick in Queisser 1993: 38-41.

[169] Unterschieden werden von Williamson/Pampel 1993 eine Industrialisierungs- (Entwicklungs-) Perspektive, eine sozialdemokratische, eine neo-marxistische, eine neopluralistische sowie eine staatszentrierte Perspektive. Esping-Andersen 1998 unterscheidet einen systemisch-strukturalistischen Ansatz von institutionalistischen und klassenzentrierten (akteurszentrierten) Ansätzen.

[170] Vgl. den Überblick bei Müller 1999: 40-42. Unter dem Stichwort *blame avoidance* (Weaver 1986) werden Strategien wie gegeneinander Ausspielen der Gegner, Kompensationen und Verschleierung (*obfuscation*) in Bezug auf die tatsächlichen Kosten für Wähler oder die Regierungsverantwortung (*accountability*) angewandt, Pierson 1994: 19-24 und 1996: 176-9. Auch die Struktur der politischen Institutionen ist bedeutend bei der Durchsetzung kostenintensiver Maßnahmen, allerdings besteht kein eindeutiger Zusammenhang, siehe Pierson/Weaver 1993.

> „There are powerful political forces that stabilize welfare states and channel change in the direction of incremental modifications of existing policies." (Pierson 1996: 174)

Dies führt Pierson auf die differenzierten politischen Strukturen entwickelter demokratischer Wohlfahrtsstaaten sowie auf die so genannte Pfadabhängigkeit (*path dependence*) zurück:

> „Organizations and individuals adapt to particular arrangements, making commitments that may render the costs of change (even to some potentially more efficient alternative) far higher than the costs of continuity. Existing commitments lock in policymakers." (Pierson 1996: 175)

Das reformfeindliche politische Erbe (*policy legacy*) spiegele sich beispielsweise in den hohen fiskalischen Kosten bei einem Systemwechsel in der Rentenversicherung wider (ebenda: 176) und mache eine solche Reform politisch und ökonomisch kostenintensiv.

Traditionelle sozialwissenschaftliche Ansätze zur Entwicklung und Transformation des Wohlfahrtsstaates können also einen radikalen Systemwechsel von einem staatlichem Umlageverfahren hin zu einem privaten Kapitaldeckungsverfahren nicht überzeugend erklären, da sie aufgrund von Pfadabhängigkeit, wegen des Widerstands organisierter Interessengruppen und der negativen Reaktion der Wählerschaft Stabilität der bestehenden Wohlfahrtsstrukturen prognostizieren und paradigmatische Veränderungen in Demokratien für politisch nicht durchsetzbar halten.

Demgegenüber kommt die Politische Ökonomie der Politikreform (*political economy of policy reform*), die Erklärungen für den Erfolg oder Misserfolg bei der Umsetzung von radikalen marktwirtschaftlichen Reformen sucht (Rodrik 1996, Tommasi/Velasco 1996, Sturzenegger/Tommasi 1998), zu einigen interessanten Hypothesen in Bezug auf strukturelle Rentenreformen, die für die Analyse des argentinischen Beispiels aufschlussreich sind. Als wichtige Elemente bei der Durchsetzung radikaler Reformen werden die Existenz starker politischer Führungspersönlichkeiten und der Einfluss von internationalen Finanzorganisationen (*agenda setters*), eine vorhergehende Krise (*benefit of crisis*) sowie die Artikulationsmöglichkeiten von Reformgegnern im politischen System bezeichnet (siehe Überblick Müller 1999: 45-47, Müller 2001).

Ohne die Bedeutung dieser Faktoren und der gewählten Implementierungsstrategie[171] in Frage stellen zu wollen, erscheint es aus politökonomischer Perspektive zentral herauszufinden, warum die nationalen und internationalen *agenda setters* ein Renten-Reformmodell wählen, das einen radikalen Bruch mit der bisherigen sozialpolitischen Ausrichtung bedeutet und beträchtliche fiskalische Kosten nach sich zieht, obwohl sich parametrische Veränderungen ohne Systemwechsel als Alternativlösung anboten. Im Gegensatz zur traditionellen ökonomischen Theorie der Politik soll an dieser Stelle von persönlichen Motiven der Akteure (Sozialisierung, Macht, Prestige, Status, Budgetmaximierung) abgesehen und eine systemische Perspektive eingenommen werden, d.h. die Dominanz einer makroökonomischen Rationalität (oder Realität) über individuelle Entscheidungen vorausgesetzt werden.[172]

Zwei Ansätze der politökonomischen Literatur sind zur Erklärung des paradigmatischen Wandels hilfreich: die Bedeutung der (wirtschafts-) politischen „Glaubwürdigkeit" (*credibility*) für den Erfolg von Reformen sowie die Rolle von externen Modellen und Ideen bei Reformprozessen. Beides hängt eng zusammen. Existieren universelle Reformmodelle bzw. dominante globale Paradigmen, so beeinflusst die Annahme oder Ablehnung derselben auch die Glaubwürdigkeit der Politik.

Politische Glaubwürdigkeit wird von Drazen/Masson 1994 und Margheritis (2001: 2) als Kapazität, Worte in Taten umzusetzen, definiert und hängt u.a. von der Reputation und dem politischen Willen einer Regierung, deren Kommunikationsfähigkeiten, der Kohärenz und Konsistenz der angekündigten Maßnahmen, dem intellektuellen und politischen Konsens in Bezug auf das Programm sowie den nationalen und internationalen Rahmenbedingungen ab.[173] Die Kosten fehlender Glaubwürdigkeit beschreibt Margheritis wie folgt:

---

[171] Zu den Implementierungsstrategien gehört das richtige *sequencing*, eventuelle Maßnahmenbündelung sowie Kompensationen für Reformverlierer. Vgl. die Darstellung bzgl. Argentiniens unter IV.1.2.

[172] In der politischen und (populär-)ökonomischen Literatur wird diesbezüglich häufig von dem Einfluss der Globalisierung auf lokale Politik gesprochen. Ohne in die Details dieser teils polemischen Diskussion einsteigen zu wollen, erscheint im Gegensatz zur Orthodoxie, die sämtliche Probleme in Entwicklungsländern entweder als hausgemachtes Politikversagen oder externen Schock interpretiert, die Globalisierungsfraktion insofern überzeugender, als Motivation und Wirkungen lokalen Handelns von den globalen Weltmarktstrukturen und deren Funktionsmechanismen bestimmt wird. Siehe auch unter I.2.2.

[173] Die Diskussion um das *credibility*-Konzept ist komplex und kann hier nicht nachvollzogen werden, vergleiche verschiedene Beiträge in Sturzenegger/Tommasi (Hrsg.) 1998 sowie Margheritis 2001, Queisser 1993: 243-257 sowie in Bezug auf Argentinien, Dellepiane 2001.

„...(they) may include a variety of negative outcomes, such as financial speculation, capital flight, policy delays, boycotts, or even the abortion of reformist initiatives." (Margheritis 2001: 2)

Auch die Weltbank (1997) kommt zu dem Schluss, dass unglaubwürdige Regeln und Institutionen zu Wohlfahrtseinbußen in Form von niedrigeren Investitions- und Wachstumsraten führen. Wann ist eine Politik jedoch glaubwürdig?

Für Wirtschaftswissenschaftler (Neoinstitutionalisten, *political economists*) ist eine Politik dann glaubwürdig, wenn durch die Maßnahmen das Marktgeschehen von politischer Einflussnahme befreit wird und Institutionen geschaffen werden, die von politischer Intervention isoliert werden können. Der in der Vergangenheit in Entwicklungsländern oft missbrauchte Handlungsspielraum (*discretion*) soll durch transparente Regeln (*rules*) ersetzt werden. Beispiele für derartige Regeln wäre die Leistungsberechnung nach versicherungsmathematischer Äquivalenz in einem kapitalgedeckten Rentensystem oder die Einführung eines *currency boards* anstelle einer Zentralbank.

Das Interessante an dem *credibility*-Konzept ist, dass sowohl richtige Maßnahmen unglaubwürdig sein können, als auch das Gegenteil möglich ist – also falsche oder suboptimale Maßnahmen Glaubwürdigkeit erzeugen (Margheritis 2001: 6). Nehmen wir an, dass für die Rentensysteme in Lateinamerika eine systemkonforme Reform des Umlageverfahrens die *first-best*-Alternative gewesen wäre, warum werden dann diese Reformen als nicht glaubwürdig bezeichnet, während eine Reform, die fiskalische Kosten von 5% des BIP pro Jahr in Chile produziert hat und beträchtliche Finanzmarktrisiken für die Versicherten impliziert, überzeugt?

Zum einen wird argumentiert, dass das bisher in Lateinamerika vorherrschende sozialpolitische Paradigma eng mit dem Entwicklungsmodell der Importsubstitution verbunden und mit dem Scheitern des Modells obsolet wurde.

„In this view, liberalization of the Latin American economies required a corresponding adjustment of social policy to reflect market principles." (Huber 1999: 1)

Zudem wird angeführt, dass die gescheiterten Reformversuche der Vergangenheit und die Instrumentalisierung der sozialen Sicherungssysteme für Kooptierung und Machtpolitik die staatliche Rentenverwaltung so unglaubwürdig machte, dass ein Teufelskreis aus steigenden Defiziten und steigender Steuer- und Beitragshinterziehung entstand:

„Die Krise der sozialen Sicherung in Lateinamerika ist auch eine Krise der Glaubwürdigkeit und Legitimität staatlicher Institutionen“ (Queisser 1993: 255)

Thompson argumentiert ähnlich:

„Where the government has traditionally attempted to guarantee full earnings replacement but has failed to deliver on the promise, society may favour a fairly dramatic shift toward mandatory private accounts.“ (Thompson 1999: 12)

Eine zweite Argumentationslinie bezieht sich auf die postulierten makroökonomischen Effekte einer strukturellen Reform im Kontext von steigender Auslandsverschuldung und volatilen Kapitalmärkten:

„However, it is the potential *secondary* effects on the broader macroeconomy that have been the more compelling motives for adopting structural reforms. The perception by the ruling political party of the potential for favourable macroeconomic changes such as greater national saving and improved labour market incentives creates the ‚pull‘ for structural reform...“ (James/Brooks 1999: 3)

„The existence and size of these macro-economic effects has been a matter of considerable debate among economists, but clearly the belief in their existence among policy-makers has been a major impetus to structural reform“ (ebenda: 4-5)

Ob es sich um die korrekte Wahrnehmung von positiven Wachstumschancen handelt oder, wie Madrid (2002) und Brooks/James (1999) behaupten, trotz fehlender theoretischer und empirischer Beweise zumindest der feste Glaube an positive Wachstumseffekte bei den Politikern existierte, ist sekundär. Der entscheidende Punkt liegt in der Tatsache, dass eine Rentenprivatisierung nach dem chilenischen Modell das dominante neoliberale Paradigma sowie die Empfehlungen der internationalen Finanzorganisationen (IFI) reflektiert und somit als Signal an die nationalen und internationalen Investoren interpretiert werden muss.

„However, IFI support for privatisation made a purely PAYG reform in Argentina and Uruguay problematic. Since PAYG-only reform would have broken with IFI-financed advice and support, PAYG-only reform was never on the policy agenda.“ (Kay 1998: 84)

oder wie Huber feststellt:

„...it was the power of the IFIs that weighed heavily on Latin American countries to adopt market driven social policy reforms, but given a favorable domestic political power constellation, alternative kinds of reforms were possible.“ (Huber 1999: 1)

Ähnlich wie bei der Einführung des *currency boards* konnte durch den Rückzug des Staates aus der Rentenversicherung die marktwirtschaftliche Orientierung der Regierung betont werden und die Glaubwürdigkeit der Strukturreformen insgesamt erhöht werden. Die Durchsetzung eines neuen Paradigmas in der sozialen Sicherung unterstrich den Bruch mit der Politik der Vergangenheit, welcher mit der Implementierung des *Washington Consensus* bereits vollzogen worden war (vgl. Teil III).

„Neoliberal ideas were available as a coherent alternative to failing statist policies, encapsulated in the Washington consensus and tested in many Latin American countries, particularly Chile.“ (O'Neil Trowbridge 2001: 12)

Neben der Signalwirkung für die internationale Finanzwelt hatte eine Rentenprivatisierung noch einen weiteren politischen Vorteil gegenüber einer reinen Kürzungspolitik: Schadenszuweisungen an die Regierung (*blame avoidance, accountability*) wurden insofern begrenzt, als die notwendigen unpopulären Kürzungen dem anonymen Markt überlassen wurden (Scholz 2000: 596) und die verbleibenden staatlichen Leistungen der ersten Säule nicht mehr als Versicherungsleistung, sondern als Sozialhilfeleistung an die Budgetmöglichkeiten angepasst werden konnten. Gleichzeitig wurde der diskreditierte Solidarvertrag durch individuelles Eigentum (*ownership*) an den Rentenkonten ersetzt (vgl. auch Burtless 1998: 216).

Nitsch (1997: 27) weist in diesem Zusammenhang darauf hin, dass die politische Attraktivität eines Wechsels zum individuellen Kapitaldeckungsverfahren in einer Entmachtung der Alten (Kürzung von Ansprüchen) bei gleichzeitiger Härtung der Ansprüche der Jungen durch privatrechtliche Verbriefung liegt.

Demgegenüber würde eine alleinige Sanierung des alten Systems den Jungen signalisieren, dass ihre zukünftigen Renten ebenfalls niedriger ausfallen werden. Da dies den Interessen beider Generationen widerspricht, hätte niemand seine politische Zustimmung gegeben.

> „Nur durch einen Systembruch gegenüber den Rentnern (wie bei den Anpassungsreformen der frühen 1990er Jahre in Lateinamerika) oder gegenüber den Rentiers (wie bei den Währungsreformen in Deutschland) können die Jungen das Gefühl entwickeln, sich von dem Schicksal der Alten abzukoppeln.“ (Nitsch 1997: 27)

Zusammenfassend kann gesagt werden, dass eine radikale Rentenreform nach dem chilenischen bzw. Weltbank-Modell sowohl ökonomische Vorteile in Form von höheren Kapitalzuflüssen und einem besseren *rating* auf den Finanzmärkten als auch politische Vorteile mit sich brachte. Da argumentiert wurde, dass die Übergangskosten durch die höhere Marktrendite und die Wachstumswirkungen kompensiert würden und an die Stelle nicht-haltbarer Leistungsversprechen des Staates eine gerechte und effiziente Marktlösung träte, konnten insbesondere jüngere Wähler für die Privatisierungsoption gewonnen und Reformblockaden überwunden werden.[174]

[174] Dass die Reformpolitik in Lateinamerika dennoch nicht eindeutig in Richtung „strukturelle“ Reform geht, zeigen die Beispiele Brasilien, Kuba, Guatemala, Honduras, Panama, Paraguay und Venezuela (vgl. Mesa-Lago 2003). Vgl. insbesondere die instruktive Analyse des brasilianischen Falls von Schwarzer (2003).

Teil III

Der wirtschafts-politische Kontext: Argentinien

Argentinien hat mit seinem Entwicklungsweg im 20. Jahrhundert exemplarisch deutlich gemacht, wie eines der reichsten Länder der Welt zum chronischen Sorgenfall der internationalen Kreditgeber und Leid der eigenen Bevölkerung werden kann.[175] Die geldwirtschaftliche Entwicklung Argentiniens ist Beispiel für einen kontinuierlichen Abstieg, obwohl die letzte Konsequenz, die vollständige Aufgabe des heimischen Geldes durch offizielle Dollarisierung, nach der Amtsübernahme von Präsident Kirchner im Mai 2003 vorerst in den Hintergrund gedrängt worden ist.[176] Argentinien ist seit Beendigung seines *Golden Age*, so wird die Blütezeit des Agroexportmodells von 1880 bis zur Weltwirtschaftskrise 1930 genannt, einem Prozess der Rückentwicklung unterworfen, der eindrucksvoll widerspiegelt, dass erfolgreiche Entwicklung sowohl Ergebnis einer günstigen Weltmarktkonstellation als auch einer richtigen, weil marktkonformen Wirtschaftspolitik ist. Eine Kombination aus dynamischer interner Entwicklung unter Einhaltung der Spielregeln, welche die Funktionsbedingungen des Weltmarktes etablieren, war jedoch spätestens seit Mitte der 1940er Jahre nicht mehr gegeben. Steigende Inflationsraten und regelmäßige Zahlungsbilanzkrisen kennzeichneten von nun an die schrittweise Herabstufung Argentiniens in die Dritte Welt.

Die Wirtschaftspolitik folgte dabei dem für Schuldnerländer typischem Rhythmus zwischen dem künstlichen Erzeugen einer Einkommensdynamik, deren inflationäre Wirkungen eine darauf folgende Phase der Restriktion erzwingen, um die Vermögenssicherungsfunktion der einheimischen Währung wiederherzustellen. Diese *stop-and-go*-Zyklen endeten in den 1980er Jahren in einer Hyperinflation mit gravierenden sozialen und wirtschaftlichen Auswirkungen. Nicht allein in Argentinien wird mit Bezug auf diese Dekade von einem „verlorenen Jahrzehnt" gesprochen.[177]

Nur vor dem Hintergrund dieser Vergangenheit ist verständlich, dass ein monetäres Regime aus dem argentinischen *Golden Age*, ein in seiner Funktionsweise dem Goldstandard nachgebildetes *currency board*, die Rückintegration des Landes in die Erste Welt leisten sollte. Und tatsächlich waren die Ergebnisse der Wechselkursfixierung und die Bindung der Geldemission an die Devisen-

---

[175] Diese Erfahrung ist allerdings nicht neu: Bereits 1890 verursachte Argentiniens Zahlungsunfähigkeit den Bankrott eine englischen Geschäftsbank und löste die sogenannte Baring-Krise aus, in deren Folge die internationalen Finanzmärkte in Turbulenzen gerieten.

[176] Ex-Präsident Menem sprach sich mit Unterstützung der US-Ökonomen Hanke und Schuler (vgl. dazu Hanke/Schuler 2002) vor den Präsidentschaftswahlen 2003 für diese Option aus.

[177] Nachdem Mexiko 1982 ein Moratorium auf seine Auslandsschulden erklärt hatte, dem verschiedene Länder in der Region folgten, kam es in Lateinamerika zu einer Schuldenkrise, einer Abkoppelung von den internationalen Finanzmärkten und einer Welle von Stabilisierungs- und Strukturanpassungsprogrammen, in deren Folge die Wirtschaftsentwicklung in der Region weitgehend stagnierte.

reserven eine rasche Inflationssenkung und ein Wachstumsboom, der dieses Ziel in greifbare Nähe rücken ließ.

Die viel versprechende Verbindung aus Stabilisierung und Wachstum, die in erster Linie auf einen über externe Verschuldung finanzierten Wohlfahrtsimport im Rahmen des überbewerteten Wechselkurses zurückging, stieß jedoch ab Ende 1994 an seine Grenzen. An die Stelle einer *growth-cum-debt*-Periode trat eine *stagnation-cum-debt*-Phase, bis das Modell Ende 2001 im Kontext einer beispiellosen Beschäftigungskrise an seiner fiskalischen Flanke zerbrach.

Im folgenden dritten Teil der Dissertation sollen zwei fundamentale Aspekte hervorgehoben werden. Die Darstellung der argentinischen Entwicklungsstrategie in den 1990er Jahren sowie ihrer Vorgeschichte wird zeigen, dass durch die Implementierung eines *currency boards* zwar eine radikale Wende in der Wirtschaftspolitik vollzogen wurde, die Grundproblematik einer überbewerteten Währung, die durch Kapitalimporte alimentiert werden muss, jedoch nicht überwunden werden konnte. Folglich zielte auch die Rentenreform in diesem Kontext auf die Festigung einer höchst instabilen Marktkonstellation ab, deren politische Attraktivität jedoch darin begründet lag, kurz- und mittelfristig Wohlfahrtsimporte zu ermöglichen. Die vorangegangene Darstellung des rentenpolitischen Kontextes hat ja gezeigt, dass Reformen der staatlichen Alterssicherungssysteme in den 1990er Jahren als zentrale Komponente in die Strukturanpassungsprogramme der zweiten Generation aufgenommen wurden. Der Übergang zu einem privaten Kapitaldeckungsverfahren wurde somit Teil der (impliziten oder expliziten) Konditionalität multilateraler Kreditorganisationen.

Zweitens macht die Analyse der argentinischen Entwicklungsproblematik deutlich, dass die Einführung eines individuellen Kapitaldeckungsverfahrens aus den genannten polit-ökonomischen Gründen zwar als rational gewertet werden kann, jedoch hohe Risiken für die Versicherten, aber auch für den Staat beinhaltete. Dass diese Risiken nicht ausreichend gewichtet wurden, lag zum einen an einem Mangel an (politisch attraktiven) Alternativen. Zum anderen fand eine Überschätzung der positiven Wirkungen der Rentenreform - Senkung des Länderrisikos, Finanzsektorentwicklung, Beschäftigungs- und Wachstumsstimulierung, Krisenprävention - statt, während gleichzeitig die kurz- und mittelfristige fiskalische Belastung sowie die potentielle Wirkung einer makroökonomischen Krise auf das akkumulierte Rentenvermögen unterschätzt wurde.

Die Analyse des wirtschaftlichen Kontextes in Argentinien ist wie folgt aufgebaut: Im ersten Kapitel erfolgt ein historischer Rückblick auf die Wirtschaftsentwicklung Argentiniens, um den Konvertibilitätsplan einordnen zu können und Kontinuität sowie Brüche in der Entwicklungsstrategie des Landes deutlich zu machen. In Kapitel III.2 bis III.6 wird das *currency board*-Modell analysiert und besonders auf die Bereiche eingegangen, die auch bezüglich der Rentenreform von Relevanz sind. Zuletzt werden in der Zwischenbewertung

III.7, die zum vierten Teil der Arbeit überleitet, verschiedene Thesen vorgestellt, welche die Komplementaritätsbeziehung zwischen dem Konvertibilitätsplan und einem privaten Rentensystem verdeutlichen sollen.

III.1 Die Vorgeschichte: Entwicklung und Krise der argentinischen Geldwirtschaft

> „This country has been at the center stage in every single episode of international financial turmoil, such as the Debt crisis in 1982, the Tequila crisis in 1994, and the Brazilian crisis in 1999. Moreover, it has had several crises of its own. In total, during the last quarter of the century, Argentina has suffered eight major currency crises." (Choueiri/Kaminsky 1999: 5)

Tabelle 3.1 Stabilisierungsprogramme und Währungskrisen in Argentinien, 1967-2002

Programm	**Implementierung** Jahr: Monat	**Krise** Jahr: Monat	**Reservenverlust** in %	**Abwertung** in % (Krisenzeitpunkt)
Vasena (Militär)	1967:3	1970:6	n.v.	14
Gelbard (Perón II)	1973:5	1975:3	56	100
Tablita (Militär)	1978:12	1981:4	45	34
Aleman (Militär)	1981:12	1982:7	17	148
Austral (Alfonsín)	1985:6	1987:9	75	16
Primavera (Alfonsín)	1988:8	1989:4	62	387
BB (Menem)	1989:7	1990:2	58	220
Konvertibilität (Menem)	1991:4	1995:3	41	0
Konvertibilität (Menem)	1991:4	2002:1	53*	50

Quelle: Modifiziert und ergänzt nach Choueiri/Kaminsky 1999: 6.
* zwischen 12/00 und 3/02

Die Erosion der argentinischen Geldwirtschaft, die sich in den zahlreichen Wirtschafts- und Währungskrisen der letzten Jahrzehnte widerspiegelt, weist sowohl auf die Bedeutung des internationalen Wirtschafts- und Währungssystems für die Entwicklungsmöglichkeiten eines Landes als auch die Anforderungen hin, welche die Funktionsbedingungen einer Geldwirtschaft an die Wirtschaftspolitik stellen. Argentinien ist an beidem gescheitert: an einer marktinkonformen Wirtschaftspolitik und an der internationalen Währungskonkurrenz, die nachholende Entwicklung zu einem Ausnahmefall macht. Dies ist insofern tragisch, als es Argentinien im letzten Jahrhundert zweimal gelang (Anfang der 1920er und 1940er Jahre), eine durch eine Unterbewertungsstrategie induzierte Export- und Investitionsdynamik aufzubauen, sich eines beträchtlichen Teils seiner Auslandschulden zu entledigen und seine Währung zu härten.[178] Verschiedene Faktoren verhinderten jedoch die erfolgreiche Stabilisierung dieser Marktkonstellation bis zum Erreichen einer Gläubigerposition, wobei neben wirtschaftspolitischen Fehlern (u.a. eine zollpolitische Diskriminierung von verarbeiteten Gütern) als wichtigste Hemmnisse der Hegemonwechsel vom Pfund Sterling zum US-Dollar sowie die zunehmende Währungskonkurrenz zu nennen sind.[179]

Interessanterweise manövriert sich Argentinien endgültig in die Konstellation eines Dritte-Welt-Landes, als der Lebensstandard der breiten Massen, gemessen am Pro-Kopf-Einkommen und am Zugang zu Leistungen sozialer Sicherungssysteme, seinen Höhepunkt erreicht. General Perón (1946-55), durch einen Putsch 1943 an die Macht gekommen und über Wahlen 1946 bestätigt, initiiert diese Phase einer forcierten Entwicklung des Binnenmarktes. Die nach der Weltwirtschaftskrise immer mehr unter Druck geratene außenorientierte Entwicklungsstrategie des Agroexportmodells wird durch die so genannte importsubstituierende Industrialisierung (ISI) ersetzt.[180]

---

[178] Vgl. Nicolas 1995a, der das *Golden Age* in Argentinien als eine monetärkeynesianische Konstellation bezeichnet. Aus Diaz-Alejandro (1982: 30ff) geht hervor, dass während der 1930er Jahre bis zum Ende des Zweiten Weltkrieges der argentinische Peso im Vergleich zu seinen Haupthandelspartnern Großbritannien und USA unterbewertet war und die argentinischen Preissteigerungsraten unter denen seiner Hauptgläubiger lagen. Zudem kam es während des Zweiten Weltkrieges zu einer hohen Akkumulation von Devisenreserven, welche eine fast vollständige Tilgung der externen Schulden ermöglichte, vgl. ebenda 1970: 111. Véganzonés/Winograd 1997: 208 beschreiben die Unterbewertungsstrategie zwischen 1914 und 1927, als Argentinien den Goldstandard verließ, als asymmetrische Intervention auf dem Devisenmarkt: „*This monetary policy tried to prevent appreciation of the exchange rate and preserve the export sector's profitability.*" Vgl. zum Goldstandard auch Díaz Fuentes 1998, Della Paolera 1992, Ford 1962.

[179] Vgl. Nicolas 1995a und Véganzonès/Winograd 1997: 32: Neben der internationalen Zinsspirale, die mit dem Niedergang der Schlüsselwährung Pfund einherging, war für Argentinien die Entwertung seiner im zweiten Weltkrieg akkumulierten Sterling-Devisenbestände sowie die Aufwertung der zunehmenden Dollarverschuldung problematisch. Aufstrebende Gläubiger lassen jedoch keine Importüberschüsse zu, vgl. dazu die Ausführungen in Teil I.

[180] In Argentinien begann die Importsubstitution bereits während der Weltkriege und nach der Weltwirtschaftskrise; der Unterschied zu einem intendierten Modell der nachholenden Entwicklung liegt in der Entstehung von Leistungsbilanzdefiziten, siehe Hirschman (1971) für auslösende Impulse einer ISI, zitiert in Fritz 2001.

Peróns nationalistisch-dirigistische Politik, basierend auf einer neuen politischen Konstellation aus städtischen Arbeitern, Teilen der Bourgeoisie und Staat, verfolgt das Ziel einer Einkommensumverteilung zugunsten der unteren Klassen sowie eine fortschreitende Industrialisierung und Unabhängigkeit vom Ausland. Die zentralen Politikelemente der Peronisten sind weitreichende Verstaatlichungen (Industrie, Bankensystem, Außenhandel), expansive Lohn- und Fiskalpolitik, gespaltene Wechselkurse, quantitative Importbeschränkungen, Kapitalverkehrskontrollen und eine heimische Kreditpolitik, die über Zinsobergrenzen (und damit negative Realzinsen und Kreditrationierung) und forcierte Kreditallokation öffentliche und private Investitionen in Prioritätsbereichen förderte.[181]

Perón folgte mit seiner Wirtschaftspolitik einem globalen Trend. Die ISI-Strategie wurde von der 1949 gegründeten UN-Wirtschaftskommission für Lateinamerika (CEPAL) als Modell nachholender Entwicklung propagiert und eine nachfrageorientierte Politik der Vollbeschäftigung war im keynesianischen Zeitalter der Nachkriegszeit das dominante Politikmodell.[182]

Für die Erfolge der Strategie interner Expansion bei der Verbesserung des Lebensstandards der breiten Schichten und beim Aufbau von heimischer Industrie und Infrastruktur musste jedoch ein hoher Preis bezahlt werden: Trotz des Aufzehrens der im zweiten Weltkrieg akkumulierten Devisenreserven sowie der Reserven der kapitalgedeckten Rentenversicherung wurden hohe Budgetdefizite akkumuliert und die interne und externe Verschuldung erhöht, was zu steigenden Inflationsraten, einem überbewerteten Wechselkurs und erneuten Zahlungsbilanzkrisen führte. Sie zwangen das Land von nun an in die *stop-and-go*-Zyklen, wobei die Austeritätspolitik der *stop*-Phasen typischerweise von einer Militärregierung infolge einer Zahlungsbilanzkrise implementiert wurden, da Zivilregierungen den Widerstand der peronistischen Gewerkschaften fürchteten bzw. nicht zu überwinden mochten. So wurden nicht nur die Geldfunktionen der argentinischen Währung, sondern auch die demokratischen Institutionen immer weiter ausgehöhlt.[183]

---

181 Vgl. Richter 1984: 73, Fasano-Filho 1986: 3 sowie Diaz-Alejandro 1970, Gerchunoff 1989.

182 So wird das wirtschaftspolitische Instrumentarium Peróns von Gerchunoff 1989: 64 als konventionell keynesianisch bezeichnet, während Lo Vuolo 1991 diese Version des Keynesianismus als populistisch definiert. Vgl. auch die Definition des ökonomischen Populismus von Dornbusch/Edwards 1991: 9: „...,*economic populism*‘ (...) *emphasizes growth and income redistribution and deemphasizes the risks of inflation and deficit finance, external constraints and the reaction of economic agents to aggressive nonmarket policies.*“ Vgl. die instruktive Darstellung zur ISI (in Brasilien) in Fritz 2001.

183 Perón wird 1955 durch einen Militärcoup ins Exil getrieben. Der nächste zivile Präsident Frondizi (1958-62) führt das erste Stabilisierungsprogramm mit IWF-Unterstützung durch,

Während Perón im Rahmen seiner Entwicklungsstrategie des Dritten Weges noch eine weitgehende Abkoppelung vom Weltmarkt anstrebte, war die Zeit 1960-73 durch eine zunehmende Internationalisierung und Diversifizierung der argentinischen Industrie gekennzeichnet. Vor allem kapitalintensive Basisindustrien (Energiesektor, Chemie, Petroindustrie, Kohle- und Eisenextraktion, Automobilindustrie) wurden über ausländische Direktinvestitionen gefördert.[184]

Diese Wachstumsstrategie, welche eine weiche Budgetrestriktion nach innen mit steigender Auslandsverschuldung kombinierte, fand ihre theoretische Bestätigung in der postkeynesianischen Beschäftigungs- und Wachstumstheorie, die sowohl die nachfragestimulierende Geld- und Fiskalpolitik als auch Kapitalimporte zur Schließung der Spar- und Devisenlücke propagierte (vgl. Teil I).

Die Tatsache, dass Argentinien trotz zahlreicher Stabilisierungsversuche ab den 1950er Jahren mit dem Instrumentarium aus Abwertungen, restriktiver Geld- und Fiskalpolitik und Preiskontrollen keine langfristige Entwicklungsdynamik in Gang zu setzen vermochte, sondern allenfalls eine kurzfristige Unterdrückung von Inflation und Überbewertung erreichte, bevor ein neuer expansiver Zyklus mit steigenden Leistungsbilanzdefiziten und Verschuldung eingeleitet wurde, illustrieren die Schwierigkeit, über restriktive Politik die Ausgangsbasis für einen Prozess der Einkommensbildung zu schaffen.

Erschwerend kam hinzu, dass die Maßnahmen häufig inkonsistent waren, die politische Instabilität durch wechselnde Militär- und Zivilregierungen die Verfolgung einer langfristigen Entwicklungsstrategie kaum zuließ und sich Anfang der 70er Jahre externe Schocks (Ölpreisschock, Schließung von Absatzmärkten) negativ auf die Wirtschaftsentwicklung auswirkten.[185] So endet auch die zweite peronistische Regierung von 1973-76 mit einem expansiven Wirtschaftsprogramm in politischem und ökonomischem Chaos und ermöglichte die Machtübernahme der Militärregierung General Videlas im März 1976, die durch die skrupellose Ermordung ihrer politischen Gegner und unzählige Menschenrechtsverletzungen international Aufsehen erregte.[186]

Videlas Wirtschaftsminister Martínez de Hoz schlug einen liberalen Wirtschaftskurs ein, der dem etatistisch-protektionistischen Wirtschaftsmodell des

---

Präsident Illia (1963-66) setzt auf expansives Reaktivieren und eine Vertiefung der ISI-Politik, wird jedoch 1966 ebenfalls durch einen Militärputsch aus dem Amt gehoben.

[184] Vgl. Richter 1984: 75. Zur Regierungszeit Frondizis vgl. Petrecolla in: Di Tella/Dornbusch 1989, zur Regierungszeit Illias Guadagni in: ebenda und zu den Militärregierungen zwischen 1966-73 Fillipini/Olcese sowie Maynard in: ebenda.

[185] Vgl. Richter 1984: 75-6.

[186] Was eine Vielzahl von Ökonomen (wie z.B. Cavallo, Roque Fernández), die später auch unter Menem wichtige Posten innehielten, nicht davon abhielt, Verantwortung in der Militärregierung zu übernehmen.

desarrollista-Staates ein Ende setzen sollte.[187] Eine Kombination aus überbewertetem Wechselkurs (mit angekündigten Abwertungsraten) und liberalisierten Kapital- und Gütermärkten führte jedoch Ende der 1970er Jahre im Kontext der Petrodollar-Schwemme in die *emerging markets* zu massiver privater Auslandsverschuldung und zunehmender Spekulation gegen die heimische Währung, während die inländische Produktion unter extremen Wettbewerbsdruck geriet. Die Veränderungen im internationalen Kontext (Zinserhöhung der USA, zweiter Ölpreisschock) stürzten das Modell Anfang der 1980er Jahre endgültig in eine tiefe Banken- und Wirtschaftskrise, auf die der Staat mit einer Sozialisierung der auf 46 Mrd. US$ gestiegenen Auslandsschulden reagierte. Eine Konsolidierung gelang im Kontext der lateinamerikanischen Schuldenkrise, die den Kontinent über Jahre von externer Finanzierung abschnitt, und aufgrund des über die Notenpresse finanzierten Malwinen-Krieges nicht. Die wirtschaftlich und politisch diskreditierten Militärs übergaben 1983 das Präsidentenamt an den gewählten Kandidaten der Radikalen Bürgerunion UCR, Raúl Alfonsín.[188]

Die Regierung unter Präsident Alfonsín stand vor der Herausforderung, neben dem politischen Demokratisierungsprozess eine Neuordnung der Beziehungen zu den internationalen Gläubigern sowie eine Stabilisierung der Wirtschaft (1983 lag die Inflationsrate über 300%, das Haushaltsdefizit bei 17% des BIP) bei gleichzeitiger Reaktivierung zu erreichen. Nach einer expansiv orientierten Anfangsphase der Zivilregierung avancierte die wirtschaftliche Stabilität bald zum prioritären Thema - und wurde ab 1985 zum Indikator für die Qualität der Wirtschaftspolitik.[189]

Der Versuch der bürgerlichen Regierung, 1985 mit Hilfe eines nominalen Wechselkursankers in Verbindung mit einem Einfrieren von Preisen und Löhnen die Inflation über eine Stabilisierung der Erwartungen einzudämmen (Plan Austral), erwuchs zwar aus der Erfahrung, dass Stabilisierung nach orthodoxer IWF-Rezeptur nur um den Preis einer Einkommensstagnation zu haben war, scheiterte jedoch an der Schwierigkeit, einen Wechselkursanker bei überbewer-

---

[187] Während einer ersten Phase (1976-78) dominierten orthodox-monetaristische Maßnahmen wie die Reduzierung des öffentlichen Defizits, restriktive Lohnpolitik, Mini-Abwertungen sowie die Liberalisierung des Finanzsektors. Von 1979 bis 1981 stützte sich die Inflationsbekämpfung auf eine Wechselkurspolitik in Form eines aktiven *crawling-peg*, der sogenannten *tablita*-Politik in Verbindung mit einer forcierten Außenhandelsliberalisierung (Fasano-Filho 1986: 52ff). Zur liberal-orthodoxen Stabilisierung unter den Militärs vgl. auch Canitrot 1981.

[188] Die *Unión Cívica Radical* ist, im Gegensatz zur Peronistischen Partei, eine bürgerliche Partei der Mittelklassen. Vgl. z.B. Romero 1999.

[189] Vgl. Canitrot/Junco 1993: 51. Eine Tendenz, die sich in den 1990er Jahren verfestigt hat.

teter Währung zu verteidigen, ohne einen Abbau der Verschuldung zu erreichen oder eine restriktive Einkommenspolitik durchsetzen zu können.[190]

Nach einem weiteren erfolglosen Stabilisierungsversuch (Plan Primavera) brach in Argentinien 1989 eine Hyperinflation aus, die den fast vollständigen Verlust der Geldfunktionen des Australs anzeigte. Bei monatlichen Preissteigerungsraten von 200% veranlasste die zunehmend unkontrollierbare ökonomische und soziale Situation die Regierung Alfonsín, das Präsidentenamt vorzeitig an den peronistischen Wahlsieger Carlos Menem zu übergeben.

III.2 Das argentinische *currency board*-Modell: Der Konvertibilitätsplan von 1991

III.2.1 Vorreformen, Implementierung und Funktionsweise

Die Zeit von Menems Regierungsantritt 1989 bis zur Einführung des Konvertibilitätsplans ist den Argentiniern als traumatische Zeit in Erinnerung: Hyperinflation, soziale Unruhen, militärische Putschversuche, 60 Mrd. US$ Auslandsschuld und Zahlungsverzug, Einbruch des Sozialprodukts und der Reallöhne (vgl. Tabelle 3.4). Der Wahlsieg des peronistischen „Caudillos" aus der rückständigen Provinz La Rioja versprach für internationale Wirtschaftsexperten und Business-Vertreter wenig Positives, schien die Wahlkampfrhetorik doch die traditionellen populistisch-etatistischen Prinzipen des Peronismus zu bestätigen.[191] Menem gelang es jedoch bald, einen wirtschaftspolitischen Kurswechsel einzuleiten und dafür die Unterstützung von Unternehmern und internationalen Investoren zu gewinnen, ohne seine traditionelle Machtbasis - Arbeiterklasse und Gewerkschaften - zu verlieren. Diese breite politische Unterstützung Menems im In- und Ausland war notwendige Bedingung für die Durchsetzung der zahlreichen radikalen Reformen während seiner 10jährigen Regierungszeit.

---

[190] Die administrative Unterbindung des Lohn-Preis-Mechanismus führte lediglich zu Preisverzerrungen und dem Herausbilden von Schwarzmärkten, so dass die Inflation nach Aufhebung der Kontrollen wieder hochschnellte. Vgl. zum Plan Austral Damill/Frenkel 1996, Canitrot/Junco 1993, Ehrke 1985 und 1987, Bodemer 1991, Heymann 1991, Manzetti/Dell' Aquila 1988, Erro 1993 u.a., zur neostrukturalistischen Inflationstheorie Stiefl 1993, Arida/Lara Resende 1985; Bresser Pereira/Nakano 1987.

[191] Vgl. Bodemer 1991: 244 und Erro 1993: 195: Menem kündigte Lohnerhöhungen (*salariazo*), eine produktive Revolution, soziale Gerechtigkeit, Steuersenkungen und eine harte Stellung gegenüber den Gläubigern an.

Die von internationalen Finanzorganisationen und Ökonomen als vorbildlich bezeichnete Reformpolitik der Menem-Regierung, entsprach weitgehend den Leitlinien des so genannten *Washington Consensus* (Williamson 1990).[192]

Der *Washington Consensus*

1.	Fiskalische Disziplin
2.	Umorientierung öffentlicher Ausgaben: Aufbau von Humankapital und Infrastruktur
3.	Steuerreform: Breitere Steuerbasis und Grenzsteuersätze senken
4.	Finanzielle Liberalisierung: Aufhebung von Zinskontrollen etc.
5.	Wechselkurse: Einheitlich und wettbewerbsfähig
6.	Handelsliberalisierung: Zölle reduzieren und nicht-tarifäre Hemmnisse eliminieren
7.	Ausländische Direktinvestitionen: willkommen
8.	Privatisierungen: durchführen
9.	Deregulierung: Ausnahmen nur aus ökologischen, Sicherheits- oder Vorsichtsgründen
10.	Eigentumsrechte: sichern

Quelle: Sturzenegger/Tommasi 1998: 3 nach Williamson 1994.

Grundlage der geplanten Strukturreformen waren drei Gesetze[193], die der Exekutive weitreichende Kompetenzen zu Änderungen im Außenhandel, dem Steuersystem, der Industrie- und Beschäftigungspolitik sowie für Privatisierungen der großen Staatsbetriebe einräumte. Der dezidierte marktwirtschaftliche Kurs der Regierung stieß auf Sympathie bei den externen Gläubigern IWF und Weltbank, die gegen Ende 1989 einen ersten *stand-by*-Kredit bewilligten (Stiefl 1993: 195).

Weniger erfolgreich waren hingegen die anfänglichen Versuche der Inflationsbekämpfung und Wechselkursstabilisierung: Wiederholte Abwertungen, die zwangsweise Umschuldung und Dollarisierung der internen Verschuldung[194], erste Schritte in Richtung Außenhandelsliberalisierung sowie restriktive fiskal-

---

[192] Darunter wird nach Definition von Williamson (1990) ein Programm aus zehn wirtschaftspolitischen Positionen verstanden (siehe Kasten nächste Seite), welches einen Konsens zwischen den wichtigen Washingtoner Institutionen Weltbank, IWF und US-Regierung darstellen soll. Fritz (2001: 83) bezeichnet diesen Entwurf „*...mit Sicherheit als das einflussreichste wirtschaftspolitische Leitbild für die 90er Jahre...*“ in Lateinamerika.

[193] Vgl. Bodemer 1991: 247: Wirtschaftliches Notstandsgesetz, Gesetz zur Staatsreform, Gesetz zur Steuerreform

[194] Der sogenannte Plan Bonex wandelte die gesamte verzinsliche interne Verschuldung (kurzfristige Festgelder sowie Staatspapiere) in auf US$ denominierte Staatsbonds mit zehnjähriger Laufzeit um. Kurzfristig wurde eine Härtung der Währung über die extreme Liquiditätsabschöpfung erreicht, langfristig jedoch das Vertrauen der Vermögenseigentümer gesenkt sowie der Dollarisierung weiter Vorschub geleistet. Vgl. De Pablo 1994, Nicolas/Symma 1992 und Erro 1993.

politische Maßnahmen resultierten in Abwertungs-Inflations- und Abwertungs-Kapitalfluchtspiralen, die sich Ende 1990 erneut zuspitzten und eine zweite Hyperinflation ankündigten.

Zur Bewältigung der Krise wurde als vierter Wirtschaftsminister der Regierung Menem der international renommierte Harvard-Ökonom Domingo Cavallo nominiert.[195] Er konzipierte das Konvertibilitätsprogramm, welches am 1.4.1991 in Kraft trat und die argentinische Zentralbank in ein *currency board* (CB) transformierte.

Als zentrale Maßnahme wurde die volle Konvertierbarkeit der Landeswährung Austral in US-Dollar zu einem fixem Wechselkurs gesetzlich garantiert. Der neue Wechselkurs wurde auf 10.000 Australes - ab 1992 1 Peso pro US-Dollar - festgelegt, wobei sich die Zentralbank entsprechend der Regeln des CBs verpflichtete, eine 100prozentige Deckung der Geldbasis (Bargeldumlauf, Kassenbestände der Geschäftsbanken, Einlagen der Geschäftsbanken bei der Zentralbank) durch Devisen, Gold und zu einem geringen Teil durch staatliche Wertpapiere zu garantieren.[196]

Die argentinischen Politiker erhofften sich von der Einführung eines CBs eine rasche Senkung von Inflations- und Zinsraten auf US-amerikanisches Niveau, eine Erhöhung der Glaubwürdigkeit der Wirtschaftspolitik gegenüber internationalen Kapitalgebern sowie eine erhöhte Nachfrage nach heimischer Währung. Über die Anbindung der heimischen Währung an den US-Dollar im Verhältnis 1:1 bei vollständiger Deckung der Geldbasis sollten die Wirtschaftsakteure von der Gleichwertigkeit der beiden Währungen überzeugt werden und eine komplette Dollarisierung von Transaktionen, die sich im Kontext der Hyperinflation ankündigte, vermieden werden.[197]

Die selbstverordnete geldpolitische „Zwangsjacke“ in Form eines CBs mit ihren Disziplinierungseffekten auf Haushalts- und Strukturreformen - das Regime erfordert einen ausgeglichenen Staatshaushalt sowie freien Kapital- und Güterverkehr - erschien dem Wirtschaftsteam unter Cavallo als ultimative Demonstration ihres Reformwillens.[198] Im Gegensatz zu einem Lehrbuch-CB behielt sich die argentinische Zentralbank jedoch eine gewisse Flexibilität vor, da

---

[195] Das Phänomen „Cavallo“ hat allein eine Vielzahl von Literatur hervorgebracht; exemplarisch Corrales 1997.

[196] Bis zu ein Drittel (33%) auf US$ denominierte heimische Wertpapiere bewertet zu Marktpreisen, deren Volumen pro Jahr maximal um 10% zunehmen darf, vgl. Gesetz 24.144.

[197] Vgl. Canavese 1991: 256: Die Regierung wollte Zinseinnahmen (*Seignorage*) aus der Anlage der Währungsreserven erhalten, was bei einer vollständigen Dollarisierung nicht möglich gewesen wäre.

[198] Vgl. zur Thematik wirtschaftspolitischer Kurswechsel und *currency board* in Argentinien auch Freytag 1998 sowie Reichel 1995.

in die Reservedeckung der Geldmenge bis zu einem Drittel auf US$ denominierte Staatsbonds bewertet zu Marktpreisen eingeschlossen wurden, die Zentralbank im Rahmen ihrer Überschussreserven Offenmarkt- und Diskontpolitik betreiben konnte und das Instrument der Mindestreserve zur Verfügung stand.

Zusammenfassung: Maßnahmen des *Plan Cavallo*

- Fixer Wechselkurs 1:1 zum US$ (gesetzlich verankert)
- Vollständige Deckung der Geldbasis (M0) mit Devisenreserven, Gold und begrenztem Anteil staatlicher Wertpapiere bewertet zu Marktpreisen: BCRA wird zu CB
- Unabhängigkeit der Zentralbank (1992), limitierte Defizitfinanzierung des Staates (33% M0)
- Bimonetäre Geldverfassung: Einführung US$ als zweites gesetzliches Zahlungsmittel
- Liberalisierung von Kapital- und Devisenmarkt: Gesetzlich garantierte Konvertibilität
- Indexierungsverbot
- Strukturreformen

Quelle: Eigene Darstellung

Um die Substituierbarkeit zwischen heimischer Währung und US-Dollar zu unterstreichen, wurden ferner per Gesetzesänderung Dollarverträge bzw. Kredite und Depositeneinlagen in Fremdwährung legalisiert, de facto also der US-Dollar als zweites Zahlungsmittel (*legal tender*) neben dem Peso eingeführt. Die in der Vergangenheit übliche Indexierung von Verträgen wurde hingegen verboten, um die Funktion des Wechselkurses als nominalen Anker der Preisbildung zu festigen.[199]

[199] Wie schon beim Plan Austral von 1985 wurde auch mit dem Konvertibilitätsgesetz eine Währungsumstellung auf Basis eines psychologischen Kalküls an Stelle einer Währungsreform vorgenommen, bei der Anfang 1992 über eine Nullenstreichung die neue Währung Peso (1 Peso=10.000 Austral) mit einer 1:1-Parität zum Dollar eingeführt wurde. Die Chance einer Entwertung der Bestände (*stocks)* gegenüber den Einkommensströmen (*flows*) und damit eines Vermögensschnitts, der sowohl den staatlichen als auch den privaten Sektor über eine Entwertung von Schuldenbeständen hätte entlasten können, wurde erneut vertan. Wie Nicolas/Symma 1992: 135 darstellen, argumentiert die Heterodoxie in Lateinamerika diesbezüglich, dass eine Währungsreform vom Typ Deutschland nicht durchsetzbar sei, da aufgrund des hohen Anteils des öffentlichen Sektors an der internen Verschuldung eine Schuldenstreichung zugunsten desselben das Vertrauen der Vermögenseigentümer unterminieren würde und positive Beschäftigungseffekte durch eine Entschuldung von Unternehmen wegen der starken Verzahnung zwischen Banken, Unternehmern und Investoren („*Grupo*-Strukturen“) fehlschlage.

Zu einer völlig anderen Einschätzung des Begriffs Währungsreform, (im Sinne glaubwürdige Geldverfassung), die auf den *Plan Cavallo* zutrifft, kommt Schmücker 1998.

III.2.2 Stabilisierung und wirtschaftlicher Aufschwung, 1991-94

Als größter Erfolg des *Plan Cavallo* gelten die spektakuläre Senkung der Inflationsrate, die Verteidigung des fixen Wechselkurses sowie das dynamische Wachstum zwischen 1991-94 (vgl. Tab. 3.4 und Abb. 3.2).

Die Angleichung des argentinischen Preisniveaus an die US-Inflationsrate erfolgte dabei, neben den Effekten der Wechselkursstabilisierung, über die Deindexierung von Preisen, Löhnen und Schuldverträgen, einer staatlichen Preisderegulierung sowie mittels Preisabsprachen mit führenden Unternehmen im Gegenzug für steuerliche Vergünstigungen.[200] Die Deregulierung und Öffnung der Ökonomie übte zusätzlich Wettbewerbsdruck auf die nationalen Unternehmer aus und förderte somit Preissenkungen.

Abbildung 3.2 Wachstum des BIP (in %), 1989-2001

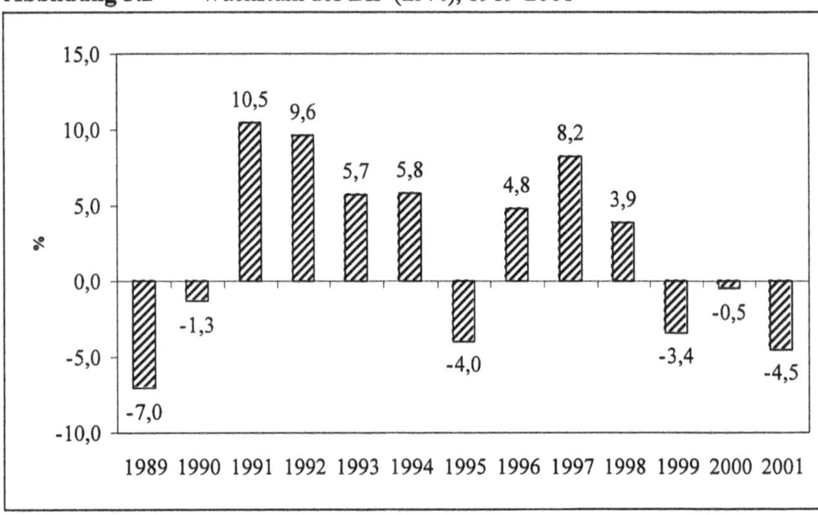

Quelle: Mecon 2002

Als Ergebnis konnte die Inflationsrate zwar abrupt gesenkt werden, das Ziel der Nullinflation wurde jedoch erst nach der Tequila-Krise 1995 erreicht: 1991 betrug die Jahresinflation für Verbraucherpreise immerhin noch 84%

[200] Obwohl dies heterodoxe Maßnahmen sind, wurde auf einen Lohn-Preis-Stopp und einen sogenannten Sozialpakt verzichtet, stattdessen sollte die Preisdisziplin über Marktsignale erzwungen werden, vgl. Schweickert 1995: 334.

(Großhandelspreisindex 56,7%), was zu einer starken Aufwertung des realen Wechselkurses führte, der bereits durch die Festsetzung der Dollarparität mit einer Überbewertung startete.[201] Die reale Aufwertung führte auch zu einer Verzerrungen der relativen Preise durch einen stärkeren Anstieg der Preise nichthandelbarer Güter und Dienstleistungen im Vergleich zu Exportprodukten, die einem höheren Konkurrenzdruck ausgesetzt waren.

Die Stabilisierung des Preisniveaus bewirkte eine rasche Reaktivierung der Wirtschaft durch eine außerordentliche Stimulierung der Nachfrage: Die Kaufkraft der Löhne stieg an; die Senkung der Nominalzinsen, die Ausweitung des Kreditvolumens (v.a. auch zu Konsumzwecken), die Verlängerung der Fristigkeiten und der hohe Zustrom an Auslandskapital führten zu einer Remonetisierung und einer starken Aktivierung des Realsektors. Das Wirtschaftswachstum erreichte - nach den negativen Raten in den Jahren 1988 bis 1990 - zwischen 1991-94 kumulierte 31,6%.

Abbildung 3.3 Entwicklung der Zahlungsbilanz (Salden in Mio. US$), 1989-2001

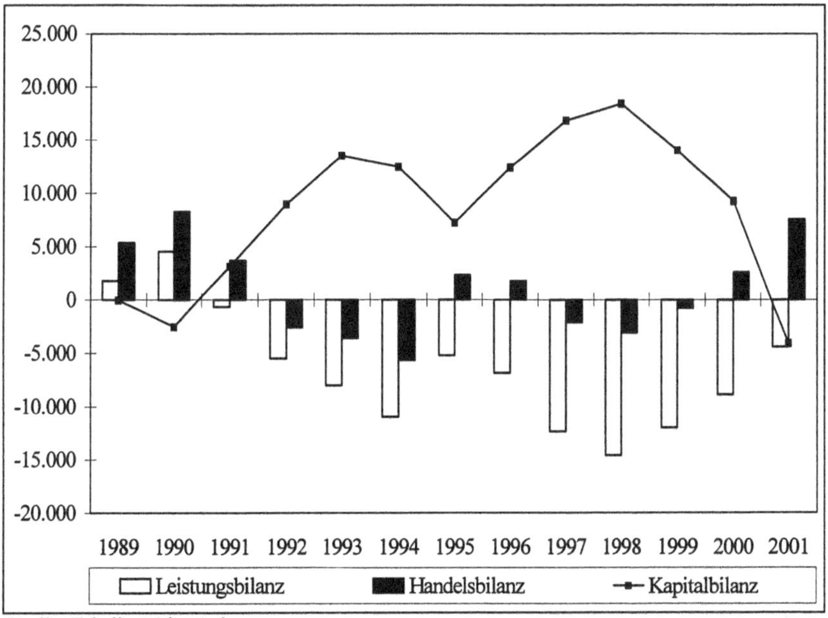

Quelle: Tabelle A1 im Anhang.

[201] Abgesehen davon, dass Schuldnerwährungen prinzipiell als überbewertet im Sinne von unter Abwertungsverdacht stehend, gewertet werden müssen.

Von dem Wachstum während der expansiven Phase des Plans zwischen 1991-94 profitierten allerdings nicht alle Sektoren der argentinischen Wirtschaft in gleicher Weise: Durch die Handelsliberalisierung und das Wechselkursregime ergaben sich negative Effekte auf den Exportsektor und auf den mit Importen konkurrierenden Sektor, während der Dienstleistungsbereich sowie einige Bereiche der verarbeitenden Industrie und der Bergbau höhere Zuwächse verzeichnen konnten.[202]

Tabelle 3.4 Ökonomische Basisdaten (in Mio. US$), 1989-1994[203]

	1989	1990	1991	1992	1993	1994
BIP in Mio. US$	k.A.	141.175	189.440	228.838	236.505	250.308
BIP Veränderung (in %)	-7,0	-1,3	10,5	9,6	5,7	5,8
Leistungsbilanz	1.776	4.552	-672	-5.488	-8.003	-10.949
Handelsbilanz	5.372	8.275	3.703	-2.584	-3.604	-5.652
-Exporte fob	9.573	12.352	12.352	12.399	13.269	16.023
-Importe fob	4.201	4.077	8.275	14.983	16.873	21.675
Kapitalbilanz	-31	-2.507	3.152	8.960	13.496	12.451
Externe Verschuldung	65.027	61.929	61.337	62.972	72.425	85.908
-Staat SPNF (inkl.	52.162	46.599	52.739	50.678	53.606	61.268
BCRA)	4.295	5.043	3.524	5.774	9.938	13.842
-Privat	k.A.	k.A.	5.074	6.520	8.882	10.799
-Finanzsektor						
Budgetsaldo in Mio. US$	k.A.	-3.953	-379	1.602	2.730,5	-285,9
Budgetsaldo in % BIP	-6,1	-2,8	-0,2	0,7	0,8	-1,5
Arbeitslosigkeit in %	7,6	6,3	6,0	7,0	9,6	11,5
Inflation in % (CPI)	4.924	1.344	84	17,5	7,4	3,9
Inflation in % (GPI)	5.386	798	56,7	3,2	0,1	5,8

Quelle: Heymann 2000, Cepal 2002, Mecon 2002. IFS (externe Verschuldung 1989-90), Cetrángolo et al. 1997 (Budget), FIDE 1997 (BIP Mio. US$ 1990-92), eigene Berechnungen (Budgetsaldo Mio. US$ 1990-92).

[202] Vgl. zu den Wirkungen des Wechselkursregimes auf Saldo und Struktur der Handelsbilanz die Studie von Wohlmann 1998: Sie weist einen signifikanten Einfluss des realen Wechselkurses auf die Primärgüterexporte nach sowie eine generelle Schwächung der Produktion handelbarer Güter im Vergleich zu *nontradables*. Den Importboom führt sie hingegen auf die Einkommensexpansion (Nachholbedarf, Modernisierungsbedarf) und die Verfügbarkeit von Krediten zurück.

[203] Die statistischen Daten des gesamten Untersuchungszeitraums (1989-2001) finden sich in Überblickstabellen im Anhang.

Die Entwicklung der Zahlungsbilanz (vgl. Abb. 3.3 und Tab. 3.4) spiegelte schon in der Aufschwungphase in deutlicher Weise die Effekte des Konvertibilitätsplanes wider und bestätigt die in Teil I beschriebene Tendenz, dass eine Aktivierung der Einkommensbildung in Entwicklungsländern mit einer Verschlechterung der Leistungsbilanz einhergeht, während Leistungsbilanzüberschüsse nur bei Einkommensrepression erzielt werden können. Nach hohen Handelsbilanzüberschüssen in den Krisenjahren 1989 und 1990, die in Verbindung mit niedrigen Zinszahlungen sogar zu Leistungsbilanzüberschüssen führten, waren ab 1992 steigende Defizite zu verzeichnen, die nur über hohe Kapitalimporte finanziert werden konnten. Das Vertrauen der internationalen Gläubiger und Investoren in die argentinische Wirtschaftspolitik wurde zu einer Schlüsselkomponente für die Aufrechterhaltung des *currency board*-Modells.

III.3 Die Strukturreformen: Deregulierung, Privatisierung und Liberalisierung

Die Strukturreformen haben innerhalb des argentinischen Konvertibilitätsschemas einen zentralen Stellenwert, da die Stabilisierung über das neue Geld- und Wechselkursregime nur in einem Kontext liberalisierter und deregulierter Binnen- und Außenmärkte erreicht werden konnte. Über die Kombination Neuordnung der Währungsverfassung, *Washington Consensus*-Reformen und Privatisierung der sozialen Sicherungssysteme sollten glaubwürdige Signale an die internationalen Finanzmärkte gesendet werden, um die notwendigen Kapitalzuflüsse sicherzustellen. Das ehrgeizige Reformprogramm der Menem-Regierung, das eine umfassende Entstaatlichung und Öffnung der argentinischen Wirtschaft bewirken sollte, wird im Folgenden in seinen Grundzügen dargestellt. Die Rentenreform als die ökonomisch bedeutendste Reform innerhalb der sozialen Sicherungssysteme wird in den Teilen IV und V ausführlich behandelt.

Zusammenfassung: Strukturreformen des *Plan Cavallo*

- Deregulierungspolitik: Aufhebung von Preis- und Lohnkontrollen, Eliminierung von Regulierungsinstitutionen und Marktzutrittsbeschränkungen
- Staatsreform: Verwaltungsreform, Privatisierung von Staatsunternehmen, Dezentralisierung
- Soziale Sicherungssysteme: Privatisierung der Rentenversicherung, Deregulierung der Krankenversicherung
- Fiskalreform: Reform Steuerverwaltung und Steuerstruktur
- Außenhandelsreform: Liberalisierung und regionale Integration Mercosur

Quelle: Eigene Darstellung

III.3.1 Deregulierungspolitik und Staatsreform

Die Umstrukturierung des öffentlichen Sektors und die Deregulierungspolitik wurde im Hinblick auf folgende Ziele vorgenommen: Erstens erforderte der Konvertibilitätsplan eine Preisflexibilisierung nach unten, die nur über einen erhöhten Wettbewerbsdruck auf internen Märkten bzw. gegenüber ausländischen Produkten erfolgen würde. Zweitens sollte ein Inflationsdruck aufgrund von Finanzproblemen im öffentlichen Sektor vermieden werden, und drittens konnten über die Deregulierung sowohl Einsparungen durch die Aufgabe von staatlichen Tätigkeiten und Subventionen als auch Einnahmen erzielt werden wie z.B. durch die Verkaufserlöse der Privatisierungen.[204]

Die Staatsreform führte zu einer beträchtlichen Verringerung der staatlichen Beschäftigung: Durch verschiedene Maßnahmen wurden allein zwischen 1991 und 1992 103.000 Arbeitsstellen in der öffentlichen Verwaltung abgebaut (World Bank 1993b: 14).[205] Zudem wurde mit dem Ziel einer stärkeren Dezentralisierung - und natürlich auch der Entlastung des Zentralstaates - die Verantwortlichkeit für das Bildungs- und Gesundheitswesen an die Provinzen transferiert, was zu einem weiteren beträchtlichen Stellentransfer führte.[206]

Nachdem im Verlaufe des Konvertibilitätsprogramms aufgrund der Restinflation der Druck auf den nominalen Wechselkurs ausgeprägter wurde,[207] beschloss die Regierung, die begonnene Deregulierung zu vertiefen, um die Preisentwicklung und den realen Wechselkurs, den so genannten *costo argentino* zu beeinflussen. Per Dekret wurden im November 1991 auf den internen Märkten für Güter und Dienstleistungen sämtliche Angebots-, Zutritts- und Preisregulie-

---

[204] Es wird deutlich, dass alle genannten Argumente auch in Bezug auf die Rentenreform gelten.

[205] Grundlage der Reformen war das ökonomische Notstandsgesetz sowie das Gesetz zur Staatsreform von 1989; die Reform der öffentlichen Verwaltung wurde ab 1990 in erster Linie über Präsidialdekrete durchgesetzt, vgl. Rojo/Canosa 1992: 31.

[206] World Bank 1993b: 14. Die Weltbank spricht von 284.000 Lehrern und Angestellten im Gesundheitsdienst, die an die Provinzen transferiert wurden sowie 103.000 Entlassungen. Nach Rojo/Canosa 1992: 30, befanden sich 1989 jedoch nur ca. 70.000 Lehrer der Sekundarstufe und 25.000 Angestellte im Gesundheitswesen im öffentlichen Dienst; sie schätzen die Stellenreduzierung nach dem Aufgabentransfer insgesamt auf 120.000. Vgl. auch die Darstellung des sozialpolitischen Kontextes der Rentenreform in Abschnitt IV.1.2.3.

[207] Nur eine sofortige Angleichung an das Inflationsniveau der Ankerwährung US$ hätte den Aufwertungsdruck vermindern können, ohne allerdings eine Überbewertung gänzlich vermeiden zu können, was politisch auch nicht gewollt war, da eine Überbewertung Importe sowie den Schuldendienst verbilligt.

rungen sowie alle Beschränkungen für ausländische Direktinvestitionen und Kapitalrückführungen aufgehoben.[208]

Während durch die Massenentlassungen in der öffentlichen Verwaltung, die Auflösung einer Vielzahl von Regelungsinstitutionen und die Abschaffung von sektoralen Industrieförderungsprogrammen beträchtliche Einsparungen erzielt werden konnten, gingen die zentralen Fiskaleffekte der Deregulierung auf die Privatisierungspolitik zurück, welche unter Kapitel III.3.3 behandelt wird.

III.3.2 Außenhandelsöffnung und Mercosur

Unter der Regierung Menem wurde ein Bruch mit dem alten Protektions- und Subventionssystem vollzogen und eine weitreichende Außenhandelsliberalisierung durchgesetzt, womit den Forderungen der multilateralen Kreditorganisationen entsprochen wurde.[209]

Die Handelspolitik der Regierung Menem bestand in einer allgemeinen Senkung bzw. vollständigen Eliminierung von Zöllen und nicht-tarifären Handelshemmnissen sowie einer Staffelung der Importzollsätze nach Verarbeitungsstufen zur Förderung der heimischen Wertschöpfung.[210] Im Verlauf des Plans wurden zudem verschiedene Maßnahmen implementiert, um die Wettbewerbsfähigkeit der Exportwirtschaft zu erhöhen, die aufgrund des stark überbewerteten Wechselkurses Kompensationsmaßnahmen forderte und um das steigende Handelsbilanzdefizit zu senken.[211]

---

[208] Hierzu wurde im September ein Gesetz verabschiedet, das die vorher gültige einjährige Warteperiode für Kapitalrückführungen beseitigte, d.h. Gesellschaften können jederzeit Gewinne überweisen, sich nach den gleichen Prinzipien und Rechten wie inländische Unternehmen organisieren und inländische Kredite in Anspruch nehmen (Argentinische Botschaft 1996: 11).

[209] Gerade in einem CB wird eine Liberalisierung des Außenhandels als notwendige Bedingung für Preissenkungen und einen Ausgleich der Leistungsbilanz über den automatischen Anpassungsmechanismus bezeichnet.

[210] Im Rahmen des *Plan Cavallo* wurden Zollsätze von 11% für Halbfertigwaren und 22% für Fertigwaren (ausgenommen Kraftfahrzeuge und Elektronikgeräte mit 35%) eingeführt, während nicht im Land hergestellte Grundstoffe, Kapitalgüter sowie international wettbewerbsfähige Nahrungsmittel zollfrei importiert werden konnten. Sämtliche quantitativen Einfuhrbeschränkungen sowie die Exportbesteuerung wurden aufgehoben.

[211] Der Exportsektor sollte durch Mehrwertsteuererstattungen (Reintegros) von bis zu 20% gefördert werden (Cavallo 1993: 12, Heymann 2000: 19). Der nationalen Kapitalgüterindustrie für die Binnenmarkt- und Exportproduktion wurden Preissubventionen von 15% gewährt,

Neben der unilateralen Handelsliberalisierung im Kontext des *Plan Cavallo* war die regionale Integration mit den Nachbarländern des *Cono Sur* das zweite Standbein der argentinischen Handelspolitik der 1990er Jahre. Im Januar 1995 traten der gemeinsame externe Zolltarif und die Hauptkomponenten der gemeinsamen Handelspolitik des MERCOSUR (*Mercado Común del Sur*) in Kraft, dessen Mitglieder Argentinien, Brasilien, Paraguay und Uruguay mittelfristig das Etablieren eines gemeinsamen Marktes planen.[212]

Für Argentinien entwickelte sich der Mercosur-Partner Brasilien im Rahmen des Konvertibilitätsplans zum Hauptexportmarkt.[213] Die anfänglichen bilateralen Handelsbilanzdefizite konnten ab 1995 in Überschüsse umgewandelt werden, als Brasiliens Währung in Folge eines wechselkurs-basierten Stabilisierungsprogramms (*Plano Real*) aufwertete und sich die Reaktivierung im Nachbarland in Verbindung mit den zollpolitischen Präferenzregimen des Mercosur positiv auf die Nachfrage nach argentinischen Exportprodukten auswirkte.

Tabelle 3.5 Außenhandel mit Wirtschaftsblöcken: Mercosur und Nafta (Mio. US$), 1989-1994

Jahr	EX Mercosur	EX Nafta	IM Mercosur	IM Nafta	Mercosur Saldo	NAFTA Saldo
1989	1.428,0	1.387,4	869,1	1.005,3	558,9	382,1
1990	1.832,6	2.101,7	833,4	968,9	999,2	1.132,8
1991	1.977,1	1.551,2	1.738,2	1.744,0	238,9	-192,8
1992	2.326,9	1.638,3	3.676,3	2.817,2	-1.349,4	-1.178,9
1993	3.684,0	1.562,5	4.028,7	3.483,9	-344,7	-1921,4
1994	4.803,7	2.083,5	4.783,8	4.819,2	19,9	-2.735,7

Quelle: Indec (Mecon 2002)

Die Exporte in den NAFTA-Block, der Freihandelszone zwischen Mexiko, den USA und Kanada (*North American Free Trade Agreement*), entwickel-

nachdem ab Mai 1993 die gesamte Einfuhr von Investitionsgütern (auch von Kapitalgütern, die in Argentinien produziert werden) von Zöllen und Abgaben befreit wurde (MEOSP 1994: 7). Insgesamt wurden in den ersten beiden Jahren des Konvertibilitätsplans 13 Zollreformen durchgeführt, vgl. auch Carrassai 1998: 127-128.

212 Die Stufen wirtschaftlicher Integration gehen von einer Freihandelszone (Freihandel unter Mitgliedern) über eine Zollunion mit gemeinsamen Außenzoll zu einem Gemeinsamen Markt (Faktormobilität) und schließlich zu einer Wirtschafts- und Währungsunion. Zum Mercosur vgl. Eßer 1997 Sangmeister 2001, Gratius 2000 sowie zur monetären Dimension Nitsch 2001.

213 Während 1990 die Exporte nach Brasilien nur 11,5% der argentinischen Gesamtexporte ausmachten, stieg der Anteil bereits 1994 auf 22,8% an und erreichte 1997 einen Höchststand von 31%, vgl. Heymann 2000.

ten sich hingegen weitaus weniger dynamisch, so dass gegenüber diesem für die Devisenerwirtschaftung so wichtigem Handelsblock ab 1991 in zunehmendem Maße Defizite erwirtschaftet wurden. Auch der Anteil der EU-Exporte an den argentinischen Gesamtexporte verringerte sich von einem Höchststand von 30,5% 1992 auf 17,3% im Jahre 1998 (Heymann 2000: Tab. 10).

III.3.3 Privatisierungspolitik

Das Privatisierungsprogramm der Regierung Menem wird als ein Kernpunkt ihrer Wirtschaftsstrategie bezeichnet (Birle 1991: 11) und beeindruckte in- und ausländische Beobachter sowohl durch den Umfang der Entstaatlichung als auch durch das Tempo, mit dem der Prozess abgewickelt wurde.[214]. Fast sämtliche staatliche Unternehmen im Produktions- und Dienstleistungsbereich wurden im Rahmen des Gesetzes zur Staatsreform zur Privatisierung freigegeben, und der Regierung wurden für die Umsetzung umfassende Interventions- und Entscheidungskompetenzen zugewiesen.

Aus reformpolitischen Gründen war eine gewisse Entstaatlichung in Argentinien durchaus rational. Öffentliche Unternehmen erwiesen sich größtenteils als chronisch subventionsabhängig, da sie in Krisensituationen sowohl einen privaten Nachfrageausfall kompensieren mussten als auch ein hoher sozialer und politischer Druck bestand, Arbeitsplätze zu erhalten und die Preise der staatlichen Güter und Dienstleistungen niedrig zu halten. Damit aber reflektierte der überdimensionierte staatliche Sektor, der als Nachfrager, Beschäftiger und Kreditgeber in letzter Instanz fungierte, weniger ein „pathologisches" Interventionsbedürfnis seitens der Politik, als vielmehr die Defizite einer gestörten Geldwirtschaft (vgl. Teil I sowie III.6).

Um ihre neue marktliberale Position zu unterstreichen, betonte die Regierung die langfristigen Ziele, die durch die Privatisierungen erreicht werden sollten: Neuordnung der Beziehung Staat – Privatsektor, Investitionsanreize und eine Erhöhung von Qualität und Effizienz der Güter und Dienstleistungen der Unternehmen.

---

[214] Vgl. Azpiazu/Vispo 1994: 130. Dies war um so erstaunlicher, zieht man die Widerstände der Peronisten gegen die zaghaften Privatisierungsvorhaben der Alfonsín-Regierung in Betracht. Carassai 1998: 125 interpretiert die Privatisierungspolitik Menems als Signal an die Finanzzentren, dass es sich um einen „antiperonistischen Peronismus" handelte. Vgl. zur Privatisierungspolitik auch Calvert 1996 sowie World Bank 1993a.

Tabelle 3.6 Ergebnisse des Privatisierungsprogammes (in Mio. US$), 1990-1994

Sektor	Bareinnahmen	Schuldtitel nominal	Schulden-transfer	Gesamt
Telefon	2.270,9	5.000,0	-	7270,9
Fluglinien	260,0	1.610,0	-	1.870,0
Eisenbahn	-	-	-	-
Elektrizität	866,9	3.769,0	1.556,4	6192,3
Häfen	9,8	-	-	9,8
Seetransport	14,6	-	-	14,6
Straßen	-	-	-	-
Fernsehen/Radio	-	-	-	-
Öl	2.060,2	-	-	2.060,2
Y.P.F. (Öl)	3.040,0	1.271,1	-	4.311,1
Gas	820,6	3.082,1	1.110,0	5.012,8
Wasser	-	-	-	-
Fleischverarbeitung	1,9	-	-	1,9
Petrochemie	55,7	133,6	-	189,3
Werftindustrie	59,8	-	-	59,8
Stahl	143,3	41,8	-	185,1
Stromversorger	12,4	3,5	-	15,9
Militär. Unternehmen	11,3	-	-	11,3
Finanzsektor	86,3	-	-	86,3
Staatsimmobilien	202,5	-	-	202,5
Sonstige	3,7	12,0	-	15,7
Gesamt	**9.920,0**	**14.923,1**	**2.666,4**	**27.509,5**

Quelle: Wirtschaftsministerium (MEOSP) 1995c: 42.

Eine genauere Betrachtung der Ergebnisse der argentinischen Privatisierungspolitik legt jedoch den Schluss nahe, dass strukturpolitische Ziele gegenüber der Absicht, positive Signale an potentielle Investoren zu senden sowie die kurzfristige Budgetfinanzierung zu erleichtern, zurücktreten mussten.[215] In den letzten neun Monaten von 1991 betrugen die Privatisierungseinnahmen fast 80% der staatlichen Gesamteinnahmen und stellten somit ein unverzichtbares Ele-

[215] Dies bestätigt die in Kapitel I.2.1 zitierte Einschätzung Rieses. In Bezug auf die strukturpolitischen Zielsetzungen der argentinischen Privatisierungspolitik werden v.a. die unzureichenden Investitionszusagen der neuen Betreiber, geringe Multiplikatorwirkungen und die kaum stattgefundene Entmonopolisierung und Entflechtung von *Grupo*-Strukturen kritisiert (Azpiazu/Vispo 1994: 145-146). Vgl. zur Politischen Ökonomie der Privatisierungspolitik auch Torre/Gerchunoff 1999.

ment des fiskalischen Ausgleichs im Rahmen des Konvertibilitätsplans dar (Azpiazu/Vispo 1994: 131-132).[216]

Der fiskalische Effekt der Privatisierungen wurde jedoch durch verschiedene Faktoren geschmälert. Erstens wurden die staatlichen Aktiva v.a. in der ersten Privatisierungsphase unter ihrem geschätzten Realwert verkauft, zweitens muss der Staat in Zukunft als Konsument der nun privatisierten Güter und Dienstleistungen höhere Preise und Tarife zahlen[217], drittens hat die Regierung teilweise Altschulden der zu privatisierenden Unternehmen übernommen, den Käufern Steuererleichterungen gewährt, um die Attraktivität der Unternehmen zu erhöhen und Kosten der Personalrationalisierung (Abfindungszahlungen) übernommen und viertens führte die Möglichkeit, einen Teil des Kaufpreises über *debt-for-equity-swaps* zu finanzieren zu einer Aufwertung der Notierung der argentischen Auslandsschuld auf den Sekundärmärkten.

Da der Großteil der Privatisierungen bereits während der ersten Jahre der Menem-Regierung durchgeführt wurde und ein Ende der Finanzierung laufender Ausgaben durch einmalige, außerordentlichen Einnahmen abzusehen war, wurde die Konsolidierung der Einnahmen- und Ausgabenpolitik der Regierung sowie eine Neuordnung der internen und externen Verschuldung um so dringlicher.

III.4 Öffentliche Finanzen und Verschuldung

Im Kontext eines *currency boards* hängt die Glaubwürdigkeit der Wirtschaftspolitik in erster Linie von einer erfolgreichen Fiskalpolitik ab, da die restlichen Politikvariablen „automatisch“ bestimmt werden, eine Defizitfinanzierung über die Notenpresse verwehrt ist und allein die Budgetpolitik aktive Politikgestaltung ermöglicht. Zudem ist der Erfolg bei der fiskalischen Konsolidierung für die existentiell notwendigen Beziehungen mit den multilateralen Kreditorganisationen sowie für die Risikoeinstufung des Landes auf den internationalen Finanzmärkten von zentraler Bedeutung. Für Argentinien kam die Notwendigkeit hinzu, über das indirekte Instrument der Fiskalpolitik das externe

[216] Die akkumulierten Veräußerungserlöse von 1990-93 betrugen 9.736,7 Mio. US$ in bar sowie 13.425,3 Mio. US$ in Schuldtiteln bei Zugrundelegen des Nominalwertes bzw. 5.758,3 Mio. US$ bei Rechnung mit Marktpreisen - insgesamt also ein Ergebnis von 23.162 Mio. US$ bzw. 15.495 Mio. US$.

[217] Interessant ist an dieser Stelle, dass z.B. das Defizit der ehemals staatlichen Telefongesellschaft ENTEL größtenteils aufgrund von Zahlungsrückständen der öffentlichen Stellen entstanden war, vgl. Schvarzer 1994: 87.

Ungleichgewicht zu beheben. Zu diesem Zweck wurde eine Korrektur des überbewerteten Wechselkurses durch eine „fiskalische Abwertung", wie die Senkung von Steuern und Abgaben bezeichnet wurde, angestrebt.

Die Überforderung der Haushaltspolitik manifestierte sich nicht nur in den multiplen Zielen, denen sie gerecht werden sollte, sondern auch in den Anforderungen hinsichtlich Umfang und Geschwindigkeit der Implementierungen in diesem Politikbereich. In Argentinien betraf dies v.a. die radikale Umstrukturierung des öffentlichen Sektors in Form von Deregulierung und Privatisierung, die sich prioritär dem kurzfristigen fiskalischen Imperativ unterordnete und erst in zweiter Linie nach reformpolitischen Gesichtspunkten gestaltet wurde.

Zusammenfassung: Öffentliche Finanzen im *Plan Cavallo*

- Privatisierung Staatsunternehmen
- Rationalisierung öffentlicher Sektor
- Dezentralisierung Bildungs- und Gesundheitssektor
- (Teil-)Privatisierung Rentenversicherung
- Steuerreform, Neuordnung Finanzausgleich mit Provinzen
- Umschuldung interner und externer Verbindlichkeiten
- Verbot Defizitfinanzierung über Zentralbank

Quelle: Eigene Darstellung

Auch die Reform der Rentenversicherung wurde unter dem Gesichtspunkt einer langfristigen fiskalischen Entlastung des Staates bzw. der Sicherung von Kapitalzuflüssen vorgenommen. Da jedoch in der kurzen Frist mit einer erheblichen Belastung des Haushalts zu rechnen war, wurde die außergewöhnlich positive Entwicklung der Staatsfinanzen in den ersten Jahren nach Implementierung des *currency boards* zu einer wichtigen Voraussetzung für die Durchsetzung der Reform. Als die politische Diskussion über die Umstellung auf ein individuelles Kapitaldeckungsverfahren begann, wurde zum ersten Mal seit Ende der 1930er Jahre ein Budgetüberschuss erwirtschaftet (vgl. Abb. 3.7).

Im Vergleich zu den 1980er Jahren verringerte sich das Defizit im Rahmen des Konvertibilitätsplans von durchschnittlich 4,8% (1982-1990) auf 1,3% (1991-2001). Die Eliminierung der Subventionen für privatisierte Staatsunternehmen und des quasi-fiskalischen Defizits der Zentralbank, der massive Personalabbau, die Reduzierung des internen und externen Schuldendienstes (Plan Bonex, Plan Brady) und höhere Steuereinnahmen durch die Nachfrageexpansion schlugen hierbei positiv zu Buche, während ab 1994 die Rentenreform, sinkende Steuereinnahmen und steigende Transfers an die Provinzen sowie der Wiederanstieg des Schuldendienstes zu einer erneuten Entstehung von Defiziten führten.[218]

Abbildung 3.7 Budgetsaldo (in % des BIP), 1990-2001

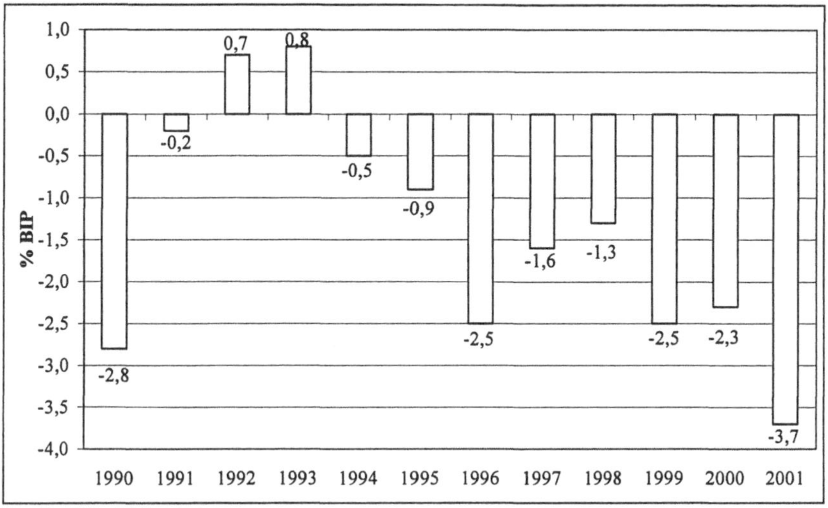

Quelle: Tab. A1 im Anhang.

III.4.1 Einnahmen- und Ausgabenpolitik

Die Verringerung des Budgetdefizits wurde mit Einführung des Konvertibilitätsplans nicht über eine Senkung der Ausgaben (vgl. Tab. 3.8), sondern v.a. über eine hohe Einnahmensteigerung (Tab. 3.9) erreicht.[219] Da letztere in erster Linie auf Privatisierungserlöse und Mehrwertsteuereinnahmen während der Phase steigender Absorption zurückging und die Ausgaben ab 1994 aus den genannten Gründen wieder zunahmen, konnte der Budgetausgleich von Beginn an nicht als nachhaltig angesehen werden. Hinzu kam, dass ein Teil der Ausgabeneinspa-

---

218 Eine Übersicht über die Entwicklung des öffentlichen Sektors in Argentinien findet sich in Véganzonès /Winograd 1997: Kap. 4.

219 Der Ausgabensenkung des Zentralstaates entsprach teilweise eine Erhöhung auf den nachgelagerten Verwaltungsebenen im Kontext der Dezentralisierung, entsprechend blieb die Ausgabenposition des konsolidierten Staatssektors (inkl. Provinzen und Munizipien) ungefähr konstant, vgl. Tab. 3.8.

rungen auf (Personal-)Rationalisierungen, Senkung der öffentlichen Investitionen und vorübergehende Entlastung beim öffentlichen Schuldendienst (Brady Plan) zurückgingen und nicht langfristig aufrecht zu erhalten waren.

Was die Steuerpolitik anbetrifft, wurden im Rahmen des Konvertibilitätsplans die mit dem Steuerreformgesetz von 1989 eingeleiteten Bemühungen einer Steigerung von Transparenz und Effizienz fortgeführt. Die Regierung legte bei ihrer Steuerpolitik von der Weltbank empfohlene Prinzipien zugrunde (World Bank 1990a) und strebte eine generelle Vereinfachung des Systems, eine Ausweitung der Steuerbasis, die Reduzierung von Marktverzerrungen sowie eine verstärkte Bekämpfung der Steuerhinterziehung an (MEOSP 1993: 10). Letzteres sollte v.a. durch verwaltungstechnische und personelle Veränderung innerhalb der Steuerbehörde sowie eine striktere Strafverfolgung erreicht werden.

Die Hauptumsetzung der geplanten Maßnahmen erfolgte 1993. Zahlreiche Ad hoc- und Sondersteuern[220] wurden eliminiert und die Mehrwertsteuer, die Einkommens- und Körperschaftssteuer sowie die Statistiksteuer auf Importe angehoben.[221]

Tabelle 3.8 Struktur der Staatsausgaben auf Bundesebene (in % BIP), 1989-1994

Jahr	Verwaltung	Sozialausgaben	Güter und Dienstleistungen	Schuldendienst	Gesamt*	Gesamt inkl. Provinzen**
1989	2,34	10,15	6,50	2,51	21,50	31,71
1990	2,17	11,09	4,27	1,47	19,00	30,37
1991	2,56	11,43	2,55	1,83	18,36	31,04
1992	2,64	10,53	1,96	2,23	17,46	31,49
1993	2,53	10,22	1,97	1,64	16,35	31,66
1994	2,71	11,04	1,25	1,52	16,53	31,77

Quelle: Mecon 2002 (Tab. A6.7, A6.4.Secretaria de Política Económica),
* Nationalstaat
** konsolidierter öffentlicher Sektor (inkl. Provinzen, Kommunen).

220 Vgl. MEOSP 1994: 92. Dazu gehörten Steuern auf Finanzdienstleistungen, staatliche Wertpapiere, Diesel und Gas. Allerdings wurden Gewinn- und Vermögenssteuern mehrfach modifiziert und auch im Bereich des Finanzsektors Steuern erhoben (z.B. auf Kreditzinsen von Unternehmen), vgl. Heymann 2000.

221 Mehrwertsteuer von 16% auf 18% (ab 1995 21%), Einkommenssteuer von 20% auf 30%, Statistiksteuer von 3% auf 10%.

Für Steuerpflichtige mit geringem Einkommen wurde ein vereinfachtes System geschaffen (*monotributo*), welches Mehrwert- und Einkommenssteuer sowie Sozialversicherungsbeiträge in einem Beitrag zusammenfasste.

Insgesamt wurden über 80% der Gesamteinnahmen aus nur vier Steuerarten gewonnen (Mehrwertsteuer, Sozialversicherungsbeiträge, Einkommenssteuer, Importsteuer). Die hohe Abhängigkeit staatlicher Einnahmen von der Mehrwertsteuer war insofern problematisch, als im Gegensatz zu einer proportionalen oder progressiven Einkommensbesteuerung regressive Verteilungseffekte zu erwarten sind, das Einnahmevolumen sehr prozyklisch ausfällt und in einer Rezessionsphase die Nachfrage durch Konsumbesteuerung weiter unterdrückt wird. Die höheren Einnahmen aus der Einkommens- und Körperschaftssteuer sowie die sinkende Abhängigkeit des Budgets von Außenhandelssteuern (insbesondere des Exports) waren hingegen positive Tendenzen und stellten in Verbindung mit der allgemeinen Steuersenkung und Vereinfachung des Systems Fortschritte im Vergleich mit der Vergangenheit dar.[222]

Eine genauere Betrachtung der Ergebnisse der argentinischen Privatisierungspolitik legt jedoch den Schluss nahe, dass strukturpolitische Ziele gegenüber der Absicht, positive Signale an potentielle Investoren zu senden sowie die kurzfristige Budgetfinanzierung zu erleichtern, zurücktreten mussten.[223] In den letzten neun Monaten von 1991 betrugen die Privatisierungseinnahmen fast 80% der staatlichen Gesamteinnahmen und stellten somit ein unverzichtbares Element des fiskalischen Ausgleichs im Rahmen des Konvertibilitätsplans dar (Azpiazu/Vispo 1994: 131-132).[224]

---

[222] Vgl. Véganzonès/Winograd 1997: 181-90: Seit den 1960er Jahren verzeichnete Argentinien im internationalen Vergleich extrem niedrige Aufkommen direkter Steuern (Anfang der 1970er ca. 10%, Lateinamerika ca. 22%, OECD ca. 41%). Mit der Steuerreform 1989/90 wurde die Körperschaftssteuer von 33% auf 20% für inländische, von 45% auf 36% für ausländische Unternehmen gesenkt und die persönliche Einkommenssteuer zwischen 9% und 4% gesenkt. Die Vermögenssteuer liegt zwischen 1% und 1,5%.

[223] Dies bestätigt die in Kapitel I.2.1 zitierte Einschätzung Rieses. In Bezug auf die strukturpolitischen Zielsetzungen der argentinischen Privatisierungspolitik werden v.a. die unzureichenden Investitionszusagen der neuen Betreiber, geringe Multiplikatorwirkungen und die kaum stattgefundene Entmonopolisierung und Entflechtung von *Grupo*-Strukturen kritisiert (Azpiazu/Vispo 1994: 145-146). Vgl. zur Politischen Ökonomie der Privatisierungspolitik auch Torre/Gerchunoff 1999.

[224] Die akkumulierten Veräußerungserlöse von 1990-93 betrugen 9.736,7 Mio. US$ in bar sowie 13.425,3 Mio. US$ in Schuldtiteln bei Zugrundelegen des Nominalwertes bzw. 5.758,3 Mio. US$ bei Rechnung mit Marktpreisen - insgesamt also ein Ergebnis von 23.162 Mio. US$ bzw. 15.495 Mio. US$.

Abbildung 3.9 Struktur der Steuereinnahmen (in % BIP), 1989-94

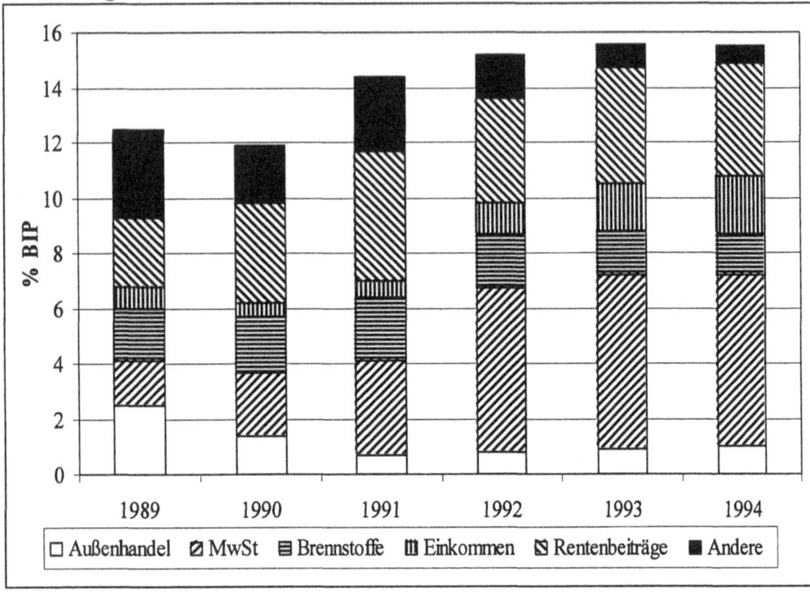

Quelle: Heymann 2000: 84.

Zu Anfang des Programms führten die positive wirtschaftliche Entwicklung, die Erfolge bei der Bekämpfung der Steuerhinterziehung, die Ausweitung der Steuerbasis und die Anhebung der Steuersätze zu einer beträchtlichen Einnahmensteigerung.[225] Ab Mitte 1994 machten sich jedoch die Einnahmenverluste aufgrund der Rentenreform und der Senkung der Arbeitgeberbeiträge bemerkbar und auch die Transfers an die Provinzen stiegen beträchtlich, so dass zum Ende des Jahres zum ersten Mal ein Defizit im öffentlichen Haushalt auftrat und auch der Primärsaldo (ohne Zinszahlungen) negativ wurde (Tab. 3.10).

[225] Während die Steuereinnahmen bereits 1993 um 8,5% gestiegen waren und ca. 16,3% des BIP erreichten (Schmücker 1998: 41), gelang auch im Jahre 1994 eine weitere Steigerung. Besonders die Einkommensteuer (Personen und Unternehmen) verzeichnete Mitte des Jahres Rekordeinnahmen - im Mai 1994 776 Mio. US$ im Vergleich zu 86 Mio. US$ im Mai 1991 - und stieg im gesamten Jahr um 36,2%. Die Mehrwertsteuereinnahmen stiegen von 2,2% BIP (1982-90) auf 5,9% (1991-98) an, vgl. Heymann 2000.

Tabelle 3.10 Öffentliche Finanzen (in % BIP), 1991-1994

	1991	1992	1993	1994
Laufende Einnahmen	15,8	17,9	17,3	17,0
Laufende Ausgaben	15,8	17,6	16,7	18,1
Zinszahlungen	1,2	1,8	1,1	1,1
Privatisierungserlöse	0,7	0,9	0,2	0,2
Primärsaldo*	1,0	2,5	1,9	-0,1
Budgetsaldo ohne Priv.	-0,9	-0,2	0,6	-1,5
Budgetsaldo	-0,2	0,7	0,8	-1,3

Quelle: Cetrángolo et al. 1997; eigene Berechnungen,
* Primärsaldo = Budgetsaldo ohne Zinszahlungen[226]

III.4.2 Entwicklung der Staatsverschuldung

In einem CB entscheidet der Zugang zu den internationalen Finanzmärkten darüber, ob durch externe Verschuldung das Geldangebot flexibilisiert werden kann und sich Schwankungen im Außenhandel nicht unmittelbar auf die Geldmenge auswirken müssen. Auch wenn dies im Prinzip einer Umgehung der Disziplinierungsregeln entspricht, da im Idealfall Haushalts- sowie Handelsbilanzüberschüsse erwirtschaftet werden sollten, ist der Zufluss von internationalen Krediten Ergebnis der höheren Glaubwürdigkeit der Wirtschaftspolitik eines Landes und in der Regel die entscheidende Motivation, ein Währungsamt einzuführen (vgl. Kapitel I.2.2).

Bereits vor Implementierung des Konvertibilitätsplans machten der zunehmende Druck der externen Gläubiger aufgrund von Zahlungsrückständen bzw. Moratorien Argentiniens gegen Ende der Alfonsín-Regierung sowie die inflationären Effekte der Finanzierung der internen Staatsschuld eine Umstrukturierung der öffentlichen Schulden unumgänglich.

Die Umschuldung der internen Staatsverschuldung fand im Rahmen des Plan Bonex statt, der die Zwangskonvertierung sämtlicher kurzfristiger (bis 7 Tage) verzinster Zentralbankpapiere im Finanzsektor in langfristige, auf Dollar lautende Staatsbonds bestimmte (MEOSP 1993: 19, World Bank 1996: 7). Auf diese Weise wurde das quasi-fiskalische Defizit der Zentralbank, das über Geldemission finanziert worden war und die Inflation angeheizt hatte, fast vollständig eliminiert und Überschussliquidität abgeschöpft, dabei allerdings das Vertrauen der Einleger in den Bankensektor schwer beschädigt.

[226] Zahlen stimmen nicht vollständig mit IWF-Statistiken überein, vgl. Abb. 3.7 und Tab. 3.4.

Die Tendenz einer Dollarisierung der internen Staatsschulden wurde im September 1991 mit der Ausgabe von so genannten Konsolidierungs-Bonds (*Bonos de Consolidación BOCON*) fortgeführt: Der Staat hatte beträchtliche Zahlungsrückstände gegenüber Zulieferern und der Sozialversicherungskasse akkumuliert (vgl. Kapitel IV.1.1), die in Form von Anleihen mit 16jähriger Laufzeit bei einem Moratorium auf Zins und Tilgung von sechs Jahren verbrieft wurden. Die Verbindlichkeiten gegenüber der Rentenkasse wurden in Form einer weiteren Emission von Staatspapieren (*BOCON PREVISIONAL*) legalisiert.[227]

Zwar hatte durch den Plan Bonex und die Konsolidierungs- sowie Rentenbondsemission eine notwendige Anerkennung von aufgelaufenen Verbindlichkeiten und eine Streckung der internen Verschuldung stattgefunden.[228] Der Verzicht auf eine Währungsreform mit einer Entwertung von Schuldenbeständen in heimischer Währung und die Dollarisierung eines beträchtlichen Anteils der Schuld bedeuteten jedoch für die Zukunft, dass staatliche Zins- und Tilgungszahlungen sowohl Druck auf das Haushaltsbudget als auch auf die Devisenreserven der Zentralbank ausüben würden – eine Tendenz, die in der zweiten Regierungsperiode Menems deutlich wurde.

Die Normalisierung der Beziehungen mit den externen Gläubigern zur Unterstützung des Konvertibilitätsplans über die Zufuhr von *fresh money* war eine prioritäre Zielsetzung der Regierung, da ab 1988 ein De facto-Moratorium für Zinszahlungen auf die argentinischen Auslandsverbindlichkeiten existierte und sich bis 1992 eine Zinsschuld von ca. 9,2 Mrd. US$ gegenüber ausländischen Geschäftsbanken angehäuft hatte (World Bank 1996: 8). 1992 konnte ein dreijähriges Abkommen über erweiterte Fazilitäten (*extended fund facility*) über ca. 3,5 Mrd. US$ mit dem IWF geschlossen werden, welches den Weg für weitere Schuldenverhandlungen öffnete. Im Juli 1992 folgte eine Übereinkunft mit dem Pariser Club, dem Zusammenschluss der Hauptgläubigerregierungen, zur Refinanzierung eines Teils der Zinsverbindlichkeiten und der gesamten Tilgungsverpflichtung zwischen 1992-95 mit einer Laufzeit von 16 Jahren. Entscheidend war schließlich die Refinanzierung der Verschuldung gegenüber privaten Gläubigerbanken im Rahmen des Brady-Plans im April 1992.[229]

---

[227] In beiden Fällen bestand eine Wahlmöglichkeit zwischen Peso und Dollar und ein sechsjähriges Moratorium auf Zins und Tilgung bei einer Laufzeit von zehn Jahren, wobei sich die Verzinsung der Peso-Bonds an heimischen Zinsen, die der Dollar-Bonds an internationalen Raten orientierte.

[228] Die Möglichkeit, die Anleihen auf den Sekundärmärkten zu handeln, führte allerdings de facto zu einer Entwertung der Staatsverschuldung, siehe hierzu auch die Ausführungen zur Rentenreform.

[229] Neben einem Abkommen zur Refinanzierung der Rückstände bei Zinszahlungen von über 9 Mrd. US$ in Form von argentinischen Dollar-Bonds mit achtjähriger Laufzeit konnten die

Die Liberalisierung des argentinischen Kapitalmarktes, die garantierte Wechselkursfixierung und die Stabilisierung der Ökonomie sowie die Neuordnung der Beziehungen zum internationalen Finanzkapital führten in Verbindung mit einem niedrigen internationalen Zinsniveau zu hohen Kapitalzuflüssen nach Argentinien: 1993 erreichten sie einen vorläufigen Maximalwert von 13 Mrd. US$.[230] Gleichzeitig wurde die Belastung des Staatshaushaltes durch Schuldendienstverpflichtungen als Folge der Umschuldungen verringert (vgl. Tab. 3.8).

Zusammenfassung: Neustrukturierung der internen und externen Staatsschuld

- Plan Bonex 1991
- Emission von Konsolidierungs- und Rentenbonds 1991-92
- extended fund facility-Abkommen mit IWF 1992
- Abkommen mit Pariser Club 1992
- Brady-Abkommen mit privaten Gläubigern 1992
- debt-for-equity-swaps im Rahmen der Privatisierungen

Quelle: Eigene Darstellung

III.5 Finanzsektor und Kapitalmarkt

Im Kontext des Konvertibilitätsprogramms sollte der weitgehend als ineffizient und instabil bezeichnete argentinische Finanzsektor konsolidiert werden. Dazu sollten die neue Geldverfassung, die Unabhängigkeit der Zentralbank, eine verbesserte Bankenaufsicht sowie die verstärkte Präsenz von ausländischen Geschäftsbanken beitragen. Nach erfolgreicher Stabilisierung von Preisniveau, Wechselkurs und Zinsraten erhoffte sich die Regierung die Rückkehr von Fluchtkapital sowie eine Zunahme der Einlagen und eine Ausweitung des Kreditvolumens.

Gläubiger zur Umstrukturierung der Tilgungsforderungen im Umfang von ca. 28,5 Mrd. US$ zwischen einer Option mit Schuldenreduzierung (35%) und Marktverzinsung und einer Option ohne Schuldenreduzierung mit 4-6prozentiger Verzinsung bei jeweils 30jähriger Laufzeit wählen. Die Mehrzahl der Gläubigerbanken entschied sich für den *Par Bond*, so dass insgesamt nur eine Reduzierung der Verschuldung um ca. 3 Mrd. US$ erreicht wurde (MEOSP 1994: 175).

[230] Dieser Wert konnte erst 1997 übertroffen werden. 1993 entfielen ca. 50% der Kapitalzuflüsse auf Privatisierungen und Finanzinvestitionen, 15,8% auf Kredite multilateraler Organisationen, 15,8% auf Außenhandelsfinanzierung, 5,8% auf Emissionen neuer Staatstitel und 5,8% auf Direktinvestitionen, vgl. Fundación Cedeal 1993, Nr. 18: 16.

Als zweite Säule der Finanzsektorentwicklung sollte die Umstellung der Rentenversicherung auf ein privates Kapitaldeckungsverfahren fungieren und damit aktiv zum Wachstum beitragen. Während die Wirkungen der Rentenreform auf Finanz- und Kapitalmarkt in den Kapiteln V.3 und V.5 analysiert werden, soll im folgenden ein Überblick über die Entwicklung des argentinischen Finanzsektors vor der Stabilisierungsphase durch das *currency board* und während der ersten drei Jahre nach Einführung des *Plan Cavallo* gegeben werden.

Es wird deutlich werden, dass die chronische Instabilität des argentinischen Finanzsektors auf die Funktionsstörungen der argentinischen Geldwirtschaft zurückzuführen ist und damit die geringe Präferenz für heimische Währung ausdrückt. Ein CB mit einer offenen Dollarisierungsstrategie, welches unter den Bedingungen einer überbewerteten Währung operiert, destabilisiert jedoch den Finanzsektor und erfordert eine kostspielige Reservehaltung der Geschäftsbanken (und schränkt somit deren Kreditkapazität ein), ohne darüber die Gefahr von systemischen Bankenkrisen ausschließen zu können, wie im weiteren Verlauf der Arbeit gezeigt werden wird (vgl. Teil V).

III.5.1 Struktur und Probleme des argentinischen Finanzsektors

> „The financial history of Argentina, which runs from the middle of the 1940s up until today, is the history of a dramatic ‚backward development' of a country for which the normal definition of ‚developing country' should in fact read ‚de-developing country'." (Montanaro 1990: 74)

Die Entwicklung des argentinischen Finanzsektors muss parallel zur dramatischen Rückwärtsentwicklung des Landes seit Ende des 2. Weltkrieges gesehen werden, die in der vollständigen Erosion der Geldwirtschaft unter hyperinflationären Bedingungen Ende der 80er Jahre mündete.

Während sich bis Mitte der 40er Jahre der Bankensektor in Argentinien wenig von seinen *counterparts* in den Industrieländern unterschieden hatte (vgl. Tab. A13 im Anhang), begann mit der Regierungsübernahme von Perón die von McKinnon (1973) und Shaw (1973) als *financial repression* bezeichnete Politik[231]: Im Kontext einer binnenmarktorientierten Industrialisierungsstrategie

[231] Das Modell einer finanziell reprimierten Ökonomie, welches McKinnon 1973 parallel zu Shaw 1973 entwickelte, charakterisiert sich wie folgt: Aufgrund langfristiger staatlicher Eingriffe in das Finanzsystem in Verbindung mit hohen Inflationsraten kommt es zu negativen Realzinsen und sinkender Geldnachfrage, in deren Folge die Ersparnis im inländischen Bankensektor sinkt und Investitionen und Beschäftigung zurückgehen. Durch eine Liberalisierung

wurde die Zentralbank und de facto das Bankensystems durch strikte Kreditplanung, Zinskontrollen und hohe Mindestreserven verstaatlicht. Geschäftsbanken wurden zu Kapitalsammelstellen degradiert und mussten im Auftrag der Zentralbank Rediskontkredite an bestimmte Sektoren und Großunternehmen durchleiten, wofür sie wiederum mit Gebühren von der Zentralbank entlohnt wurden (Montanaro 1990: 74). Diese Politik führte in Verbindung mit den *stop-and-go*-Zyklen zu Demonetisierungsprozessen, ineffizienter Kreditallokation und zu der Entstehung eines unregulierten Parallelmarktes, der v.a. mit Fremdwährung operierte (Fasano-Filho 1986: 55).

Die Militärregierung unter General Videla implementierte 1977 eine Finanzsektorreform, welche die Liberalisierung von Devisen- und Kapitalmärkten bestimmte und die weitreichenden Kontrollen im heimischen Bankensektor eliminierte.

Als Ergebnis der Liberalisierung stellten sich jedoch weder dauerhaft positive Realzinsen ein noch wurden Intermediations*spreads* verringert oder die geringen Laufzeiten der Kontrakte verlängert. Insgesamt führte die Reform zwar zu einer Expansion von Bankeinlagen und -krediten; deren Verwendung im Rahmen von Devisenspekulationen reflektierte jedoch weiterhin die Schwäche der argentinischen Währung und die Präferenz für den US-Dollar. Die Auslandsverschuldung des privaten und staatlichen Sektors schnellte in die Höhe, da im Rahmen von Wechselkursarbitragegeschäften im *tablita*-System und durch das Zinsdifferential zum Ausland eine Fremdwährungsverschuldung günstiger war, als Peso-Kredite (Montanaro 1990: 78).

Der Boom des Finanzsektors fand mit der großen Finanzmarktkrise Anfang der 1980er Jahre ein abruptes Ende: Steigende Abwertungserwartungen sowie die Insolvenz großer Privatbanken führten zu einem *run* im Bankensektor und einer Flucht in den Dollar. Der Depositenabzug und mehrere Wechselkursabwertungen setzten den in US-Dollar verschuldeten Banken- und Unternehmenssektor stark unter Druck, so dass die Zentralbank einen Großteil der privaten Auslandschulden de facto verstaatlichte.

Auch unter der Regierung von Präsident Alfonsín konnte sich der Finanzsektor nicht weiterentwickeln: Die traditionellen Bankgeschäfte schrumpften weiter, Einlagen wurden nur in Form sehr kurzfristiger Termindepositen geleistet und das Volumen fiel weit hinter die Ergebnisse Ende der 70er Jahre zurück.[232] Die Zentralbank kehrte zu der Politik hoher verzinster Mindestreserven

---

des Finanzsektors könne das Spar- und somit das Investitionsvolumen erhöht werden und die finanzielle Intermediation optimiert werden. Für eine ausführliche Darstellung der Ansätze vgl. Fry 1988, eine Kritik an der *loanable funds*-Theorie, die diesem Ansatz zugrunde liegt, wurde ausführlich in Teil I und II geleistet.

[232] Von 15,5 Mrd. US$ 1979 auf 6,5 Mrd. US$ 1987, Montanaro 1990: 83.

und blockierter Einlagen zurück und finanzierte im Rahmen einer Vielzahl von Kreditlinien v.a. Großunternehmen, öffentliche Banken und den Staat, der über die Monetisierung eines durchschnittlichen Fiskaldefizits von über 8% 1980-91 beträchtlich zur Inflationsentwicklung beitrug.[233]

Insgesamt führte der hohe Refinanzierungsbedarf der staatlichen Banken, des öffentlichen Sektors sowie die Monetisierung von externen Krediten und Deviseneinnahmen aus Handelsbilanzüberschüssen zu einer stetigen Ausweitung der monetären Basis, was die Inflation anheizte. Eine stabilisierende Vermögensbildung in heimischer Währung war vor dem Hintergrund steigender Abwertungserwartungen und hoher Inflationsraten illusorisch. Die argentinische Geldwirtschaft war durch einen hohen Grad an Währungssubstitution gekennzeichnet und die Zentralbank immer weniger in der Lage, die Geldfunktionen der heimischen Währung zu wahren. Gegen Ende der Regierungszeit Alfonsíns kam es zu einer rapiden Flucht aus der heimischen Währung und die Inflationsrate kletterte 1989 auf 5000%.[234]

III.5.2 Entwicklung in der Boomphase, 1991-94

Mit dem Konvertibilitätsplan konnte nach einem Jahrzehnt extrem volatiler Preis- und Wechselkursentwicklung eine Phase der Stabilisierung eingeleitet werden, die eine Konsolidierung des Finanzsektors erlaubte. Gleichzeitig wurde jedoch durch die aktive Dollarisierungsstrategie der Regierung in Verbindung mit der Transformation der Zentralbank in ein CB neue Instabilitäten geschaffen.

1992 wurden das Zentralbankgesetz geändert[235] und die Unabhängigkeit der monetären Autorität vom Wirtschaftsministerium und der Exekutive festgeschrieben und als zentrale Aufgaben der Institution der Werterhalt der heimi-

[233] Die Zentralbank geriet in einen Teufelskreis von verstärkter Geldemission zur Zahlung der eigenen Verbindlichkeiten und anschließender Aufnahme weiterer Verbindlichkeiten, um die Geldemission zu sterilisieren. Vgl. World Bank 1990b: 126ff. und 131 und World Bank 1993b: 80: Das quasi-fiskalische Defizit der Zentralbank erreichte während der Hyperinflation von 1989 25,3% des BIP.

[234] Vgl. World Bank 1990b: 131: M1 betrug ab 1986 ca. 5% des BIP. Während der ersten Phase des Austral-Plans konnte aufgrund unterdrückter Inflation 7% erreicht werden, 1988 sank der Wert jedoch auf unter 4%.

[235] Frediani 1993: 61-62: Als Vorbild galten u.a. die Zentralbanken Deutschlands, der USA, Chiles und der Schweiz. Vgl. zur Entwicklung des Finanzsektors und der argentinischen Geldpolitik auch Arnaudo 1987 und 1994.

schen Währung sowie die Sicherung der Stabilität des Wechselkurses und des Bankensektors bestimmt (vgl. Kasten).

Aufgaben der Zentralbank BCRA (Gesetz 24.144)

- Werterhaltung der heimischen Währung, Stabilisierung des Wechselkurses über aktive Teilnahme am Devisenhandel
- Nur indirekte Finanzierung der Regierung über den Kauf staatlicher Schuldverschreibungen am freien Markt, solange die Staatstitel zu keiner Zeit ein Drittel der Währungsreserven übersteigen und sich innerhalb eines Jahres um nicht mehr als 10% erhöhen
- Finanzierung des argentinischen Bankensektors nur zu Liquiditätszwecken, auch dann nur zeitlich begrenzte Einräumung von Kreditfazilitäten auf Basis von Sicherheiten und im Rahmen des Konvertibilitätsgesetzes
- Bankenaufsicht: Die Finanzinstitute reichen periodische Finanzberichte ein, die Zentralbank vergibt Banklizenzen und bestimmt Minimalanforderungen bzgl. Eigenkapital, Liquidität, Risikovorsorge.

Quelle: Eigene Darstellung

Um die Glaubwürdigkeit des neuen Wechselkursregimes zu erhöhen und den Remonetisierungsprozess zu unterstützen, wurde der Dollarisierungsprozess über die Einführung privater Dollarkonten (Termin- und Sichtguthaben) und die Legalisierung von Kreditkontrakten in US-Dollar aktiv gefördert. 1994 wurden ausländische Geschäftsbanken den inländischen rechtlich gleichgestellt und zudem Bestimmungen erlassen, welche die Solvenz der Finanzinstitutionen absichern sollten.[236]

Die Preis- und Wechselkursstabilität führte in Verbindung mit den hohen Kapitalzuflüssen zu einer Remonetisierung der Ökonomie, die durch die hohe Devisenakkumulation der Zentralbank zu einer Ausweitung der Liquidität führte und sich auch in einer positiven Depositen- und Kreditentwicklung im Finanzsektor niederschlug (vgl. Tab. 3.11).

Der zu der Geldmengenexpansion parallele Anstieg des realen Kreditvolumens[237] mit einem entsprechenden Anstieg der Zinsverpflichtungen in der Ökonomie konnte eine Entknappung der Geldversorgung verhindern und die

[236] Vgl. SZ, 4.7.95: Geschäftsbanken dürfen ihre Kreditvergabe nicht mehr bilanzorientiert, sondern nur nach dem zukünftigen *Cash-Flow* vergeben und Kredite dürfen nicht mehr zu 92%, sondern nur noch zu 88,5% von außen finanziert werden. Die Förderung von Niederlassungen ausländischer Geschäftsbanken über das Gleichstellungsgesetz entspricht ebenfalls einer Forderung der *currency board*-Theoretiker, die über diese Maßnahme die Stabilität des Finanzsektors sichern wollen.

[237] Das gesamte Kreditvolumen erhöhte sich von 1991 bis 1994 von ca. 8% auf 20% des BIP (Fundación Cedeal 1994, Nr. 19: 27).

Preissteigerungsraten somit auf niedrigem Niveau halten. Das Wachstum der Geldaggregate nahm bereits im Verlaufe des Jahres 1994 ab, nachdem sich die externen Kapitalzuflüsse in Folge von Zinserhöhungen in den USA abgeschwächt hatten und sowohl Handelsbilanz als auch Leistungsbilanz steigende Defizite aufwiesen.

Das hohe Wachstum der Bankeinlagen (Tab. 3.11) in den ersten Jahren des Konvertibilitätsplans spiegelte das gestiegene Vertrauen der Anleger wider. Allerdings überstiegen Fremdwährungsdepositen ab 1994 die Einlagen in heimischer Währung deutlich, was u.a. auf die aktive Dollarisierungsstrategie der Regierung zurückzuführen war: Sie versprach sich eine geringere Anfälligkeit von Dollarkonten gegenüber spekulativen Einlagenabzügen sowie eine Ausweitung der Kreditkapazität des Finanzsektors.[238]

Tabelle 3.11 Monetäre Kennzahlen, 1991-1994

	1991	1992	1993	1994
Zentralbankreserven R (Mio. US$)	8.974	12.496	17.223	17.930
Überschussreserven (M0-R)	1.270	1.486	2.034	1.663
M1/BIP in %	2,4	3,4	4,1	4,7
M2/BIP (Pesoeinlagen) in %	4,6	6,3	8,3	9,4
M3/BIP (Peso + US$) in %	7,3	10,3	13,8	16,3
Kreditentwicklung gesamt in %	108,8	15,0	33,8	27,6
-an öffentlichen Sektor	55,9	-21,6	-61,2	-9,6
-an privaten Sektor	112,0	53,5	23,7	8,8
Depositen Peso (Mio. US$)	8.098	13.790	19.964	22.416
Depositen US$ (Mio. US$)	6.560	11.024	17.987	23.029
Pesozinsen				
Interbankenrate Call	69,2	15,8	6,4	7,5
Sparzins	37,6	7,7	4,8	3,3
Termineinlagen (30-59 Tage)	53,0	11,6	10,2	8,1
Dollarzinsen				
Interbankenrate Call	k.A.	k.A.	k.A.	7,2
Sparzins	k.A.	k.A.	2,7	2,5
Termineinlagen (30-59 Tage)	k.A.	k.A.	6,1	5,7
Kapitalmarktindex Merval (31.12.)	798	427	583	460

Quelle: Heymann 2000: 87 (Geldaggregate), Mecon 2002: A8.5 (Reserven), Situacíon Latinoamericana 1995 (Einlagen und Zins), Cepal 2001: Tab. 1 (Kreditentwicklung)

[238] Bei einem ersten spekulativen Einlagenabzug Ende 1992, ausgelöst durch Abwertungserwartungen des Peso, waren besonders Pesoeinlagen von dem *run* betroffen, Fundación Cedeal 1994, Nr. 19: 149-150.

Auch die Entwicklung der Aktivseite des argentinischen Bankensektors bestätigte die Tendenz einer zunehmenden Dollarisierung.[239] Da Dollarkredite in Dollar bedient werden müssen, wurden Großunternehmen im Exportsektor bei der Kreditvergabe bevorzugt. Kleine und mittlere Unternehmen waren hingegen auf Pesokredite angewiesen, die im Vergleich zu Dollarkrediten höhere Zinsen aufwiesen. Neben dem Zinsdiffential zwischen Peso und Dollar im argentinischen Bankensystem bestand zudem ein *spread* zum Ankerland USA, der das höhere Risiko für so genannte *Argendollars* (wie die Dollarguthaben und -kredite im argentinischen Bankensystem genannt wurden) reflektierte.

Obwohl die Dollarisierung in Argentinien im Rahmen des Konvertibilitätsprogrammes aktiv gefördert wurde, ist sie für die Entwicklung einer funktionsfähigen Geldwirtschaft sehr problematisch.[240] Die kumulierende Umschichtung von Eigenwährung in Fremdwährung stellt ein zentrales Merkmal der Währungskonkurrenz dar und reflektiert die mangelnde Kontraktfähigkeit der heimischen Währung. Die Tatsache, dass bei einer institutionalisierten Dollarisierung wie innerhalb des argentinischen CB-Modells Fremdwährung legal im inländischen Bankensystem gehalten wird und der Dollar als zweiter *legal tender* etabliert worden ist, ändert nichts an den negativen Auswirkungen einer Währungssubstitution auf die nicht-pekuniäre Ertragsrate der nationalen Währung. Letztere wird bei Einführung einer offiziellen Zweitwährung sogar zusätzlich geschwächt.[241]

Da die Geschäftsbanken gezwungen sind, ihre Dollareinlagen zu verzinsen, während die Kreditnehmer Fremdwährungsüberschüsse erwirtschaften müssen, um ihre Dollarkredite zu bedienen, wird die Fremdwährungsnachfrage in der Ökonomie ausgeweitet und so Druck auf die Devisenreserven der Zentralbank ausgeübt. Im Falle einer Abwertung kommt es zu Zusammenbrüchen

---

239 Die Kreditvergabe in Fremdwährung zwischen März 1991 und November 1993 stieg um 189,3%, während die Zunahme von Krediten auf Peso-Basis im gleichen Zeitraum nur 71,2% erreichte (MEOSP 1993: 122)

240 Vgl. zu einer monetärkeynesianischen Analyse der Dollarisierungsproblematik, die eng mit dem Thema des *currency boards* verbunden wird, Jahnsen Gutierrez 1991, Nicolas 1995a, Hauskrecht 1998 sowie Roy 2000; aus orthodoxer Perspektive Calvo/Vegh 1993, Claassen/De la Cruz 1994, Berg/Borensztein 2000, Sangmeister 2000.

241 Vgl. Lüken gen. Klaßen 1993: 39. Da sich die nicht-pekuniäre Ertragsrate aus der Vermögens-sicherungsfunktion und der Zahlungsmittelfunktion zusammensetzt, impliziert der mögliche Transfer der Zahlungsmittelfunktion auf den Dollar eine weitere Verringerung des heimischen Währungsraumes und folglich eine höhere Unsicherheit für Vermögenseigentümer, was die Bildung nominaler Kontrakte in heimischer Währung betrifft.

von Banken und Unternehmen, wie im Januar 2002 deutlich wurde (vgl. Teil V).[242]

Die Entwicklung des argentinischen Finanzsektors nach Einführung des CBs muss vor dem Hintergrund der obigen Ausführungen differenziert bewertet werden. Problematisch war die fortschreitende Dollarisierung, die hohen *spreads*, die Gefahr von Liquiditätskrisen aufgrund des fehlenden LOLR, die starke Segmentierung des Kreditmarktes in Bezug auf Standort und Größe von Unternehmen sowie die unzureichenden Fristigkeiten der Kredite. Im Gegensatz zur Unternehmensfinanzierung erwiesen sich Konsumentenkredite in Dollar als lukrativeres Geschäft.[243]

Positiv zu werten waren demgegenüber die Änderungen im Zentralbankgesetz, die der Monetisierung von Budgetdefiziten sowie der politisch gesteuerten Kreditallokation ein Ende setzten, der Ausbau traditioneller und neuer Geschäftsfelder im Bankensektor, der Anstieg des Depositen- und Kreditvolumens sowie eine allgemeine Zinssenkung, die jedoch v.a. den Großunternehmen zugute kam.[244] Was die Problematik eines fehlenden LOLR im Kontext eines CBs bzw. eines dollarisierten Finanzsektors anbetrifft, schlug die Weltbank eine Kombination aus hoher Reservehaltung und Zugang zu internationalen Krediten vor:

> „Under a dollarized system, where fractional reserve requirements are in effect, the concept of lender of last resort takes a different dimension, since part of the liabilitites of the banking system are dollar denominated, and the Central Bank cannot print dollars to fulfill that function. In a crisis, high bank reserve requirements, excess international reserves, or a foreign lender of last resort are needed to fulfill that function." (World Bank 1996: 4)

Wie in der weiteren Analyse gezeigt werden wird, sind diese Maßnahmen zum einen nicht ausreichend, um die Funktionsfähigkeit des monetären Sektors zu gewährleisten, d.h. systemische Bankenkrisen können weder ausgeschlossen werden, noch das Vertrauen der Vermögenseigentümer in das heimische Geld

---

242 Im Falle einer Geschäftsbank, wenn Dollareinlagen die Kreditvergabe in Peso übersteigt (Abwertung der Forderungen im Vergleich zu Verbindlichkeiten), im Falle eines Unternehmens, wenn Fremdwährungs-verbindlichkeiten Einnahmen in Peso gegenüberstehen.

243 Dies war zu Beginn des Plans ausdrücklich vom Zentralbankchef Roque Fernández empfohlen worden, vgl. das Interview in Fundación Mediterránea 1991: 12.

244 Realzinsen für Pesokredite lagen Anfang der 90er Jahre zwischen 15% und 125%, für Dollarkredite zwischen 11% und 22%, vgl. Rozenwurcel/Fernández 1994: 67.

dauerhaft gefestigt werden. Zum anderen implizieren diese Maßnahmen - hohe Reservehaltung des Geschäftsbankensektors, Akkumulation von Überschussreserven durch das Währungsamt - im Falle der argentinischen Marktkonstellation eine Begrenzung des Kreditangebots im Finanzsektor sowie eine Erhöhung der Fremdwährungsverschuldung, da die Aufschatzung von Devisen bei einer defizitären Leistungsbilanz nur über Kapitalimporte möglich ist.

III.6 Einkommensbildung: Investition und Beschäftigung

III.6.1 Produktiver Sektor: Investitionen und Exporte

Mit dem Konvertibilitätsplan sollte nicht nur eine dauerhafte Stabilisierung der argentinischen Ökonomie erreicht werden, sondern auch eine Phase dynamischen Wachstums und steigender Produktivität eingeleitet werden. Und in der Tat sind die makroökonomischen Rahmenbedingungen in einer Ökonomie entscheidend für die Wettbewerbsfähigkeit des produktiven Sektors. Eine Strategie nachholender Entwicklung, die auf einem kumulativen Prozess steigender Exporte und steigender Investitionen beruht (und somit einen Abbau der Verschuldung, bzw. eine Importfinanzierung durch Exporterlöse erlaubt), basiert im Idealfall auf einem unterbewerteten fixen Wechselkurs und einer stabilitätsorientierte Budget- und Lohnpolitik, was der Geldpolitik erlaubt, die Investitions- und Exportentwicklung zu unterstützen (Riese 1997b: 99-100). Ein überbewerteter Wechselkurs hingegen behindert die Exportentwicklung und in Verbindung mit einer Außenhandelsliberalisierung und der resultierenden Importkonkurrenz das Herausbilden einer rentablen heimischen Produktion.[245]

Bei der Festsetzung des Wechselkurses im Rahmen des *Plan Cavallo* wurde bewusst ein überbewerteter Kurs angesetzt um die vollständige Deckung der Geldmenge durch Devisenreserven zu erleichtern[246], die Belastung des externen Schuldendienstes zu verringern und die notwendige Preisniveaustabilisierung mit billigen Importen zu fördern. Die Überbewertung verschärfte sich durch die hohe Restinflation 1991 und führte bereits 1992 in Verbindung mit der

---

[245] Die Überbewertung des Wechselkurses wird als Charakteristikum einer schwachen Währung eines Entwicklungslandes betrachtet, die prinzipiell unter Abwertungsverdacht steht. Kriterium der Überbewertung ist eine steigende Verschuldung in Fremdwährung, um einen Importüberschuss und Kapitalexporte (also eine defizitäre Leistungsbilanz) zu finanzieren. Vgl. zur Diskussion Teil I sowie Riese 1997b: 82-85.

[246] Bzw. führt die Akkumulation von Devisenreserven im Vorfeld der Wechselkursfixierung zu einem Aufwertungsdruck.

radikalen Außenöffnung zu einer Passivierung der Handelsbilanz (vgl. Abb. 3.3 sowie Tab. 3.4).

Der steigende Wettbewerbsverlust der heimischen Industrie, welche sich gegen eine Schwemme billiger Importe behaupten musste, führte zu Unternehmenszusammenbrüchen v.a. bei mittelständischen Firmen und zunehmenden Forderungen nach kompensierenden Maßnahmen. Die Regierung entsprach diesen Forderungen zum Teil über die 1992 eingeführten Steuerrückerstattungen und Förderprogramme für Exporteure (Sirlin 1999), einer Erhöhung der Importzölle, Präferenzabkommen (v.a. Kfz-Industrie) im Rahmen des Mercosur, der Senkung der Arbeitgeberbeiträge zur Sozialversicherung und durch spezielle Kreditlinien des öffentlichen Bankensektors.

Die globale Benachteiligung durch den Wechselkurs und der hohe Reformdruck nach der Handelsliberalisierung hat jedoch trotz der notwendigen Umstrukturierungsprozesse zur Verdrängung ganzer Industriesektoren (Kapitalgüter-, Elektro- , Textilindustrie) geführt, deren Wettbewerbsfähigkeit nicht wie bei den traditionellen Primärgütern und ressourcennahen Industriezweigen (Öl, Gas, Nahrungsmittel) auf komparative Vorteile oder wie im Dienstleistungsbereich auf quasi-monopolistische Marktbedingungen zurückgeführt werden kann (Bekerman/Sirlin 1996: 131, Messner 1997: 222-223). Die 90er Jahre in Argentinien sind entsprechend durch extreme Deindustrialisierungsprozesse und eine Schrumpfung technologie- und arbeitsintensiver Branchen im Vergleich zu wertschöpfungsarmen, ressourcennahen Bereichen gekennzeichnet, was negative Auswirkungen auf Beschäftigung und langfristiges Wachstum hat.[247]

Nachdem das Exportvolumen 1991 und 1992 sogar rückläufig war (vgl. Tab. 3.12), erfolgte bis 1995 eine kontinuierliche Steigerung, die jedoch weit hinter der Entwicklung des BIP und der Importe zurückblieb. Erst die zunehmenden Förderungsmaßnahmen der Regierung und schließlich der Nachfrageeinbruch 1995 führten zur Erwirtschaftung eines Exportüberschusses. Da letzterer Ausdruck einer über Rezession erkauften Verbesserung des realen Wechselkurses und sinkender Importe ist, kann nicht von Exportüberschüssen aufgrund erhöhter internationaler Wettbewerbsfähigkeit gesprochen werden.[248] Auch die

---

[247] Vgl. für eine kritische Analyse des neoliberalen Schocks der 1990er auf *performance* und Wettbewerbsfähigkeit der argentinischen Wirtschaft auch Nochteff 1998, Diamand/Nochteff 1999 sowie Nochteff/Abeles 2000. Die Autoren heben dabei v.a. auf die Rolle von Institutionen ab und arbeiten u.a. mit dem Konzept der systemischen Wettbewerbsfähigkeit, siehe dazu exemplarisch Eßer et al. 1996.

[248] Steigende Exporte bei sinkender interner Nachfrage spiegeln auch den typischen argentinischen Zyklus wider, dass nur das exportiert wird, was auf dem Binnenmarkt nicht abgesetzt werden kann, vgl. dazu Wohlmann 1998. Nach Angaben der Regierung haben die Produktivitätsfortschritte und die Kostensenkungen innerhalb der Ökonomie die Überbewertung des Wechselkurses bereits vor der Tequila-Krise kompensiert: Die Kostensenkung (Finanzierung,

Erhöhung der Exporte der verarbeitenden Industrie reflektierte nicht unbedingt einen Anstieg der internen Wertschöpfung, da die Abhängigkeit von importierten Investitions- und Zwischengütern sehr hoch war.[249] Insgesamt erreichte der Anteil der Exporte am BIP bis 1994 nur ca. 7%, womit die Exportorientierung der argentinischen Wirtschaft als sehr gering einzustufen ist.

Tabelle 3.12 Indikatoren zu Produktion und Beschäftigung, 1991-1994

	1991	1992	1993	1994
Investitionsrate Veränderung %	29,9	32,6	15,3	13,7
Exporte Veränderung %	-3,6	-1,0	4,7	15,1
Importe Veränderung %	80,1	65,7	14,9	21,1
Investitionsrate % BIP	14,2	17,1	18,6	20,0
Exporte % BIP	7,8	7,0	7,0	7,6
Nationale Ersparnis % BIP	13,8	14,3	14,7	15,2
Reallöhne Industrie 1983=100 (Index)	87,0	88,1	86,6	87,6
Reallöhne 1995=100 (Index)	100,4	101,7	100,4	101,1
Arbeitslosigkeit in % Erwerbstätigen	6,5	7,0	9,6	11,5

Quelle: Cepal 2001: Tab. 1. Santangelo 2000: 7 (Exporte in % BIP), Cortés/Marshall 1999: 200 (Reallöhne Index 1983)

Im Kontext steigender Verschuldung und Überbewertung erfolgt eine Reproduktion von Importüberschüssen und eine Ausweitung der Fremdwährungsnachfrage - diese Marktkonstellation war für das CB während der *go*-Phasen bestimmend, während die Alternative „erzwungener Exportüberschüsse" auf Basis einer schweren internen Rezession langfristig nicht aufrechtzuerhalten war, wie in Teil V gezeigt werden wird.

Steuern, öffentliche Tarife, Inputimporte) soll von März 1991 bis September 1994 7% betragen haben, während die Zunahme der Arbeitsproduktivität bei 25% lag. Vgl. MEOSP 1995c: 99-100.

249 Vgl. Situación Latinoamericana 1994, Nr. 21: 10 und El Mercurio 21.5.94: Ein Vertreter des argentinischen Unternehmerverbandes UIA (Union Industrial Argentina) vermutet zudem eine Überfakturierung von Exporten, um in den Genuss der staatlichen Steuerrückerstattungen zu gelangen.

III.6.2 Arbeitsmarktentwicklung

Die historisch hohe Arbeitslosigkeit und Unterbeschäftigung im Argentinien der 90er Jahre, die Ergebnis der unter Menem durchgeführten Reformpolitik sind, stellten zum einen ein massives soziales Problem für die Bevölkerung dar, da durch den Verlust des Arbeitsplatzes neben dem unmittelbaren Einkommensverlust auch der Zugang zu Leistungen der sozialen Sicherungssysteme eingeschränkt wird, und verursachten zum anderen eine erhebliche fiskalische Belastung über sinkende Steuer- und Beitragseinnahmen, steigende Hinterziehungsraten und erhöhte Sozialausgaben.[250] Allein zwischen 1991 und 1994, der Wachstumsphase des Konvertibilitätsplans, fand fast eine Verdoppelung der Arbeitslosigkeit von 6,5% auf 11,5 % statt (Tab. 3.12).

Die Ursachen der Beschäftigungskrise liegen hauptsächlich im Niedergang der arbeitsintensiven Industriebranchen in Verbindung mit den massiven Entlassungen im Zuge der Rationalisierung der öffentlichen Verwaltung und der Privatisierung der Staatsbetriebe.[251] Dies zeigt jedoch, dass in Argentinien ein Rückzug des Staates aus seiner Rolle als Arbeitgeber nicht über den Markt kompensiert wurde, weil sich eine Beschäftigung von heimischen Ressourcen aufgrund der makroökonomischen Konstellation der 1990er Jahre als nicht rentabel erwies.

Auch die zunehmende Konzentration der Einkommensverteilung (Sottoli 2002: 148, Cortés/Marshall 1999) sowie die Reallohnentwicklung spiegeln den Druck auf den Lohnsektor wider. Letztere hat sich nach einem anfänglichen Aufschwung infolge des Stabilisierungseffekts wieder nach unten entwickelt. Bei einem Vergleich mit dem Basisjahr 1995 stagnierten die Reallöhne zwischen 1991-94, während sich im Vergleich zum Basisjahr 1983 bereits 1994 ein Verlust von 12% (Tab. 3.12) und im Vergleich mit dem Basisjahr 1980 sogar von bis zu 42% ergab.[252]

Das Zurückbleiben der Reallöhne bei expansivem Wirtschaftswachstum bis 1994 ist u.a. auf den hohen Handlungsspielraum der peronistischen Regierung gegenüber Gewerkschaften und Arbeiterklasse zurückzuführen, was in ei-

---

[250] Zur Arbeitsmarktproblematik in Argentinien der 1990er Jahre vgl. auch Beccaria/López (Hrsg.) 1996, Lozano/Feletti 1996, Schvarzer 1996, 1997 sowie Palomino 2002.

[251] Vgl. Die Zeit, 21.4.95: Zwischen 1991-94 wurden ca. 350.000 Arbeitsplätze abgebaut. Schvarzer (1997: 265-66) schätzt den Verlust der Industriearbeitsplätze seit Ende der 80er Jahre auf 20% und den Abbau im Rahmen der Privatisierungen zw. 1990-94 auf ca. 200.000.

[252] Zusätzlich hat eine stärkere Lohndifferenzierung nach Qualifizierungsgrad und Geschlecht stattgefunden, wobei ungelernte Frauen die höchsten Verluste hinnehmen mussten (Pagina 12, 21.9.94).

ner Begrenzung von Nominallohnsteigerungen resultierte und einen Inflationsdruck über Lohn-Preis-Spiralen verhinderte.[253] Diese stabilitätsorientierte Lohnpolitik konnte jedoch nicht in den Dienst einer Absicherung einer Unterbewertungsstrategie gestellt werden und darüber die Geldpolitik entlasten, sondern musste allein die negativen Folgen der Überbewertung kompensieren.

Für die Regierung und internationale Ökonomen war die steigende Arbeitslosigkeit nach Einführung des CBs Ausdruck eines Strukturwechsels sowie der Rigidität des Arbeitsmarktes und der hohen Belastung des Faktors Arbeit durch Steuern und Sozialversicherungsbeiträge. Letztere machten Anfang der 1990er Jahre bis zu 50% des Bruttolohns aus (vgl. Tab. 5.30) und resultierten u.a. in einer Ausweitung des informellen Sektors und verschiedener Formen der Hinterziehung von Steuern- und Sozialbeiträgen. Die 1994 eingeführte Rentenreform, die eine mittelfristige Senkung der Beiträge und höhere Arbeitsanreize versprach, erwies sich also auch in Bezug auf die im Kontext des CBs entstandenen Beschäftigungsprobleme als sinnvolle Ergänzung des neuen Wirtschaftsmodells.

III.7 Zwischenbewertung

Argentinien hat in den 90er Jahren mit dem Konvertibilitätsprogramm eine wirtschaftspolitische Transformation eingeleitet, welche die Beziehungen zwischen Staat und Markt, die Erwartungen und den Zeithorizont der Wirtschaftsakteure sowie die sich seit Ende des Zweiten Weltkrieges entwickelten Strukturen und Spielregeln grundlegend verändert hat. Das *currency board*-Modell erwies sich hierbei als erfolgreiches Stabilisierungsinstrument und schaffte damit die Grundlage für die ehrgeizigen Strukturreformen und die wirtschaftliche Konsolidierung nach 1991.

Mit der Analyse des Niedergangs der argentinischen Geldwirtschaft seit 1945 sowie der Wirtschafts- und Finanzkrise der 80er Jahre wurde versucht deutlich zu machen, dass die Ausgangsbasis zur Etablierung eines glaubwürdigen geld- und wechselkurspolitischen Regimes extrem schwierig war. Die Einführung eines Währungsamtes versprach rasche Stabilisierung, Disziplinierung

[253] Die Reallohnverluste sind u.a. auch Ursache für die Erhöhung der Erwerbstätigenquote, welche ebenfalls für die höhere Arbeitslosigkeit verantwortlich gemacht wird. Aufgrund der hohen Lebenshaltungskosten reicht ein Gehalt pro Familie nicht aus, vgl. zu einer Diskussion von Arbeitslosigkeit und Einkommensverteilung im *Plan Cavallo* Marshall 1995.

der Budgetpolitik, Anreize zur Durchführung weitreichender Liberalisierungsmaßnahmen und Zugang zu den internationalen Kapitalmärkten.

Die Kosten des Modells in Bezug auf die Akkumulationsdynamik des Landes waren jedoch beträchtlich, wie sich vor allem in der zweiten Hälfte der 90er Jahre zeigte. Bis 1994 war die Stimmung im Land trotz steigender Arbeitslosigkeit und zunehmenden Klagen des produktiven Sektors aufgrund der Überbewertung und Außenhandelsliberalisierung jedoch noch optimistisch. In diesem Kontext setzte die Regierung Menem die Teilprivatisierung der argentinischen Rentenversicherung durch und erhoffte sich über die Reform eine Unterstützung ihrer wirtschaftlichen Entwicklungsstrategie.

Für eine Komplementarität von kapitalgedeckter Rentenversicherung und dem Konvertibilitätsprogramm lässt sich eine Reihe von Argumenten anführen:[254]

Da das *currency board*-Modell einen Budgetüberschuss bzw. einen ausgeglichenen Haushalt erfordert, wurde eine Senkung der staatlichen Sozialausgaben (der größte Posten der Staatsausgaben, vgl. Tab. 3.8) angestrebt. Um dieses Ziel zu realisieren, waren der Rückzug des Staates aus den sozialen Sicherungssystemen und eine Anpassung der Sozialausgaben an vorhandene Ressourcen nahe liegend. Dem entsprach eine Kombination aus zielgruppenorientierten Armutsbekämpfungsprogrammen und individuellen Marktlösungen, wie sie sich in dem Drei-Säulen-Modell der Rentenreform widerspiegelt.

Zweitens sollte die auf den fehlenden LOLR zurückgehende Gefahr von Liquiditäts- und Bankenkrisen durch die langfristigen Einlagen der Pensionsfonds gemindert werden.[255]

Auch das dritte Problem, dass die argentinische Zentralbank keine aktive Geldpolitik zur Sterilisierung der Kapitalzuflüsse im Kontext des CB durchführen konnte, erhielt durch die geplante Rentenreform eine Lösung. Legten die Rentenfonds einen Teil der Beiträge im Ausland an, konnte über den Kapitalexport der institutionellen Investoren ein potentieller Aufwertungsdruck gemildert werden.[256]

---

[254] Die theoretische und empirische Validität der Argumente soll, insofern noch nicht in Teil II abgehandelt, in Teil V genauer analysiert werden.

[255] Vgl. Cavallo 1995: 67 sowie Teil V.5.2.

[256] Dies wurde für ein Fixkurssystem mit eingeschränktem geldpolitischem Instrumentarium für besonders wichtig erachtet; vgl. Reisen 2000 sowie bezüglich der chilenischen Erfahrung Fontaine 1997, Kellner 1998 und Queisser 1993 sowie Uthoff 2001: 37. Aus geldwirtschaftlicher Sicht können marktinduzierte Kapitalexporte (im Gegensatz zu strategischen Kapitalex-

Viertens wurde eine Erhöhung der Wettbewerbsfähigkeit des produktiven Sektors von einer Umstellung auf das individuelle Kapitaldeckungsverfahren erwartet: Anstelle einer nominalen Abwertung, die eine Aufgabe des CBs bedeutet hätte, sollten so genannte fiskalische Abwertungen, d.h. eine Entlastung der Arbeitgeber von Steuer- und Sozialversicherungsbeiträgen, Preissenkungen ermöglichen. Aufgrund der angenommenen höheren Verzinsung der Beiträge im Kapitaldeckungsverfahren wurde dies für finanzierbar gehalten. In Verbindung mit einer (mittelfristigen) Erhöhung der nationalen Sparquote sowie der positiven Entwicklungsimpulse für den Kapital- und Arbeitsmarkt sollte das Wachstum gefördert werden, ohne zu dessen Stimulierung auf expansive Geldpolitik oder externe Verschuldung angewiesen zu sein.

Haushaltskonsolidierung, Krisenprävention, Sterilisierung von Kapitalimporten, fiskalische Abwertung sowie Wachstumsimpulse - die Erwartungen bezüglich einer strukturellen Rentenreform waren hoch gesteckt. Der Ausstieg aus der staatlichen Umlagefinanzierung der Renten und die Einführung von privaten Pensionsfonds mit Staatsgarantien avancierte in Argentinien zu einer nahe liegenden Ergänzung des Konvertibilitätsprogramms: Dessen Schwächen konnten ein Stück weit kompensiert werden, während die Vorteile des CBs (Stabilität und Kapitalimporte) auch das reibungslose Funktionieren des neuen Rentensystems inklusive der Finanzierung der Übergangskosten zu garantieren schien.[257]

porten der Zentralbank) zwar eine Unterbewertungssituation stabilisieren, nicht jedoch eine Überbewertungssituation umkehren. Vgl. zur Problematik von Kapitalimporten und fixem Wechselkurs auch Calvo et al. 1993. In der Praxis hat sich dieses Argument als am wenigsten relevant erwiesen, vgl. dazu die Analyse der Investitionspolitik der Fonds unter IV.2.2.2.

[257] Die dargestellte Komplementarität von CB und privater Rentenversicherung innerhalb der orthodoxen Weltsicht wird in der Literatur nicht beachtet, allerdings handelt es sich natürlich auch nicht um eine deterministische Beziehung. Die Tatsache, dass auch in Estland, Bulgarien und Litauen eine Koexistenz von CB und strukturellen Rentenreformen nach dem Weltbankmodell vorzufinden ist, mag jedoch die politökonomische Rationalität dieser Strategie verdeutlichen.

Teil IV

Die argentinische Rentenreform von 1994

Die Reform der argentinischen Alterssicherung, die aus Sicht der rentenpolitischen Orthodoxie ökonomisch rational die Menemsche Wirtschaftsstrategie ergänzte, stieß bei der Implementierung auf politische Widerstände. Dennoch gelang es schließlich Ende 1993, ein neues Rentengesetz zu verabschieden, welches als innovatives Element die Einführung von kapitalgedeckten Rentenfonds bestimmte.

Die Abkehr von dem traditionellen Wohlfahrtsparadigma, welches in Argentinien seit Anfang des letzten Jahrhunderts die Sozialpolitik bestimmt hatte, sollte den wirtschaftspolitischen Kurswechsel unter der neo-peronistischen Regierung unterstreichen. Die folgende Analyse wird jedoch, ähnlich wie für den wirtschaftspolitischen Kontext, eine Kontinuität in der Sozialpolitik feststellen, die auf den ersten Blick durch die institutionellen Reformen, den postulierten „Bruch mit der Vergangenheit" verstellt wird. Diese Kontinuität, soziale Sicherungssysteme ökonomisch (und politisch) zu instrumentalisieren und dabei weder privatrechtliche noch aus dem Generationenvertrag erwachsende Eigentumsrechte zu respektieren, zieht sich durch von der Gründung der Rentenversicherung vor fast 100 Jahren bis zur jüngsten Wirtschaftskrise, in deren Kontext die Regeln des neuen Rentensystems massiv manipuliert wurden.

Die Entwicklung und Krise der argentinischen Rentenversicherung aus historischer Perspektive (IV.1.1), der Reformprozess (IV.1.2) sowie die Funktionsweise des neuen Rentensystems (IV.2.1) werden in den folgenden Kapiteln dargestellt. Eine erste Evaluierung der Reform aus ökonomischer und sozialpolitischer Perspektive erfolgt unter IV.2.2 und IV.2.3.

IV.1 Der Weg zur argentinischen Rentenreform

In welchem Zeitraum, durch welche Impulse und mit welchen Zielsetzungen hat sich das argentinische Rentensystem entwickelt, welche Probleme wies es auf und wie gelang es schließlich, in den 90er Jahren nach einer Reihe gescheiterter Reformversuche eine radikale Privatisierungslösung durchzusetzen? Bei der Beantwortung dieser Fragen soll die für diese Arbeit als zentral bezeichnete Verbindung zwischen ökonomischer und sozialpolitischer Entwicklungsstrategie bei der historischen Entwicklung der Alterssicherung herausgearbeitet und die im Kapitel II.3.3 vorgestellten Thesen der Politischen Ökonomie der Rentenreform anhand des argentinischen Reformprozesses verdeutlicht werden.

IV.1.1 Entwicklung und Krise der Rentenversicherung in Argentinien

IV.1.1.1 Die Anfänge

Argentinien gehört zu den so genannten Pionierländern sozialer Sicherung in Lateinamerika.[258] Bereits im 19. Jahrhundert erhielten Angehörige des Militärs und hohe staatliche Beamte sowie Lehrer Rentenleistungen, die aus dem allgemeinen Steueraufkommen finanziert wurden. 1904 wurde schließlich die erste beitragsfinanzierte, kapitalgedeckte Rentenkasse für öffentliche Verwaltungsangestellte gegründet, der 1915 als erste Rentenversicherung für Beschäftigte im Privatsektor die Eisenbahnerkasse folgte.

Bis Anfang der 1940er Jahre wurden Arbeitnehmer von Staatsunternehmen (1921: Transport, Telefon, Elektrizität, Gas), Banken und Versicherungen (1922), in der Medien- und Druckindustrie, der Handelsmarine sowie in der zivilen Luftfahrt (1939) in die obligatorische Alterssicherung aufgenommen. Die sukzessive Integration von gewerkschaftlich organisierten Beschäftigtengruppen in das staatliche Rentensystem Bismarckscher Prägung wird dabei nur zum Teil auf den expliziten Druck der Arbeiterorganisationen zurückgeführt (Feldmann/Golbert/Isuani 1986: 61). Staatliche Initiative spielte aus politischen und ökonomischen Gründen eine wichtige Rolle, da sowohl die Arbeiterbewegung entradikalisiert und Konfliktprävention betrieben werden sollte[259] als auch die Erschließung neuer Einnahmequellen für den Staat angestrebt wurde. Dieser fiskalische Imperativ bei der Entwicklung der argentinischen Rentenversicherung wird gegenüber den politischen Dimensionen wie Gewerkschaftsmacht und Kooptationsstrategien des Staates in der Literatur wenig beachtet bzw. wird seine Bedeutung relativiert:

---

[258] Die Klassifizierung lateinamerikanischer Staaten nach der Entstehungsperiode ihrer Sozialversicherungssysteme geht auf Mesa-Lago (1991a, 1991b, 1994 u.a.) zurück. Eine umfassendere Darstellung der historischen Entwicklung des argentinischen Wohlfahrtsstaates findet sich beispielsweise in Mesa-Lago 1978, Queiro Trajalli 1990, Lo Vuolo/Barbeito 1998, Lloyd-Sherlock 1997.

[259] Nach der Immigrationswelle Ende des 19. Jahrhunderts bestand ein konfliktives Verhältnis zwischen Staat und der anarchistisch bzw. anarcho-syndikalistisch geprägten Arbeiterbewegung. Die Antwort des Staates bestand aus einer Mischung von Repressions- und Kooptationsmaßnahmen. Die Schaffung der Rentenkasse für Eisenbahner war u.a. auf einen Generalstreik 1912 zurückzuführen; zukünftig sollten streikende Arbeiter geleistete Beiträge sowie das Recht auf Rentenzahlungen verlieren.

„Letzten Endes kann die Entwicklung des Wohlfahrtsstaates nur marginal ökonomischen Zielen zugeschrieben werden." (Isuani 1991: 13)[260]

Ohne die Bedeutung der sozialen Sicherung als politisches Macht- und Legitimierungsinstrument zu leugnen, vertritt der Wirtschaftshistoriker Colin M. Lewis (1993: 175) die These, dass die Schaffung eines Marktes für Staatsanleihen, die von den Rentenkassen nachgefragt wurden, eine zentrale Motivation für die Expansion der Rentenversicherung darstellte. Ein schwacher Steuerstaat, die eingeschränkte Möglichkeit der Kreditaufnahme im Ausland (Ausbruch des Ersten Weltkriegs, Ausstieg aus der Konvertibilität) nach 1913 sowie steigende Staatsausgaben der bürgerlichen Regierungen Yrigoyen (1916-22) und Alvear (1922-28) waren hierfür die Grundlage.

„...the Argentinian experience offers support both for theories that depict the process of welfare expansion and enhancement as demand driven – a function of the organizational effectiveness of would-be beneficiaries – and also which assert that the process was consequent upon co-optive strategems applied by authoritarian regimes. Nevertheless, (...) *fiscal considerations proved to be an enduring and, perhaps, the overriding constant in the Argentinian case.*" (Lewis 1993: 175, Hervorhebung K.H.)

Ein interessantes Beispiel für diese These ist der gemeinsame Widerstand von Gewerkschaften und Arbeitgebern gegen ein 1923 verabschiedetes Rentengesetz (Nr. 11.289) der Regierung Alvear der radikalen Bürgerunion, das die Ausweitung der Rentenversicherung auf alle abhängig Beschäftigten bestimmte, dabei aber die Investition von 50% der Fonds in langfristige Staatsanleihen vorschrieb.[261] Nach achtzehn Monaten mussten das Gesetz aufgehoben und gezahlte Beiträge zurückgeleistet werden, da sowohl die Arbeitnehmer als auch die Unternehmen nicht gewillt waren, Kürzungen des Nettolohns bzw. eine befürchtete Beeinträchtigung der Wettbewerbsfähigkeit durch steigende Lohn- und Verwaltungskosten hinzunehmen (Lewis 1993: 179, Feldman et al. 1986: 61).[262]

---

[260] Übersetzung K.H. Original: „*En definitiva, sólo marginalmente puede atribuirse a objetivos económicos el desarrollo del Estado Benefactor*" Isuani 1991: 13.

[261] Vgl. auch Horowitz 1995: 5 sowie Rock 1975: 227.

[262] Lewis 1993: 178-181 führt aus, dass die fiskalischen Motive der Ausweitung der Rentenfonds v.a. im Kontext der gesamten Wirtschaftspolitik der Regierungen Yrigoyen und Alvear deutlich werden (was von der Bevölkerung auch so gesehen wurde und den Protest verschärfte), die durch das Ziel der Einnahmenmaximierung zur Lösung der wachsenden Budgetprobleme gekennzeichnet war (Steuer-und Zollreform, Staatsmonopol Ölgesellschaft YPF, geplante Schaffung einer Zentralbank etc.).

IV.1.1.2 Die Expansion

Auch oder gerade in Bezug auf die dynamischste Entwicklungsphase der sozialen Sicherungssysteme in Argentinien - während der Regierung von General Perón (1946-54)[263] - wird die ökonomische Dimension der Rentenpolitik neben ihren politischen und sozialen Funktionen häufig unterschätzt.

Zwar spielte die forcierte Entwicklung des Sozialstaates[264] in Verbindung mit Lohnerhöhungen, der Subventionierung von Grundbedarfsgütern sowie der Ausweitung diskretionärer Sozialleistungen[265] eine entscheidende Rolle bei der Festigung der Machtbasis des korporatistisch-populistischen Perón-Regimes. Die schnelle Ausdehnung der Rentenversicherung auf fast alle Arbeitssektoren[266] - Arbeitnehmer in Handel und Industrie, Polizei, Landarbeiter, Selbständige, Freiberufler und Hausangestellte wurden bis 1956 integriert (Mesa-Lago 1978: 178) - ermöglichte jedoch auch eine billige Staatsverschuldung, um das expansive, auf Verstaatlichung und Protektionismus basierende Wirtschaftsmodell der importsubstituierenden Industrialisierung (ISI) zu finanzieren.[267]

Die neuen Rentenkassen investierten ihre Beitragseinnahmen zu einem großen Teil in so genannte Wohlfahrtsanleihen - 1946 zu diesem Zweck geschaffene staatliche Wertpapiere - die einen wachsenden Anteil der staatlichen Neuverschuldung ausmachten: 1949 konstituierten sie bereits 54% und 1955 77% der konsolidierten internen Staatsverschuldung (Lewis 1993: 190). Dies war umso wichtiger, als der Privatsektor festverzinsliche Staatsanleihen vor dem Hintergrund steigender Inflationsraten zunehmend aus dem Portfolio abstieß, so dass zur Finanzierung des steigenden Fiskaldefizits, welches 1948 einen Höhe-

[263] Zum Peronismus allgemein vgl. Waldmann (1974), zu verschiedenen Interpretationen des Peronismus als politisches Phänomen siehe den Überblicksartikel von Buchrucker (1998) und zur Wirtschaftspolitik Gerchunoff (1989).

[264] Dazu gehörten der Ausbau von Renten- und Krankenversicherung, Familienleistungen, Lohnfortzahlung im Krankheitsfall sowie Abfindungszahlungen bei Entlassungen.

[265] So wurden unter Perón zum ersten Mal beitragsunabhängige Sozialrenten eingeführt: Ab 1950 leistete die Lotterie-finanzierte Eva-Perón-Stiftung Mindestrentenzahlungen an Bedürftige über 60 Jahren. Vgl. Lloyd-Sherlock 1997: 54.

[266] Vgl. Lewis 1993: 189: Die Beitragszahlungen wurden diesmal durch Lohnerhöhungen kompensiert, so dass zumindest von Gewerkschaftsseite kein Widerstand wie 1923 zu befürchten war.

[267] Zum Vergleich: Während 1904 die Zahl der Versicherten 24.000 betrug, erreichte die Deckung 1944 bereits 7% der Erwerbsbevölkerung (428.000 Versicherte) und stieg bis 1949 auf 2.328.000 (Isuani/San Martino 1995: 42), vgl. auch Tabelle 4.3 zur Reichweite der Rentenversicherung.

punkt mit 13,4% des BIP erreichte, neben der „Inflationssteuer“ und Bankkrediten die Rentenfonds an Bedeutung gewannen:

„It was for that reason that the growing refusal of savers to take out bonds was offset by forced savings: while Peronism was in power, government bonds in the hands of old age pension funds went from 15 to 70 per cent of the total public bonds.“ (Gerchunoff 1989: 70)

Die fiskalische Funktion der Rentenkassen für das Akkumulations- und Wohlfahrtsmodell der peronistischen Regierung kann auch an der Höhe der Überschüsse (Nettoeinnahmen) des Renteninstituts INPS[268] abgelesen werden (Tab. 4.1), die aufgrund der ständigen Einbeziehung neuer Beitragszahler bis 1954 zwischen 34% und 53% der gesamten Steuereinnahmen des Staates entsprachen.

Tabelle 4.1 Bedeutung Einnahmen des INPS für das Staatsbudget, 1948-1954

Jahr	**Staatseinnahmen** (Mio. laufender Pesos)	**Einnahmen Rentenkassen** (Mio. laufender Pesos)	**Bruttoeinnahmen Rentenkassen** in % Staatseinnahmen	**Nettoeinnahmen Rentenkassen** in % Staatseinnahmen
1948	4.094,4	2.256,3	55,1	43,6
1949	5.613,3	3.148,6	56,1	43,9
1950	7.557,8	4.142,9	54,8	44,0
1951	11.012,9	4.895,3	44,5	34,1
1952	12.214,6	6.308,4	51,6	41,2
1953	12.284,7	7.921,8	64,5	52,5
1954	13.687,6	9.644,7	70,5	46,8

Quelle: Lewis 1993: 189.

Der Rückgriff auf die Zwangsersparnisse der Rentenkassen durch den Staat hatte jedoch schwerwiegende Folgen für das Altersvermögen der Versicherten. Die Fonds dekapitalisierten, da die Wohlfahrtsanleihen nur mit 4% nominal verzinst wurden, während die Inflationsraten ab 1946 bis Anfang der

[268] Das INPS (*Instituto Nacional de Previsión Social*) wurde 1944 mit einer dreigliedrigen Verwaltungsstruktur aus Arbeitnehmern, Arbeitgebern und dem Staat geschaffen und verfolgte das Ziel, ein zentralisiertes und uniformes Rentensystem zu schaffen. 1954 erhielten die Rentenkassen jedoch ihre Autonomie zurück. Vgl. Feldman et al. 1986: 63.

1970er Jahre im Durchschnitt über 20% jährlich betrugen.[269] Zudem wurden bereits in den 1940er Jahren einige defizitäre Kassen durch die Beitragsüberschüsse neugegründeter Fonds subventioniert (Lloyd-Sherlock 1997: 55). Der schleichende Verlust der Reserven des kapitalgedeckten Systems führte zu einer Annäherung an eine Umlagefinanzierung, da zunehmend laufende Ausgaben mit den Einnahmen der gleichen Periode finanziert wurden. Diese De facto-Änderung des Finanzierungsverfahrens wurde 1954 durch die Einführung einer neuen Rentenformel, welche die Verbindung zwischen individuellen Beitragszahlungen und späterer Rentenleistung weitgehend aufhob, unterstrichen: Das Gesetz Nr. 14.370 (1954) bestimmte eine progressive Umverteilung innerhalb des Rentensystems mit höheren Lohnersatzraten für Niedrigeinkommensbezieher.

Nach der Regierungsübernahme des *desarrollista*-Präsidenten Frondizi (UCR) ändert sich die sozialpolitische Rhetorik: Während unter Perón neben einigen Bismarckschen Elementen wie der korporatistischen Verwaltungsstruktur und der Beitragsfinanzierung zunehmend die Terminologie von Beveridge - Armutsbekämpfung, Bedeutung sozialer Grundrechte, Umverteilung in der Sozialversicherung - Einzug gehalten hatte, betonte die Regierung Frondizi unter Einfluss der postkeynesianischen CEPAL-Doktrin die Entwicklungsfunktion der Rentenversicherung. Über die Akkumulation von (Zwangs-) Ersparnissen sollte das Kapital für notwendige nationale Entwicklungsprojekte beschafft und die Abhängigkeit von ausländischen Krediten verringert werden (Lewis 1993: 191) – eine Argumentation, die Anfang der 90er Jahre erneut aktuell werden sollte.

Die Priorität der Vermögensbildung gegenüber der Solidaritäts- und Umverteilungsfunktion der Rentenversicherung spiegelte sich auch in einer erneuten Änderung der Rentenformel wider. 1958 wurden mit dem Gesetz Nr. 14.499 die progressive Umverteilung aufgehoben und feste Lohnersatzraten von 82% des letzten Arbeitslohns festgelegt (Feldman et al. 1986: 64).

IV.1.1.3 Die Krise

Statt Vermögen wurden jedoch ab Ende der 1950er Jahre zunehmend Defizite in den Rentenkassen akkumuliert.

Neben dem Abschmelzen der Kassenüberschüsse als Folge von Inflation und der Investition in Staatstitel mit negativer Rendite führten hohe Beitragshinterziehungsraten, großzügige Rentenleistungen bei geringen Anspruchsvoraussetzungen, die wachsende Zahl an Rentenbeziehern und der beginnende demo-

[269] Der Staat leistete auch seine Rentenbeiträge sowie fällige Zinszahlungen in Bonds, Feldman et al. 1986: 65.

graphische Wandel zu steigenden finanziellen Ungleichgewichten.[270] Bis 1966 finanzierte sich zwar das gesamte Rentensystem noch mit eigenen Einnahmen, v.a. die Kasse der Staatsangestellten sowie die Kasse der Selbständigen mussten jedoch seit Anfang der 60er Jahre durch die Überschüsse der Kasse der abhängig Beschäftigten subventioniert werden (Isuani/San Martino 1995, Schulthess/ Demarco1993: 51).

Tabelle 4.2 Finanzielle Situation der Rentenkassen der abhängig Beschäftigten, 1950-1972

Zeitraum	**Überschuss/Defizit in % BIP**
1950-54	3.90
1955-59	1.72
1960-64	0.24
1965-69	-0.56
1970-72	-0.34

Quelle: Eigene Berechnungen nach Feldman, Golbert, Isuani 1986: 65.

Neben den finanziellen Ungleichgewichten wurde zunehmend die stark zersplitterte und stratifizierte Struktur des argentinischen Rentensystems als Problem begriffen. Die verschiedenen Rentenkassen zeichneten sich durch unterschiedliche Regelungen des Leistungszugangs sowie der Rentenberechnung aus, was zu einer Ungleichbehandlung verschiedener Versichertengruppen führte und zudem die Verwaltungseffizienz beeinträchtigte.

Im Jahre 1967 unternahm die Militärregierung Onganía den Versuch, das argentinische Alterssicherungssystem auf eine solidere finanzielle Basis zu stellen und Ineffizienzen sowie Ungerechtigkeiten zu verringern. Die dreizehn größten Rentenkassen wurden zu drei Kassen - privater Lohnsektor (Handel und Industrie), Staatsangestellte, Selbständige - zusammengefasst, das Rentenalter angehoben sowie ferner die Beiträge vereinheitlicht und ein zentrales Sekretariat für soziale Sicherung (*Secretaria de Seguridad Social*) geschaffen.[271] Obwohl

---

[270] Beispielsweise erreichte die Hinterziehung 1961 über 50%; 26% der Rentner waren 1966 jünger als 50 Jahre, da eine Frührente bereits ab Alter 45 und eine Invaliditätsrente ohne eine Mindestbeitragszeit bezogen werden konnte, vgl. Isuani/San Martino 1995. Vgl. zur demographischen Entwicklung Argentiniens Tab. A14 im Anhang.

[271] Vgl. Isuani/San Martino 1995: 43. Das Rentenalter wurde für Unselbständige von 55 auf 60, die Mitgliedszeit auf 30 Jahre und die Beitragszeit auf 15 Jahre erhöht, für Selbständige wurde das Rentenalter von 62 auf 65 angehoben und 10 Beitragsjahre gefordert, die Versicherungsbeiträge wurden für Arbeitnehmer bei 5%, für Arbeitgeber bei 15% vereinheitlicht, und die Rentenformel bestimmte als Lohnersatzrate 70% bis 82% des Durchschnitts der besten drei Jahre der letzten zehn Arbeitsjahre; vgl. Gesetze Nr. 18.037, 18.038 sowie Abb. 4.10.

eine gewisse Standardisierung erreicht wurde, blieben das Militär, Sicherheitskräfte und Provinzkassen von der Reform ausgeschlossen. Bereits ein Jahr nach der Reform nahm zudem der Druck der Interessenorganisationen innerhalb des Staatsapparates erneut zu, und es wurden Sonderregime für hohe Staatsfunktionäre in Justiz, Legislative und Exekutive eingeführt.[272]

Bis zur Reform im Jahre 1994 blieb die Struktur des argentinischen Rentensystems SNPS (*Sistema Nacional de Previsión Social*) auf Basis der 1968 verabschiedeten Gesetze für abhängig Beschäftigte (Nr. 18.037) und Selbständige (Nr. 18.038) erhalten. Dies ist im Hinblick auf die neoliberale Wirtschaftsstrategie der Militärdiktatur von 1976-83 relativ überraschend[273], zumal die Militärjunta des Nachbarlandes Chile mit der Privatisierung seines Rentensystems im Jahre 1981 einen Präzedenzfall schuf und auch in Argentinien Ökonomen der Regierung einen Übergang zum individuellen Kapitaldeckungsverfahren nahe legten.[274]

> „Despite the political orientation of the *Proceso* regime, the level of state involvement in welfare remained far higher than during earlier periods of liberal rule. This reflected (...) the durability of pre-existing welfare structures and the need to maintain a modicum of political support." (Lloyd-Sherlock 1997: 58-9)

Dennoch kommt es im Rahmen des orthodox-liberalen Wirtschaftsprogramms zu Kürzungen im sozialen Bereich. Wichtigste Maßnahme im Rahmen der Rentenversicherung ist die Eliminierung der Arbeitgeberbeiträge 1980, um über eine Senkung der Lohnnebenkosten die durch den überbewerteten Wechselkurs und die Außenhandelsliberalisierung beeinträchtigte Wettbewerbsfähig-

[272] Vgl. Schulthess/Demarco 1993: 140-145. Neben den privilegierten Rentensystemen für die Beschäftigten in Exekutive, Legislative und Judikative, Staatsangestellte, Lehrer und Geistliche, deren durchschnittliches Rentenniveau 1992 213% über dem Rentenniveau des Gesamtsystems lag, existierten sogenannte Differenzsysteme für berufliche Tätigkeiten, die eine besondere gesundheitliche Belastung darstellten. Vgl. zu den Privilegiensystemen auch die Pronatass Studie von Demarco/Posadas (o.D.).

[273] Die Fortführung der etatistischen Politik unter den argentinischen Militärs nach 1976, die Vollbeschäftigung und soziale Wohlfahrt zum Ziel hatte, reflektierte die Notwendigkeit einer politischen Legitimation des *Proceso*-Regimes sowie interne Schwächen der Junta. Die Kontinuität der Strukturen des staatlichen Rentensystems in dieser Zeit können als Bestätigung der traditionellen Thesen der Politischen Ökonomie der Alterssicherung gelten, vgl. Kapitel II.3.3.

[274] So zum Beispiel der Zentralbankchef und spätere Wirtschaftsminister unter Menem, Roque B. Fernández, vgl. Fernández 1979a.

keit der Unternehmen und damit auch die Beschäftigungssituation zu verbessern bzw. zur Vollbeschäftigung zurückzukehren.[275]

Tabelle 4.3 Reichweite der Rentenversicherung, 1950-1990

Jahr	**Personen im rentenfähigen Alter*** (in 1000)	**Bewilligte Renten** (in 1000)	**Reichweite**** in %
1950	1.495	188	12,59
1955	1.836	473	25,76
1960	2.236	749	33,51
1965	2.674	1.086	40,62
1970	3.123	1.390	44,52
1975	3.575	1.695	47,41
1980	4.039	2.342	58,00
1985	4.528	2.759	60,93
1990	4.977	3.031	60,90

Quelle: Lloyd-Sherlock 1997: 56.
* Bis 1967 Männer/Frauen 60/55, danach 65/60
** Anteil der Gesamtbevölkerung im Rentenalter mit Bezug einer Rentenleistung, Zahlen überschätzen tatsächliche Reichweite durch Einbezug von Frührentnern und doppeltem Leistungsbezug.

Der Versuch, die Beitragssenkung durch eine Erhöhung der Mehrwertsteuer zu kompensieren, erwies sich aufgrund der rezessiven Wirtschaftsentwicklung im Rahmen der Finanz- und Verschuldungskrise Anfang der 80er Jahre als unzureichend: Die Rentenkassen produzierten steigende Defizite. Obwohl die Arbeitgeberbeiträge nach der Übernahme der demokratischen Regierung Alfonsín 1984 wieder eingeführt wurden, musste die Rentenversicherung auf Einnahmen aus Sondersteuern (Gas, Treibstoff, Telefon), steigende Subventionen aus dem Staatshaushalt sowie auf Zentralbankkredite zurückgreifen, die zwischen 1985 und 1991 25% bis 35% der Rentenausgaben ausmachten (Tab. 4.4).[276]

[275] Vgl. Zitat in Feldmann et al. 1986: 72: Begründung für Gesetz 22.293: „...*una importante disminución de costos para las empresas, mejorando su competitividad y eliminando un impedimento para la contratación de mano de obra en relación de dependencia, posibilitando así el mantenimiento del nivel en plena ocupación.*"

[276] Vgl. Schulthess 1990: 19. Im ersten Quartal 1989, dem Jahr der Hyperinflation, beliefen sich die Vorschüsse der Zentralbank an das SNPS auf 20% der Ausgaben.

Tabelle 4.4 Finanzierungsquellen des SNPS (in %), 1975-1993

Jahr	Beitrags-einnahmen	Sondersteuern	Andere*	Gesamt
1975	79,6	0,3	20,1	100
1980	85,1	10,6	4,3	100
1985	74,3	15,9	9,8	100
1988	67,9	23,2	8,9	100
1989	65,3	23,0	11,7	100
1990	65,8	21,8	12,4	100
1991	74,2	15,9	9,9	100
1992	72,7	18,4	9,0	100
1993	63,2	24,5	12,3	100

Quelle: Schulthess, Demarco 1993: 47, Schulthess 1998: 12, Secretaria de Seguridad Social 1999b
* beinhalten Zuschüsse des Schatzamtes, der Zentralbank, ab 1991 Privatisierungseinnahmen u.a.

Ein Teil der Ursachen für die zunehmenden finanziellen Ungleichgewichte des Rentensystems war bereits Anfang der 1960er Jahre sichtbar geworden und verstärkte sich als Folge der negativen Wirtschaftsentwicklung (Schulthess/Demarco 1993: 72-89). Die systemische Abhängigkeitsrate, d.h. das Verhältnis zwischen Beitragszahlern und Rentenempfängern, verschlechterte sich zunehmend und betrug 1991 nur noch 1,66 - mit weiter fallender Tendenz. Finanzielle Nachhaltigkeit hätte demgegenüber eine Zahl von drei Beitragszahlern pro Rentner erfordert, wie es 1970 noch der Fall gewesen war (Schulthess/Demarco 1993: 119). Verursacht wurde das Absinken der Aktiv-Passiv-Rate durch verschiedene Faktoren.

Erstens übte die demographische Entwicklung (höhere Lebenserwartung und sinkende Fertilitätsraten) steigenden Druck auf das umlagefinanzierte Rentensystem aus: Der Anteil der Frauen über 60 und Männer über 65 an der Gesamtbevölkerung hatte sich zwischen 1950 und 1980 von 5,5% auf 10,2% fast verdoppelt, das Verhältnis von über 60jährigen zur Bevölkerung im Alter von 20 bis 59 stieg im gleichen Zeitraum von 13,2% auf 24%.[277] Die Zahl der Rentenbezieher stieg seit 1970 jährlich um 2,7% (vgl. Tab. 4.3).

[277] Und wird bis zum Jahr 2020 ca. 30 % erreichen Vgl. Schulthess 1990: 28. Die demographische Entwicklung Argentiniens ähnelt eher dem nordeuropäischen Trend, als den lateinamerikanischen Staaten, vgl. Lloyd-Sherlock 1997: 32. Allerdings betrug die demographische Abhängigkeitsrate (Bevölkerung zwischen 20 und 59 im Verhältnis zu über-60-Jährigen) 1995 noch 3,7 (Deutschland 2,8) und wird für 2040 auf 2,4 prognostiziert, deutlich höher als der prognostizierte OECD Durchschnitt (Deutschland 1,1), World Bank Pension Reform Primer www.worldbank.org/pensions. Sowie CEPAL 2002c und Tab. A14 im Anhang.

Zweitens erfolgten Veränderungen auf dem Arbeitsmarkt, welche die Anzahl der Beitragszahler bzw. die Beitragseinnahmen verminderten. Die Zahl der Erwerbsfähigen ging zwischen 1970 und 1988 um 5%, die Anzahl der Beschäftigten in der traditionell arbeitsintensiven Manufakturgüterproduktion um 30% zurück (Schulthess 1990: 27), Arbeitslosigkeit und Unterbeschäftigung nahmen zu und der Anteil der Beschäftigten im informellen Sektor weitete sich aus.[278] Zusätzlich sanken die durchschnittlichen Reallöhne, was zu einer Senkung der Beitragsbemessungsgrundlage führte.

Tabelle 4.5 Effektive und potentielle Beitragszahler (in 1000 Personen), SNPS 1990

Beschäftigtengruppe	Effektive Beitragszahler (1)	Potentielle Beitragszahler (2)	(1)/(2)*100
Abhängig Beschäftigte	4.115	6.795	60,6
a. Staat	738	738	100,0
b. Industrie, Handel	3.377	6.057	55,8
Selbständige	772	2.562	30,1
Gesamt	4.887	9.357	52,2

Quelle: Schulthess/Demarco 1993: 79

Drittens waren steigende Hinterziehungsraten zu verzeichnen: Die stagnative Wirtschaftsentwicklung, geringe Einkommen im informellen Sektor sowie negative Anreize durch die Rentenformel (von dreißig Mitgliedsjahren mussten nur zwanzig Beitragsjahre nachgewiesen werden, dabei bezog sich die Rentenhöhe auf die besten drei Gehaltsjahre der letzten zehn Arbeitsjahre) resultierten in einer Umgehung der Beitragspflicht oder Unterdeklarierung der Einkommen. Die Evasionsrate betrug z.B. in der Gruppe der Selbständigen 1990 70%; die systemische Abhängigkeitsrate der Kasse war auf 0,73 gesunken (Tab. 4.5).

Viertens zeichnete die mangelnde Beitragsäquivalenz der Rentenformel im SNPS, eine zunehmende Lockerung der Leistungsgewährung durch die Ausweitung von Privilegiensystemen, der Hinterbliebenenversorgung (Ausdehnung der Anspruchsberechtigten), beitragsunabhängiger Sozialrenten[279] und einer laxen Praxis bei der Bewilligung von Invaliditätsrenten (deren absoluter Wert sich von 1980 bis 1991 verdreifachte, siehe Tab. 4.6) für den Ausgabenanstieg mit-

[278] Vgl. Lloyd-Sherlock 1997: 42. Der Anteil der städtischen Beschäftigten im informellen Sektor ist von 13,2% 1950 auf 25,9% 1992 gestiegen.

[279] Diese wurden u.a. für Mütter mit mehr als 7 Kindern, Familien von Diktaturopfern, Kriegsopfer der Malwinen sowie diskretionär vom Kongress vergeben, Schulthess/Demarco 1993: 86 und S. 48.

verantwortlich. *Last but not least* wirkte sich die Inflation negativ auf die staatlichen Beitrags- und Steuereinnahmen (Olivera-Tanzi-Effekt) aus.

Tabelle 4.6 Anzahl Altersrenten versus Invaliditätsrenten SNPS (in 1000), 1980-1990

Jahr	Altersrenten (A)	Invaliditätsrenten (B)	B/A in %
1980	2.342	187,4	8.0
1981	2.429	340,1	14.0
1982	2.525	530,2	21.0
1983	2.626	446,4	17.0
1984	2.682	321,8	12.0
1985	2.743	301,7	11.0
1986	2.811	421,6	15.0
1987	2.863	515,3	18.0
1988	2.922	555,2	19.0
1989	2.994	574,2	19.6
1990	3.110	522,5	16.8
1991	3.205	525,2	16.4

Quelle: Schulthess/Demarco 1993: 87.

Obwohl aus Tabelle 4.7 abzulesen ist, dass die Anpassung der Rentenleistungen an die vorhandenen Ressourcen durch unzureichende Indexierung kein neues Phänomen war[280], führte die erneute Erosion der Rentenleistungen ab Mitte der 80er Jahre zu vehementen Protesten, die in Form von Streiks, Demonstrationen und Gerichtsverfahren ausgetragen wurden. Die Diskrepanz zwischen gesetzlich garantierten Rentenansprüchen von 70% bis 82% der Bemessungsgrundlage und tatsächlich gezahlten Leistungen – die realen Rentenleistungen sanken von 1985 bis 1991 um mehr als 30%, die Lohnersatzraten sanken bis 1990 auf durchschnittlich 40% (Tab. 4.7) - führte zu einer kumulativen Verschuldung des Staates gegenüber den Rentner, die durch die Gerichte als nichtlegale Enteignung von Rentenansprüchen verurteilt wurde.[281]

Der Regierung von Präsident Alfonsín gelang es trotz der Erklärung eines Rentennotstandes (mit der zeitweisen Aussetzung der Möglichkeit erneuter Ge-

[280] Bereits 1954 wird eine Studie veröffentlicht, die im Vergleich mit 1947 ein Absinken der realen Rentenleistungen in den verschiedenen Rentenkassen um bis zu 52% feststellt, siehe Lloyd-Sherlock 1997: 53.

[281] Da in erster Linie Bezieher hoher Renten die Möglichkeit einer juristischen Durchsetzung ihrer Ansprüche nutzten, wurde die Regressivität des Systems verstärkt; vgl. Schulthess/Demarco 1993: 37 sowie ebenda: 57-58. Die Zahl der Gerichtsprozesse wird auf 80.000 geschätzt, vgl. Mesa-Lago 1994: 149.

richtsverfahren), der Erhebung von Sondersteuern und einer Vereinheitlichung der Rentenleistungen auf niedrigstem Niveau - zwei Drittel der Rentner erhielten die Mindestrente von 150 Arg$ monatlich[282] - nicht, das Verschuldungsproblem zu lösen.[283]

Tabelle 4.7 Entwicklung Lohnersatzraten und reale Rentenleistung (1985=100), 1975-1993

Jahr	Durchschnittliches Rentenniveau (in %)	Rentenleistung im Vgl. zum Basisjahr 1985
1975	51,4	k.A.
1980	57,6	k.A.
1985	41,8	100
1986	38,3	94,10
1987	39,6	80,43
1988	45,7	79,90
1989	35,8	73,30
1990	40,0	69,54
1991	47,5	68,63
1992	41,6	71,75
1993	49,8	84,07

Quelle: Delgado 1994: 6.

Erst die Regierung Menem machte bei Einführung des Konvertibilitätsplans im Rahmen einer umfassenden Neustrukturierung der internen und externen Staatsschuld (vgl. III.4.2) die zum 1.4.1991 aufgelaufene Rentenschuld von ca. 7 Mrd. US$ explizit: Die Anerkennung der Zahlungsrückstände wurde über die Ausgabe von langfristigen staatlichen Schuldverschreibungen vorgenommen, die wahlweise auf Peso oder US-Dollar denominiert waren und durch ein begrenztes Volumen an Barzahlungen ergänzt wurden.[284] Allerdings generierte das System monatlich weiter Schulden von ca. 200 Mio. US$, die zum 31.8.92

[282] Der prozentuale Anteil von Rentenempfängern mit Mindestrenten stieg von 22,1% 1971 auf 82,3% 1988, vgl. Lloyd-Sherlock 1997: 58, in der Gruppe der Selbständigen erhielten seit 1986 über 94% der Rentner nur eine Mindestrente, Schulthess/Demarco 1993: 111.

[283] Vgl. Isuani/San Martino 1995: Vgl. Notstandsdekret Nr. 2196 von 1986, Dekret Nr. 648 1987, Gesetz Nr. 23.549 1988.

[284] Die Laufzeit der *bonos de consolidación* BOCON beträgt maximal 16 Jahre mit einer sechsjährigen Stundungsfrist für Tilgung und Zinszahlungen. Von der Umschuldung waren ca. 3 Millionen Rentner betroffen; nur Bezieher von Mindestrenten über 85 Jahre kamen in den Genuss von Barzahlungen bis zu 1.500 US$.

eine erneute Emission von Schuldtiteln erforderlich machte.[285] Ab 1992 verstärkten sich die Bemühungen der Regierung Menem, eine strukturelle Reform der Alterssicherung durchzusetzen, da zum einen parametrische Reformen ohne eine Veränderung der Grundstruktur als unzureichend eingeschätzt wurden und zum anderen weitreichende politische und wirtschaftliche Hoffnungen mit einem Systemwechsel verbunden wurden, wie in Kapitel IV.1.2 dargestellt werden soll.

IV.1.1.4 Zusammenfassung

In dem historischen Rückblick wurde versucht zu zeigen, dass die Instrumentalisierung der Rentenversicherung für ökonomische Zielsetzungen, insbesondere fiskalische, neben politischen und sozialen Faktoren ein dominantes Merkmal in der Geschichte der Entwicklung der gesetzlichen Alterssicherung in Argentinien darstellt. Dies begann mit den ehrgeizigen Expansionsplänen der Regierung Alvear in den 1920er Jahren und zieht sich durch den populistischen Wohlfahrtsstaat Peróns über die verschiedenen zivilen und militärischen *desarrollista*-Regierungen bis zum ersten orthodoxen Stabilisierungsexperiment der neoliberalen Militärdiktatur von 1976-83.

Die Annahme, mit den Investitionen der Fonds das Wachstum zu fördern, um später die Verpflichtungen gegenüber der Rentenversicherung finanzieren zu können, erfüllten sich nicht. Nachdem das argentinische Kapitaldeckungsverfahren den „natürlichen" Zyklus von der Akkumulation hoher Überschüsse zu einem De-facto-Umlageverfahren (welches als solches ab den 1950er Jahren auch gesetzlich verankert wurde) und schließlich zu steigenden Defiziten durchlaufen hatte, geriet das System in den 1980er Jahren in eine tief greifende Krise. Obwohl die staatlichen Rentenausgaben eine zunehmende fiskalische Belastung darstellten (siehe Tab. 4.8) und die von internationalen Gläubigerorganisationen verordneten Austeritätsprogramme unter Druck setzten, sanken die realen Rentenleistungen auf die Hälfte des gesetzlichen Anspruchs, was zu einer zunehmenden Akkumulation von Schulden gegenüber den Rentnern führte. Das System, welches bis in die 1950er Jahre politische Unterstützung, sozialen Wohlstand und billige Staatsfinanzierung ermöglicht hatte, wurde zu einem unhaltbaren ökonomischen, sozialen und politischen Problem.

---

[285] Vgl. Pandis 1996: 13: Während im August 1991 über 8 Mrd. Pesos Rentenschuld anerkannt wurde, erreichte die Verschuldung im August 1992 noch einmal 5,3 Mrd. Pesos, insgesamt also über 13 Mrd. Pesos. Mit dem Gesetz 24.145 wurde ein Teil der Privatisierungserlöse der nationalen Erdölgesellschaft YPF zur Begleichung der Schuld genutzt (ca. 4,5 Mrd. US$, vgl. World Bank 1996: 8).

Tabelle 4.8 Öffentliche Rentenausgaben, Sozialausgaben vor der Reform, 1989-1993

	1989	1990	1991	1992	1993
A. Staatliche Rentenausgaben					
-% des BIP	3,96	5,44	5,86	6,52	7,02
-% Staatsausgaben	14,37	21,48	22,12	24,00	25,49
B. Sozialausgaben (% BIP)	14,00	15,50	16,10	16,90	17,80
C. Sozialausgaben (% Staatsausgaben)	50,82	61,40	60,91	62,08	64,54

Quelle: Slodky 1997.

IV.1.2 Die nationale Reformdebatte: Zur Politischen Ökonomie der argentinischen Rentenreform

> „Die soziale Ära hat begonnen und wir müssen sie mit mehr Kraft als je zuvor vorantreiben. Von jetzt an wird begonnen, die soziale Schuld zu begleichen. Wir werden gezielt und direkt die sozialen Fragen angehen, um die Situation der am wenigsten geschützten Sektoren zu verbessern, diejenigen mit den geringsten Einkommen und den größten Problemen. Die soziale Periode beginnt erst jetzt, weil es heuchlerisch und töricht gewesen wäre, wenn wir bereits zu Anfang etwas versprochen hätten, was wir nicht hätten konkretisieren können." (Carlos Saúl Menem, 1992)[286]

Zum politischen Prozess der argentinischen Rentenreform existiert eine Vielzahl von Studien (Madrid 1999, Brooks 1998, Lo Vuolo 1997, Kay 1998, Isuani/San Martino 1995, Alonso 1998, 2000, Torre/Gerchunoff 1999, Mesa-Lago/Müller 2002, Demarco 2000). Da Argentinien das erste demokratische Land war, welches nach der chilenischen Militärdiktatur eine strukturelle Rentenreform realisierte, sollten aus dem Fall taktische und strategische Lehren für die Übernahme der internationalen Rentenorthodoxie in anderen Ländern gewonnen werden.[287]

[286] Eigene Übersetzung. Original: *„Llegó la era social que debemos impulsar con más firmeza que nunca. A partir de ahora se comenzará a saldar la deuda social. Se trabajará en forma directa y centrada en las cuestiones sociales para aliviar la situación en los sectores más desprotegidos, con menores ingresos y mayores problemas. El tiempo social se inicia recién ahora porque habría sido un hipócrita, un necio, si desde el principio prometía lo que no hubiéramos podido concretar.*" In Pronatass 1992, ohne Seitenzahl.

[287] Die gemischte Struktur des neuen Rentensystems wird als das Ergebnis der Konfrontation von internationaler Rentenorthodoxie mit demokratischer Realität bezeichnet, Lo Vuolo 1996.

Mehrere Autoren betonen, dass sowohl der Reformprozess als auch das Ergebnis ein funktionierendes demokratisches System reflektieren und nicht mit den wirtschaftlichen Notstandsreformen der ersten Regierungsjahre von Präsident Menem vergleichbar sind (Torre/Gerchunoff 1999).[288]

Die Durchsetzung einer strukturellen Rentenreform in Argentinien vor dem Hintergrund einer hohen impliziten Rentenschuld, begrenzter fiskalischer Ressourcen zur Finanzierung der Übergangskosten und eines traditionell instabilen Finanz- und Währungsregimes war jedoch an eine spezifische Konstellation von Faktoren gebunden, die eine ökonomisch irrationale Reform aus politischen Gründen attraktiv machte. Diese politische Motivation wiederum ist auf die wirtschaftliche Entwicklungsstrategie Argentiniens zurückzuführen, die sich ab Anfang der 90er Jahre einem erneuten *growth-cum-debt*-Zyklus verschrieb und deren Stabilisierungserfolg und Akkumlationsboom ohne die Kapitalzuflüsse privater und multilateraler Kreditgeber nicht möglich gewesen wäre. Um die neoliberale Transformation der argentinischen Wirtschafts- und Sozialpolitik möglichst glaubwürdig zu gestalten, sollte die - explizite oder implizite - Konditionalität der Finanzmärkte optimal umgesetzt werden.

Cetrángolo (1997: 139) spricht von der Notwendigkeit der Regierung Menem, sich einen neoliberalen Ruf zuzulegen[289] und weist auf die Vorteile der Rentenreform für die Verhandlungen mit den internationalen Kreditorganisationen hin (Cetrángolo 1997: 140).[290]

Das politische Problem, die Akzeptanz der Reformen bei der Bevölkerung und ihren parlamentarischen Vertretern zu gewinnen, konnte aufgrund einer veränderten internen Machtkonstellation sowie der tief greifenden Krise des Wirtschafts- und Wohlfahrtsregimes (*benefit of crisis*) bei der Regierungsübernahme von Präsident Menem erreicht werden, wie im folgenden zu zeigen sein wird.

Zu dem Versuch, die Determinanten einer erfolgreichen Privatisierung des Rentensystems herauszufinden siehe Brooks 1998, Brooks/James 1998, Madrid 1999 und 2002, Mesa-Lago/Müller 2002 u.a. Gary Becker (1996) spricht von einer „*Social Security Lesson from Argentina*".

[288] Vgl. zum Zusammenhang zwischen Demokratisierung und Privatisierung der Rentensysteme Mesa-Lago/Müller 2002 sowie Mesa-Lago 1995.

[289] „*El gobierno argentino necesitaba una reputación de estilo liberal...*"

[290] „*...la reforma previsional, que le quitó muchos recursos fiscales al Estado Nacional, le brindó (...) una buena cantidad de financiamento en términos de mayor blandura, mayor permisividad en términos de negociación con los organismos internacionales.*"

IV.1.2.1 Vorprojekte und Entscheidung für eine strukturelle Rentenreform

Angesichts der permanenten Krise der argentinischen Rentenversicherung bestand seit spätestens Mitte der 1980er Jahre ein Konsens zwischen Rentenexperten und Regierungsvertretern über die Notwendigkeit, das System zu reformieren. Dabei sollte fiskalische Nachhaltigkeit, eine engere Beitrags-Leistungs-Äquivalenz und dadurch eine höhere Effizienz und Gerechtigkeit im System sowie eine möglichst universelle Abdeckung der alten Bevölkerung mit Rentenleistungen erreicht werden. Während die Vorschläge im argentinischen Sozialversicherungsministerium bis Anfang der 1990er Jahre noch zu graduellen Reformen des staatlichen Umlageverfahrens tendierten, befürworteten argentinische Ökonomen[291], private Forschungsinstitute und der Finanzsektor eine Privatisierung nach dem chilenischen Modell.

Unter dem Titel „Das Versagen des Etatismus. Ein Vorschlag für die Reform des öffentlichen Sektors in Argentinien"[292] veröffentlichte das liberale argentinische Wirtschaftsforschungsinstitut FIEL 1987 ein Reformprojekt, in dem das staatliche Umlagesystem durch ein Mehr-Säulen-Modell ersetzt werden sollte, das aus einer uniformen Grundrente (finanziert mit pauschalen Arbeitgeberbeiträgen) und privaten Rentenfonds auf Basis des individuellen Kapitaldeckungsverfahrens bestehen sollte.[293] Auch hier war, neben der angenommenen höheren Effizienz des Kapitaldeckungsverfahrens, die Glaubwürdigkeit eines Regimewechsels das ausschlaggebende Argument:

> „...die einzige Lösung für das heruntergekommene argentinische Rentensystem liegt in der Anwendung kühner und neuer Entwürfe, die völlig mit dem vorherigen System brechen und das Quantum an Glaubwürdigkeit zu generieren vermögen, das notwendig ist, um einen individuellen Beitritt der Teilnehmer zu erreichen." (FIEL 1987: 211)[294]

---

[291] Vgl. die Studien des späteren Zentralbankchefs und Wirtschaftsministers unter Menem, Roque B. Fernández, von 1979 zur Einführung privater Pensionsfonds unter Verwaltung von Gewerkschaften und Berufsverbänden.

[292] Original: *El fracaso del etatismo. Una propuesta para la reforma del sector público argentino.*

[293] Vgl. FIEL 1987: 211-237: Die Finanzierung des Systemwechsels sollte durch Privatisierungseinnahmen, eine Nicht-Anerkennung geleisteter Beiträge von Personen unter vierzig sowie die Ausgliederung der Selbständigen (freiwilliger Beitritt ohne Anrecht auf Grundrente) geleistet werden.

[294] Eigene Übersetzung. Original: „*...la única solución para el deteriorado régimen jubilatorio argentino pasa por la aplicación de esquemas audaces y novedosos que rompan totalmen-*

Auch die Weltbank empfahl bereits 1989 für Argentinien ein Zwei-Säulen-Modell, bestehend aus einer Grundrente und privaten Pensionsfonds (vgl. Müller 2003, World Bank 1996). Die Vereinigung argentinischer Banken ADEBA (Vicens/Zorgno1991) sprach sich sogar für eine vollständige Privatisierung der Rentenversicherung durch einen Übergang zum individuellen Kapitaldeckungsverfahren aus.

Demgegenüber sah noch im Jahre 1990, ein Jahr nach dem Regierungsantritt Menems, das Reformprojekt des Sekretariats für Soziale Sicherheit unter Leitung von Santiago de Estrada (Projekt Estrada) eine Anpassung des Umlageverfahrens vor.[295] Dabei sollten die Anspruchsbedingungen durch eine Erhöhung des Rentenalters und der Beitragsjahre (65/62, 35 Jahre) und eine Absenkung der Rentenleistung (Lohnersatzrate 65% des Durchschnitts der letzten zehn Jahre) verschärft werden, Sonderregime aufgelöst sowie die Versicherungspflicht für Selbständige aufgehoben werden. *Last but not least* beinhaltete der Reformvorschlag die Wahlmöglichkeit, zwei Prozent des Arbeitnehmerbeitrags in privaten Rentenfonds zu investieren (vgl. Feldman 1992: 80).[296]

Bevor es zu einer ernsthaften Diskussion um das Projekt Estrada kam, fand jedoch mit der Implementierung des Konvertibilitätsplans unter Wirtschaftsminister Cavallo innerhalb der Regierung ein Richtungswechsel in der Sozialpolitik statt. Stärkung der individuellen Verantwortung und Reduzierung der staatlichen Aufgaben auf Regulierung und direkte Armutsbekämpfung wurden zu den neuen Zielen der neo-peronistischen Wohlfahrtspolitik. Durch den Übergang zu einem individuellen Kapitaldeckungsverfahren sollte zudem das Wirtschaftswachstum gestärkt und die Funktionsfähigkeit des *currency board*-Modells unterstützt werden.

> „Minister Cavallo übte mit der Mahnung, dass die Rentenreform für einen guten Fortlauf des Konvertibilitätsplans unerlässlich sei, permanent Druck auf das Parlament aus." (Alonso 1998: 622)[297]

---

te con el sistema anterior y logren generar la cuota de credibilidad necesaria para conseguir la adhesión individual de los participantes."

[295] Vgl. auch das Reformprojekt des Ministeriums von 1986, welches eine progressive Umverteilung im staatlichen Umlagesystem etablieren wollte, Isuani/San Martino 1995: 53.

[296] Bereits 1987 unter Alfonsín waren erste private Rentenfonds auf freiwilliger Basis etabliert worden (Lloyd-Sherlock 1997: 90), bis 1992 (3. Quartal) zählten sie 371.944 Mitglieder, was 3% der Erwerbstätigen entsprach.

[297] Eigene Übersetzung. Original: „*El ministro Cavallo presionaría insistentemente al Parlamento con la advertencia de que la reforma previsional era indispensable para garantizar la buena marcha del Plan de Convertibilidad...*" (Alonso 1998: 622)

Die Komplementarität von kapitalgedeckter Rentenversicherung und Konvertibilitätsprogramm hinsichtlich der erforderlichen Budgetkonsolidierung, der Prävention von Bankenkrisen, der Sterilisierung von Kapitalzuflüssen, der Senkung der Lohnnebenkosten sowie der Förderung des Wachstums durch die Erhöhung der Sparquote und die positiven Effekte auf die Finanzsektorentwicklung (vgl. III.7) war ein gewichtiges Argument für den Wirtschaftsminister, auch wenn nicht alle genannten Aspekte Teil des offiziellen politischen Diskurses im Reformprozess waren. Da ein Teil der Argumente auf eine potentielle Krisensituation des *currency board*-Modells abhob (Finanzsektorkrisen, Überbewertung), waren sie allenfalls Thema unter Experten, nicht jedoch Teil der politischen Kampagne für die Rentenreform.

Ein Überbetonen der ökonomischen Zielsetzungen war sicherlich auch deswegen nicht intendiert, um den Gegnern von Marktlösungen in der sozialen Sicherung nicht zu viele Angriffspunkte zu bieten. Die Argumente, dass die Rentenreform Teil einer Neuordnung der Beziehung Markt-Individuum-Staat darstellte, eine positive Resonanz bei in- und ausländischen Investoren herbeiführen sowie zu einer Erhöhung der Ersparnis, einer Senkung der Lohnkosten und mehr Beschäftigung, einer mittelfristigen fiskalischen Entlastung und einer Stabilisierung des Finanzsektors führen würde, finden sich hingegen wiederholt in Aussagen von Regierungsvertretern, Mitgliedern des Reformteams und anderen Reformbefürwortern.[298]

Eine grundsätzliche Beibehaltung des staatlichen Umlageverfahrens mit veränderten Variablen lehnte die Regierung aus ökonomischen und politischen Gründen ab. Eine Vielzahl der Probleme des argentinischen Rentensystems wurde der Funktionsweise von staatlichen Umlageverfahren *per se* zugeschrieben (vgl. II.3.2), so dass allein ein Übergang zum individuellen Kapitaldeckungsverfahren ein langfristiges finanzielles Gleichgewicht und gerechte Leistungen garantieren könnte (Schulthess/Demarco 1993, 1994). Eine alleinige Erhöhung der Beitragssätze, des Rentenalters und eine Veränderung der Rentenformel sowie die Eliminierung von Privilegien hätten in der Vergangenheit den Widerstand wichtiger Interessengruppen und der Bevölkerung provoziert und würden dies auch zukünftig tun. Das verlorene Vertrauen in das staatliche System, welches sich in den steigenden Hinterziehungsraten widerspiegelte, könne durch eine partielle Reform nicht wiederhergestellt werden. Wie in der Wirtschaftspolitik setzte die Regierung Menem auf radikale Veränderungen. In den Worten von Demarco:

[298] Vgl. die Zitate in Madrid 1999.

„...the government concluded that, given the dimension of the crisis and the extension of its consequences, it needed a radical solution." (Demarco 2000: 22)

Im März 1992 wurde das Vorhaben der Regierung, bis 1993 eine strukturelle Rentenreform zu verabschieden, in ein *extended fund facility*-Abkommen mit dem IWF aufgenommen. Da die Rentenreform nicht Teil der harten Konditionalität des Fonds darstellte - IWF-Ökonomen standen dieser Art von Reformen aufgrund der damit verbundenen fiskalischen Belastung eher skeptisch gegenüber (Queisser 2000) - deutete das „freiwillige" Angebot der argentinischen Regierung an die Finanzinstitution entweder auf Verhandlungstaktik oder auf eine *blame-avoidance*-Strategie hin, da die Notwendigkeit einschneidender Reformen auf den Druck externer Akteure zurückgeführt werden konnte.[299]

IV.1.2.2 Der Reformprozess

Im Gegensatz zur raschen Durchführung der wirtschaftspolitischen Maßnahmen nach 1989 dauerte der Reformprozess in der Rentenversicherung fast zwei Jahre. Dabei musste das ursprüngliche Reformvorhaben der Regierung Menem, das eher dem chilenischen Modell ähnelte, innerhalb der politischen Verhandlungen mehrfach modifiziert werden.[300]

Wirtschaftsminister Cavallo besetzte das Sekretariat für Soziale Sicherung mit einem international anerkannten Ökonomen und Rentenexperten, Walter Schulthess, der ein *change team* aus hochqualifizierten Ökonomen und Rechtsanwälten von außerhalb des politischen Netzwerkes der Sozialversicherungsbürokratie aufbaute.[301] Die Reformgruppe arbeitete unter sehr isolierten Bedingungen ein fundiertes Modell aus, welches dann Schritt für Schritt wichtigen politischen Akteuren sowie der Öffentlichkeit präsentiert wurde. Die Experten konnten bei ihrer Arbeit auf über 40 technische Studien zurückgreifen, die seit 1988

---

[299] Brooks (1998: 22) bemerkt, dass sich die Regierung durch die Verpflichtung zu einer strukturellen Rentenreform gegenüber dem IWF ein Druckmittel im Kongress erhoffte, um das Projekt möglichst schnell, jedoch ohne Anwendung von Exekutivdekreten zu verabschieden.

[300] Einige Autoren sprechen diesbezüglich von *„geringen Modifikationen"* (Demarco 2000: 28), andere betonen die gravierenden Auswirkungen des demokratischen Prozesses auf die Endversion des Reformprojektes (Isuani/San Martino 1998, Torre/Gerchunoff 1999).

[301] Walter Schulthess war wie Domingo Cavallo Professor der staatlichen Universität Córdoba und galt als Befürworter eines individuellen Kapitaldeckungsverfahrens. Zudem waren einige Mitglieder der Reformgruppe im chilenischen Renten-Business tätig gewesen.

im Rahmen eines UNDP-Projektes PRONATASS[302] erstellt worden waren. Sowohl die PRONATASS-Studien als auch Teile des Schulthess-Teams wurden von der Weltbank finanziert (James/Brooks 1999; Mesa-Lago/Müller 2002: 8).

Nachdem die Phase des *commitment building* im Expertenkreis abgeschlossen war und ein Projekt vorlag, dass den Zielsetzungen der Reformer entsprach und als konsistent mit der allgemeinen wirtschaftspolitischen Strategie begriffen wurde (Alonso 1998), begann Anfang 1992 die Phase des *coalition building*: Zuerst wurde ein offener Dialog mit den politischen Parteien, Unternehmerverbänden und Gewerkschaftsvertretern initiiert, um die grundsätzlichen Positionen der relevanten Akteure auszuloten und auf eventuelle Kritik reagieren zu können.

Als zweiter Schritt wurde im Juni 1992 dem Abgeordnetenhaus ein Gesetzesentwurf zur Reform des SNPS vorgelegt (vgl. Tab. 4.9), welcher die Einführung eines gemischten Rentensystems bestehend aus einer umlagefinanzierten Grundrente und privaten Rentenfonds mit individueller Kapitaldeckung vorsah.

Arbeitnehmer unter 45 Jahren sollten obligatorisch Mitglieder eines Pensionsfonds werden und - im Gegensatz zur chilenischen Reform - keine Anerkennung von im alten System geleisteten Rentenbeiträgen erhalten, während Arbeitnehmer über 45 Jahren in einem reformierten staatlichen System verbleiben. Ferner sollten die Anspruchsvoraussetzungen für staatliche Leistungen verschärft werden (Anhebung Rentenalter um 5 Jahre, Anhebung Beitragsjahre um 10 Jahre, Änderung der Rentenformel), die Höhe der Grundrente an die Beitragseinnahmen gekoppelt sein und der Systemwechsel durch Einnahmen aus Sondersteuern und Privatisierungserlöse finanziert werden (vgl. Isuani/San Martino 1995: 43-48).

Der Vorschlag löste eine Welle der Kritik bei Oppositionsparteien, Gewerkschaftsverbänden, Rentnerorganisationen und Teilen der Peronistischen Abgeordneten aus, die v.a. potentielle Risiken und Kosten eines privaten Rentensystems sowie die Enteignung von Rentenansprüchen der unter 45jährigen betraf.[303]

---

[302] *Programa Nacional de Asistencia Técnica para la Administración de los Servicios Sociales en la República Argentina* (Nationales technisches Hilfsprogramm für die Verwaltung sozialer Leistungen der argentinischen Republik).

[303] Siehe die Dokumentation in Schulthess/Demarco 1994: 85-100 zum politischen Dialog über den Regierungsentwurf sowie Isuani/San Martino 1995, Alonso 1998, 2000.

Tabelle 4.9 Änderungen des Rentenreformprojektes in drei Stufen

	1. Vorschlag Juni 1992 Abgeordnetenhaus	**2. Vorschlag August 1992 Abgeordnetenhaus**	**Endversion September 1993 vor Zustimmung Senat**
Erste Säule	PBU 1,5*AMPO p.a.	PBU 1,5*AMPO p.a. (20% Durchschnittslohn)	PBU 2,5*AMPO p.a. (27,5% Durchschnittslohn)
Zweite Säule	-Arbeitnehmer über Alter 45 bleiben im reformierten staatlichen System -Rentenalter uniform 65 -AN<45 J. obligat. AFJP	-alle Arbeitnehmer obligatorisch in IFF System	-Option für staatlichen defined-benefit PAP oder defined-contribution JO einer AFJP -Erhöhung PAP von 0,5% auf 0,85% p.a. (Mai 93) -Rentenalter M/F 60/65
Anerkennung Beiträge altes System	Keine	PC 2% p.a. -max. 60% Ersatzrate	PC 1,5% p.a. max. 52,5% Ersatzrate
Fondsmanagement	Private Fondsmanager AFJP, Regulierung + Kontrolle SAFJP	Staatliche AFJP Banco Nacion als „agencia testigo", Doppelgarantie (Peso + US$ + Verzinsung)	Gewerkschaften und Non-Profit-Organisationen können AFJPs bilden

Quelle: Leicht modifiziert nach Brooks 1998: 12
PBU: Grundrente, AMPO: Arbeitnehmer-Beitragszahlungen/Versicherte, PAP: Zusatzrente, PC: Kompensationsrente, JO: kapitalgedeckte Rente, IFF-individuelle Kapitaldeckung

Das Reformmodell wurde daraufhin im weiteren Verlauf der parlamentarischen Diskussion mehrfach modifiziert (Tab. 4.9). Dabei wurden die wichtigsten Forderungen der Opposition in den Gesetzesentwurf integriert (s. Kasten), wodurch zwar die fiskalischen Kosten der Reform erhöht, der harte Kern des Projekts – die Einführung einer privaten kapitalgedeckten Säule – jedoch erhalten bleiben konnte. Nach der Zustimmung im Abgeordnetenhaus erfolgte schließlich im September 1993 die Bestätigung des Gesetzes durch den Senat.

Zusammenfassung: Abweichungen des Rentenreformgesetzes vom ursprünglichen Regierungsprojekt

• Erhöhung der Grundrente
• Aufhebung der Altersgrenze 45; Bewilligung einer grundsätzlichen Wahlmöglichkeit zwischen reformiertem staatlichen Umlagesystem (Grundrente und Zusatzleistung) und gemischtem System (Grundrente und kapitalgedeckte Rente)
• Einführung einer vollständigen Kompensation bereits geleisteter Beiträge im alten System für alle Mitglieder des gemischten Systems (Kompensationsrente)
• Erweiterung der Trägerschaft der Rentenfonds auf Gewerkschaften, Nicht-Regierungsorganisationen, Kooperativen und den Staat
• Etablierung eines staatlichen Rentenfonds mit speziellen Garantien (Mindestverzinsung wie Sparanlagen, in US$ und Peso) sowie Investitionen in regionale Entwicklungsprojekte unter Verwaltung der Banco Nación
• Festlegung einer gesetzlich garantierten Mindestrente von 40% des durchschnittlichen individuellen Lohns während der Versicherungszeit
• Inflationsanpassung der staatlichen Rentenleistungen
• Obergrenze für AFJP-Gebühren sowie Verschärfung der Investitionsvorschriften

Quelle: Eigene Darstellung

James und Brooks beschreiben das politische Kalkül hinter den Zugeständnissen der Regierung wie folgt:

> „The trick here is to compromise just enough to mute the opposition without sacrificing the basic nature of the reform." (James/Brooks 1999: 18)

Mesa-Lago/Müller 2002 interpretieren die Einführung einer Wahlmöglichkeit zwischen einem staatlichen Rentensystem und privaten Pensionsfonds als „versteckte Agenda" der Regierung bzw. als *tactical sequencing* auf dem Weg zu einem chilenischen Modell. Führt die Konkurrenz der privaten Säule zu einer Verschärfung des finanziellen Ungleichgewichts in der staatlichen Rentenversicherung und weiter sinkenden Leistungen, kann dies die Attraktivität und Legitimation der staatlichen Säule soweit unterminieren, dass sie auf die Grundrente bzw. eine Sozialrente reduziert werden kann. Die Aussagen beteiligter Akteure[304], die Leistungseinschnitte im staatlichen System seit 1994 (vgl. Teil V.2) sowie der folgende Kommentar der Weltbankökonomin Anita Schwarz (1998: 211) weisen in diese Richtung:

[304] Vgl. Cottani/Demarco 1998: 189: „*The PAP should also disappear over time since its implicit rate of return is relatively low.*"

„...we should regard the Argentine reform as a second-best solution that *serves as a conduit* to the first-best solution rather than evaluating it strictly as a final solution in its own right." (Hervorhebung K.H.)[305]

Mitglieder des Reformteams wie Gustavo Demarco widersprechen dieser Hypothese jedoch vehement: Er betont, dass die Einführung eines chilenischen Modells in Argentinien nicht zur Debatte stand, sondern das gemischte Modell mit einer universellen Grundrente in bewusster Abgrenzung zu dem privaten Modell mit Mindestrentengarantie konzipiert wurde, um eine solidarische Umverteilungskomponente in das Rentensystem zu integrieren (Demarco 1997, 2000).[306]

„...it is a fallacy to consider that the mixed pension system was part of a negotiation to implement a ‚Chilean-like' reform" (Demarco 2000: 15)

IV.1.2.3 Der sozialpolitische Kontext

Neben der Rentenreform, die sicherlich die wichtigste sozialpolitische Reform in den 90er Jahren war, wurden unter der Regierung Menem auch in anderen Bereichen des argentinischen Wohlfahrtssystems Änderungen vorgenommen.[307] Wie bei der Reform der Alterssicherung galt es dabei, den neoliberalen Prinzipien Entstaatlichung, Dezentralisierung und Deregulierung, Effizienz und Zielgruppenorientierung (*targeting*) zu entsprechen.

---

[305] Von A. Schwarz stammt auch das aufschlussreiche Zitat, welches in Madrid 2002: 5 wiedergegeben wird: *„Some countries initially have said that they don't want to (privatize their pension system, Anmerkung K.H.); but we have some times been able to convince them to do so.*" Interview 1998 mit Madrid.

[306] Abgesehen von dieser sozialpolitischen Zielsetzung, deren Gültigkeit in nachfolgenden Kapiteln untersucht wird, wies das gemischte Modell jedoch noch weitere Vorteile auf: Eine vollständige Privatisierung wäre in Argentinien nicht verfassungskonform gewesen, da die staatliche Bereitstellung von Rentenleistungen in Artikel 14bis der Verfassung festgeschrieben ist, und die kurzfristigen fiskalischen Kosten hätten sich stark erhöht.

[307] Die folgenden Ausführungen sind aufgrund ihrer Kürze zur besseren Einordung der Rentenreform in das sozialpolitische Gesamtkonzept der Regierung Menem gedacht; da die Priorität jedoch auf dem Zusammenhang zwischen Rentenreform und wirtschaftspolitischem Kontext liegt und eine ausführliche Diskussion des Wohlfahrtsregimes den Rahmen der Arbeit sprengen würde, wird für ein breiter gefächertes Interesse auf die weiterführende Literatur verwiesen.

„Diese Reformen zeichneten sich in der Regel durch die Einschaltung privater und/oder lokaler Träger sowie die Einführung marktwirtschaftlicher Elemente in der Bereitstellung und Durchführung sozialer Dienstleistungen aus und führten zu einer Neudefinition der Rolle des Staates im sozialen Bereich." (Sottoli 2002: 127)

Allerdings fielen die Reformen im Gesundheits- und Bildungswesen, bei den Programmen zur Armutsbekämpfung und bezüglich des Arbeitsmarktes (Unfall- und Arbeitslosenversicherung) weitaus weniger radikal aus als in der Alterssicherung. Nelson (2000a: 55) führt dies auf die Tatsache zurück, dass für Reformen im Bildungs- und Gesundheitssektor eine Vielzahl von Modellen existiert und es im Gegensatz zu Rentenreformen an einem „technischen Konsens" (*blueprint*) mangele. Zudem würden die hohe Zahl an beteiligten Akteuren, die komplexen Informationsanforderungen, relativ geringe Kosten bei einer Reformverzögerung und die Langwierigkeit des Reformprozesses den Widerstand gegenüber systemischen Reformen in diesen Politikfeldern erhöhen (ebenda: 56).

Wie bereits bei der Analyse des wirtschaftspolitischen Kontextes angemerkt wurde, kam bei der Dezentralisierung von Bildungs- und Gesundheitseinrichtungen in Argentinien durch Übertragung der Verwaltung an die Provinzen und Kommunen v.a. ein fiskalpolitisches Kalkül zum Tragen, da der Zentralstaat auf diese Weise seinen Anteil an den gesamten Sozialausgaben verringern konnte (vgl. Tab. A9, A10 im Anhang).[308] Neben der Dezentralisierung betraf ein wichtiges Reformvorhaben der Regierung Menem die Deregulierung des stark fragmentierten Systems von gewerkschaftlich verwalteten Krankenkassen[309]: Die unter Perón gegründeten Sozialwerke (*obras sociales*) werden über Arbeitnehmer- und Arbeitgeberbeiträge finanziert und unterhalten eigene medizinische Einrichtungen bzw. schließen Verträge mit staatlichen oder privaten Anbietern

---

[308] Bis 1992 wurden die nationalen Krankenhäuser an die Provinzen übertragen. Unter zentralstaatlicher Verwaltung verblieben die präventive Gesundheitsversorgung, die Infrastrukturentwicklung sowie die Formulierung der Gesundheitspolitik. Im Bildungssektor wurden Sekundarschulen sowie das nichtuniversitäre Hochschulwesen (Lehrerausbildung) dezentralisiert; vgl. Sottoli 2002: 128, 143. Zum Bildungssektor vgl. Braslavsky 1996, 2002 sowie Spitta 1997.

[309] Vgl. zur Krankenversicherung Cortés 1985, Bour et al. 1994a, 1994b, Fiel 1995, Cetrángolo et al. 1992, Bisang/Cetrángolo 1997, Cetrángolo 1998, Panadeiros 1996, Bertranou 1999. Wie in den meisten Ländern Lateinamerikas ist das Gesundheitswesen in Argentinien dreisäulig und besteht aus weitgehend kostenloser Grundversorgung in staatlichen Krankenhäusern, den beitragsfinanzierten Krankenkassen für Erwerbstätige und ihre Familienangehörigen sowie Rentner und den privaten Kassen. Die Reform der Krankenversicherung blieb weit hinter dem geplanten Regierungsentwurf zurück und erreichte nicht annähernd den Systemwechsel, der in Chile im Gesundheitssektor vollzogen wurde.

ab (Sottoli 2002: 135). Vor der Reform wurden die pflichtversicherten abhängig Beschäftigten automatisch dem Sozialwerk ihrer Branchen-Gewerkschaft zugeordnet. Da es nur eine begrenzte Ressourcenumverteilung zwischen den verschiedenen *obras sociales* gab[310], war die finanzielle Situation der einzelnen Kassen sowie ihre Leistungen für die Versicherten sehr heterogen. 1993 wurde per Dekret und gegen den Widerstand der Gewerkschaften die Wahlfreiheit für die Versicherten zwischen den Sozialwerken eingeführt.[311]

In Bezug auf den Arbeitsmarkt wurden unter Menem verschiedene Reformen verabschiedet, die zum einen die sozialen Auswirkungen der Beschäftigungskrise mildern, zum anderen durch eine Senkung der Arbeitskosten und die Flexibilisierung der Einstellungs- und Kündigungsmodalitäten zu einer Erhöhung der Beschäftigung beitragen sollten. Zu den Maßnahmen (vgl. dazu auch die Arbeitsmarktanalysen in Teil III und V) zählten u.a. Änderungen im Arbeitsrecht, bei den Regelungen für Tarifverhandlungen und die Einführung einer begrenzten Arbeitslosenversicherung im Jahre 1991. Letzteres war insofern ein Novum, als Argentinien, wie andere lateinamerikanische Länder, keine obligatorische Pflichtversicherung gegen das Risiko der Arbeitslosigkeit abhängig Beschäftigter kennt.[312] Der neue Arbeitslosenfonds (*fondo nacional de desempleo*) wird durch eine Beitragsumschichtung von 1,5% des Bruttolohns aus den arbeitgeberfinanzierten Familienbeihilfen (*asignaciones familiares*) gespeist. Die einkommensbezogenen Leistungen werden maximal für ein Jahr gezahlt, erreichten bisher jedoch nur einen geringen Anteil (ca. 9%) der Arbeitslosen (Beker 1998: 16).[313] Neben der Arbeitslosenversicherung wurden verschiedene Beschäftigungsprogramme aufgelegt, um die sozialen Auswirkungen der Strukturanpassung abzufedern.[314]

---

310 Es existieren über 300 verschiedene Kassen, die durch die staatliche Behörde ANSSAL (*Administración Nacional del Seguro de Salud*) beaufsichtigt werden. 10% der Beitragseinnahmen fließen in einen Ausgleichsfonds, vgl. Fiel 1995.

311 Dabei darf jedes Sozialwerk nur bis zu 20% der Gesamtmitglieder aufnehmen. Größte Kasse ist mit ca. 13% der Gesamtbevölkerung die Krankenversicherung der Rentner PAMI; vgl. Trappe 2000: 128-9. Weitere Reformmaßnahmen innerhalb der Krankenversicherung wurden im Rahmen des *stand-by*-Abkommens mit dem IWF im Dezember 2000 unter Präsident de la Rúa beschlossen und über den Verordnungsweg durchgesetzt, konnten jedoch aufgrund juristischer Probleme 2001 nicht in Kraft treten (vgl. Kapitel V.1.3).

312 Als Vorläufer werden der Arbeitslosenfonds für Arbeiter in Industrie und Baugewerbe sowie die unter Alfonsín gewährte Arbeitslosenunterstützung genannt, vgl. Golbert 2000: 240.

313 Im März 2000 wurden durchschnittliche Leistungen von 207 Pesos im Monat an ca. 120.000 Arbeitslose ausgezahlt, die Absicherung betrifft auch Krankenversicherung und Familienleistungen, ANSES 2000.

314 Vgl. Trappe 2000, Golbert 2000 sowie den Überblick in MTSS 1998. In diesem Bericht des Arbeitsministeriums wird auch der Vorschlag gemacht, die Entschädigungszahlungen im

Auch die berufliche Unfallversicherung wurde 1995 reformiert: Ähnlich wie in der kapitalgedeckten Säule des neuen Rentensystems wurde der Abschluss von Verträgen mit privaten Versicherungsunternehmen bestimmt, die so genannten *Administradoras de Riesgos de Trabajo* (ART), welche individuelle Konten für die Versicherten einrichten.

Zusammenfassung: Sozialpolitische Reformen unter Menem

- Dezentralisierung des Bildungs- und Gesundheitssystems: Transfer der Systeme an Provinzen und Kommunen
- Deregulierung der Krankenversicherung (obras sociales): Wahlfreiheit
- (Teil-)Privatisierung der Rentenversicherung: Mehr-Säulen-Modell (AFJPs)
- Privatisierung der beruflichen Unfallversicherung: Einführung kapitalgedeckter Fonds ART
- Einführung Arbeitslosenversicherung
- Familienbeihilfen: parametrische Reform
- Armutsbekämpfungsprogramme: targeting und Beteiligung lokaler + privater Akteure

Quelle: Eigene Darstellung

Die Systeme der formellen staatlichen Sozialversicherung werden durch Transferleistungen zur Armutsbekämpfung und die Familienförderung[315] ergänzt. Die diskretionären Sozialprogramme bestehen dabei in erster Linie aus Lebensmittelhilfe, Infrastrukturmaßnahmen, Bereitstellung von sozialen Grunddiensten und der Förderung sozialer Projekte im Rahmen von Sozialfonds (vgl. Sottoli 2002).[316]

IV.1.2.4 Zusammenfassung

Wie in Kapitel II.3.3 zur Politischen Ökonomie der Rentenreform ausgeführt wurde, zeichnete sich das argentinische Rentensystem aufgrund seiner hohen impliziten Rentenschuld sowie der vielfältigen Interessen, die mit dem System verbunden waren, über Jahrzehnte als sehr reformresistent aus. Erst als ein Systemwechsel nicht nur aus Sicht der herrschenden ökonomischen Meinung, sondern auch für lokale politische Akteure Vorteile versprach, konnte eine Re-

---

Kündigungsfall durch eine kapitalgedeckte private Arbeitslosenversicherung nach Vorbild der ART zu ersetzen, ebenda: 29.

[315] Die *asignaciones familiares* werden durch Arbeitgeberbeiträge von Angestellten in Höhe von 7,5% des Bruttolohns finanziert, ihre Höhe richtet sich nach sozialen Indikatoren wie Anzahl und Alter von Kindern, Mutterschaft, Heirat etc. und werden auch an Rentner ausbezahlt.

[316] Vgl. zur Problematik von Sozialfonds Blum 1998, Nicolas 1995b.

form nach dem chilenischen Modell durchgesetzt werden. Die Verschärfung der Rentenkrise in den 1980er Jahren, die Herausbildung eines internationalen Reformparadigmas, das durch internationale Finanzorganisationen sowie lokale *agenda setters* vertreten wurde sowie die innenpolitische Machtkonstellation unter Menem waren dabei notwendige Bedingungen für den Erfolg der Reform.

Die peronistische Regierung hatte durch die Bewältigung der Wirtschaftskrise hohe Akzeptanz in der Bevölkerung für den marktwirtschaftlichen Kurs gewonnen und verfügte über Sondervollmachten sowie Mehrheiten in Kongress und Senat. Als traditionelle Arbeiterpartei kontrollierte sie eine weitgehend geschwächte Gewerkschaftsbewegung[317] und konnte auf eine neue Allianz mit den nationalen und internationalen Unternehmensvertretern zählen, während Reformgegner wie Rentnerorganisationen, Gewerkschaftsvertreter, Oppositionsparteien, Mitglieder der Sozialversicherungsbürokratie und privilegierte Versichertengruppen wenig koordiniert und mit geringen finanziellen Ressourcen operierten. Durch eine geschickte Implementierungsstrategie, was die Abfolge der Maßnahmen (*sequencing*), eine Zusammenlegung von Reformen (*packaging, bundling*) und die Kompensation von Verlierern anbetraf, konnten die vorhandenen Widerstände überwunden werden.[318]

Entscheidend war jedoch letztendlich die Konsistenz der argentinischen Rentenreform mit der internationalen Rentenorthodoxie und der wirtschaftspolitischen Strategie der Regierung. Letztere war zum Zeitpunkt der Reform sehr erfolgreich und erfuhr national sowie international Unterstützung. Obwohl die Reformgegner eine gewisse Mobilisierungskraft bewiesen (Unterschriftensammlungen, Demonstrationen) und auch Gegenvorschläge zum Regierungsprojekt entwickelten[319], war das staatliche System so diskreditiert, dass selbst in den Augen der (v.a. jungen) Versicherten eine mit Risiken verbundene Marktlösung dem staatlichen Rentensystem vorzuziehen war. In Bezug auf die Finanzierung der Übergangskosten herrschte Optimismus. Die Regierung setzte auf die Unterstützung der multilateralen Finanzorganisationen mit weichen Krediten, steigen-

---

[317] Vgl. zur Entwicklung der Gewerkschaften unter Menem Palomino 2002, zur Rolle der Gewerkschaften im Rentenreformprozess im Vergleich mit Chile Ghilarducci/Ledesma Liébana 2000.

[318] Den Gewerkschaften wurde die Teilnahme am AFJP-Geschäft sowie die Verschiebung einer Aufhebung ihres Verwaltungsmonopols in der Krankenversicherung (*obras sociales*) zugesichert; Rentnern wurde eine Erhöhung ihrer Bezüge und die Begleichung der Rentenschuld durch Privatisierungserlöse der Erdölgesellschaft YPF bewilligt (deren Verkauf vom Parlament nur in Verbindung mit der Rentenreform gebilligt wurde), Beschäftigte im Militär, der Polizei und der Provinzen wurden von der Reform ausgeschlossen. Vgl. zu den Implementierungsstrategien Alonso 1998, 2000, Brooks 1998, Müller 2001 u.a.

[319] Die Opposition einigte sich auf einen Vorschlag des Consejo Federal de Previsión Social (COFEPRES 1992), siehe Alonso 1998: 603.

de Steuereinnahmen in einer wachsenden Wirtschaft, Privatisierungserlöse sowie sinkende Hinterziehungsraten.

Die Neudefinition der staatlichen Sozialpolitik, die in der Rentenreform ihren deutlichsten Ausdruck fand, bestätigte sich auch in den anderen Bereichen des argentinischen Wohlfahrtssystems. Dezentralisierung, Deregulierung und die Einbindung privater Akteure bei der Bereitstellung von sozialen Leistungen dienten dem Ziel, die zentralstaatlichen Sozialausgaben zu senken, einen Rückzug des Staates aus der direkten Produktion von Dienstleistungen zu signalisieren und die Effizienz sowie Zielgruppenorientierung der Leistungsgewährung zu fördern.

IV.2 Die Reform von 1994: Das gemischte Modell

Das folgende Kapitel soll in einer deskriptiven Weise die Struktur und Funktionsweise des neuen Rentensystems darstellen (2.1) und einen ersten Überblick über die *performance* der kapitalgedeckten Säule des SIJP bezüglich Marktstruktur, Effizienz, Fondsvolumen, Investitionsportfolio und Rentabilität in den ersten sieben Jahren nach seiner Einführung geben (2.2). In einem dritten Kapitel (2.3) sollen die Entwicklung des Deckungsgrades für das Gesamtsystem, potentielle Risiken für die Versicherten sowie erste Daten und Projektionen zu den Leistungen im SIJP dargestellt werden. Die Analyse der makroökonomischen Wirkungen der Reform erfolgt in Teil V.

IV.2.1 Konzeption und Funktionsweise des integrierten Rentensystems SIJP

IV.2.1.1 Institutionelle Organisation und Säulenstruktur

Das neue argentinische Rentensystem SIJP (*Sistema Integrado de Jubilaciones y Pensiones*) trat im Juni 1994 in Kraft (Gesetz 24.241). Wie im chilenischen Fall wurden jedoch bereits vor dem Systemwechsel, zwischen 1991 und 1993, wichtige Reformschritte auf den Weg gebracht: Zum einen wurden die Anspruchsvoraussetzungen in der Rentenversicherung durch eine Anhebung der Mindestbeitragszeit von 15 auf 20 Jahre sowie eine Erhöhung des Arbeitnehmerbeitrags von 10% auf 11% verschärft (Delgado 1994: 12).[320] Zum anderen wurde die Verwaltung der Rentenkassen zentralisiert und einer neuen Institution, der Nationalen Rentenverwaltung ANSES (*Administración Nacional de Seguridad Social*) übertragen sowie ein einheitlicher Sozialversicherungsbeitrag CUSS (*contribución única de seguridad social*) für Renten-, Kranken- und Arbeitslosenversicherung eingeführt, der von der nationalen Steuerbehörde AFIP (*Administración Federal de Ingresos Públicos*) zentralisiert erhoben und dann an die entsprechenden Stellen weitergeleitet wird.[321]

Sämtliche Organisationen des SIJP unterliegen der Aufsicht und Koordination durch das Ministerium für Arbeit und Soziale Sicherheit bzw. dem untergeordneten Sekretariat für Soziale Sicherheit.

Säulenstruktur des SIJP

Nach der Terminologie der Weltbank kann die Struktur des SIJP wie folgt beschrieben werden.

In der ersten Säule übt die so genannte universelle Grundrente PBU (*prestación básica universal*) die Funktion einer Basisabsicherung aus und ist als umlagefinanzierte Pauschalleistung konzipiert, auf die alle Versicherten bei Erreichen des Renteneintrittsalters (Frauen 60, Männer 65) und nach mindestens 30 Beitragsjahren Anspruch haben. Die Grundrente wird durch einen Arbeitgeberbeitrag von 16% des Bruttolohns des Versicherten sowie mit allgemeinen und spezifischen Steuern finanziert[322] und ist auf 2,5 MOPRE (*módulo previsional)* festgelegt worden. Die Rechnungseinheit MOPRE wird seit Ende 1997 jährlich von der Regierung bestimmt und beträgt seitdem 80 Arg$, so dass sich die Grundrente auf 200 Arg$ beläuft (ca. 28% des durchschnittlichen Versichertenlohns).[323] Die Grundrente erhöht sich für jedes zusätzliche Beitragsjahr bis 45

---

320 Mit der Einführung des SIJP wurden die Anspruchsvoraussetzungen in Bezug auf Beitragsjahre, Rentenalter und Rentenformel weiter angehoben, siehe Tabelle 4.10 sowie die weiteren Ausführungen im Text.

321 ANSES integriert die drei Rentenkassen Industrie/Handel, Staat und Selbständige sowie die Kassen für Familienleistungen und löste per Dekret 2741/9 das INPS *(Instituto Nacional de Previsión Social*) ab.

322 Vgl. Schulthess/Demarco 1996: 5: Zu den Sondersteuern gehören Teile der Gewinnsteuer, der Benzinsteuer und der Mehrwertsteuer (kopartizipative Steuern) sowie die Steuer auf persönliche Güter.

323 MOPRE ersetzte 1997 die Rechnungseinheit AMPO (*Aporte Medio Previsional Obligatorio*), der Quotient aus Beitragseinnahmen im SIJP und Beitragszahlern (Ampo=0.11*W, W=durchschnittlicher Bruttolohn). Die Koppelung der staatlichen Leistungen an die durchschnittlichen Beitragseinnahmen garantierte ein systemendogenes Finanzierungsgleichge-

Jahre um 1%, wobei fehlende Beitragsjahre durch ein höheres Renteneintrittsalter kompensiert werden können (zwei Altersjahre für ein Beitragsjahr).

In der zweiten Säule existiert eine Wahlmöglichkeit zwischen einer staatlichen Komponente mit Leistungsprimat oder einer privaten Komponente mit Beitragsprimat. Versicherte, die im staatlichen Umlageverfahren verbleiben wollen, können die so genannte Zusatzrente bei Verbleib PAP (*pensión adicional por permanencia*) wählen, die für jedes Beitragsjahr im SIJP 0,85% des durchschnittlichen indexierten Lohns der letzten 10 Arbeitsjahre beträgt. Als maximale Lohnersatzrate kann mit der PAP bei 35 Beitragsjahren im SIJP 29,75% der Bemessungsgrundlage erreicht werden, jedoch nicht mehr als 2.800 Arg$ (1 MOPRE pro Beitragsjahr).

Die Alternative mit Beitragsprimat, die Normalrente JO (*jubilación ordinaria*) basiert auf individueller Kapitaldeckung. Hierzu wird für jeden Versicherten ein eigenes Konto innerhalb eines Rentenfonds seiner Wahl eingerichtet, der von privaten oder staatlichen Gesellschaften, so genannten AFJPs (*Administradoras de Fondos de Jubilaciones y Pensiones*) verwaltet wird. Die zukünftige Höhe der JO hängt von dem akkumulierten Saldo des individuellen Kontos bei Rentenantritt, von der Lebenserwartung des Berechtigten und seiner Familie sowie dem gewählten Rentenmodus ab.

Beide Optionen der zweiten Säule werden durch einen Arbeitnehmerbeitrag von 11% des Bruttolohns finanziert. Wird einer AFJP beigetreten, werden für Verwaltungsgebühren und den Versicherungsschutz für den Invaliditäts- und Todesfall ca. 3,5% des Beitrags berechnet, während 7,5% auf dem Rentenkonto angespart werden.

Die dritte Säule dient der Ergänzung der Pflichtversicherung durch freiwillige, steuerbegünstigte Zusatzbeiträge des Versicherten (*imposiciones voluntarias*) oder Dritter wie z.B. Arbeitgeber (*depósitos convenidos*) und besteht nur für Versicherte einer AFJP.

Die Anerkennung bereits gezahlter Beiträge im alten Rentensystem erfolgt nicht wie in Chile in Form einer Staatsanleihe, sondern über einen weiteren *defined benefit*, die so genannte Kompensationsrente PC (*prestación compensatoria*), die den gleichen Anspruchsvoraussetzungen wie die Grundrente unterliegt und mit 1,5% des durchschnittlichen indexierten Lohns der letzten 10 Jahre für jedes Beitragsjahr im alten System berechnet wird. Die maximale Lohnersatzrate beläuft sich nach 35 Beitragsjahren im alten System auf 52,5%, jedoch existiert wie bei der PAP eine Maximalleistung von 2.800 Arg$.

---

wicht, jedoch keine absolute Rentenhöhe. Über die Höhe von MOPRE wird diskretionär im Rahmen der jährlichen Haushaltsabstimmung entschieden. Vgl. Dekret 833/97.

Wie in der Vergangenheit ist die Mitgliedschaft im neuen Rentensystem sowohl für abhängig Beschäftigte als auch für Selbständige obligatorisch.[324] Der Rentenbeitrag für Selbständige beträgt 27% und wird auf ein periodisch an die aktuelle Einkommensentwicklung angepasstes Referenzeinkommen angewendet, was de facto zu niedrigeren Sätzen führt.[325]

Versicherte, die sich nicht für eine der beiden Alternativen entscheiden, werden automatisch einer AFJP zugeordnet. Die Wahlmöglichkeit zwischen den Systemalternativen ist insofern eingeschränkt, als der Wechsel zur kapitalgedeckten Säule immer möglich ist, ein Rückwechsel zum staatlichen System jedoch nur innerhalb der ersten zwei Jahre nach der Reform zulässig war.

Zusammenfassung: Wahlmöglichkeiten im SIJP

- Die reformierte staatliche Alternative: Grundrente PBU + Zusatzrente PAP (+ Kompensationsrente PC)
- Die gemischte Alternative: Grundrente PBU+ Normalrente JO (+ Kompensationsrente PC)

Quelle: Eigene Darstellung

Gemäß der Klassifizierung der lateinamerikanischen Rentenreformen nach Mesa-Lago in substitutive (privates System ersetzt staatliches Umlagesystem), gemischte (Integration einer privaten kapitalgedeckten Säule in ein reformiertes staatliches System) und parallele (Einführung eines privaten Kapitaldeckungsverfahren als Alternative zum staatlichen Umlageverfahren) Systeme kann das neue argentinische Rentensystem als Kombination aus einem gemischten und einem parallelen Modell definiert werden, da sowohl eine Wahlmöglichkeit zwischen einem staatlichen System mit Leistungsprimat und einer dezentral verwalteten Alternative mit Beitragsprimat besteht als auch ein Mischsystem aus umlagefinanzierter Grundrente und kapitalgedeckten Rentenfonds existiert.[326]

---

324 Freiwillig beitreten können u.a. Direktoren/Teilhaber von Kapitalgesellschaften, Mitglieder des Klerus sowie Hausfrauen.

325 Die sinkende Beteiligung Selbständiger im SIJP zeigt jedoch, dass aufgrund der hohen Beitragsbelastung (Arbeitgeber-+Arbeitnehmerbeitrag, keine Reduzierung des Arbeitgeberbeitrags) eine Diskriminierung gegenüber abhängig Beschäftigten besteht, vgl. hierzu Kapitel IV.2.3.

326 Um der Terminologie der Literatur treu zu bleiben, wird jedoch von einem gemischten System gesprochen.

Weitere Leistungen

Das neue Rentensystem bietet neben den genannten beitragsbezogenen Altersrenten auch beitragsunabhängige Renten für Personen im fortgeschrittenen Alter (ab 70), die mindestens zehn Beitragsjahre nachweisen können. Die *prestación por edad avanzada* beträgt 70% der Grundrente sowie Leistungen der PAP, JO und PC, für die der Versicherte Ansprüche erworben hat.[327] Die bereits im SNPS existierenden beitragsunabhängigen Sozialhilferenten für besondere Zielgruppen wie kinderreiche Familien, Kriegsopfer etc. sind beibehalten worden.

Der Versicherungsschutz im Invaliditätsfall und für Hinterbliebene ist im SIJP im Vergleich zum alten System restriktiver gestaltet worden (vgl. SAFJP 1998c: 28): Eine reguläre Inanspruchnahme der Invaliditätsversicherung erfordert eine Minderung der Erwerbsfähigkeit um 66% und Beitragszahlungen während 30 der letzten 36 Monate vor Leistungsfall. Bei nachgewiesenen Beitragszahlungen von 18 Monaten wird der Anspruch von 70% auf 50% der Bemessungsgrundlage (Einkommensdurchschnitt der letzten fünf Jahre) gekürzt und darunter entfällt er ganz. Die Hinterbliebenenrente beträgt maximal 70% der Bemessungsgrundlage (49% Partner, 14% pro Kind) und wird im Fall unregelmäßiger Beitragszahlungen auf 35% respektive 10% gesenkt bzw. entfällt, wenn die 50prozentige Beitragsfrequenz in den letzten drei Jahren nicht erfüllt ist. Die Leistungen im Invaliditäts- und Todesfall sind für Mitglieder beider Systemoptionen gleich.[328]

IV.2.1.2 Funktionsweise der kapitalgedeckten Säule

Unternehmensorganisation, Aufgaben und Sicherheiten im AFJP System

Die kapitalgedeckte Säule im neuen argentinischen Rentensystem ist eng nach dem chilenischen Vorbild modelliert worden (Kap. II.3.1).[329] Hauptakteure sind die neu gegründeten Verwaltungsgesellschaften der Rentenfonds, die AFJPs, die als gewinnorientierte Unternehmen um die Versicherten mit ihren

---

[327] Vgl. SAFJP 1998c: 27. Fünf der nachgewiesenen Beitragsjahre müssen in den letzten acht Jahren vor Renteneintritt liegen, Selbständige müssen fünf Jahre Mitgliedschaft nachweisen.

[328] Unterschiede bestehen nur in der Finanzierung, da die AFJPs für ihre Mitglieder eine kollektive Versicherung zu diesem Zweck abschließen. Während der Übergangszeit beteiligt sich auch der Staat an der Finanzierung der Invaliditäts- und Hinterbliebenenrenten im AFJP-System, wobei das Alter des Versicherten zum Zeitpunkt der Rentenreform ausschlaggebend ist. SAFJP 1998c: 30.

[329] Vgl. Demarco 2000: 20. „*...this was the area in which the Argentine policymakers took the greatest profit from the neighbor country's experience.*“

Abbildung 4.10 Reform des argentinischen Rentensystems: Vergleich SNPS und SIJP

Merkmale	Vor der Reform (SNPS)	Nach der Reform (SIJP 1994)
Versicherungscharakter		
-abhängig Beschäftigte	-obligatorisch	-obligatorisch
-Selbständige	-obligatorisch	-obligatorisch
Finanzierung	Umlage	Umlage / individuelle Kapitaldeckung
-Beiträge (Bruttolohn, Referenzeinkommen Selbständige)	27%	27%
---Arbeitgeber / Versicherter	16% / 11%	16% / 11%
-allgemeine/spezifische Steuern	-ja (15-35% der Ausgaben)	-ja, staatliche Leistungen, Übergangskosten
Indexierung	lohnindexiert	jährlich definiert durch Kongress
Anspruchsvoraussetzungen		
-Beitragsjahre	15-20 (30 Mitgliedschaft)	30 für PBU, PAP, PC
-Renteneintrittsalter (Frauen/ Männer)		
---abhängig Beschäftigte	55/60	60/65
---Selbständige	60/65	60/65
Beitragsbemessungsgrenze	Gesamteinkommen	Mindestens 3 MOPRE (Arg$240) 60 MOPREs* (Arg$ 4.800) im Monat (1 MOPRE= Arg$ 80)
Lohnersatzraten -PBU 30-45 Beitragsjahre -PAP, PC 35 Beitragsjahre (Obergrenze)	70-82%	PBU: Pauschalleistung (Arg$200) PAP: 29.8% PC: 52.5%
Rentenformel *-Maximale Leistung PC/PAP = 1 MOPRE pro Beitragsjahr*	-Durchschnitt der besten 3 Jahre der letzten 10 Beitragsjahre	PBU: 2.5 MOPREs+1% für jedes Zusatzjahr 31-45 PAP: 0.85% des durchschnittlichen indexierten Lohns der letzten 10 Jahre für jedes Beitragsjahr. PC: 1.5%, gleiche Berechnung wie PAP. JO: Individuelle Beitragszahlungen + Investitionsgewinne

Fortsetzung

Merkmale	Vor der Reform (SNPS)	Nach der Reform (SIJP 1994)
Beitragsunabhängige Renten -Finanzierung	-Ja, Bedürftigkeitsprüfung -allgemeines Steueraufkommen	-Ja, Bedürftigkeitsprüfung -allgemeines Steueraufkommen
Frühverrentung	-häufig in privilegierten Systemen	-nur im gemischten System, kein Anspruch auf PBU/PC/PAP
Spezielle Rentenregime (fortgeschrittenes Alter)	-abhängig Beschäftigte Alter 65/Selbständige Alter 70, 10 Beitragsjahre, 70% der normalen Rentenleistung	-für Rentner ab Alter 70. 10 Beitragsjahre, 30% Reduzierung der PBU
Invaliditätsfall/Hinterbliebene Anspruchsvoraussetzung Leistung	für alle Mitglieder des SNPS	für reguläre Beitragszahler (18 Monate der letzten 36 Monate) =70% Durchschnittseinkommen letzte 5 Jahre/max.70% der Rente
Sonderregime	-zahlreich	-Polizei, Militär -Rentenkassen Berufsverbände -Provinzregime

Quelle: Hujo 1999.

* Wert MOPRE wird jährlich von der Exekutive festgelegt (Arg$ 80 seit Ende 1997).

Gebühren und Renditen konkurrieren. Sie werden von der staatlichen Aufsichtsbehörde SAFJP reguliert und kontrolliert.

Obwohl die Unternehmensform für die Fondsverwalter frei ist (Schulthess/Demarco 1996: 7), existieren in Argentinien nur Aktiengesellschaften. Die Aktionäre können staatlichen oder privaten Organisationen angehören, z.B. Banken, Versicherungen, Unternehmen, Unternehmer-/ Berufsverbänden, Genossenschaften, Gewerkschaften oder Wohlfahrtsverbänden (zur Eigentümerstruktur vgl. Tab. 4.13).

Der einzig genehmigte Zweck der AFJPs ist die Verwaltung der individuellen Rentenkonten, d.h. die Anlage der von der Steuerbehörde zugewiesenen Rentenbeiträge in gesetzlich autorisierte Investitionsinstrumente, der Abschluss einer kollektiven Invaliditäts- und Hinterbliebenenversicherung sowie die Zahlung von Rentenleistungen.

Jede AFJP darf nur einen Rentenfonds (FJP) verwalten, dessen Aktiva Versicherteneigentum darstellen und rechtlich sowie buchhalterisch vom Vermögen der Gesellschaft getrennt sind, so dass im Konkursfall nicht darauf zurückgegriffen werden darf. Abhebungen des Versichertenkapitals durch die Verwalter sind nur im Falle von Transfers an eine andere AFJP oder Versicherungsgesellschaft oder für Rentenzahlungen an Leistungsberechtigte erlaubt.

Abbildung 4.11 Finanzierung und Leistungen des integrierten Rentensystems, SIJP

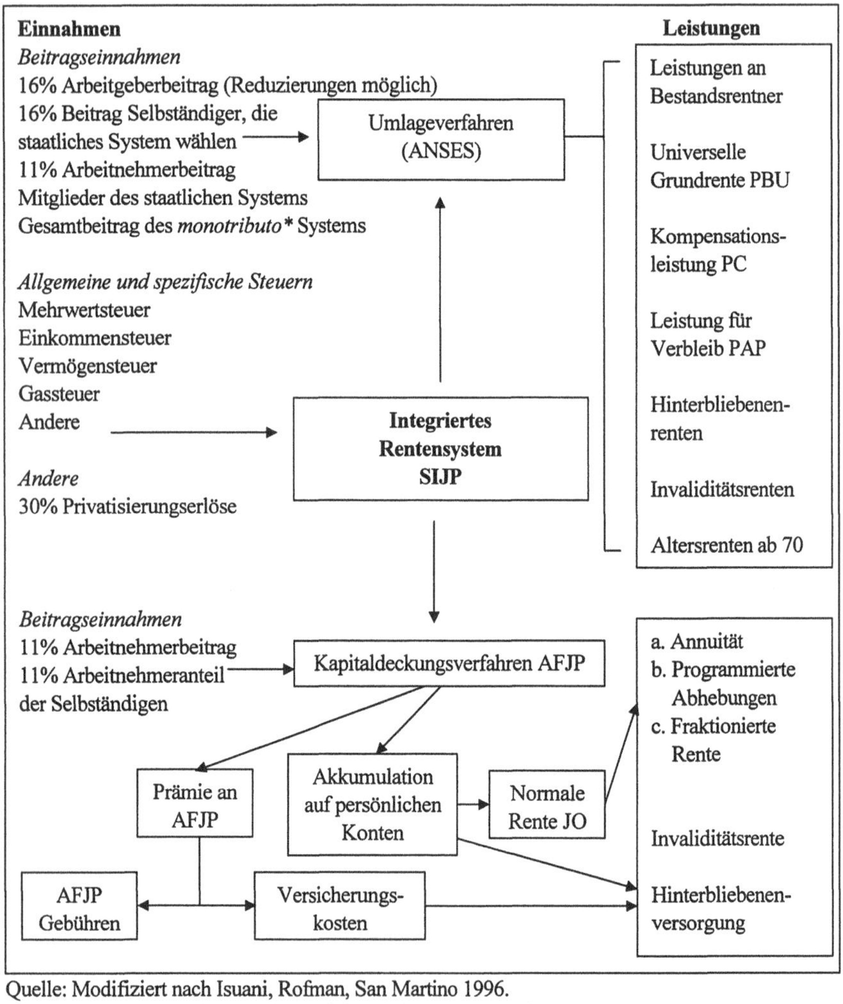

Quelle: Modifiziert nach Isuani, Rofman, San Martino 1996.
* einheitlicher Steuer- und Sozialversicherungsbeitrag für Geringverdiener.

Ein Alterssicherungsfonds ist jeweils in gleiche Anteile (*cuotas*) aufgeteilt, deren Wert täglich auf Basis des Marktwerts der Aktiva berechnet wird.[330] Die Rentabilität des Fonds (Veränderung Anteilswert) wird monatlich im Vergleich zu den jeweiligen Vorjahreswerten (durchschnittlicher Anteilswert) berechnet.

Die AFJPs müssen ihren Mitgliedern eine Mindestrentabilität garantieren, die sich allerdings nicht auf absolute Renditen, sondern auf den durchschnittlichen Investitionserfolg des gesamten AFJP-Systems bezieht. Wenn die Fondsrentabilität hingegen den Systemdurchschnitt übersteigt; müssen die Überschüsse in einen Fluktuationsfonds (*fondo de fluctuación*) eingestellt werden.[331] Sollte die Mindestrenditenregel in einem 12-Monatszeitraum nicht erfüllt werden, muss die AFJP ihre Versicherten kompensieren und zuerst auf den Fluktuationsfonds, dann auf Mittel des obligatorischen Kassenbestands (*encaje*) von mindestens 3 Mio. Arg$ oder 2% des Fondsvolumens und letztendlich auf das Eigenkapital zurückgreifen.[332] Sollten diese Mittel nicht ausreichen, muss der Staat die Differenz begleichen, Fonds und Versicherte an eine andere AFJP weiterleiten und die entsprechende Gesellschaft einem Liquidationsverfahren unterziehen.

Die Pensionsfonds dürfen für ihre Verwaltungskosten und zum Abschluss einer kollektiven Versicherung gegen Invalidität und Hinterbliebenenschaft Gebühren mit fixen und variablen Komponenten erheben, die durch Treuerabatte (*bonificaciones*) gesenkt werden können.

Zusammenfassung: Aufgaben und Garantien der Rentenfondsverwalter AFJPs

- Verwaltung und Investition der Rentenbeiträge
- Abschluss einer kollektiven Invaliditäts- und Hinterbliebenenversicherung
- Information der Versicherten und der Aufsichtsbehörde
- Garantie der Mindestrentabilität (Fluktuationsfonds, Kassenbestand, Eigenkapital)

Quelle: Eigene Darstellung

Die AFJPs unterliegen strengen Informationspflichten und müssen ihre Mitglieder jedes Quartal über wichtige Daten in Bezug auf die *performance* des

---

330 Vgl. zur Problematik der Marktbewertung der Aktiva Kapitel V.5.

331 Bei der Mindestrendite darf der Systemdurchschnitt nicht um 30% oder 2 Prozentpunkte unterschritten werden (der niedrigere Wert gilt), beim Fluktuationsfonds gilt ein Überschreiten des Systemdurchschnitts um 30% bzw. 2 Punkte (der niedrigere Wert gilt).

332 Sowohl Kassenbestand als auch Fluktuationfonds werden in die gleichen Instrumente wie das Versichertenkapital investiert. Das Eigenkapital muss mindestens 3 Mio. Pesos betragen

Unternehmens (Rendite, Gebühren) sowie den aktuellen Kontostand unterrichten. Die Aufsichtsbehörde muss täglich über die Anlagetätigkeit sowie monatlich über die Finanzlage des Unternehmens informiert werden.

Rentenleistungen im Kapitaldeckungsverfahren

Als Äquivalent zur staatlichen Zusatzrente PAP mit einer festgelegten Lohnersatzrate haben die Versicherten im privaten Kapitaldeckungsverfahren Anspruch auf die so genannte Normalrente JO, deren Höhe durch die individuellen Ersparnisse, die Anlageerträge, die Einschätzung der zukünftigen Zinsentwicklung sowie persönliche Merkmale des Versicherten (Lebenserwartung, Familienstand) bestimmt ist. Die AFJPs bieten bei Erreichen des Rentenalters drei Modalitäten der Verrentung an:

a) Bei der Lebensrente (*renta vitalicia*) transferiert der Versicherte sein akkumuliertes Kapital an eine Lebensversicherungsgesellschaft, die unter Berücksichtigung der Höhe des Vermögens, der Restlebenserwartung des Versicherten und potentieller Hinterbliebener sowie der erwarteten zukünftigen Zinsrate eine lebenslange Rente an den Versicherten und seine Angehörigen zahlt. Mögliches Restkapital kann im Todesfall nicht vererbt werden.

b) Bei der programmierten Auflösung des angesparten Kapitals (*retiro programado*) schließt der Versicherte direkt einen Vertrag mit einer AFJP ab und bleibt im Gegensatz zur Option a) Eigentümer seines Kapitals. Die AFJP berechnet jeweils für ein Jahr eine monatliche Rente, deren Betrag von der Höhe des akkumulierten Kapitals, der Einschätzung der zukünftigen realen Verzinsung des gesamten Fonds der AFJP - diese wird dem Konto weiter gutgeschrieben - sowie der Restlebenserwartung des Versicherten und seiner Angehörigen abhängt. Im Todesfall haben Erben Anspruch auf das Restkapital.

c) Die Option einer so genannten fraktionierten Rente (*retiro fraccionario*) ist für Versicherte vorgesehen, die aufgrund eines niedrigen Kontostands bei Renteneintritt und Wahl der programmierten Rente nur monatliche Rentenleistungen von weniger als 50% der maximalen Grundrente (115 Arg$) erreichen können. Die Rente wird unabhängig von den individuellen demographischen Merkmalen des Versicherten berechnet und beträgt 50% der aktuellen Grundrente (100 Arg$). Sie wird gezahlt, bis das Kapital aufgezehrt ist oder Restkapital im Todesfall vererbt wird.

Wählt der Versicherte die programmierte Rente, ist ein späterer Wechsel zu einer Lebensrente möglich. Bei beiden Optionen können sich die Versicherten auch für eine Mindestabsicherung entscheiden und das so genannte Überschusskapital frei verwenden. Als Mindestabsicherung gilt eine Ersatzrate von 70% der Bemessungsgrundlage (*base jubilatoria*, Durchschnittseinkommen der letzten 10 Jahre) bzw. die dreifache Höhe der maximalen Grundrente (690 Arg$,

Obergrenze für Abhebungen ist die 500fache Höhe der aktuellen Grundrente PBU).

Die Vorteile der programmierten Rente liegen zum einen in der Teilnahme des Versicherten an der gesamtwirtschaftlichen Entwicklung, da die Rentenhöhe je nach Ertragserwartungen der AFJP jährlich neu berechnet wird,[333] und zum anderen in der Möglichkeit, Restkapital zu vererben. Der Erwerb einer Annuität ist hingegen die einzige Option, die das Risiko der Langlebigkeit absichert. Dafür wird in der Regel mit höheren Lebenserwartungen gerechnet und werden höhere Verwaltungsgebühren erhoben, so dass die monatlichen Auszahlungen niedriger als bei den anderen Optionen ausfallen. Zudem werden konservativere Zinsschätzungen vorgenommen und Veränderungen in der wirtschaftlichen Entwicklung nach der einmaligen Berechnung der Rente nicht mehr berücksichtigt.

Gesetzliche Investitionsvorschriften

Zum Schutz der Versicherten gelten für die Anlagepolitik der Pensionsfonds strikte Vorschriften, die eine möglichst optimale Kombination aus Sicherheit und Rentabilität gewährleisten sollen. Die Investitionsregeln zielen auf Diversifizierung (Obergrenzen für unterschiedliche Anlageformen), Senkung der Risikokonzentration (Obergrenzen für Investitionen in Aktiva eines Unternehmens), Vermeidung von Interessenkonflikten (Verbot von Investitionen in Aktiva von Unternehmen, die in Verbindung mit dem AFJP-System stehen) sowie eine allgemeine Risikosenkung durch die Festlegung von Mindestniveaus beim Risikorating eines Aktivums ab (Rofman 2000: 15). Die Evaluierung der Anlageinstrumente erfolgt durch die Zentralbank sowie die Nationale Börsenaufsicht (*Comisión Nacional de Valores*). Die Wertpapiere, Aktien und andere physische Belege über die Investitionen der AFJP müssen in autorisierten Institutionen außerhalb der AFJP aufbewahrt werden.

Die Bewertung der Aktiva erfolgt täglich durch die Aufsichtsbehörde SAFJP nach Marktwerten. Eine Ausnahme besteht für bestimmte Staatsanleihen, die bis zur Fälligkeit im Portfolio gehalten werden und unabhängig von ihrem aktuellen Marktwert bewertet werden, um die Volatilität des Fonds zu reduzieren.[334]

Die folgende Tabelle gibt einen Überblick über die Anlagevorschriften, wobei die Obergrenze pro Instrument als Prozentsatz der gesamten Aktiva des Rentenfonds definiert ist.

---

[333] Dies kann bei sinkenden Ertragserwartungen auch zu einer Korrektur nach unten führen!

[334] Dies hat im Kontext der jüngsten Krise zu einer problematischen Entwicklung geführt. Vgl. zu den Bewertungsmodalitäten SAFJP 1998c: 84 sowie die Diskussion unter V.5.

Tabelle 4.12 Investitionsvorschriften für AFJPs (Obergrenzen pro Instrument in % Gesamtportfolio)

	Anlageinstrument	**Maximal-anteil in** % des Fonds
a.	Staatsanleihen (Schatzamt, BCRA), TGN	50
a.1.	Staatsanleihen (Marktwert), TGN	50
a.2.	Staatsanleihen (Termin), TGNF	30
b.	Staatsanleihen Provinzen, Kommunen, Staatsunternehmen, TEE	15
b.1.	Staatsanleihen Provinzen, Kommunen, Staatsunternehmen (Marktwert), TEE	15
b.2.	Staatsanleihen Provinzen, Kommunen, Staatsunternehmen (Termin), TEEF	2
c.	Unternehmensanleihen, langfristig (>2 Jahre), ONL	28
d.	Unternehmensanleihen, kurzfristig (<2 Jahre), ONE	14
e.	Wandelschuldverschreibungen von Unternehmen, ONC	28
f.	Wandelschuldverschreibungen privatisierte Unternehmen, OCP	14
g.	Termineinlagen, CDF	28
h.	Aktien, ACC	35
i.	Aktien privatisierter Unternehmen, ACP	14
j.	Anteile an Investmentfonds, CFA	14
k.	Ausländische Staatsanleihen, TEX	10
l.	Ausländische Unternehmensanleihen, TDE	7
m.	Optionsscheine und Futures, OPC	2
n.	Hypothekenbriefe, CLH	28
o.	Anteile an Direktinvestmentfonds, CFD	10
p.	Regionalprojekte (nur AFJP Nación)	max. 50 min. 20

Quelle: SAFJP 1998c: 82, Rofman 2000: 15.

IV.2.1.3 Die Rolle des Staates im SIJP

Die staatlichen Aufgaben im neuen argentinischen Rentensystem sind trotz der Teilprivatisierung vielfältig und haben an Komplexität zugenommen. Über die Sozialversicherungsbehörde ANSES werden die Bestandsrentner des alten Systems sowie die Beiträge und Leistungen des neuen staatlichen Umlageverfahrens verwaltet. Der Beitragseinzug erfolgt durch die nationale Steuerbehörde AFIP[335] und nicht wie in Chile durch die einzelnen Rentenfondsverwalter, wovon man sich eine höhere Effizienz verspricht.[336] In Bezug auf das individu-

[335] Wofür die AFJPs allerdings eine Gebühr entrichten müssen.

[336] In letzter Zeit wird jedoch die Schwäche der Behörde teilweise für die sinkenden Beitragseinnahmen verantwortlich gemacht.

elle Kapitaldeckungsverfahren erfüllt der Staat in erster Linie Kontroll- und Regulierungsfunktionen, um die Pflichtversicherten vor Kapitalmarktrisiken und Missmanagement zu schützen.

Zur Regulierung und Kontrolle der Pensionsfonds hat der Staat eine neue Überwachungsinstanz, die Aufsichtsbehörde SAFJP (*Superintendencia de AFJP*) geschaffen, die von den AFJPs finanziert wird. Sie ist eine autonome Behörde, die dem Arbeits- und Sozialversicherungsministerium zugeordnet ist, und übt Institutionenkontrolle (Lizenzvergabe, Funktionsweise, Liquidation), Finanzkontrolle (Investitionen), Leistungskontrolle (Mitgliedschaft, Rentenleistungen, Versicherungsverträge) sowie medizinische Kontrolle (Invaliditätsrenten, medizinische Kommissionen) aus. Sie publiziert Statistiken und Forschungsberichte zum AFJP-System und ist autorisiert, Sanktionen bei Verstößen gegen das Rentengesetz zu verhängen (Schulthess/Demarco 1996, SAFJP 1998c).

Weitere wichtige Kontrollinstanzen des AFJP-Systems sind die nationale Versicherungsaufsichtsbehörde SSN (*Superintendencia de Seguros de la Nación*), die Zentralbank sowie die Börsenaufsicht CNV (*Comisión Nacional de Valores*).

Staatliche Garantien im AFJP-System:

- Garantie der relativen Mindestrentabilität
- Im Falle der Insolvenz einer AFJP oder einer Versicherungsgesellschaft, Garantie der Zahlung einer Lebensrente, wenn der Versicherte diese Option gewählt hat, Garantie von Erwerbsunfähigkeits- und Hinterbliebenenrenten jeweils bis zu einer Obergrenze von fünfmal der maximalen PBU
- Unantastbarkeit des Fondskapitals im Konkursfall einer AFJP

Quelle: Eigene Darstellung

Um das Risiko der Versicherten innerhalb der kapitalgedeckten Säule des SIJP möglichst gering zu halten, hat der Staat neben den strikten Investitionsvorschriften für das Fondskapital verschiedene Garantien erklärt (vgl. Kasten).

Die Garantie einer Mindestrente mit einer 40prozentigen Ersatzrate wurde ein Jahr nach Inkrafttreten des neuen Systems aufgehoben (Rentensolidaritätsgesetz). Ebenso sind die Leistungen im staatlichen System nur noch in Höhe der vom Haushalt für das Rentensystem verabschiedeten Mittel garantiert (vgl. V.2).

Der Staat ist neben den genannten Aufgaben auch direkt als Rentenfondsverwalter tätig. Die größte staatliche Bank, *Banco Nación*, verwaltet einen eigenen Rentenfonds mit speziellen Aufgaben und Garantien (vgl. Arenas de Mesa/ Betranou 1997: 339). Die AFJP Nación garantiert eine Rentabilität in Höhe der

Verzinsung ihrer Spardepositen und muss mindestens 20% ihres Fondsvolumens in regionale Ökonomien investieren. Die so genannte Doppelgarantie der AFJP Nación in Peso und US-Dollar wurde hingegen nach Inkrafttreten des Gesetzes auf dem Verordnungsweg aufgehoben.

IV.2.2 Entwicklung und *performance* des AFJP-Systems

Das individuelle Kapitaldeckungsverfahren im argentinischen Alterssicherungssystem operiert seit nunmehr acht Jahren unter stark schwankenden ökonomischen Rahmenbedingungen. Im folgenden Abschnitt soll dargestellt werden, wie sich der Markt der Pensionsfondsverwalter entwickelt hat und wie sich der freie Wettbewerb auf die Kosten in Form von Gebühren und Versicherungsprämien für die Versicherten auswirkt (IV.2.2.1). Abschnitt IV.2.2.2 untersucht die Entwicklung des Fondsvolumens, der Investitionsrendite sowie das Anlageportfolio der AFJPs. Eine Analyse der Reichweite, Risiken und Leistungen im neuen System erfolgt unter IV.2.3.

IV.2.2.1 Marktstruktur und Kosteneffizienz

Marktstruktur

Im Juni 1994 nahmen 25 AFJPs das Geschäft auf. Seitdem lässt sich in Folge von Fusionen und Unternehmensübernahmen ein fortschreitender Konzentrationsprozess beobachten, so dass Ende 2001 nur noch 12 Rentenfondsverwalter im Markt operierten. Die Anzahl der durchschnittlichen Versicherten pro AFJP hat sich entsprechend seit 1995 fast verfünffacht. Die vier größten Unternehmen konzentrieren ca. 75% der Mitglieder, Beitragszahler, Fonds und Beitragseinnahmen des Systems auf sich, während die entsprechenden Anteile im ersten Jahr noch um die 50% lagen (siehe Überblickstabelle 4.14). Das größte Unternehmen, die AFJP Orígenes, verwaltet 26% aller Mitglieder und 23% des Fondsvolumens (31.12.01), gefolgt von den Unternehmen Consolidar, Máxima und Siembra.

Die AFJP-Aktiengesellschaften sind in erster Linie *joint ventures* zwischen einheimischen und ausländischen Banken und Versicherungsgesellschaften. Dabei konzentriert sich die Aktienmehrheit im ausländischen Bankensektor, der im Juni 2001 fast 60% des Fondskapitals verwaltete, wobei die vier größten ausländischen Geschäftsbanken 53% administrieren. Der Staatssektor verwaltet über die Banken Banco Nación sowie Banco de la Provincia de Buenos Aires (Orígenes) 15% der Fonds.

Demgegenüber ist die Gewerkschaftspräsenz in der Fondsverwaltung, die bei der Durchsetzung der Reform eine so wichtige Rolle spielte, seit Beginn des Systems kontinuierlich zurückgegangen: AFJPs mit hohen Gewerkschaftsanteilen wie Fecunda, Claridad, San José sind in den letzten Jahren fusioniert.[337]

Tabelle 4.13 Eigentümerstruktur der AFJPs (in Prozent, Mio. Arg$)

	Dezember 1994	Juni 2001
Ausländische Privatbanken	21,9	59,2
Staatliche Banken	13,1	15,2
Inländische Privatbanken	39,2	1,1
Versicherungsgesellschaften	10,5	13,1
Verbände und Gewerkschaften	3,5	2,3
Nicht-finanzielle Unternehmen	3,0	7,9
Finanzunternehmen (Nicht-Banken)	6,4	1,1
Andere	2,5	0,1
Gesamt (Prozent)	100,0	100,0
Inländisches Kapital	68,5	28,2
Ausländisches Kapital	31,5	71,8
Gesamt (Prozent)	100,0	100,0
Rentenfonds FJP (in Mio. Arg$)	519,5	22.166,1

Quelle: SAFJP 2001b: 92, Tabelle 11.4.

Gebührenentwicklung

Die AFJPs erheben von den Versicherten eine Verwaltungs- und Versicherungsgebühr, die sich aus einer festen und/oder einer prozentualen Komponente zusammensetzen kann. Die fixe Gebühr ist für Niedrigeinkommensbezieher relativ höher, so dass die Gebührenstruktur von den AFJPs als Instrument der Versichertenselektion nach Einkommenshöhe genutzt wird. Während die größeren Pensionsfonds auf ein großes Marktsegment abzielen und keine fixe, sondern eine höhere prozentuale Gebühr erheben, verfolgen andere Unternehmen eine Nischenstrategie und attrahieren über hohe fixe Komponenten Besser-

337 Um die Marktkonzentration nicht zu fördern, wurde mit Resolution SSS 4/98 eine neue Art der Zuordnung von Versicherten bestimmt, die nicht explizit eine AFJP wählen: Statt die Unentschiedenen proportional zur Mitgliederstärke der AFJPs aufzuteilen, wurde eine gleichmäßige Verteilung auf alle Unternehmen bestimmt. SAFJP 2000a: 28. Um eine weitere Beeinträchtigung der Wettbewerbsintensität und eine potentielle Marktkontrolle durch wenige Firmen zu vermeiden, schlägt Rofman (2000) zudem die Einführung einer Obergrenze für Marktanteile (z.B. in Höhe von 20%) vor, wie sie bspw. in Mexiko existiert.

verdienende. Bezüglich Dauer der Mitgliedschaft und Regelmäßigkeit der Beitragszahlungen können Rabatte (*bonificaciones*) auf die Gebühren gewährt werden.

Die gesamten Gebühren betrugen bei Einführung des Systems 3,5% (32% des Beitrags) und sind bis Juni 2001 leicht auf 3,4% des Lohns gesunken.[338] Die durchschnittliche Gebühr nimmt mit steigender Bemessungsgrundlage (Lohneinkommen) ab: Für ein Lohnniveau von 240 Arg$ beträgt die durchschnittliche Gebühr 4,3% des Lohns, bei 4.800 Arg$ sinkt sie auf 3,0%. Zudem ist die Gebührenbelastung bei Berücksichtigung des Lohnniveaus des Versicherten zwischen den AFJPs sehr unterschiedlich, so dass sich eine genaue Auswahl für die Versicherten lohnen würde: z.B. variierte die Gebührenhöhe für ein Lohnniveau von 240 Arg$ zwischen 2,6% bis 5,95% des Lohns (jeweils Juni 2001, SAFJP 2001b: 53).

Tabelle 4.14 Indikatoren zum AFJP Markt

Indikator	**1. Jahr** 06.95	**2. Jahr** 06.96	**3. Jahr** 06.97	**4. Jahr** 06.98	**5. Jahr** 06.99	**6. Jahr** 06.00	**7. Jahr** 06.01	**8. Jahr** 06.02
Anzahl AFJP (Start mit 26)	25	23	21	17	15	13	13	12
Ø Mitglieder pro AFJP	153.724	228.009	277.168	393.897	498.350	623.383	663.382	748.113
Konzentration:								
4 größte								
-%Mitglieder	47,4	49,5	60,4	66,1	67,4	66,2	72,9	72,7
-%Beitragszahler	49,3	51,9	62,1	67,6	68,2	67,5	74,3	73,6
-%Fonds	51,9	54,5	61,7	62,9	66,9	66,1	73,3	75,5
-%Einnahmen	53,4	55,3	62,0	64,8	64,2	65,0	72,0	72,2
Gebühren:								
-Gesamt (%Lohns)	3,5355	3,4852	3,4673	3,4362	3,4113	3,3754	3,3769	2,27
-Versicherung (%Lohn)	0,7411	0,6301	0,7624	0,9016	0,9460	1,0093	1,1774	0,4139
-Versicherung (% Gebühr)	46,3	25,8	22,0	25,8	28,0	29,8	35,0	18,2

[338] Die Gebührensenkung im Dez. 2001 erfolgte aufgrund einer Senkung des AN-Beitrags auf 5%, s.u.

Fortsetzung

Indikator	1. Jahr 06.95	2. Jahr 06.96	3. Jahr 06.97	4. Jahr 06.98	5. Jahr 06.99	6. Jahr 06.00	7. Jahr 06.01	8. Jahr 06.02
Kennzahlen:								
-ROE* %	-113,3	-5,0	8,8	12,0	39,1	31,1	15,8	n.v.
-ROp/PNb** %	-93,1	20,4	22,1	28,7	54,9	47,6	29,7	n.v.
-Liquidität*** %	179,3	179,8	175,2	187,4	190,4	216,3	177,9	n.v.
-Operat. Kosten/ Gesamt in %	41,0	30,2	29,7	28,0	24,6	24,2	25,0	n.v.
Personal								
-gesamt	14.094	18.588	22.749	18.517	14.156	13.410	12.592	11.685
-Vertrieb (Start: 28.000)	11.764	14.809	20.012	17.398	12.884	11.984	11.852	10.236

Quelle: SAFJP 2001b, SAFJP 2002b.

* ROE (Eigenkapitalrentabilität): Nettogewinn (nach Steuern) zu Eigenkapital (*resultado neto/patrimonio neto básico*)

** ROp/PNb operatives Ergebnis zu Eigenkapital (*resultado operativo/patrimonio neto básico*)

*** Liquidität: laufende Aktiva/laufende Passiva

Obwohl die Gesamtgebühr im Zeitablauf ungefähr konstant geblieben ist, haben sich beträchtliche Veränderungen in Bezug auf ihre Zusammensetzung ergeben. Während bei Einführung des Systems der Anteil der Kosten für die kollektive Invaliditäts- und Hinterbliebenenabsicherung 63,6% der Bruttogebühr ausmachte, sank dieser Anteil bis Mitte 1997 auf ein Minimum von 22%, um bis Ende 2001 wieder auf 35% anzusteigen.[339] Die Reduzierung der Versicherungskosten wurde jedoch kaum an die Versicherten weitergegeben: Der Ausgabenanteil für Verwaltung und Vertrieb stieg entsprechend von einem Drittel auf zwei Drittel an.

Für die hohen Verwaltungsausgaben der AFJPs sind v.a. die Personal- und Werbekosten verantwortlich, die zwar eine direkte Folge des Wettbewerbs um die Versicherten darstellen und für den Erfolg bei der Mitgliedereinwerbung entscheidend sind (s.u.), zum anderen aber durch eine höhere Preiselastizität der Nachfrage sowie durch Änderungen in der Regulierung des AFJP-Marktes gesenkt werden könnten.[340]

[339] Aufgrund fehlender Statistiken wurden Sterblichkeits- und Erwerbsunfähigkeitsraten bei Systemeinführung geschätzt und später korrigiert, vgl. Trappe 2000: 222.

[340] Wenn Versicherte die AFJP mit den niedrigsten Gebühren für ihr jeweiliges Lohnniveau wählten, könnte die Durchschnittsgebühr um ca. 0,5 Prozentpunkte gesenkt werden. Die Änderungen der Regulierung betrifft die notwendigen Formalitäten bei einem Wechsel zu einer anderen AFJP sowie eine Belohnung derjenigen AFJPs mit einer höheren Zuteilung an unent-

Eine Senkung der Gebühren ist wünschenswert, um die Nettoverzinsung des Versichertenkapitals, d.h. abzüglich der Gebühren, zu erhöhen und eine höhere Akkumulation von Vermögen zu ermöglichen. Zudem ist der Gebührenanteil als Prozentsatz am gesamten Arbeitnehmerbeitrag in Argentinien mit rund 30% im Vergleich zu anderen dezentralen Kapitaldeckungsverfahren relativ hoch.[341]

Abbildung 4.15 Gebührenstruktur AFJP-System (in % des Lohns), 1994-2001

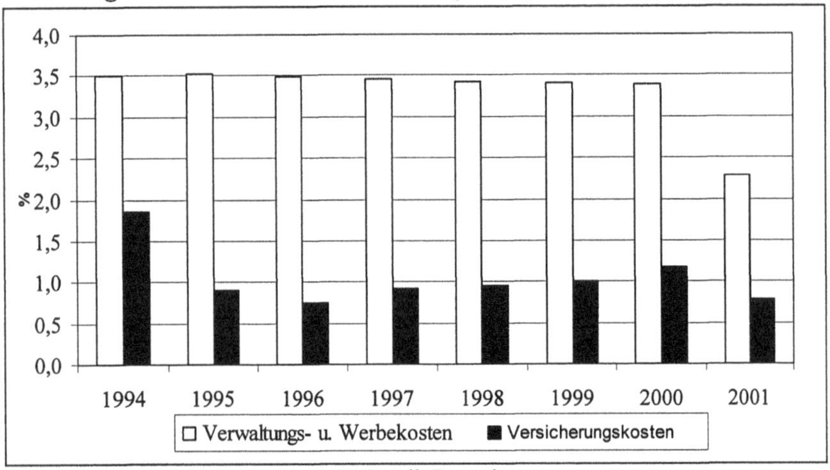

Quelle: SAFJP 2002b, Abb. 11.2.2, 11.2.1 Jeweils Dezember.

Rofman (2000) errechnet, dass die AFJP-Gebühren einer jährlichen 2prozentigen Steuer auf das akkumulierte Vermögen entsprächen bzw. die Bruttoverzinsung langfristig um 1,5 Prozentpunkte senkt.

Transferverhalten

Versicherte können bei Eintritt in die kapitalgedeckte Säule die AFJP frei wählen und zweimal jährlich bzw. nach mindestens vier Beitragszahlungen zu einer anderen Gesellschaft wechseln. Obwohl die Wechselmöglichkeit die Mar-

schiedenen Neumitgliedern, welche die geringsten Gebühren aufweisen (letzteres wurde Ende 2001 eingeführt). Angestrebt wird eine Aufteilung der Kosten im Verhältnis 50:50 (Rofman 2000).

341 Rofman 2000. Die Bruttogebühr inklusive Versicherungskosten betrug 2000 in Peru 27,2%, in Kolumbien 25,9%, in Chile 21,5%, in Uruguay 17,6%.

ketingkosten der Pensionsfonds erhöht und als Hauptursache für die hohen Gebühren gilt, ist sie für einen funktionierenden Wettbewerb unabdingbar.

Sieben Jahre nach Einführung des neuen Systems haben 3,4 Millionen Versicherte ihre AFJP gewechselt, was 39% aller Versicherten im kapitalgedeckten System entspricht. Weitere 25,5% (2,2 Mio.) der Versicherten wechselten den Fonds aufgrund von Fusionen. Die höchste Wechselrate wurde im zweiten Halbjahr 1997 erreicht (ca. 9,5% Mitglieder, 835.000, Rofman 2000: 13), danach sank die Transferquote aufgrund einer Regulierungsänderung[342] sowie einer impliziten Übereinkunft der größten AFJPs bis 1999 auf fast 2%, um danach wieder leicht anzusteigen.

Die Faktoren, die für die Wahl einer AFJP bzw. einen Wechsel ausschlaggebend sind, sind bei Annahme rationaler Entscheidungen der Marktteilnehmer überraschend, bestätigen aber die Erfahrungen, die bereits in Chile gemacht wurden. Bei der Konkurrenz um Versicherte spielt das Image des Unternehmens (Größe der AFJP, Anzahl der Verkaufsvertreter, Werbe- und Marketingaktivitäten) die zentrale Rolle, während sich keine signifikante Korrelation mit Variablen nachweisen lässt, die einen direkten Einfluss auf den Saldo des Versichertenkontos ausüben (durchschnittliche Gebühr, jährliche Rentabilität).[343]

Unternehmerisches Ergebnis

Die Rentenfondsverwalter investierten vor Geschäftsbeginn 600 Mio. Arg$ (Vittas 1997a: 4) sowie weitere 500 Mio. Arg$ im ersten Jahr und 600 Mio. Arg$ im zweiten Jahr. Für das konsolidierte AFJP-System konnten bereits im zweiten Jahr nach Einführung positive Umsätze erzielt werden, allerdings konnte die Gruppe der mittelgroßen und kleinen Unternehmen erst im fünften Jahr den *break-even-point* erreichen und verzeichnet gegenwärtig wieder operative Defizite.[344] Die Eigenkapitalrendite stieg von -113% im ersten Jahr auf 14,2% im siebten Jahr, das Verhältnis des operativen Ergebnisses zum Eigentkapital verbesserte sich von -93,1% auf 29,7% (vgl. Tab. 4.14).

---

[342] Vgl. SAFJP 2000b: 30. Über Resolution 495 (Oktober 1997) wurden wichtige Änderungen in Bezug auf a) Eintritt in und Wechsel zu einer AFJP, b) Verkaufspersonal sowie c) Filialen bestimmt. Wichtigste Neuregelung ist dabei die Anforderung, bei Wechsel zu einer neuen AFJP eine persönliche Erklärung in einer Filiale des Unternehmens abzugeben und den Wechsel nicht wie zuvor durch einen Versicherungsvertreter vornehmen zu lassen.

[343] Vgl. die Ergebnisse statistischer Tests bei Chisari/Dal Bó 1996a und SAFJP 2001b: 33-36.

[344] Die Unterteilung in Gruppen ist von der SAFJP wie folgt vorgenommen worden: Große (Wert für Indikator >10%), mittlere (Wert für Indikator zwischen 2-10%), kleine (Wert <2%). Im Juni 2001 zählten vier Unternehmen zu den großen, fünf zu den mittleren und vier zu den kleinen. SAFJP 2002b: 84.

Das Verhältnis zwischen laufenden Einnahmen und Ausgaben ist ebenfalls seit dem zweiten Jahr positiv und sinkt erst wieder seit dem sechsten Jahr aufgrund steigender Beitragsevasion (vgl. Tab. 4.17). Die laufenden Kosten der AFJPs in Prozent der Gesamteinnahmen haben sich von 41% 1995 auf 25% 2001 verringert, was in erster Linie auf den überproportionalen Anstieg der Beitragseinnahmen zurückzuführen ist. Ein genauerer Indikator für die operative Effizienz des konsolidierten AFJP-Systems ist deshalb die Entwicklung des jährlichen operativen Ergebnisses pro Versichertem: Wurde im ersten Jahr noch ein Verlust von 56 Arg$ pro Mitglied erwirtschaftet, konnte im siebten Jahr ein Gewinn von 25 Arg$ erreicht werden (für Beitragszahler sind die Zahlen 93 Arg$ und 63 Arg$). Die jährlichen Kosten pro Beitragszahler sanken von 404 Arg$ auf 322 Arg$.

In Bezug auf die Ausgabenstruktur der Pensionsfondsverwalter (Abb. 4.16) fällt auf, dass bereits im zweiten Jahr der Anteil der Verwaltungskosten zurückging und auch die Ausgaben für Werbung und Vertrieb seit 1998 eine sinkende Tendenz aufweisen (3. Jahr Maximum von 50% der Ausgaben, 7. Jahr 30%), was v.a. auf eine Reduzierung des Verkaufspersonals zurückzuführen ist (vgl. auch Tab. 4.14). Demgegenüber haben die Versicherungskosten, die sich in den ersten zwei Jahren auf die Hälfte reduzierten, seit 1997 wieder zugenommen und erreichten im Juni 2001 41% der Ausgaben (Tiefststand 1997 mit 23%).

Abbildung 4.16 Operative Ausgaben der AFJPs (in Mio. Pesos und prozentuale Struktur), 1994-2001

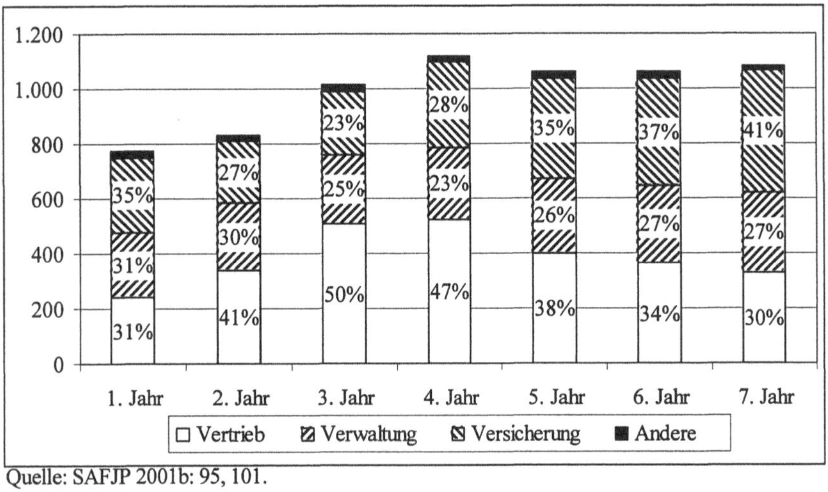

Quelle: SAFJP 2001b: 95, 101.

Die steigenden Gewinne in den ersten fünf Jahren, die sich nicht in einer Preissenkung für die Nachfrager niederschlugen, sowie die Marktkonzentration können als Indiz für einen beschränkten Wettbewerb gedeutet werden (Rofman 2000). Die zunehmend schwierigen ökonomischen Rahmenbedingungen, insbesondere ab Mitte 2001, könnten die bereits vorhandene Konzentrationstendenz verschärfen, um höhere Skaleneffekte und Kosteneinsparungen zu erzielen. Größere Unternehmen zeichnen sich durch geringere prozentuale Ausgaben und höhere Gewinne aus, während insbesondere das Segment der kleinsten Unternehmen 2001 erneut in die Verlustzone (operatives Ergebnis) geraten ist (vgl. SAFJP 2001b: 96-97).[345]

Tabelle 4.17 Operatives Ergebnis (Mio. Pesos), 1995-2001

	1. Jahr	2. Jahr	3. Jahr	4. Jahr	5. Jahr	6. Jahr	7. Jahr
Operatives Ergebnis	-178	46	71	110	272	301	213
Laufende Einnahmen	594	875	1.084	1.228	1.333	1.360	1.298
-Gebühren	587	858	1.057	1.217	1.306	1.315	1.270
-Andere	7	17	27	11	27	45	28
Laufende Kosten	772	829	1.013	1.118	1.061	1.060	1.085
-Absatz/Vertrieb*	240	341	506	523	400	362	330
-Verwaltung*	239	245	253	260	272	282	290
-Versicherung	271	222	233	314	366	392	445
-Andere	22	21	21	21	22	23	19

Quelle: SAFJP 2001b: 95, Tabelle 11.5.
* inklusive Personal.

Was die Solvenz- und Liquiditätsindikatoren angeht, konnten in den ersten sieben Jahren die gesetzlichen Mindestbestimmungen überschritten werden. Das Überschusskapital (den Betrag von 3 Mio. Arg$ übersteigendes Eigenkapital) des konsolidierten Systems erreichte im Juni 2001 214,4 Mio. Arg$ und der Liquiditätskoeffizient (laufende Aktiva/laufende Passiva) weist seit 1995 hohe Werte auf, allerdings mit sinkender Tendenz seit 2000 (vgl. Tab. 4.14). Der Aufbau von Überschusskapital wird von der Aufsichtsbehörde positiv bewertet, um die Sicherheit des Versichertenkapitals und die Einhaltung der Rentabilitätsvorschriften zu wahren (SAFJP 1998c: 70).

[345] Für Vorschläge zur Reduzierung der Verwaltungskosten siehe auch Vereinigung der privaten Verwalter ASAP 1999.

IV.2.2.2 Fondsvolumen, Rendite und Investitionsportfolio

Abbildung 4.18 Entwicklung Fondsvolumen (in % BIP), 1994-2001

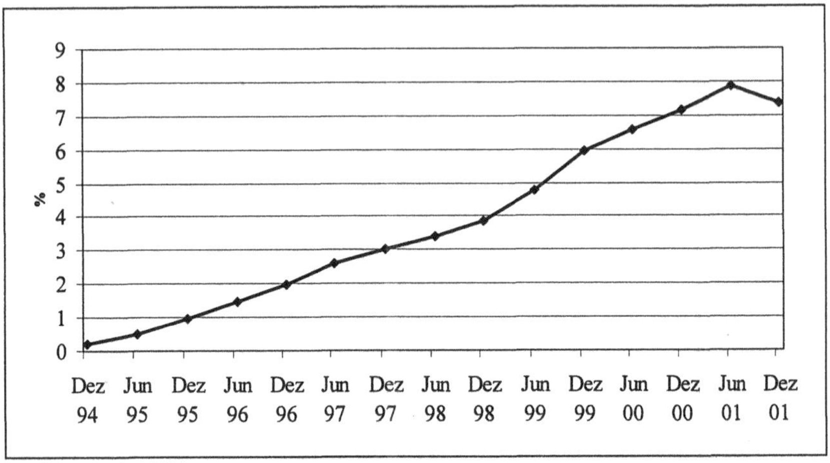

Quelle: SAFJP 2002b

Abbildung 4.19 Entwicklung Fondsvolumen (Gesamt und pro Mitglied), 1994-2001

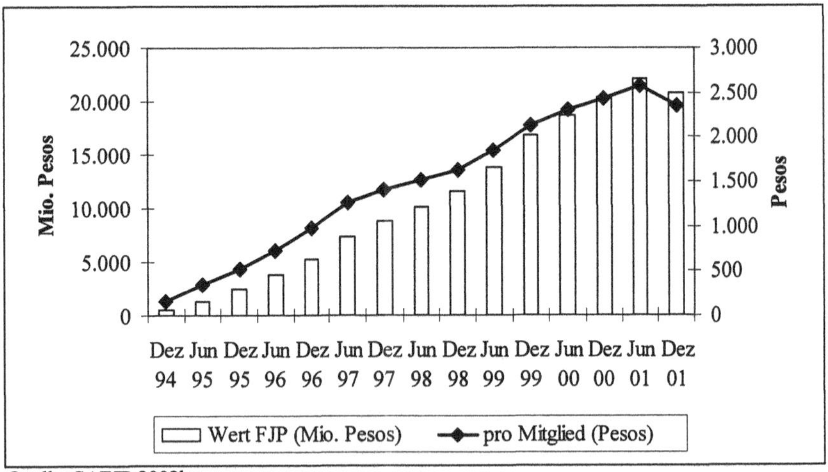

Quelle: SAFJP 2002b

Im Juni 2001 betrug der Wert des akkumulierten Alterssicherungskapitals 22.166 Mio. Arg$, bzw. 7,86% des BIP, im Dezember aufgrund einer negativen Verzinsung von fast 12% für 2001 jedoch nur noch 20.786 Mio. Arg$ bzw. 7,37% des BIP.

Das durchschnittlich akkumulierte Kapital pro Versichertem stieg von 153 Arg$ Ende 1994 auf 2.350 Arg$ Ende 2001 an (Abb. 4.19).[346]

Die monatlichen Einnahmen der AFJPs, die fast gänzlich aus Pflichtbeiträgen der Versicherten bestehen, sind seit 1994 kontinuierlich angestiegen und betrugen im Jahr 2001 durchschnittlich 337 Mio. Arg$.

Abbildung 4.20 Gesamte Beitragseinnahmen AFJPs und Anteil freiwilliger Beiträge, 1994-2001

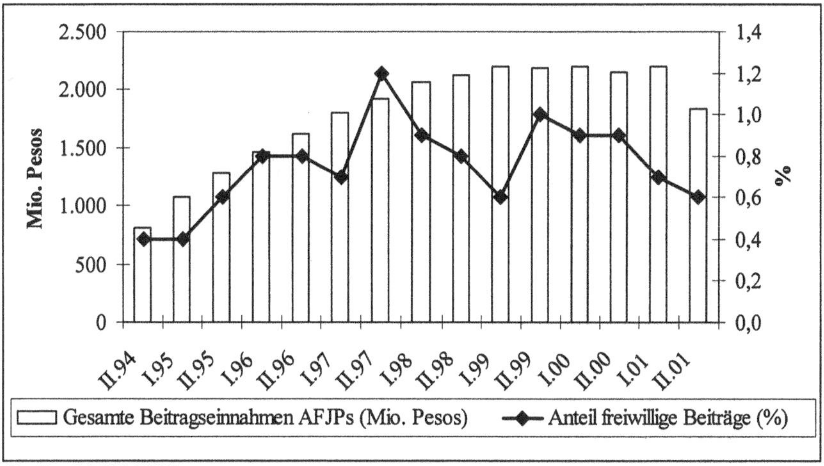

Quelle: SAFJP 2002b

Die steigenden Einnahmen der AFJPs, die mit der Zunahme der Mitglieder bzw. Beitragszahler zusammenhängt, gehen zum einen auf die Attraktivität der kapitalgedeckten Option für die Versicherten zurück, zum anderen auf den Mechanismus der Zuteilung von Versicherten, die sich für keine Alternative entscheiden und automatisch dem AFJP-System zugeordnet werden (durchschnitt-

[346] Im Vergleich zu Chile, wo die Rentenfonds 2001 ca. 45% des BIP erreichten, findet die Kapitalakkumulation in Argentinien langsamer statt, da nur ca. 7,5% des Lohns akkumuliert wird und das staatliche Parallelsystem existiert.

lich 40% des Mitgliedszuwachses in den ersten sieben Jahren, SAFJP 2001b: 30).[347]

Obwohl Ende 2001 ca. 82% der Versicherten des SIJP Mitglied eines Pensionsfonds waren, hat sich die Wahl der Option mit maximaler Beitragsäquivalenz nicht in einer höheren Erfüllungsquote niedergeschlagen (was mit der chilenischen Erfahrung korrespondiert, vgl. II.3.1).

Abbildung 4.21 Entwicklung Mitglieder, Beitragszahler und Erfüllungsquote im AFJP-System, 1994-2001

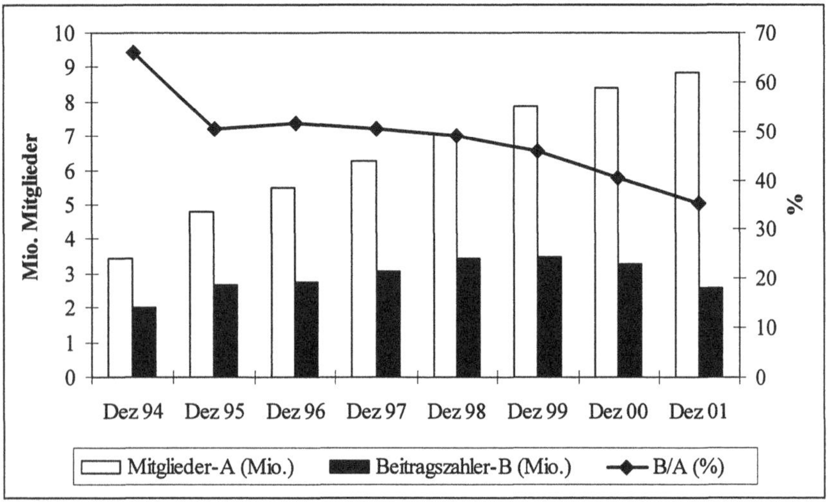

Quelle: SAFJP 2002b

Die Relation Gesamtmitglieder zu Beitragszahlern ist zwar kein verlässlicher Indikator in Bezug auf Hinterziehungsraten, da der Mitgliedstatus bereits nach einer Beitragszahlung erworben wird und bis zum Erreichen des Renteneintrittsalters beibehalten wird, auch wenn der Versicherte nicht mehr beitragspflichtig ist (Beschäftigungsprogramm, Arbeitslosigkeit) bzw. einem anderen System zugehört (vgl. SAFJP 2001b). Für Beitragspflichtige im SIJP ist die zunehmende Nichterfüllung jedoch eine Gefahr für den Versicherungsschutz (vgl. die Ausführungen zum Deckungsgrad unter IV.2.3.1).

[347] Zurzeit wird diskutiert, diese automatische Begünstigung der kapitalgedeckten Säule zugunsten der umlagefinanzierten Säule im staatlichen System zu ändern. Vgl. Teil V.

Rendite

Die im neuen Kapitaldeckungsverfahren erzielte nominale (Brutto-) Ertragsrate war in den ersten fünf Jahren nach Einführung des Systems außerordentlich hoch und betrug durchschnittlich 16,7% in einem Kontext sehr niedriger Inflationsraten. Bis Ende des Betrachtungszeitraumes (Dezember 2001), der mit der Aufgabe des *currency boards* zusammenfällt (Kapitel V.1), hielt die Preisniveaustabilität an, jedoch hat sich die durchschnittlich erzielte Verzinsung aufgrund von extremen Einbrüchen der Rentabilität im Jahresvergleich als Folge wiederholter Finanz- und Wirtschaftskrisen (siehe Abb. 4.22) auf 7,97% verringert. Für das Jahr 2001 wurde eine negative Verzinsung des Fondsvermögens von 11,74% verzeichnet.

Die hohen Ertragsraten in der Anfangsphase des privaten Rentensystems waren für die Versicherten ein entscheidendes Argument, die kapitalgedeckte Säule zu wählen. Im Zuge der verschiedenen Wirtschaftskrisen seit 1995 ist jedoch deutlich geworden, dass diese Rendite Ausdruck hoher Risikoprämien, der Unterbewertung argentinischer Aktiva auf dem Kapitalmarkt nach der Mexikokrise sowie einer generellen Überbewertung von Staatsanleihen waren. Die Volatilität der Rendite stellt neben der langfristig erzielten Realverzinsung ein Risiko für die Versicherten dar, da zukünftige Rentenleistungen davon beeinträchtigt werden können (vgl. die Risikoevaluierung unter IV.2.3.2).

Abbildung 4.22 Jährliche nominale Rentabilität und kumulierte Rentabilitätsrate des AFJP-Systems, 1995-2001

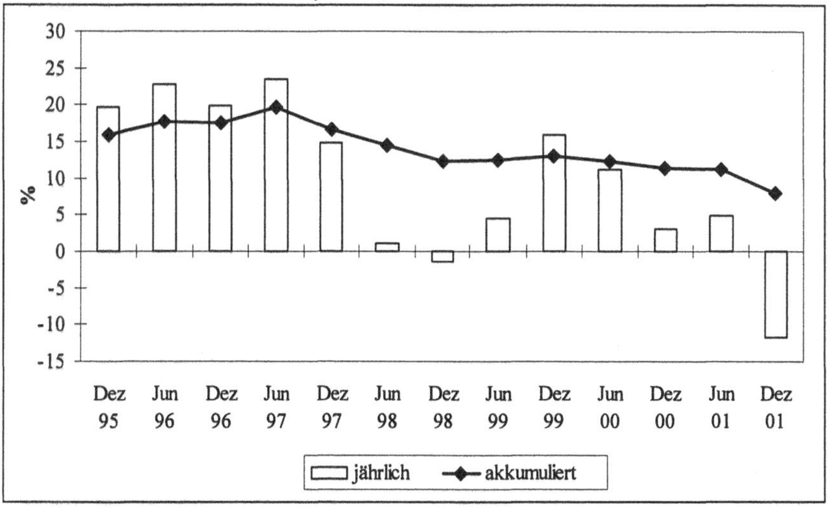

Quelle: SAFJP 2002b

Investitionsportfolio

Der Alterssicherungsfonds wird, wie unter IV.2.1.2 beschrieben, in verschiedene Anlageinstrumente investiert, die aufgrund der strikten Regulierung eine optimale Kombination aus Sicherheit und Rendite gewährleisten sollen. Die Portfoliostruktur ist durch einen hohen Anteil an staatlichen Wertpapieren geprägt, die bis Juni 2001 ca. 50% des Portfolios ausmachten und bis Ende des Jahres im Kontext der drohenden Staatsinsolvenz auf Druck der Regierung auf 70% anstiegen (vgl. Teil V).

Termineinlagen im Bankensektor sanken von 27% im ersten Jahr auf 11% Ende 2001, Unternehmensanleihen haben ihren Anteil am Gesamtportfolio ebenfalls von ca. 7% auf 2% verringert und der Anteil an Aktien sank insbesondere nach der Asienkrise von seinem maximalen Wert 23% auf 11% ab. Investitionen in ausländische Aktiva haben leicht zugenommen und betrugen im Juni 2001 3%. Als Ursachen für die geringe internationale Diversifizierung (ein Anteil von 17% ausländischer Aktiva ist erlaubt) werden höhere Transaktionskosten und Probleme beim Rating und der Hinterlegungspflicht sowie die überdurchschnittlich hohen nationalen Renditen angeführt (Vittas 1997a: 4).[348]

Tabelle 4.23 Portfoliozusammensetzung der Pensionsfonds (in %), 1995-2001

Instrument	1995	1996	1997	1998	1999	2000	30.06. 2001	31.12. 2001
Barbestand	2,27	2,24	1,38	1,37	1,92	1,10	0,72	k.A.
Staatsanleihen TGN	45,94	47,38	45,50	42,29	48,30	48,20	48,74	66,7
Staatsanleihen TEE	8,93	6,73	5,12	3,74	4,55	6,23	6,00	2,8
Unternehmensanleihen	6,77	10,66	4,80	2,33	2,29	2,44	2,34	1,7
Termineinlagen	27,07	17,57	16,42	22,96	18,15	15,24	15,44	11,1
Aktien	1,97	13,48	21,76	20,90	17,33	16,59	11,49	10,5
Treuhandfonds	-	-	3,06	3,00	2,74	2,73	9,11	1,3
Andere	7,05	1,94	1,98	3,42	4,72	7,47	6,16	k.A.

Quelle: SAFJP 2001b, Tabelle 14, S. 137, jeweils zum 30.06, Daten 31.12.2001 SAFJP 2002b.

Die geringe Diversifizierung des Portfolios zwischen verschiedenen AFJPs wird in erster Linie auf die Mindestrentabilitätsregel zurückgeführt, da

[348] Die Fonds betätigen sich also nur bedingt als Kapitalexporteure zu Sterilisierungszwecken, vgl. III.7.

ein vom Systemdurchschnitt abweichender Investitionsertrag sanktioniert wird, indem im positiven Fall eine Einstellung eventueller Überschüsse in den Fluktuationsfonds und im negativen Fall eine Kompensation der Versicherten aus dem Unternehmensvermögen verlangt wird.

IV.2.2.3 Zusammenfassung

Die Einführung des individuellen Kapitaldeckungsverfahrens in Argentinien war eine organisatorische Herausforderung und ein gewisses geschäftliches Risiko, da den Versicherten auch der Verbleib im staatlichen Umlageverfahren offen stand. Allerdings sind die Gebühreneinnahmen der AFJPs nicht von ihrer Investitions*performance* abhängig, sondern ein fester Anteil des Arbeitnehmerbeitrags. Nach sieben Jahren sind der Markt konsolidiert und die Strukturen gefestigt und die Versicherten haben sich zum größten Teil für das private Kapitaldeckungsverfahren entschieden. Die Probleme des AFJP-Systems wie Marktkonzentration, hohe Verwaltungskosten, geringe Portfoliodiversifizierung zwischen den AFJPs sowie stark schwankende Renditen, sind bereits aus dem chilenischen Modell bekannt und resultieren aus dem Versuch, zum einen ein wettbewerbliches Versicherungssystem zu etablieren, das höhere Kosten und unsichere Leistungen als ein staatliches Rentensystem aufweist, zum anderen dieses Pflichtsystem zu regulieren (z.B. durch die Mindestrentabilitätsregel), um die Risiken für die Versicherten zu begrenzen. Ein zweites Phänomen, die geringe Preiselastizität der Nachfrage in Bezug auf Gebühren und Versicherungskosten und die Bedeutung von Werbung und Marketing ist ebenfalls aus Chile bekannt. Um diesbezüglich Verbesserungen zu erzielen werden eine sorgfältige Informationsstrategie der Aufsichtsbehörde sowie Regulierungen (z.B. in Bezug auf die Zuteilung nicht-wählender Versicherter), die kosteneffiziente Unternehmen belohnen, empfohlen.

Im Kontext der jüngsten Wirtschaftskrise ist das kapitalgedeckte Rentensystem stark unter Druck geraten. In Zukunft könnten erneut umfassende Änderungen durchgesetzt werden. Die aktuellen Ereignisse und ihre Wirkungen auf das AFJP-System werden in Teil V behandelt.

IV.2.3 Sozialpolitische Evaluierung des SIJP

Für eine erste Evaluierung des neuen Rentensystems ist neben der im vorangegangenen Kapitel erfolgten Beschreibung der AFJP-Markt*performance* eine Beurteilung des Gesamtsystems nach sozialpolitischen Kriterien wichtig. Wer kann in Zukunft eine Rentenleistung erwarten, welchen Risiken sind die Versicherten ausgesetzt und wie hoch werden die zukünftigen Leistungen ausfallen? In den folgenden Abschnitten wird versucht, erste Antworten auf diese Fragen zu geben.

IV.2.3.1 Deckungsgrad

Ziel eines Rentensystems ist, unter Berücksichtigung einer Budgetrestriktion einen möglichst großen Teil der Bevölkerung gegen die Risiken Alter, Erwerbsunfähigkeit sowie Hinterbliebenenschaft zu schützen. In Argentinien war die Reichweite des staatlichen Rentensystems traditionell hoch. Dies betraf sowohl die Anzahl der Personen, die eine Rentenleistung bezogen, als auch die gesetzliche Rentenhöhe. Trotz der finanziellen Probleme in den 1980er Jahren, die zu einem Verfall der durchschnittlichen Realleistungen führte, bezogen ca. 60% der rentenfähigen Bevölkerung (Frauen/Männer über 60/65) eine Rentenleistung (vgl. Tab. 4.3). Die hohe Reichweite des Systems war allerdings - wie gezeigt - Ergebnis niedriger Anspruchsbedingungen und wurde mit zunehmenden Defiziten in der Rentenversicherung erkauft.

Das neue Rentensystem SIJP hat die Zugangsbedingungen für einen Rentenerwerb stark gestrafft und gleichzeitig transparenter gemacht. Das Renteneintrittsalter wurde um fünf Jahre, die Mindestbeitragszeit um zehn auf dreißig Jahre erhöht und Beitragszahlungen müssen regelmäßig erfolgen, sonst verliert der Versicherte den Anspruch auf Invaliditäts- und Hinterbliebenenschutz.[349] Aufgrund der neuen Regeln sowie stärkerer Kontrolle der individuellen Beitragserfüllung wird c.p. eine Verringerung des Deckungsgrades erwartet. Dies wird zusätzlich durch den Alterungsprozess der Bevölkerung sowie die strukturellen und konjunkturellen Arbeitsmarktprobleme verstärkt (siehe V.4). Die Hoffnung der Reformer, die Reichweite des Systems würde sich durch eine höhere Formalisierung des Arbeitsmarktes sowie geringere Hinterziehungsraten als Folge der Teilprivatisierung erhöhen, hat sich hingegen bisher nicht bestätigt.

Zur Messung des Deckungsgrades werden unterschiedliche Konzepte verwendet.

Zum einen kann zu einem bestimmten Zeitpunkt gemessen werden, wie hoch der Anteil der Bevölkerung ab einem bestimmten Alter ist, der eine Rentenleistung bezieht. Zum anderen wird versucht, Aussagen über die zukünftige

---

[349] Bezieher von Arbeitslosengeld gelten als reguläre Mitglieder der Rentenversicherung und verlieren somit nicht ihren Anspruch auf Invaliditäts- und Hinterbliebenenschutz. Vgl. Demarco 1998: 220.

Deckung zu geben, indem die Mitgliedschaft und Beitragserfüllung der aktiven Bevölkerung in der Rentenversicherung betrachtet wird.

Wird die Entwicklung des Deckungsgrades der rentenfähigen Bevölkerung zwischen 1994 und 1999 beobachtet, lässt sich eine Verschlechterung um 5 Prozentpunkte feststellen (vgl. Grushka 2001: 61): Während 1994 noch 77% der über 65jährigen einen individuellen Rentenanspruch hatten, sank dieser Anteil bis 1999 auf 72%.[350] Allerdings steigt der Deckungsgrad mit zunehmendem Alter und beträgt für über 80jährige fast 90%. Ein höherer Deckungsgrad wird auch bei Verwendung anderer Messkonzepte gewonnen, die a) auch Personen einbeziehen, deren Ehepartner eine Rentenleistung erhalten oder b) zum Konzept a) noch Personen im rentenfähigen Alter mit eigenem Erwerbseinkommen hinzurechnen. Bei Konzept a) steigt die Deckung für über 65jährigen auf 82%, bei Konzept b) sogar auf 87% (jeweils Mai 1999, Grushka 2001: 56-58).

Tabelle 4.24 Anteil der über 65jährigen mit Rentenbezug (in %), Mai 1999

Altersgruppe	Männer	Frauen	Gesamt
65-69	62,7	50,5	**55,5**
70-74	81,2	67,0	**72,3**
75-79	86,8	76,1	**80,3**
80+	91,8	88,4	**89,6**
Gesamt	**77,7**	**68,0**	**71,8**

Quelle: Grushka 2001: 56.

Bei der Messung der potentiellen Deckung der aktiven Bevölkerung mit Rentenversicherungsleistungen ist der am häufigsten genutzte Indikator der Anteil der erwerbsfähigen Bevölkerung bzw. der Beschäftigten, der die Anspruchsvoraussetzungen für einen Leistungsbezug erfüllt, d.h. als Beitragszahler im Untersuchungszeitraum registriert ist.[351] Dabei können die Versicherten dem SIJP angehören oder Beitragszahler in einem anderen Rentensystem sein (nicht-integrierte provinzielle oder kommunale Kassen, Militär, Polizei und Sicherheitsdienste, Kassen für Freiberufler).

Wie Tabelle 4.25 zeigt, hat sich der Deckungsgrad im SIJP sowohl in Bezug auf die erwerbsfähige Bevölkerung als auch bezüglich der Beschäftigten seit

[350] Die Deckung bei Männern über 65 sank um 7%, für 65-70jährige um 11%, Grushka 2001: 61.

[351] Beitragszahler ist derjenige, der im untersuchten Monat einen Pflichtbeitrag geleistet hat. Mitglied ist jeder Versicherte, der seit 1994 mindestens eine Beitragszahlung geleistet hat, SAFJP 2001b: 121-3. Die Erwerbsbevölkerung (PEA) betrug 1999 15,21 Mio. und die Beschäftigten 13,29 Mio, Secretaria de Seguridad Social 1999.

Einführung des neuen Systems um 3% bzw. 4,5% verringert und erreichte im Mai 2001 36,1% und 30,4%. Für sämtliche formellen Alterssicherungssysteme schätzt die SAFJP die Reichweite auf 47,8% der Beschäftigten und 40,2% der Erwerbsfähigen.

Tabelle 4.25 Indikatoren zum Deckungsgrad des SIJP und Reichweite der Alterssicherung, 1994-2001

Datum	Beitragszahler SIJP / Beschäftigte	Beitragszahler SIJP / Erwerbsfähige*	Gesamte Beitragszahler / Beschäftigte	Gesamte Beitragszahler / Erwerbsfähige
Okt. 1994	39.0	35.0	k.A.	k.A.
Mai 1995	38,9	32,1	53,5	44,2
Mai 1996	40,1	33,5	52,6	44,0
Mai 1997	41,1	34,7	51,2	43,2
Mai 1998	38,5	33,6	48,0	41,9
Mai 1999	39,7	34,3	49,1	42,4
Mai 2000	36,8	31,2	48,7	41,4
Mai 2001	36,1	30,4	47,8	40,2

Quelle: SAFJP 2002b: 10. Tab. 2.2.
* PEA (Población Económicamente Activa). Gesamte Beitragszahler umfasst SIJP sowie Schätzung nicht-beigetretene Provinzkassen, Militär und Polizei, ab 3/2000 System *monotributo* für Geringverdiener.

Tabelle 4.26 Mitglieder und Beitragszahler im SIJP (in Mio.), 1994-2001

	Mitglieder A			Beitragszahler B			Gesamt A /
Jahr	Gesamt A	Umlage A	AFJP A	Gesamt B	Umlage B	AFJP B	Gesamt B
1994	6,2	2,5	3,2	4,5	2,2	1,8	73%
1995	7,0	2,8	4,0	4,4	2,0	2,1	62%
1996	8,1	2,6	5,3	4,7	1,7	2,8	58%
1997	8,4	2,4	5,9	4,8	1,3	3,3	56%
1998	9,2	2,3	6,7	4,9	1,1	3,6	53%
1999	9,9	2,2	7,5	4,9	1,0	3,7	49%
2000	10,6	2,2	8,2	5,0	0,9	3,9	47%
2001	10,8	2,0	8,8	3,2	0,5	2,6	35%

Quelle: Secretaría de Seguridad Social 1999a, 2001, SAFJP 2002b.
Spalten Gesamt A und Gesamt B enthalten Kategorie Unentschiedene.

Wie bereits unter IV.2.2.2 ausgeführt, überschätzt das Verhältnis Mitglieder zu Beitragszahlern die tatsächliche Beitragsevasion im System. Dennoch zeigt Tabelle 4.26 (Abbildung 4.27), dass sich die Anzahl der Beitragszahler im SIJP seit Einführung des Systems - bis auf einen leichten Anstieg zwischen 1996 und 2000 sowie dem Einbruch Ende 2001 - wenig verändert hat: sie schwankt um 4,5 Millionen. Der absoluten Zunahme von Beitragszahlern im AFJP-System entspricht dabei entweder ein Rückgang im staatlichen Umlageverfahren oder die Integration von Provinzkassen.

Die stagnierende bzw. sinkende Entwicklung der Anzahl der Beitragszahler wird v.a. auf die steigende Arbeitslosigkeit und die Ausweitung des informellen Sektors zurückgeführt. Weitere Faktoren betreffen die hohe Beitragsbelastung von Selbständigen[352] sowie fehlende Durchsetzungsmechanismen bei der Beitragserhebung durch die Steuerbehörde (vgl. Rofman 2000).

Abbildung 4.27 Mitglieder und Beitragszahler im SIJP: Umlage versus Kapitaldeckung (in Mio. Personen), 1994-2001

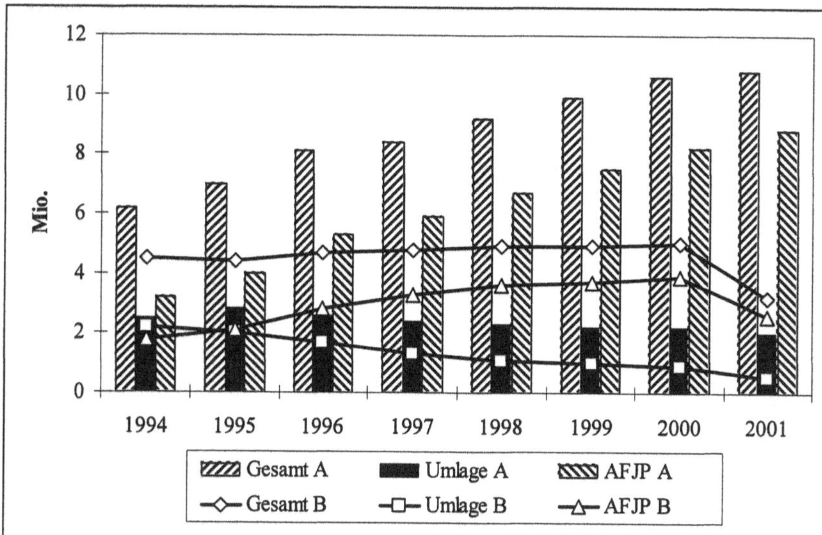

Quelle: Tabelle 4.26.
A=Mitglieder, B=Beitragszahler

Auch wenn bei allen genannten Faktoren Fortschritte erzielt würden, könnte in den nächsten 25 Jahren die Anzahl der Rentenempfänger über 65 um 50% sinken, was v.a. auf die Erhöhung der Mindestbeitragszeit und die Zunah-

[352] Die bis 2001 geltenden Reduzierungen des Arbeitgeberbeitrags galten nicht für Selbständige.

me informeller Arbeitsbeziehungen in den letzten zwanzig Jahren zurückzuführen ist.[353]

Sinkt die Reichweite des beitragsfinanzierten Rentensystems SIJP, verringern sich auch die Ausgaben für staatliche Leistungen wie PBU, PC und PAP. Wenn jedoch in Zukunft eine steigende Zahl von alten Menschen in Argentinien auf steuerfinanzierte Sozialrenten angewiesen ist, kann dies zu neuen fiskalischen Belastungen führen. In den letzten Jahren wurden durchschnittlich 322.000 Sozialrenten im Jahr bewilligt, deren Gesamtkosten z.B. 1999 49,6 Mio. Arg$ betrugen.[354]

Tabelle 4.28 Anzahl nicht-beitragsbezogener Sozialrenten, 1997-99

Jahr	Gesamt	Alters~	Invaliditäts~	Sozial~	Dekret 775/82	Bischöfe Prälate	Gruppen*	Sozial~ Kongress
1997	310.212	40.411	69.490	929	7.527	111	52.288	138.543
1998	329.143	41.408	71.993	880	7.109	98	56.431	151.004
1999	326.310	37.574	70.178	802	5.311	87	58.365	153.994

Quelle: Secretaría de Seguridad Social 2001, Tab. 3.1.
1999 bis August
* Kriegs- und Diktaturopfer, Mütter mit mehr als 7 Kindern

IV.2.3.2 Risiken

Mit Einführung des neuen Rentensystems sollte auch eine Risikodiversifizierung für die Versicherten stattfinden, da - vorausgesetzt, es wird die kapitalgedeckte Säule gewählt - eine Kombination aus staatlicher und privater Verwaltung, marktbestimmten und politisch festgelegten Leistungen und der Finanzierungsgrundlagen Lohnwachstum und Zinseinkommen stattfindet (World Bank 1994: 54). Im Folgenden soll kurz dargestellt werden, mit welchen Risiken die Versicherten im neuen Rentensystem konfrontiert werden und wie diese verringert werden sollen. Bei der Klassifizierung der Risiken wird an die Übersicht von Holzmann aus dem theoretischen Teil angeknüpft (vgl. Teil II.1.2, Tabelle 2.1)

[353] Rofman et al. 1997 prognostizieren ein Absinken des Deckungsgrades der rentenfähigen Bevölkerung auf 28% im Jahr 2018.

[354] Gesamtausgaben 1999: 49,6 Mio. Pesos, Durchschnittliche Rentenhöhe Arg$ 106 für Altersrenten und Leistungen nach bestimmten Dekreten, Arg$ 120 Invalidität, Arg$ 502 Sozialrenten, Arg$ 454 Klerus, Arg$ 190 Kriegsopfer, Arg$ 162 vom Kongress bewilligte Sozialrenten.

Makroökonomische Risiken

Sowohl Umlage- als auch Kapitaldeckungsverfahren sind von einer negativen Wirtschaftsentwicklung mit einer Reduzierung des Outputs, steigender Arbeitslosigkeit, niedrigem Lohnwachstum sowie von Finanz- und Wirtschaftskrisen betroffen. Einmal sinken als Folge die (individuellen oder kollektiven) Beitragseinnahmen, was ohne staatliche Subventionierung zu sinkenden Rentenleistungen führt, andererseits können inflationäre Entwicklungen zu sinkenden realen Rentenleistungen führen bzw. den angesparten Kapitalstock entwerten. Für die umlagefinanzierten Leistungen im SIJP stellt Arbeitslosigkeit und Beitragsevasion das größte Risiko dar, da die Mindestbeitragszeit von 30 Jahren Voraussetzung für den Bezug der Leistungen ist und ohne regelmäßige Beitragszahlung auch kein Invaliditäts- bzw. Hinterbliebenenschutz besteht.[355]

In der kapitalgedeckten Säule kann hingegen bei Erreichen des Rentenalters in jedem Fall über das angesparte Kapital verfügt werden, während das Risiko der Reduzierung bzw. Vernichtung des Kapitalstocks bei Finanzkrisen und Inflation hier das schwerwiegendste Risiko darstellt.

Auch die von Burtless (2000) identifizierten drei Finanzmarktrisiken wirken sich nur für Versicherte in *defined contribution*-Systemen aus: Ist a) die Verzinsung der individuellen Beiträge eines Versicherten über seine Lebenszeitperiode unterhalb des historischen Durchschnitts, muss er b) eine Annuität bei Renteneintritt in einem Kontext niedriger Marktzinsen sowie bei niedriger Bewertung seiner Aktiva (aufgrund volatiler Ertragsraten) erwerben und wird er c) nach dem Kauf einer nominalen Annuität mit Inflation konfrontiert, wird sich dies negativ auf seine Rentenhöhe auswirken.[356]

Im argentinischen Rentensystem sind bisher wenige Mechanismen eingebaut worden, die diese makroökonomischen Risiken abfedern könnten. Sowohl die staatlichen Rentenleistungen PBU, PAP und PC sind nominal festgelegt und nicht (mehr) indexiert, so dass es auch bei den umlagefinanzierten Leistungen wie in der Vergangenheit zu einer Absenkung der realen Renten bzw. willkürlichen Anpassungen kommen kann, wenn die Inflationsraten steigen. Weiterhin sind die Lebensrenten in der kapitalgedeckten Säule nicht indexiert und koppeln den Versicherten von der gesamtwirtschaftlichen Entwicklung ab bzw. können

[355] Nur wenige der Arbeitslosen beziehen auch staatliche Unterstützung, die Voraussetzung für die Beibehaltung des regulären Versichertenstatus darstellt.

[356] Vgl. Burtless 2000: 5-6: Aufgrund unterschiedlicher Börsenrenditen hätte ein US-Arbeitnehmer, der seine Beiträge zu 100% in Aktien investiert, unter sonst gleichen Bedingungen bei einem Rentenbeginn 1921 eine Ersatzrate von 20%, im Jahre 2000 von 110% erhalten. In Bezug auf Inflationseffekte nach Renteneintritt hätte ein US Rentner, der 1966 mit 62 Jahren und 100% Ersatzrate in Rente ging 20 Jahre später nur 31% erhalten.

bei positiven Preissteigerungsraten in eine beträchtliche Reduktion der realen Leistungen münden.

Das Risiko einer abrupten Reduzierung des individuellen Kapitalstocks vor Renteneintritt durch einen kurzfristigen Preisverfall der Pensionsfondsaktiva könnte durch einen schrittweisen Erwerb von Annuitäten (z.B. werden über fünf Jahre jährlich 20% des Vermögens an eine Lebensversicherung transferiert) oder dem Transfer des Kapitals in einen weniger volatilen Fonds mit einem höheren Anteil festverzinslicher Anlagen einige Jahre vor Verrentung gemindert werden, allerdings existieren diese Optionen in Argentinien gegenwärtig noch nicht.[357]

Demographische Risiken

Wie bereits in Teil II diskutiert, ist auch ein Kapitaldeckungsverfahren durch den demographischen Wandel über Preiswirkungen und die Auswirkungen einer längeren Lebenserwartung auf die Rentenhöhe betroffen, während sich in einem staatlichen Umlageverfahren die Finanzlage bei sinkenden Abhängigkeitsraten unmittelbar verschlechtert, da zum Zeitpunkt t weniger Beitragszahler mehr Rentner finanzieren müssen. Die individuellen demographischen Merkmale eines Versicherten wirken sich hingegen stärker im Kapitaldeckungsverfahren aus, da die Rentenhöhe dort nach Familienstand (potentielle Hinterbliebene) und Geschlecht (Lebenserwartung) berechnet wird.

Im argentinischen Rentensystem müssen Frauen aufgrund ihrer längeren Lebenserwartung sowie eines niedrigeren Renteneintrittsalters in Kombination mit frauenspezifischen Risiken wie geringere Löhne und Beitragszeiten (Mutterschaft, Kindererziehungszeiten etc.) mit niedrigeren Renten als Männer rechnen (vgl. IV.2.3.3).[358] Während das staatliche Umlagesystem nicht nach Geschlecht und Familienstand diskriminiert und somit einen Vorteil für Frauen bietet (nach versicherungsmathematischen Kriterien zu Lasten lediger Männer), wirkt die hohe Mindestbeitragszeit von 30 Jahren diesem entgegen. Obwohl also Frauen aufgrund ihrer durchschnittlich niedrigeren Einkommen und ihrer längeren Lebenserwartung besonders von der redistributiven Grundrente und der geschlechtsneutralen Zusatzrente PAP profitieren würden, besteht ein Anreiz für die Teilnahme im privaten System, wo das angesparte Kapital in jedem Fall Eigentum der Versicherten ist.

---

357 In Chile können Versicherte bereits zwischen zwei Fondstypen, die innerhalb einer AFP angeboten werden, wählen. Der Fonds, der einige Jahre vor Renteneintritt gewählt werden sollte, investiert einen geringeren Anteil des Kapitals in Instrumente mit volatilen Ertragsraten wie Aktien. Vgl. auch Rofman 2000.

358 Die Differenz kann bis zu 10% betragen bei einem Renteneintritt mit 65 Jahren, Isuani/Rofman/San Martino 1996: 89. Zur Gender-Problematik in den lateinamerikanischen Rentenreformen vgl. Betranou 2001.

Die kapitalgedeckte Säule bietet zudem für Versicherte mit einem geringen Kontostand die Möglichkeit der fraktionierten Rente an, bei der die individuellen demographischen Merkmale nicht berücksichtigt werden. Allerdings bietet diese Option ähnlich wie die programmierte Rente keinen Schutz vor dem Risiko der Langlebigkeit und kann nach konventioneller Definition (vgl. ILO) nicht als Rentenversicherung bezeichnet werden.

Die Tatsache, dass die Versicherten eine Rentenoption nach individuellen Präferenzen und Merkmalen wählen können und somit ihrem persönlichen Risikoprofil eher gerecht werden und nicht, wie im staatlichen Umlageverfahren, Frauen und Familien quersubventioniert werden, kann jedoch auch als Vorteil des privaten Systems gewertet werden und die Attraktivität für männliche Ledige oder kinderlose Paare erhöhen.

Politische Risiken

Als politische Risiken gelten zunächst Eingriffe in die im Rentengesetz festgelegten Regeln, ferner die Reagibilität des Systems gegenüber der fiskalischen Situation. Die rentenpolitische Orthodoxie bezeichnet die politischen Risiken in einem privaten Rentensystem als sehr niedrig und sieht darin einen gewichtigen Vorteil gegenüber staatlichen Systemen (vgl. II.3.2). Wie bereits durch Kritiker des Weltbankmodells angemerkt, kann jedoch kein Rentensystem vor politischen Risiken geschützt werden, da auch in privaten Systemen Investitionsregeln, Beitragssätze, das Rentenalter oder die Besteuerungsmodalitäten geändert werden können. Die Wahrscheinlichkeit von politischen Eingriffen ist ein auf das Rentensystem bezogener exogener Faktor und von der Funktionsweise des politischen Systems und der Wirtschaftssituation abhängig.

Argentinien schien in der Vergangenheit die negative Auffassung der rentenpolitischen Orthodoxie bezüglich staatlicher Umlageverfahren zu bestätigen. Mit Einführung des gemischten Systems wurde hingegen versucht, die Transparenz der Leistungsberechnung im neuen Umlagesystem zu erhöhen. Bereits ein Jahr nach Inkrafttreten des Rentengesetzes wurden jedoch durch das Solidaritätsgesetz von 1995 die ursprünglichen Leistungszusagen stark verändert. Insbesondere wurde die Reagibilität auf die Budgetsituation praktisch institutionalisiert, indem die Höhe der staatlichen Leistungen und Garantien (vgl. auch V.2) an die Verfügbarkeit von Haushaltsmitteln gekoppelt wurde, die jährlich im Rahmen der Budgetvereinbarungen neu verhandelt werden. 1997 wurde schließlich die automatische Lohnindexierung der staatlichen Leistungen durch diskretionäre Anpassungen an die Preisentwicklung ersetzt.[359]

[359] Die Indexierungseinheit AMPO wurde durch MOPRE ersetzt, vgl. dazu das folgende Kapitel IV.2.3.3.

Die Frage, ob das hohe politische Risiko im staatlichen Umlageverfahren durch ein niedriges Risiko in der kapitalgedeckten Säule kompensiert werden kann, muss in Anbetracht der jüngsten Ereignisse in Argentinien verneint werden. Auch der private Versicherungs- und Finanzsektor ist nicht gegenüber staatlichen Eingriffen geschützt und massiven Manipulationen der Geschäftstätigkeit ausgesetzt: Sowohl der Beitragssatz des *defined contribution*-Systems als auch die Gebührenhöhe und die Anlagevorschriften sind stark verändert worden, um konjunkturellen und fiskalischen Zielsetzungen zu genügen (vgl. Teil V).

Grundsätzlich ist das Argument einer Risikodiversifizierung in einem mehrsäuligen Alterssicherungssystem zwar überzeugend. Das neue argentinische Rentensystem produziert jedoch zurzeit eine Korrelation sämtlicher negativer Risiken, die staatliche Umlageverfahren und private Kapitaldeckungsverfahren betreffen können. Die Kombination aus unzureichender staatlicher Basisabsicherung und marktbestimmten Renten im Kontext schwerer Wirtschaftskrisen und politischer Eingriffe in die Geschäftstätigkeit der AFJPs ist unter sozialpolitischen Gesichtspunkten nicht tragbar. So ist das Risiko der Altersarmut durch die restriktiven Zugangsbedingungen für die staatlichen Renten, die Möglichkeit eine Rentenoption mit Kapitalverzehr ohne Absicherung der Langlebigkeit zu wählen und die unsichere Rentenhöhe in der kapitalgedeckten Säule für eine Mehrheit der Bevölkerung hoch. Individuelle Ausfallzeiten bei Arbeitslosigkeit oder Kindererziehung werden nicht kompensiert und die Rentenleistungen sind weder im privaten noch im staatlichen System indexiert.

Wie in Teil V ausführlich analysiert wird, hat die Erklärung der Zahlungsunfähigkeit des argentinischen Staates in Verbindung mit dem Verfall des Wechselkurses zum einen das Portfolio der AFJPs entwertet und gefährdet zum anderen die staatlichen Rentenzahlungen und Garantien.

IV.2.3.3 Leistungen

Im Jahre 2000 wurden innerhalb des SIJP ca. 3,267 Mio. Rentenleistungen ausgezahlt, wovon die überwiegende Mehrheit auf das staatliche Umlageverfahren entfiel. Nur 80.527 Renten wurden an Versicherte der kapitalgedeckten Säule ausbezahlt, aufgrund des jungen Alters des Systems v.a. Invaliditäts- und Hinterbliebenenrenten (vgl. Abb. 4.29 und 4.30).

Tabelle 4.29 Anzahl der Rentenleistungen im SIJP, 1998-2000

Jahr	Gesamt	Staatliche Leistungen	Kapitaldeckung
1998	3.380.659	3.342.846	37.813
1999	3.318.960	3.261.679	57.281
2000	3.266.817	3.186.290	80.527

Quelle: SAFJP 2002b, Tab. 11.1.6., SSS 2001, Tab. 2.4.1., eigene Berechnungen.

Die hohe Anzahl staatlicher Leistungen wird sich verringern, wenn die Bestandsrenten aus dem alten System sowie die (Übergangs-)Leistungen PC und PAP (inkl. Invaliditäts- und Hinterbliebenenleistungen) auslaufen und sich die staatlichen Leistungen auf die Grundrente, Leistungen für fortgeschrittenes Alter und nicht-beitragsbezogene Sozialrenten reduzieren. Bereits in der Übergangszeit wird eine Verringerung der staatlichen Leistungen in Folge der Verschärfung der Anspruchsvoraussetzungen erwartet.

Die Anzahl der Leistungsempfänger im AFJP-System wird hingegen in Zukunft kontinuierlich steigen, da Ende 2001 bereits 82% der Versicherten des SIJP Mitglied der kapitalgedeckten Säule waren.

Abbildung 4.30 Entwicklung der Anzahl der Leistungsempfänger AFJP-System, 1995-2001

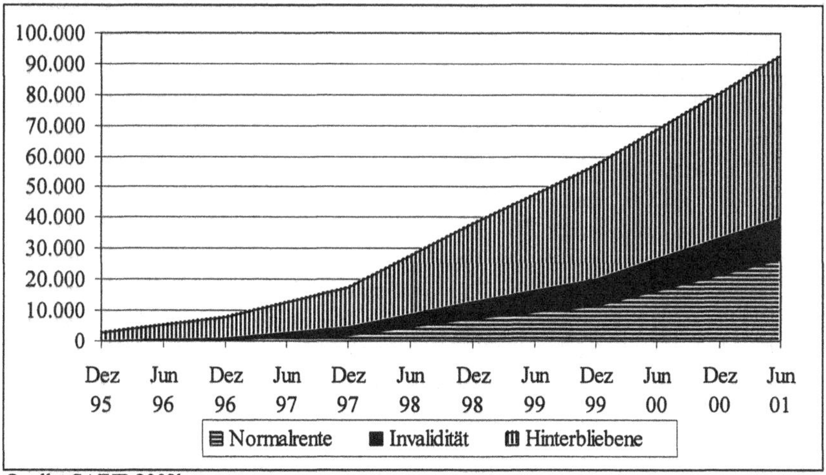

Quelle: SAFJP 2002b

Was die Höhe der zukünftigen Leistungen anbetrifft, muss zwischen den festgelegten Lohnersatzraten der staatlichen Leistungen (PC maximal 52,5%, PAP maximal 29,8%, PBU 28,9% des Durchschnittslohn) und der Invaliditäts-

und Hinterbliebenenversorgung (70% der Bemessungsgrundlage) und den Renten der kapitalgedeckten Säule, die im wesentlichen ein Ergebnis individueller Risikomerkmale und der Marktentwicklung darstellen, unterschieden werden. Wie bereits ausgeführt wurde, müssen Frauen in der kapitalgedeckten Säule aufgrund ihrer höheren Lebenserwartung mit niedrigeren Renten rechnen, während für die staatlichen Leistungen die hohe Mindestbeitragszeit von 30 Jahren erfüllt sein muss. Ein frauenspezifischer Vorteil besteht in der Möglichkeit, dass bei einem späteren Renteneintritt ab Alter 60 jeweils ein Altersjahr zwei Beitragsjahren entspricht. Dementsprechend könnten Frauen durch eine Erwerbstätigkeit bis zum 65. Lebensjahr ihren Kontostand erhöhen, zehn Beitragsjahre erwerben und in Kombination mit der geringeren Restlebenserwartung zu höheren Rentenzahlungen kommen. In Argentinien wird zudem diskutiert, die Anwendung geschlechtsneutraler Sterbetafeln bei der Rentenberechnung in der kapitalgedeckten Säule vorzuschreiben, was allerdings zu Problemen der adversen Selektion auf den Annuitätenmärkten führen könnte.[360]

Nach Berechnungen von Rofman (siehe Tab. 4.31) führt die maximale Ausschöpfung der Kompensationsrente (35 Beitragsjahre im alten System) aufgrund der großzügigen Rentenformel, die an die alten gesetzlichen Lohnersatzraten anknüpfte, für alle Einkommensklassen zu den höchsten Lohnersatzraten. Hingegen unterscheiden sich die prognostizierten Ersatzraten für Arbeitnehmer, die erst nach 1994 in die Versicherung eingetreten sind und 35 Jahre Beiträge im SIJP leisten, je nach Zugehörigkeit in der zweiten Säule (umlagefinanzierte versus kapitalgedeckte Rente) nur um sechs Prozent: Sie schwanken bei Wahl der Umlageoption zwischen 44 (doppelter Durchschnittsverdienst) und 88% (halber Durchschnittsverdienst), bei Wahl der kapitalgedeckten Säule zwischen 50 und 94%.

Insgesamt lässt sich die solidarische Komponente des neuen Rentensystems daran ablesen, dass Niedrigverdiener aufgrund der höheren relativen Gewichtung der Grundrente PBU im Vergleich zum Durchschnitts- und Hochverdiener höhere Lohnersatzraten erreichen. Für Versicherte mit durchschnittlichem Verdienst ohne Anspruch auf die Kompensationsrente wird die Lohnersatzrate selbst bei 35 Beitragsjahren nur um die 60% betragen. Dies liegt unter den gesetzlichen Raten des alten Systems, entspricht aber ungefähr dem effektiven Rentenniveau, das in der Vergangenheit erreicht wurde.

---

[360] Vgl. Bertranou 2000: 6. Da die Option programmierter Auszahlungen besteht, könnte diese für Männer attraktiver werden, während Frauen überwiegend die Annuitätenlösung wählen und somit die Kosten erhöhen.

Tabelle 4.31 Projektion Lohnersatzraten im neuen argentinischen Rentensystem (in %)

Fall	PBU	PC	PAP	JO	GESAMT
Arbeitnehmer mit	35 Beitragsjahren	im alten System	und Lohn, der	Entspricht:	
50% Durchschnitt	57.8	52.5	0.0	0.0	110.3
Durchschnitt	28.9	52.5	0.0	0.0	81.4
200% Durchschnitt	14.4	52.5	0.0	0.0	66.9
Arbeitnehmer mit	20 Beitragsjahren	im alten System,	15 Jahren im	Neuen Syst.	UMLAGE
50% Durchschnitt	57.8	30.0	12.8	0.0	100.5
Durchschnitt	28.9	30.0	12.8	0.0	71.6
200% Durchschnitt	14.4	30.0	12.8	0.0	57.2
Arbeitnehmer mit	20 Beitragsjahren	Im alten System	15 Jahren im	Neuen Syst	AFJP
50% Durchschnitt	57.8	30.0	0.0	11.1	98.9
Durchschnitt	28.9	30.0	0.0	11.1	70.0
200% Durchschnitt	14.4	30.0	0.0	11.1	55.5
Arbeitnehmer mit	35 Beitragsjahren	im neuen System	UMLAGE		
50% Durchschnitt	57.8	0.0	29.8	0.0	87.5
Durchschnitt	28.9	0.0	29.8	0.0	58.6
200% Durchschnitt	14.4	0.0	29.8	0.0	44.2
Arbeitnehmer mit	35 Beitragsjahren	im neuen System	AFJP		
50% Durchschnitt	57.8	0.0	0.0	35.8	93.6
Durchschnitt	28.9	0.0	0.0	35.8	64.7
200% Durchschnitt	14.4	0.0	0.0	35.8	50.2

Quelle: Rofman 2000: 10
Annahme: Realzins 4% p.a., reales Lohnwachstum 1% p.a.

Von den 92.740 Rentenempfängern im Kapitaldeckungsverfahren (Stand 30.06.01) entfielen 29% auf Normalrenten (JO), 14% auf Erwerbsunfähigkeitsrenten und 57% auf Hinterbliebenenrenten (SAFJP 2002b: Tab. 11.1.6). Während 28% der Bezieher einer Normalrente die fraktionierte Rente mit Kapitalverzehr wählten und nur 2% eine Lebensrente, liegen die Anteile im Falle der Hinterbliebenenleistungen bei 2% versus 57%. Die Tatsache, dass gegenwärtig fast nur Hinterbliebene einen Rentenmodus wählen, der das Risiko der Langlebigkeit abdeckt, könnte zu Deckungsproblemen in der Zukunft führen und den Staatshaushalt belasten.[361]

Als Annäherung an die absoluten Rentenhöhen im Kapitaldeckungsverfahren führt die SAFJP (Tab. 4.32) die Höhe des letzten Lohns (Bemessungsgrundlage) vor Renteneintritt an. Das Medianeinkommen (50% der Versicherten haben ein geringeres Einkommen) vor Renteneintritt lag im Durchschnitt der ersten 7 Jahre des AFJP-Systems bei 485 Arg$, das Durchschnittseinkommen bei 850 Arg$, wobei Frauen ein 15% geringeres Einkommen als Männer aufwiesen. Das Einkommen der Selbständigen betrug ca. 50% des Einkommens der unselbständig Beschäftigten.

Tabelle 4.32 Merkmale der Beitragszahler im SIJP, Juni 2001

Indikator	Kapitaldeckung	Umlage	SIJP
Durchschnittsalter (Jahre)	37,2	51,5	39,6
% < 30 Jahre	31	3	27,1
% von 30 bis 45 Jahren	44	24	41,0
% > 45 Jahre	25	73	31,9
Durchschnittseinkommen (Arg$)	841	834	840
Medianeinkommen (Arg$)	554	572	556
Anteil der Männer %	68,3	62,4	67,3
Anteil abhängig Beschäftigten %	94,6	80,2	92,2

Quelle: SAFJP 2001b.

Wird nicht zwischen der kapitalgedeckten und umlagefinanzierten Säule differenziert, sondern die Durchschnittsrenten im SIJP mit den Leistungen im alten System verglichen, lässt sich eine Steigerung der Rentenhöhe feststellen. Während die durchschnittliche Rentenhöhe im SNPS zwischen 1991 und 1994 243 Arg$ betrug, erreichte sie 2000 343 Arg$.

Auch das Verhältnis zwischen Durchschnittsrente und Mindestrente, die seit 1992 150 Arg$ beträgt, hat sich verbessert und ist von 1,3 1991 auf 2,6 2000 gestiegen (Secretaría de Seguridad Social 2001:Tab. 2.5.1, Trappe 2000: 153).

[361] Vgl. SAFJP 2001b: 49. Zur Zeit führen Übergangsregeln dazu, dass Hinterbliebenenrenten aufgrund der Integration von sogenanntem Komplementärkapital (staatliche Leistung) höher sind und deshalb eine Annuität gewählt wird.

Tabelle 4.33 Monatliche Durchschnittsrente im SIJP (in Pesos), 1998-2000

Jahr	Gesamt	Alters~ Abhängig Beschäftigte	Alters~ Selbständige	Hinterbliebenen~ Abhängig Beschäftigte	Hinterbliebenen~ Selbständige	Gesamt Alters~	Gesamt Hinterbliebenen~
1998	332,83	444,83	192,68	290,38	178,34	376,48	262,33
1999	338,36	452,35	197,32	291,60	179,00	385,31	264,81
2000	343,35	460,29	199,25	292,86	179,05	393,35	267,01

Quelle: SSS 2001: Tab. 2.5.2.

Trotz der dargestellten Verbesserungen in Bezug auf die absolute Rentenhöhe im SIJP sowie die prognostizierten Lohnersatzraten (im Vergleich zu den niedrigen Realleistungen in den 1980er Jahren), stellt das größte Problem die Unsicherheit über die Leistungshöhe dar, die sich aus der mangelnden Indexierung, der Koppelung der staatlichen Leistungen an die jährlich dafür bestimmten Haushaltsmittel[362] sowie der unsicheren makroökonomische Entwicklung ergibt, die zu einer Entwertung des Portfolios der AFJPs, steigenden Arbeitslosenraten und der Nichteinhaltung der staatlichen Verpflichtungen führen kann.

IV.2.3.4 Zusammenfassung

Die Untersuchung der Entwicklung des Deckungsgrades, der Risiken im neuen Rentensystems sowie der Leistungsentwicklung hat gezeigt, dass der Versuch, über striktere Rentenzugangsbedingungen eine fiskalische Konsolidierung zu erreichen und positive Anreize für die Beitragserfüllung zu bieten, zu Lasten der Reichweite des Systems gehen wird. Bereits jetzt haben nur 40% der Erwerbsfähigen einen Anspruch auf eine Rentenleistung. Ob die Leistungshöhe in Zukunft diejenigen der Vergangenheit übersteigen, hängt empfindlich von der makroökonomischen Entwicklung und den fiskalischen Möglichkeiten des Staates ab. Auch wenn es keine Mindestrentengarantie (mit einer Ersatzrate von 40%) mehr gibt, ist die implizite Zielgröße im SIJP die dreifache Höhe der Grundrente (zurzeit 600 Arg$, Mindestanforderung für freie Verfügung des Überschusskapitals im AFJP-System) oder 70% des Durchschnittslohns der letzten zehn Jahre (Invaliditätsrente). Gegenwärtig beträgt die Durchschnittsrente im SIJP jedoch nur knapp die Hälfte (343 Arg$) dieser Zielgröße.

Weitere Probleme aus sozialpolitischer Perspektive betreffen die niedrigeren Renten für Frauen im Kapitaldeckungsverfahren, die trotz der Versiche-

[362] Vgl. das Renten-Solidaritätsgesetzes (Nr. 24.463), das in Folge der Mexikokrise 1995 eingeführt wurde. Hierauf wird unter V.2.2 genauer eingegangen.

rungspflicht nach wie vor negativen Anreize für Selbständige mit niedrigem Einkommen und die Existenz von Privilegiensystemen. Zudem lässt sich eine adverse Selektion bezüglich der staatlichen Alternative feststellen, in der 6% mehr Frauen, 14% mehr Selbständige, sowie ein höherer Anteil an älteren Versicherten (Durchschnittsalter 14 Jahre höher) als im Kapitaldeckungsverfahren vorzufinden ist.

Während sich die vorangegangene sozialpolitische Evaluierung weitgehend auf einen Normalzustand bezog, verschlechtert sich das Panorama noch einmal radikal, wenn die Effekte der Wirtschaftskrise und die zahlreichen politischen Eingriffe berücksichtigt werden, die seit 2001 das SIJP belasten.

TEIL V

WIRTSCHAFTSPOLITIK UND RENTENREFORM IN ARGENTINIEN

Der letzte Teil der Studie analysiert die Wechselwirkungen zwischen der wirtschaftlichen Entwicklung Argentiniens und dem neuen gemischten Rentensystem. Die ökonomischen und sozialen Zielsetzungen, die mit der Teilprivatisierung der Alterssicherung verbunden wurden, sind bereits aus theoretischer und politökonomischer Perspektive herausgearbeitet worden (Teil II und IV). Dabei ist deutlich geworden, dass die Reformer sich einen *virtuous circle* zwischen der Rentenprivatisierung und dem Konvertibilitätsprogramm erhofften: Beide Reformen basierten auf einem radikalen Bruch mit den wirtschafts- und sozialpolitischen Konzepten der Vergangenheit und sollten die Glaubwürdigkeit der Politik wiederherstellen, um einen neuen Zyklus von Stabilität und Wachstum einzuleiten.

Die ökonomischen Erfolge zum Zeitpunkt der Implementierung der Rentenreform 1994 schienen diese Strategie zu bestätigen: Die langfristigen Vorteile des neuen Rentensystems - Entlastung des Budgets, Senkung der Lohnnebenkosten, Entwicklung von Kapitalmarkt und Finanzsektor, Zugang zu internationalen Kreditmärkten - schienen das CB optimal zu komplementieren. Demgegenüber traten die Nachteile - fiskalische Übergangskosten, Individualisierung von Risiken, höhere Verwaltungskosten, makroökonomische Risiken - in einem Kontext von Haushaltsüberschüssen, hohen Nettokapitalimporten und wirtschaftlicher Stabilität mit Wachstum in den Hintergrund.

Abbildung 5.1 Budgetsaldo (in % des BIP) und Inflationsentwicklung, 1990-2001

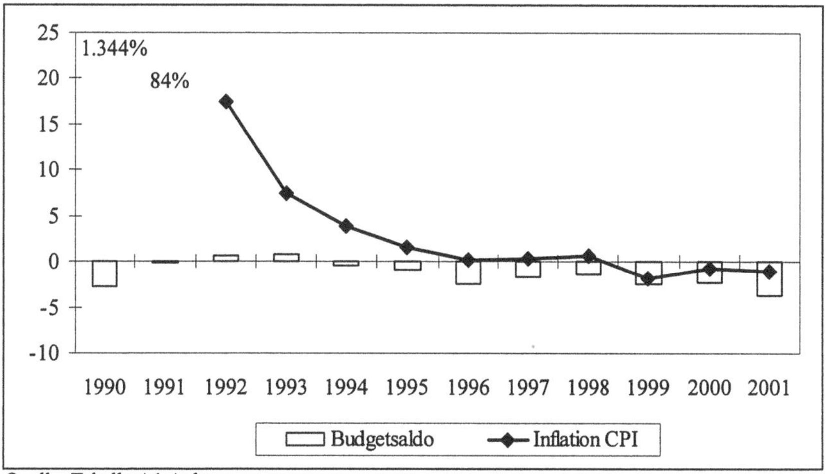

Quelle: Tabelle A1 Anhang.

Bereits ein halbes Jahr nach Inkrafttreten der Reform änderte sich jedoch das ökonomische Szenario. Mit der Tequila-Krise, wie die 1994 durch die Abwertung des mexikanischen Pesos ausgelöste internationale Finanzkrise genannt wird, wurde das argentinische CB einer ersten Prüfung unterzogen, die auch Einsparungen im neuen Rentensystem erforderte. Nach einer kurzen Erholungsphase geriet das Regime im Kontext von Asien- und Russlandkrise und endgültig nach der Abwertung des brasilianischen Real Anfang 1999 in eine Rezession, die auch von der neuen Mitte-Links-Regierung de la Rúa nicht überwunden werden konnte. Hilfspakete internationaler Kreditorganisationen und eine Vielzahl von wirtschaftspolitischen Ad-hoc-Maßnahmen konnten Argentinien im Januar 2002 nicht vor der Erklärung der Zahlungsunfähigkeit und der endgültigen Aufgabe des Konvertibilitätsprogramms bewahren. Mit dem wirtschaftlichen Zusammenbruch steht jedoch auch das gemischte Rentensystem erneut auf dem Prüfstand.

Im Folgenden wird zuerst ein Überblick über die wirtschaftliche Entwicklung nach 1994 gegeben (V.1), bevor die Wechselwirkungen zwischen neuem Rentensystem und Staatshaushalt (V.2), dem Finanzsektor (V.3) und dem Einkommensbildungsprozess (V.4) analysiert werden. Ein exaktes Separieren der Effekte der Rentenreform auf die verschiedenen ökonomischen Variablen (insbesondere bezüglich der Einkommensbildung) wird dabei nicht immer möglich sein. Es sollen vielmehr qualitative Tendenzen herausgearbeitet werden, die eine Aussage darüber erlauben, ob die Reformziele bezüglich einer positiven Beeinflussung der Wirtschaftsentwicklung realisiert werden konnten, bzw. inwiefern die Wirtschaftsentwicklung nach 1994 Auswirkungen auf die Sicherheit und Höhe der Alterseinkommen im neuen System haben wird (V.5).

V.1 Die ökonomische Entwicklung nach 1994

Bereits vor Ausbruch der Mexikokrise zeigten sich in Argentinien die ersten Zeichen einer Abschwächung der expansiven Wirtschaftsentwicklung. Die Überbewertung des Pesos sowie die radikale Öffnung der Wirtschaft beeinträchtigten die Wettbewerbsfähigkeit der argentinischen Unternehmer und führten zu Deindustrialisierungsprozessen sowie steigenden Handels- und Leistungsbilanzdefiziten. Die Stagnation der Einkommensbildung manifestierte sich in sinkenden Reallöhnen und einer Zunahme von Arbeitslosigkeit und Unterbeschäftigung. Die Verschuldung hatte sich trotz der Privatisierungseinnahmen um fast 50% erhöht und die Kreditaufnahme auf den internationalen Märkten wurde aufgrund einer Leitzinserhöhung in den USA teurer.

Als Ende 1994 den fiskalischen Zielvorgaben des IWF nicht entsprochen werden konnte, verzichtete Cavallo auf die letzte Tranche der erweiterten Kreditfazilität und setzte auf einen rigiden Sparkurs. Die versuchte Konsolidierung gelang jedoch nicht, als der mexikanische Peso im Dezember 1994 abgewertet wurde und die internationalen Finanzmärkte in Turbulenzen stürzte.

Tabelle 5.2 Ökonomische Basisdaten (in Mio. US$), 1995-2001

	1995	1996	1997	1998	1999	2000	2001
BIP Veränderung (in %)	-4,0	4,8	8,2	3,9	-3,4	-0,5	-4,5
BIP (in Mio. US$)	243.186	256.626	277.441	288.123	278.369	276.173	263.870
Leistungsbilanz	-5.211	-6.873	-12.333	-14.624	-12.001	-8.885	-4.429
Handelsbilanz	2.357	1.760	-2.123	-3.097	-795	2.558	7.507
-Exporte fob	21.162	24.043	26.431	26.434	23.309	26.410	26.655
-Importe fob	18.804	22.283	28.554	29.531	24.103	23.852	20.312
Kapitalbilanz	7.223	12.380	16.819	18.418	14.009	9.227	-4.100
Netto-Direktinvestitionen	4.111	5.349	5.508	4.968	11.100	10.553	4.100
Externe Verschuldung	99.147	110.613	125.052	141.929	145.289	146.338	146.849*
-Staat SPNF (inkl. BCRA)	67.192	74.113	74.912	83.111	84.750	84.615	90.957
-Privat	18.203	20.841	29.551	36.512	36.911	36.949	35.671
-Finanzsektor	13.752	15.659	20.598	22.306	23.628	24.775	20.222
-gesamt in % BIP	39,2	42,0	45,7	48,6	53,7	52,7	k.A.
-gesamt in % Exporte	336,2	338,6	358,7	379	435,7	487,9	k.A.
-Schuldendienst % Exporte	30,4	39,5	50,2	57,5	75,8	93,5	k.A.
Budgetsaldo (Mio. US$)	-1.373,3	-5.264,4	-4.276,6	-4.074,0	-4.769,0	-6.792,0	-8.779,5
Budgetsaldo (in % BIP)	-0,9	-2,5	-1,6	-1,3	-2,5	-2,3	-3,7
Arbeitslosigkeit in %	17,5	17,2	14,9	12,9	14,3	15,1	17,4**
Inflation in % (CPI)	1,6	0,1	0,3	0,7	-1,8	-0,7	-1,0
Inflation in % (GPI)	5,9	2,1	-0,9	-6,3	1,2	2,3	-5,6

Quelle: Wirtschaftsministerium (MECON 2002), Cepal 2002

* Sept. 01, SPNF (nicht-finanzieller öffentlicher Sektor)

** Ecolatina 2002, Schuler 2002 (Inflation GPI 2001), Indik. Auslandsverschuldung: Jonas 2002: 21.

V.1.1 Die erste Prüfung: Der Tequila-Effekt

Für die Auswirkungen der mexikanischen Währungskrise auf die *emerging markets* wurde in der Literatur der Begriff *contagion* (Ansteckungseffekt) geprägt. Auch Argentinien wurde von dem Vertrauensschwund der internationalen Anleger angesteckt. Die negativen Erfahrungen Mexikos mit einem fixen Wechselkurssystem und hohen Leistungsbilanzdefiziten wurden trotz der höheren Regelbindung des argentinischen Regimes auf das Modell übertragen: Die internationalen Kapitalzuflüsse verzeichneten einen drastischen Einbruch und ausländische sowie inländische Investoren begannen, ihre Einlagen abzuziehen. Die Vertrauenskrise führte zu einer Liquiditätskrise im Bankensektor[363], die nur über eine Aussetzung der CB-Regeln (Refinanzierung des Bankensektors über Diskontpolitik und Wertpapierpensionsgeschäfte) in Verbindung mit umfangreichen internationalen Krediten gemeistert werden konnte (vgl. Kasten).[364]

Zu einer Beruhigung der Anleger trug auch der erneute Wahlsieg Menems bei den Präsidentschaftswahlen im Mai 1995 bei, so dass die Depositen wieder anstiegen und die Zinsen nach unten tendierten. Es dauerte allerdings bis Anfang 1996, bis die Volumina von Ende 1994 wieder erreicht werden konnten, wobei eine weitere Umstrukturierung zugunsten von Dollareinlagen stattfand.

Als Ergebnis der Krise kam es in Folge von Liquidationen und Fusionen zu einer steigenden Konzentration im Bankensektor sowie einer Zunahme der Bedeutung ausländischer Unternehmen, einer rezessionsbedingten Verschlechterung des Kreditportfolios der Banken sowie einer Kontraktion des Kreditangebots. Um das Risiko zukünftiger Liquiditätskrisen zu mindern, implementierte die Regierung gegen Ende des Jahres eine Finanzsektorreform[365] und vereinbar-

---

[363] Die Tatsache, dass Geschäftsbanken nie eine 100prozentige Deckungsreserve halten und somit zur Erfüllung ihrer Zahlungsverpflichtungen bei einem massiven Einlagenabzug auf die Refinanzierung durch die Zentralbank angewiesen sind (*Lender of Last Resort*-Funktion), macht ein CB durch seine eingeschränkte Geldpolitik extrem anfällig für Finanzsektorkrisen. Eine Lektion, welche die *Bank of England* nach mehreren Liquiditätskrisen bereits im 19. Jahrhundert (1866) gelernt hatte, vgl. zur Diskussion Riese 1993.

[364] Vgl. zur Darstellung der Tequila-Krise in Argentinien Caprio/Dooley et al. 1996, Carrizosa et al. 1996, Calcagno 1997, Rozenwurcel/Bleger 1998, Kiguel 1999, Ganapolsky/Schmukler 2001, Fernández 1996, Schweickert 1995 sowie Fundación Cedeal 1995.

[365] Die unverzinste Mindestreserve wurde abgeschafft und durch verzinste Liquiditätsreserven ersetzt. Deren Höhe schwankt zwischen 20% für Einlagen mit einer Laufzeit unter 90 Tagen bis zu 0% für Termindepositen über einem Jahr. Nur 20% der Reserven müssen bei der Zentralbank z.B. im Rahmen von Pensionsgeschäften angelegt werden, der Rest kann in eigens geschaffenen Schatztiteln (*Letras de Liquidez Bancarias*) und bei erstrangigen Banken im Ausland bzw. in Anleihen von OECD-Staaten mit *Investmentgrade* investiert werden (Pou 2000: 14). Die Regierung erhoffte sich über die Maßnahme eine Ausweitung des Kreditvolu-

te für den Fall eines erneuten Einlagenabzugs eine *stand-by*-Kreditlinie mit internationalen Geschäftsbanken, der Weltbank und der Interamerikanischen Entwicklungsbank IADB über 7 Mrd. US$ (die jedoch nur dann gezogen werden kann, wenn Argentinien seine Auslandsschulden fristgemäß bedient, BCRA 2001: 38).

Das Krisenjahr 1995 war jedoch nicht nur eine Bewährungsprobe für die Geld- und Wechselkurspolitik, sondern markierte auch das Ende einer relativ problemlosen Budgetfinanzierung. Auch nachdem auf Druck des IWF ab Februar 1995 umfassende Austeritätsmaßnahmen implementiert wurden, blieben die Einnahmen im Jahresverlauf weit unter dem prognostizierten Niveau zurück.[366]

Die rezessive Konjunktur wirkte sich v.a. auf die konsumbezogenen Steuern (Mehrwert-, Benzinsteuer), aber auch auf die Einkommenssteuer aus. Der Rückgang der Importe durch den drastischen Nachfrageausfall reduzierte die Einnahmen aus Importzöllen, während die Steigerung der Exporte höhere Mehrwertsteuerrückzahlungen erforderte.

Das Ausmaß der wirtschaftlichen Krise zeigte sich besonders deutlich an einem rapiden Anstieg der Arbeitslosigkeit, die im Mai 1995 18,6% erreichte, sowie einem drastischen Nachfrageeinbruch der zu einem Rückgang der Produktion v.a. im Bereich langlebiger Konsumgüter führte (Fundación Cedeal 1995, Nr. 25: 18).

Tabelle 5.3 Gesamtwirtschaftliches Angebot und Nachfrage (prozentuale Veränderung), 1995-2001

	1995	1996	1997	1998	1999	2000	2001
Konsum	-3,6	5,9	7,9	2,1	-2,1	-0,1	-5,8*
Bruttoinvestitionen	-13.1	8,9	17,7	6,5	-12,8	-8,3	-15,9
Importe	-10.0	17,4	26,6	8,1	-11,7	0,2	-14,0
Exporte	22.6	7,8	12,0	9,9	-1,4	1,8	2,9

Quelle: Cepal 2002: 106, 2001: MECON 2002
* privater Konsum.

mens und eine Zinssenkung, um die wirtschaftliche Aktivität anzukurbeln. Als „indirekter" Effekt boten die Liquiditätspapiere dem Staat eine zusätzliche Finanzierungsquelle und zudem wurde die Geldbasis, zu welcher die Mindestreserve rechnet, gesenkt und damit die Deckungsanforderung verringert bzw. die Überschussreserven der Zentralbank erhöht.

366 Dazu zählte eine Ausweitung der Steuerbasis, eine Erhöhung der Mehrwertsteuer von 18% auf 21% sowie eine Erhöhung der Importzölle, der Arbeitgeberbeiträge zur Sozialversicherung, eine Senkung der Löhne öffentlicher Bediensteter und eine Senkung der Erstattungszahlungen für Exporte.

Ablauf und Management der Tequila-Krise im argentinischen Finanzsektor 1995

- Anfangsschock: Zusammenbruch von zwei argentinischen Finanzinstitutionen, Tequila-Schock führt zu Vertrauenseinbruch bei internationalen Anlegern, Verluste Aktien- und Anleihemärkte
- Depositen-Run: zwischen Dezember 1994 und März 1995 sinken Bankeinlagen um 15% (6,6 Mrd. US$), Devisenreserven der BCRA um 37% (6 Mrd. US$), Dollarreserven Finanzsektor 35% (7,6 Mrd. US$). M0 sinkt 25%, M1 um 10%, Zinsen und Peso-Dollar-Spread steigen[367]
- Zurückhaltung BCRA: Senkung Mindestreserve MR (+Zwangskonvertierung in US$)[368], Banco Nación und Interbankenmarkt sollen Instituten mit Liquiditätsproblemen helfen[369]
- Änderung Zentralbankgesetz Februar: Ausweitung der Refinanzierungsmöglichkeiten der BCRA (3,5 Mrd. US$), Möglichkeit für BCRA, externe Verbindlichkeiten einzugehen (1,93 Mrd. US$)
- Verschärfung der Krise im März: Abzug von Argendollars, weitere Senkung MR, Ankündigung Einlagenversicherung (privat finanziert)[370], Auflage von zwei Bankenrestrukturierungsfonds über 4,5 Mrd. US$ (für insolvente Privatbanken und Provinzbanken)
- Abschwächung der Krise: Internationales Hilfspaket (6,6 Mrd. US$) und Anleiheemission der Regierung (Bono Argentino 2 Mrd. US$)
- Ende 1995: Beginn der systemischen Liquiditätspolitik (verzinste MR, stand-by-Kreditlinie mit internationalen Geschäftsbanken, aktive Geldpolitik in Höhe der Überschussreserven) und verstärkte Bankenaufsicht
- Ergebnis der Krise: Konzentration im Bankensektor, höherer Anteil ausländischer Institute, Verschlechterung Kreditportfolio, Kreditkontraktion, steigende Dollarisierung

Quelle: Eigene Darstellung nach Caprio/Dooley et al. 1996

---

[367] Fundación Cedeal, 1995, Nr. 24: 20: Kreditzinsen von 9% Ende 1994 auf 50%, Interbankenrate auf 70%, Dollarkreditzins von Ende 1994 8,7% auf 30% Mitte März 1995.

[368] Fundación Cedeal 1995, Nr. 24: 14: Über diese Maßnahme wurde automatisch ein Drittel der Geldbasis dollarisiert. Vgl. auch Schweickert 1995: 336.

[369] Fundación Cedeal 1995, Nr. 24: 14 und Fernández 1996: Die *Banco Nación* kaufte zu diesem Zweck qualitativ gute Verbindlichkeiten von anderen Geschäftsbanken auf. Zur Finanzierung dieser Transaktion wurde ein Fonds gebildet, der durch eine Erhöhung der Mindestreserve von 2% finanziert wurde. Das Zurückgreifen auf die erste Staatsbank im Falle von Liquiditätsproblemen in einem *currency board*-System wurde in Argentinien schon in den Zeiten des Goldstandards praktiziert, der Ausstieg aus dem Goldstandard 1913 konnte jedoch nicht verhindert werden,vgl. Calvo in Liviatan (Hrsg.) 1992: 22.

[370] Fundación Cedeal, 1995, Nr. 24: 20: Eine 100% Garantie für Einlagen bis 10.000 US$ mit einer Laufzeit unter 90 Tagen und 20.000 US$ für längerfristige Einlagen. Insgesamt soll der Garantiefonds 2 Mrd. US$ umfassen, allerdings dauert es bis zur Auffüllung des Fonds, der vom Finanzsystem selbst finanziert werden soll, ca. 7 Jahre.

V.1.2 Die zweite Prüfung: Asien-, Russland- und Brasilienkrise

Trotz des drastischen Einbruchs im Zuge der Tequila-Krise gelang Argentinien in den Jahren 1996 und 1997 eine rasche wirtschaftliche Erholung und das Erzielen hoher Wachstumsraten. Motor des Aufschwungs war die Rückkehr der Kapitalzuflüsse sowie eine günstige Exportentwicklung (v.a. für Primärgüter und Energie- und Brennstoffe), die u.a. eine Reaktion auf die sinkende interne Nachfrage darstellte. Eine gute Ernte 1995/96, hohe Weltmarktpreise für argentinische Agrarexportprodukte (Rindfleisch, Ölsaaten, Erdöl, Weizen und Wolle) und eine rasante Exportsteigerung in das Nachbarland Brasilien wirkten sich zusätzlich positiv auf die Ausfuhren aus.[371]

Die günstigen externen Bedingungen konnten zwar das Abrutschen in eine längerfristige Rezession verhindern, die Phase des leichten Wachstums gehörte jedoch endgültig der Vergangenheit an. Das Verharren der Arbeitslosigkeit auf hohem Niveau (17,3%), stagnierende Investitionen, soziale Probleme und der weitere Zwang zu fiskalischer Austerität ließen das Wahlversprechen Menems, in seiner zweiten Amtsperiode eine Wachstumsphase mit sozialer Gerechtigkeit einzuleiten (El País 9.7.95), zunehmend unglaubwürdig erscheinen.

Das Jahr 1996 endete zwar mit einer zufrieden stellenden Handelsbilanz und Export*performance* sowie positiven Entwicklungen auf den Kapital- und Finanzmärkten. Konsum und Investitionen verblieben jedoch unter den Werten für 1994, das Haushalts- (5,26 Mrd. US$) und Leistungsbilanzdefizit (6,9 Mrd. US$) vergrößerten sich rasant und die Unzufriedenheit der Bevölkerung über die Beschäftigungskrise nahm zu (MECON 1997).

1997 schien schließlich eine Rückkehr zum dynamischen Wachstum der Anfangsphase des Konvertibilitätsplans in Sichtweite. Die Industrieproduktion und Investitionen verzeichneten hohe Zuwachsraten, die externen Kapitalzuflüsse stiegen auf Rekordhöhe, im Finanzsektor überstiegen Mitte des Jahres sogar die Einlagen in heimischer Währung Depositen in US-Dollar, und die Arbeitslosigkeit ging leicht zurück. Das Panorama änderte sich jedoch, als die Ausläufer der Wirtschaftskrise in Südostasien Lateinamerika erreichten und das Vertrauen der Investoren in die Zukunftsmärkte einen erneuten Einbruch erlitt: Kapitalabflüsse, eine Erhöhung der Finanzierungskosten für Entwicklungsländer auf den internationalen Finanzmärkten, Börseneinbrüche, spekulative Attacken gegen die heimischen Währungen, fallende Rohstoffpreise sowie eine Verringerung der Exporte in die asiatische Krisenregion aufgrund sinkender Nachfrage waren die Folgen für Lateinamerika (CEPAL 1998, Fritz 1999).

---

[371] Die dynamische Nachfrage aus Brasilien ergab sich aus der Aufwertung der brasilianischen Währung nach Einführung des Plan Real 1994 und dem folgenden Wirtschaftsboom in Verbindung mit höheren Zolltarifen Brasiliens gegenüber Nicht-Mercosur-Staaten.

Argentinien war 1997 weniger stark von der Krise betroffen, da im Gegensatz zum Tequila-Effekt eine Bankenkrise vermieden werden konnte und die argentinischen Exporte nach Asien nur 8,7% der Gesamtexporte des Landes ausmachten (Fundación Cedeal 1998, Nr. 38: 10). So konnte Argentinien 1997 trotz vorübergehender Kursverluste an der Börse sowie Zinssteigerungen und einem leichten Absinken der Rohstoffpreise mit einem Zuwachs des BIP von 8,2% abschließen, Kapitalimporte von 16,6 Mrd. US$ attrahieren und Zentralbankreserven von 22,5 Mrd. US$ akkumulieren. Weniger positiv entwickelte sich, typisch für eine Reaktivierungsphase, die Handels- und Leistungsbilanz sowie der Saldo des Staatshaushaltes: Die Handelsbilanz rutschte nach den Überschüssen 1995 und 1996 wieder in negative Zahlen (-2,1 Mrd. US$), das Leistungsbilanzdefizit verdoppelte sich, auch aufgrund eines steigenden Schuldendienstes, auf 12,3 Mrd. US$ (4,1% des BIP) und das Budgetdefizit erreichte 1,6% des BIP (vgl. Tab. 5.2).

Während Anfang 1998 das Wachstum nur leicht nachließ, geriet Argentinien nach der Russlandkrise und deren Auswirkungen auf den Haupthandelspartner Brasilien ab dem dritten Quartal des Jahres in die zweite Rezession nach der Tequila-Krise, die sich im Januar 1999 nach der drastischen Abwertung der brasilianischen Währung verschärfte. Die Hauptschwachpunkte des argentinischen Entwicklungsmodells - die hohe Überbewertung des Pesos, das Primärgüter-Exportprofil bei geringer Absatzmarktdiversifizierung (die so genannte *Brasil-Dependencia*) sowie die steigende Auslandsverschuldung zur Finanzierung der Fiskal- und Leistungsbilanzdefizite - kamen durch das veränderte internationale und regionale Umfeld voll zur Geltung.

Die Wettbewerbsfähigkeit des Pesos wurde durch die asiatischen und lateinamerikanischen Abwertungen bei gleichzeitiger Aufwertung des US-Dollar weiter beeinträchtigt und machte die Erfolge einer über niedrige Inflationsraten und Produktivitätsfortschritte erreichten realen Abwertung zwischen 1996-98 wieder zunichte.[372] Die Weltmarktpreise für argentinische Primärgüterexporte fielen beträchtlich, während die Industriegüterexporte durch die sinkende Nachfrage aus Brasilien betroffen waren.[373] Ein steigender Kapitalbedarf durch wachsende Leistungsbilanzdefizite musste aufgrund der Krisen auf den internationalen Finanzmärkten mit höheren Zinsen und kürzeren Laufzeiten finanziert werden und das angeschlagene Vertrauen der externen Gläubiger erforderte eine

[372] Vgl. Jonas 2002: 13. Die Abwertung erfolgte nur gegenüber dem US-Dollar, effektiv wertete der Peso trotz Deflation allein 1999 12% und insgesamt 20% zwischen 1996-99 auf.

[373] 1998 gingen 51% der Industriegüterexporte nach Brasilien. Die Automobilproduktion fiel bereits im Dezember 1998 um 50%, da aufgrund des Präferenzregimes innerhalb des Mercosur ca. 98,5% der Exporte des Sektors nach Brasilien gingen (FIDE 3/2000: 7).

ständige Demonstration eines rigiden Sparkurses, während das heimische Aktivitätsniveau durch höhere Zinsen und geringere Exporte gedämpft wurde.[374]

Anfang 1999 implementierte die Regierung eine Steuerreform mit dem Ziel, durch höhere Einnahmen bei der Mehrwert- und Einkommensteuer eine Senkung der Arbeitgeberbeiträge zur Sozialversicherung um durchschnittlich 6,5% zu erreichen und damit die Wettbewerbsfähigkeit der Unternehmen und die Neueinstellung von Arbeitskräften zu fördern. Als jedoch Brasilien kurz darauf abwertete, verschärfte sich der Reformdruck in Argentinien radikal. Um möglichen spekulativen Attacken entgegenzuwirken, begann die argentinische Regierung zu signalisieren, dass statt einer Abwertung im Krisenfall vollständig dollarisiert würde, um das Wechselkursrisiko und Abwertungserwartungen endgültig zu eliminieren.[375]

Bei einer zweiten Krise im Mai konnte über die Bekräftigung dieses Vorsatzes in Verbindung mit dem so genannten Gesetz zur fiskalischen Konvertibilität, die eine Koppelung des Ausgabenwachstums an das Wirtschaftswachstum sowie eine Begrenzung des Fiskaldefizits für 2000 auf 1,5% des BIP und 1,0% des BIP für 2001 vorsah, das Anlegervertrauen wiederhergestellt werden.

Das Vertrauen der Bevölkerung in die Fähigkeit der peronistischen Regierung, die schwierigen ökonomischen und sozialen Probleme zu lösen, schwand jedoch immer mehr. Im Oktober bei den Präsidentschaftswahlen gewann der Kandidat des Oppositionsbündnis *Alianza*, Fernando de la Rúa, mit 49% der Stimmen gegen den peronistischen Kandidaten Duhalde und versprach eine Beibehaltung der Stabilitätspolitik bei stärkerer Betonung der sozialen Aspekte sowie eine Bekämpfung von Kriminalität und Korruption.

---

[374] Nach Birdsall 2002 wollten die externen Gläubiger aufgrund des steigenden Schuldenbestands Haushaltsüberschüsse sehen, auch wenn die Defizite noch keine beunruhigenden Ausmaße erreicht hatten.

[375] Vgl. Handelsblatt 7.6.99, Menem 2000 sowie Befürworter einer argentinischen Dollarisierung in den USA wie Berg/Borensztein 2000 und Velde/Veracierto 1999. Der Chef der US-amerikanischen Zentralbank Greenspan reagierte auf diesen Vorstoß eher skeptisch, vgl. Clarín vom 24.02.99. Menem ist seither dem Dollarisierungsprojekt treu geblieben und wird dabei von den prominentesten Befürwortern des CB-Modells, Hanke und Schuler (2002) unterstützt.

V.1.3 Staatsbankrott und Schuldenkrise: Der Ausstieg aus dem *currency board*

Die nach zwei Jahren vorzeitig beendete Amtszeit de la Rúas zeichnete sich durch den Versuch aus, in einem Kontext von Rezession und Deflation die internationalen Kreditgeber durch fiskalische Austeritätsprogramme von der Nachhaltigkeit des Konvertibilitätsplans zu überzeugen und über die Stabilisierung der Kapitalzuflüsse eine Aufgabe des Modells zu verhindern. Für den Fall einer Abwertung wurden aufgrund der hohen Dollarisierung der Ökonomie - mit Recht - desaströse Effekte auf den Finanz- und Unternehmenssektor sowie für den Staat erwartet.[376]

> „The strong reluctance of successive governments (...) to even consider removing the dollar anchor after export prices had dropped substantially, the dollar had appreciated against the euro, Brazil had devalued, foreign credit had tightened and the economy was in recession with unemployment well in the two digits, and rising, did not come (...) from some peculiar preferences with respect to a presumed output-inflation tradeoff, but from a concrete fear that devaluation would cause such a disturbance in financial contracts that the effect would be a drastic fall in activity" (Fanelli/Heymann 2002: 24)

Die ersten Maßnahmen der neuen Regierung waren dementsprechend nicht expansiv, sondern verfügten höchst unpopuläre Steuererhöhungen (insbesondere der Einkommenssteuer), die Aussetzung der bereits 1999 beschlossenen Senkung der Arbeitgeberbeiträge zur Sozialversicherung sowie Gehalts- und Rentensenkungen für Staatsangestellte. Über eine Arbeitsmarktreform (Mai 2000), die dezentrale Tarifverhandlungen und die Priorität von Verträgen auf Betriebsebene festschrieb, sollten die Lohnkosten im Privatsektor gesenkt und die Beschäftigung erhöht werden. Gegen Ende des Jahres wurde jedoch deutlich, dass allein eine rezessionsbedingte Verbesserung von Handels- und Leistungsbilanz eingetreten war, während die Beschäftigungskrise sowie eine Zunahme der Verschuldung (der Schuldendienst verschlang 2000 bereits 93,5% der Exporter-

[376] Vgl. zur Diskussion der Optionen de la Rúas auch Hujo 2002. Eine Vertiefung der bereits begonnenen Strukturreformen wurde zwar angestrebt und von den multilateralen Finanzorganisationen, die bereits im März 2000 mit der Regierung ein neues *Stand-by*-Abkommen abschlossen, gefordert, im Falle der Arbeitsmarktflexibilisierung jedoch auf Kosten einer politischen Krise erkauft während die Dekrete zur Reform von Kranken- und Rentenversicherung Mitte 2001 annulliert wurden (vgl. V.2 und V.4).

löse, Tab. 5.2) und des Fiskaldefizits Spekulationen über eine bevorstehende Zahlungsunfähigkeit des Staates entfachten.[377]

Um die steigenden Zinsen und Risiko*spreads* für Staatsanleihen unter Kontrolle zu bringen, wurde im Dezember 2000 ein Hilfspaket (die so genannte finanzielle Panzerung - *blindaje financiero*) von fast 40 Mrd. US$ ausgehandelt, an dem neben IWF, Weltbank, Interamerikanischer Entwicklungsbank und bilateralen Gebern auch das nationale Bankensystem sowie die lokalen Pensionsfonds beteiligt waren (Clarín 19.12.01, Kern/Nolte 2001: 33). Im Gegenzug verpflichtete sich die Regierung de la Rúa zu einer Senkung des Budgetdefizits (Einsparungen von 890 Mio. US$) u.a. durch Kürzungen in der staatlichen Säule des Rentensystems und zu einer Deregulierung der Krankenversicherung.[378] Die Reformen der Sozialversicherungssysteme wurden noch im November und Dezember auf dem Verordnungsweg implementiert und sollten in einem späteren Gesetzgebungsverfahren ratifiziert werden.[379]

Das Kreditpaket sollte die Märkte beruhigen und darüber zu einer raschen Senkung des Länderrisikos und des internen Zinsniveaus führen, um das Wachstum und damit auch die Steuereinnahmen zu erhöhen und letztendlich das Budget zu entlasten.

Zusammenfassung: Die finanzielle Panzerung (*blindaje financiero*)

- Umschuldungen 7 Mrd. US$
- IWF 13,7 Mrd. US$
- Weltbank 2,5 Mrd. US$
- Interamerikanische Entwicklungsbank 2,5 Mrd. US$
- Spanische Regierung 1 Mrd. US$
- Lokale Banken 10 Mrd. US$ und Pensionsfonds 3 Mrd. US$

Quelle: Eigene Darstellung

Jedoch resultierte auch die bis dato größte Finanzhilfe in der argentinischen Geschichte nur in einer vorübergehenden Linderung der Krise, und der erhoffte virtuose Zyklus trat nicht ein. Bereits im ersten Quartal 2001 konnte die

[377] Die Unsicherheit bezüglich der Perspektiven einer ökonomischen Erholung wurde durch eine politische Krise verschärft, die durch den Rücktritt des Vizepräsidenten Alvarez des Koalitionspartners FREPASO als Reaktion auf einen Bestechungsskandal zur Durchsetzung der Arbeitsmarktreform im Senat ausgelöst wurde.

[378] Wie im Falle der Reform von 1994 wurden diese Projekte auf Wunsch der argentinischen Regierung in das IWF-Abkommen aufgenommen, vgl. www.lanacion.com.ar/01/08/12/dp_327090.asp

[379] Vgl. <www.mecon.gov.ar/cartadeintencion/carta2esp.htm>

Zielvariable für das Budgetdefizit nicht eingehalten werden, die Finanzierung über die internationalen Kapitalmärkte blieb aufgrund der hohen Anleihe*spreads* weitgehend aus, und die Wirtschaft stagnierte weiter. Wirtschaftsminister Machinea trat Anfang März zurück und sein Nachfolger Lopez Murphy kündigte ein Sparprogramm über 2 Mrd. US$ an[380], musste jedoch aufgrund gesellschaftlicher Proteste gegen die Maßnahmen nach bereits zwei Wochen ebenfalls sein Amt niederlegen und dem „neuen alten" Wirtschaftsminister Domingo Cavallo, dem Begründer der argentinischen Konvertibilität, Platz machen.

Wirtschaftspolitische Maßnahmen Cavallos ab März 2001

- 3/01 Sondersteuer auf Banktransaktionen (0,25%-0,6%), Zahlungen > 1000 US$ per Scheck oder Kreditkarte
- Zollpolitische Änderungen: Importsteuer Konsumgüter 35%, Kapitalgüter 0%
- Gesetz zur Wettbewerbsfähigkeit: Produktionskosten sollen 20% sinken, Förderung der Industrie (Senkung Steuern und Sozialabgaben, Zollpolitik, verbilligte Kredite)
- Platzierung von 2 Mrd. Bonds im Bankensektor als Mindestreserve (Änderung ZB-Statut), die von 20 auf 18% gesenkt wird
- Umschuldung Staatsverschuldung (mega-canje): Titel über 30 Mrd. US$ bei lokalen Banken und AFJPs umgeschuldet
- 6/01: Modifizierung WK-Ankers: Bindung Pesos an Währungskorb Euro-Dollar, wenn Parität 1:1 erreicht, Währungskorb bereits gültig für Handelstransaktionen (de facto dualer WK mit Abwertung um 8%)
- 7/01: Nulldefizit-Politik: Senkung von Löhnen und Renten im öffentlichen Sektor um 13%, Ankündigung Einsparungen in Höhe von 1,5 Mrd. US$
- 8/01: IWF Hilfspaket über 8 Mrd. US$ (Aufstockung stand by-Kredit von 14 auf 22 Mrd. US$)
- Senkung Arbeitnehmerbeitrag Rentenversicherung auf 5% zur Konsumstimulierung
- 12/01: Einfrieren der Bankeinlagen (corralito), maximal 1000 US$ pro Monat verfügbar
- Zwangskonvertierung von auslaufenden Termineinlagen der AFJPs in Staatsanleihen
- Ankündigung von Einsparungen über 3,8 Mrd. US$ im Haushalt 2002

Quelle: Eigene Darstellung

Der mit zahlreichen Sondervollmachten ausgestattete (vgl. Kern/Nolte 2001) und in der internationalen Presse als Retter, Magier und Jongleur titulierte Cavallo kündigte an, die Phase der Austerität endgültig zu beenden und eine Wachstumsphase einzuleiten. Bis zum Jahresende versuchte er mit einer Viel-

[380] Vgl. Ambito Financiero, 18.3.01: Die Reform sah Personaleinsparungen im öffentlichen Sektor, Privatisierungen (Banco Nación), eine Reform der Krankenversicherung der Rentner (PAMI), verringerte Zuschüsse an die Provinzen und Universitäten, Eliminierung der von Abgeordneten vergebenen Sozialrenten und Stipendien, Abschaffungen von Subventionen sowie Änderungen des Steuersystems vor.

zahl von Maßnahmen (siehe Kasten) das Vertrauen von Konsumenten, Unternehmern und Kreditgebern positiv zu beeinflussen und dadurch Nachfrage und Produktion zu stimulieren sowie den Zugang zu den internationalen Finanzmärkten wiederherzustellen und die Finanzierungskosten auf den lokalen Kreditmärkten zu senken.

Ein Programm zur Förderung der Wettbewerbsfähigkeit, die Ausweitung der Defizitfinanzierung des Staates durch die Zentralbank, eine Umschuldung der kurzfristig fälligen Staatsverschuldung (30 Mrd. US$) und schließlich der Versuch, über die Einführung eines dualen Wechselkurses (Währungskorb zwischen Euro und US$ für Handelstransaktionen, 1:1 Parität für Kapitalverkehr) mit einer De-facto-Abwertung von 8% eine Steigerung der Wettbewerbsfähigkeit zu erzielen, wurde trotz positiver Reaktionen vieler Ökonomen von den Märkten als schleichendes Aufweichen der CB-Regeln und Hinauszögern der Zahlungsunfähigkeit interpretiert.

Im Juli 2001 kam es zu einer erneuten Zuspitzung der Krise[381], auf die Wirtschaftsminister Cavallo mit der Ankündigung einer radikalen Nulldefizit-Politik reagierte. Einsparungen von 1,5 Mrd. US$ sowie die Kürzung von Renten und Gehältern im öffentlichen Sektor um mindestens 13% (bei Gehaltsobergrenzen von 3.700 Arg$ sowie Renten über 500 Arg$) und die Erhöhung der Finanzsteuer auf 0,6% wurden angekündigt, um ein ausgeglichenes Budget zu erreichen. Direktes Resultat war jedoch eine Verschärfung der Proteste gegen die Regierung und eine Zunahme des Einlagenabzugs aus dem Bankensektor. Ende August bewilligte der IWF noch eine Erhöhung der Finanzhilfe um 8 Mrd. US$, um die Zentralbankreserven aufzustocken und den geplanten Anleihentausch mit internationalen Anlegern zu fördern.

Dennoch gelang es der argentinischen Regierung im letzten Quartal 2001 nicht, die Vertrauenskrise unter Kontrolle zu bringen: Verstärkte Liquiditätshilfe der Zentralbank für Staat und Finanzsektor, eine Quasi-Sozialisierung von Schulden des Unternehmenssektors[382], die Fortführung der Anleihenumwandlung auf dem lokalen Kapitalmarkt sowie eine Senkung der Arbeitnehmerbeiträge zur Rentenversicherung führten nicht zu einer Senkung des Zinsniveaus und

---

[381] Staatspapiere Letes mit dreimonatiger Laufzeit konnten nur noch zu einem Rekordzins von 14% auf dem lokalen Kreditmarkt plaziert werden, Vgl. DLBA 2001b: Der Risiko*spread* auf dem internationalen Markt stieg auf über 1700 Basispunkte, vgl. IWF 2001c.

[382] Vgl. Clarín 4.10.01: Der Finanzsektor hatte zwischen Februar und August 2001 bereits 11,7 Mrd. US$ an Depositen verloren. Die BCRA weitete ihre Refinanzierungsfazilitäten aus, um sowohl Liquidität als auch die Rendite von Staatsanleihen über deren Ankauf zu erhöhen. Die Finanzierung des Staates erfolgte über den Umweg von Repo-Geschäften an die Banco Nación, vgl. DBLA Perspektiven 12/2001. Per Dekret wurde ab 1.12.01 allen Unternehmen mit Bankschulden der Ankauf von Staatsbonds zu Marktpreisen (35% bewertet) und die Einlösung der Papiere zum Nominalwert für Steuerschulden erlaubt.

einer Reaktivierung der Wirtschaft. Stattdessen hielt der Einlagenabzug unvermindert an und die Risikoaufschläge auf argentinische Anleihen verharrten mit bis zu 3.000 Basispunkten auf Höchstniveau.

Als Anfang Dezember klar wurde, dass weder das Nulldefizit noch das IWF-Haushaltsziel erfüllt werden konnte, verweigerte der IWF die Auszahlung einer fälligen Kredittranche über 1,26 Mrd. US$ (Taylor 2002): Die Kombination aus hohem Budgetdefizit, steigender Verschuldung und dem fixen Wechselkursregime sei nicht mehr aufrecht zu erhalten. Der IWF drängt auf Abwertung und die offizielle Erklärung der Zahlungsunfähigkeit.

Abbildung 5.4 Entwicklung der Auslandsverschuldung (in Mio. US$), 1989-2001

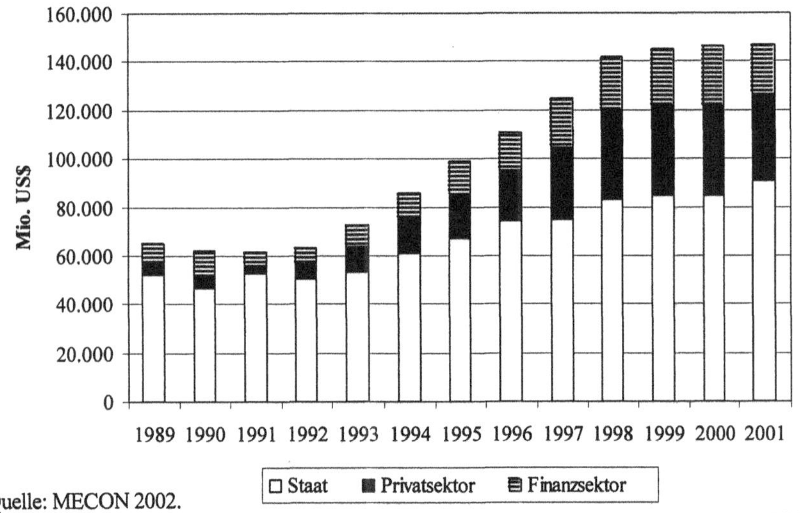

Quelle: MECON 2002.

Die letzten Maßnahmen Cavallos verfolgten das Ziel, dieses Szenario abzuwenden, verschärften dabei jedoch nur den Protest der Bevölkerung gegen eine Regierung, die bereits in den Kongresswahlen Ende Oktober eine empfindliche Wahlniederlage einstecken musste: Um den *run* auf die Bankeinlagen zu stoppen und den Zusammenbruch des Finanzsektors zu verhindern, wurden ab Anfang Dezember sämtliche Konten eingefroren und Barabhebungen nur bis zu einer Obergrenze von 1.000 Arg$ im Monat erlaubt. Der zweite Eingriff in das Privatvermögen der Argentinier erfolgte über eine dekretierte Umwandlung von Termindepositen der AFJPs in Staatsanleihen. Für den Haushalt 2002 wurden weitere drastische Einsparungen angekündigt und der internationale Anleihentausch anvisiert.

Eskalierende soziale Unruhen führten in den folgenden Tagen zur Verhängung des Ausnahmezustandes und schließlich zum Rücktritt der Regierung de la Rúa. Am 23.12.2001 wurde offiziell die Zahlungsunfähigkeit des argentinischen Staates erklärt. Der Peronist Duhalde wurde nach einer Phase wechselnder Präsidenten von einer Bundesversammlung zum Interimspräsident gewählt und sollte bis zu den für Mai 2003 geplanten Neuwahlen im Amt bleiben.

Als erste Amtshandlung beendete Duhalde im Januar das argentinische *currency board* und wertete den Peso ab. Eckpunkte der Wirtschaftspolitik im Kontext einer akuten ökonomischen, politischen und sozialen Krise waren die Entdollarisierung der Wirtschaft, die Etablierung eines neuen glaubwürdigen Geld- und Wechselkursregimes, eine Stabilisierung des Bankensektors sowie die Aushandlung eines neuen Kreditabkommens mit dem Internationalen Währungsfonds.

Die Stabilisierung des seit Februar frei floatenden Wechselkurses sowie der zunehmenden Inflationsraten über eine restriktive Geldpolitik (als erstes Ziel wurde eine Obergrenze für Neuemissionen von 3,5 Mrd. Arg$ für 2002 formuliert) war erneut zur Priorität der Wirtschaftspolitik avanciert. Gleichzeitig bemühte sich die neue Regierung zu signalisieren, dass sie den fiskalischen Ausgleich, insbesondere der Provinzen, sowie die Strukturreformen weiter vorantreiben wollte.

V.2 Rentenreform und öffentliche Finanzen

Die Tatsache, dass der Konvertibilitätsplan Ende 2001 scheiterte, war u.a. darauf zurückzuführen, dass das ehrgeizige Ziel eines ausgeglichenen Budgets in mitten einer profunden Wirtschafts- und Schuldenkrise nicht erreicht werden konnte. Im folgenden Kapitel soll untersucht werden, welche Rolle die Rentenreform bei dem für das argentinische CB so wichtigem Thema der öffentlichen Finanzen spielte.

Ein privat verwaltetes auf Basis individueller Kapitaldeckung finanziertes Alterssicherungssystem soll den Staat langfristig von den steigenden Kosten einer alternden Gesellschaft entlasten. Dabei argumentiert die internationale Rentenorthodoxie, dass private Pensionsfonds durch Investition der Beiträge auf dem Kapitalmarkt die gleichen Renten mit geringeren Kosten als der Staat erzielen könnten. Dementsprechend könne sich die öffentliche Hand auf Armutsvermeidung und Regulierungsfunktionen beschränken und damit insgesamt weniger Haushaltsmittel zielorientierter einsetzen. Die stärkere Betonung von Versicherungsprinzip und effizienter Ressourcenallokation durch die private Säule in Verbindung mit der solidarischen Komponente der staatlichen Säule soll zudem die Glaubwürdigkeit der Rentenversicherung wiederherstellen.

Bei einem Übergang von einem bereits existierenden staatlichen Umlagesystem zu einem privaten Kapitaldeckungsverfahren entsteht allerdings für mehrere Jahrzehnte ein Übergangsdefizit, das durch den Verlust an Beitragszahlern und die Kompensation von Rentenansprüchen noch Erwerbstätiger verursacht wird und über fiskalische Einsparungen, Steuererhöhungen oder Verschuldung finanziert werden muss (vgl. Teil II).

Die Erfahrung Argentiniens in den letzten Jahren hat gezeigt, dass das tatsächliche Übergangsdefizit (die Differenz der Verzinsung der impliziten gegenüber der expliziten Staatsverschuldung, vgl. Holzmann 1997a: 15) im Kontext sinkenden Investorvertrauens und damit steigender Zinskosten beträchtliche Ausmaße annehmen kann.

Argentinien ist zudem ein eindrucksvolles Beispiel dafür, wie eine Rentenreform, die u.a. als Signal an die internationalen Finanzmärkte konzipiert wurde und damit letztendlich Zugang zu günstigen Krediten verschaffen sollte, durch die Reformkosten zu einer Fiskalkrise beigetragen hat, die im Kontext der vierjährigen Rezession und einer profunden Vertrauenskrise in das argentinische Entwicklungsmodell fatale Auswirkungen hatte und letztendlich in eine Staatsinsolvenz und die Aufgabe des CBs mündete.

Wie bereits in der Analyse der Wirtschaftspolitik (V.1) dargestellt, gestaltete sich die Staatsfinanzierung nach der Tequila-Krise schwieriger, da sowohl die Ausgaben für Soziales und den Schuldendienst zunahmen als auch die Steuer- und Beitragseinnahmen, bis auf die Aufschwungphase 1996-97, durch die Einkommensstagnation und die Rentenreform negativ beeinträchtigt wurden. Die Erlöse aus Privatisierungen, die in der Anfangsphase des Plans sogar zu Haushaltsüberschüssen geführt hatten, spielten hingegen ab 1995 (bis auf 1999 durch den Aktienverkauf der Erdölgesellschaft YPF) kaum mehr eine Rolle (Tab. 5.5). Die Zinsspirale, die Ende 2000 einsetzte und nur kurzfristig über das 40 Mrd. US$ Hilfspaket unterbrochen werden konnte, schnitt die Regierung de facto von den internationalen und lokalen Finanzmärkten ab. Zur Haushaltsfinanzierung griff der argentinische Staat im letzten Jahr deshalb verstärkt auf die Fonds der AFJPs zurück, was zu beträchtlichen Vermögensverlusten für die Versicherten geführt hat (vgl. V.5)

Tabelle 5.5 Öffentliche Finanzen (in Mrd. US$), 1995-2001

	1995	1996	1997	1998	1999	2000	2001
Einnahmen	50,3	47,7	55,4	56,7	58,5	56,6	51,3
Ausgaben	51,7	52,9	59,7	60,8	63,2	63,4	60,0
Zinszahlungen	4,1	4,6	5,8	6,7	8,2	9,7	10,2
Privatisierungserlöse	1,2	0,38	0,31	0,1	2,6	0,15	0,06
Primärüberschuss* ohne Privatisierungen	1,5	-1,3	1,2	2,5	0,9	2,7	1,4
Primärüberschuss mit Privatisierungen	2,7	-0,7	1,5	2,6	3,5	2,9	1,5
Budgetsaldo ohne Privatisierungen	-2,5	-5,9	-4,6	-4,2	-7,4	-6,9	-8,8
Budgetsaldo mit Privatisierungen	-1,4	-5,3	-4,3	-4,1	-4,8	-6,8	-8,7
Budgetsaldo in % BIP**	-0,9	-2,5	-1,6	-1,3	-2,5	-2,3	-3,7

Quelle: MECON 2002 (Tab. A6.1)
* ohne Zinszahlungen
** CEPAL 2001, IWF 2000, DBLA 2002.

Tabelle 5.6 Struktur der Staatsausgaben (in % BIP), 1995-2001

Jahr	Verwaltung	Sozialausgaben	Güter und Dienstleistungen	Schuldendienst	Gesamt Zentralstaat	Gesamt inkl. Provinzen*
1995	2,69	11,36	1,17	1,94	17,60	32,50
1996	2,49	11,12	0,79	1,81	16,22	30,56
1997	2,31	10,67	0,77	2,29	16,00	30,35
1998	2,31	10,54	0,78	2,26	15,90	30,98
1999	2,79	11,13	0,68	3,03	17,64	34,10
2000	2,44	10,90	0,57	3,57	17,48	33,76
2001	2,30	11,02	0,54	4,38	18,25	35,32

Quelle: MECON 2002 (Tab. A6.7, A6.4.Secretaria de Política Económica)
* konsolidierter öffentlicher Sektor (inkl. Provinzen, Kommunen).

Bis auf das Jahr 1996 konnte auf Bundesebene ein Primärüberschuss erzielt werden (vgl. Tab. 5.5), da sowohl Verwaltungsausgaben als auch Sozialausgaben im Verhältnis zum BIP fast konstant gehalten wurden (vgl. Tab. 5.6). Bei Berücksichtigung der Provinzhaushalte (konsolidierter öffentlicher Sektor) nehmen die Staatsausgaben jedoch weitaus höhere Werte an; insbesondere Verwaltungs- und Personalausgaben erreichten seit 1995 durchschnittlich 6%, die Sozialausgaben ca. 21% des BIP (vgl. Tab. 5.6 sowie Tab. A6.4). Dies mag zum einen eine geringere fiskalische Disziplin der Provinzregierungen widerspiegeln, zum anderen ist die Übertragung der Aufgaben des Bildungs- und Gesundheitswesens im Rahmen der Dezentralisierung sowie die akuten Beschäftigungsprobleme vieler Regionen zu berücksichtigen.

Auf Bundesebene stiegen hingegen die Ausgaben für den öffentlichen Schuldendienst als Anteil des BIP zwischen 1995 und 2001 von 2% auf 4,4%

auf mehr als das Doppelte (Tab. 5.6), während die Steuer- und Beitragseinnahmen stagnierten bzw. sanken (Tab. 5.7), so dass das gesamte Budgetdefizit seit 1995 um das Sechsfache zunahm: 2001 erreicht das Budgetdefizit 8,8 Mrd. US$ bzw. 3,7% des BIP, mit Einbeziehung der Provinzhaushalte sogar 5% des BIP (DBLA 2002).

Tabelle 5.7 Struktur der Staatseinnahmen (in Mrd. Pesos), 1995-2001

Jahr	Steuern	Sozialversicherungsbeiträge	Andere Einnahmen	Gesamt
1995	31,0	13,7	4,3	49,0
1996	33,2	10,3	3,5	47,0
1997	38,4	12,2	4,0	54,6
1998	40,4	12,0	3,8	56,2
1999	38,6	11,0	6,1	55,7
2000	40,7	10,7	4,8	56,2
2001	37,2	9,6	4,3	51,1

Quelle: MECON 2002 Tab. A6.1 (gerundet), eigene Berechnungen

Eine Gegenüberstellung der Einnahmen und Ausgaben der staatlichen Sozialversicherung (Tab. 5.8) ohne Berücksichtigung von Steuer- oder Privatisierungserlösen zeigt deutlich, wie sich das *cash-flow*-Defizit durch den Beitragsabfluss an die privaten Pensionsfonds sowie die Integration von mehrheitlich defizitären Provinzkassen vergrößerte.[383]

Tabelle 5.8 Einnahmen und Ausgaben der staatlichen Sozialversicherung (Mio. Arg$), 1993-2001

	1993	1994	1995	1996	1997	1998	1999	2000	2001
Beitragseinnahmen	13.345	14.084	13.705	10.281	12.202	11.990	10.892	10.684	9.640
Leistungsausgaben	12.513	15.241	15.628	15.444	17.199	17.481	17.436	17.431	16.617
Saldo A	832	-1.157	-1.923	-5.163	-4.997	-5.491	-6.544	-6.747	-6.977
Beitragseinnahmen AFJPs	-	803	2.302	3.004	3.632	4.093	4.281	4.257	3.974
Saldo B	832	-354	379	-2.159	-1.365	-1.398	-2.263	-2.490	-3.003

Quelle: MECON 2002 (Tab. A 6.1) SAFJP 2002, eigene Berechnungen.
Sozialversicherung umfasst Rentensystem, Familienleistungen, Arbeitslosenversicherung, Sozialrenten.

383 Das Defizit der dem SIJP beigetretenen Provinzkassen betrug z.B. im Jahre 1999 1,25 Mrd. Arg$, vgl. Macián de Barbieri 2001: 13. Vgl. auch Tab. 5.11.

Diesem Kassensaldo werden die Beitragseinnahmen, die ab 1994 an die Pensionsfonds geflossen sind, gegenübergestellt und ein Saldo mit Berücksichtigung dieser Beitragszahlungen errechnet. Das Defizit der staatlichen Sozialversicherung beträgt im Jahre 2001 fast 7 Mrd. Arg$ (Saldo A) im Gegensatz zu einem Defizit von 3 Mrd. Arg$ (Saldo B), wären die Beiträge der Mitglieder der kapitalgedeckten Säule ebenfalls an den Staat geflossen (Tab. 5.8).[384]

Abbildung 5.9 Mitglieder und Beitragszahler in privater und staatlicher Alternative SIJP, 1994-2001

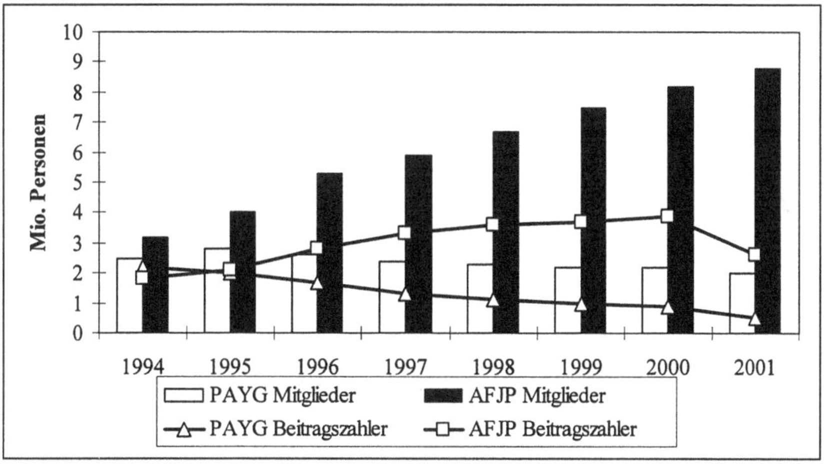

Quelle: SAFJP 2002.

Kiguel (1999: 27) kalkuliert die Erhöhung des Haushaltsdefizits durch die Rentenreform (unterteilt in die Kostenkomponenten Integration Provinzkassen, Beitragsverluste durch Zahlungen an AFJPs, Arbeitgebersatzsenkung, Zinszahlungen durch Verbriefung der bis 1992 aufgelaufenen Schulden des alten Systems in Form von BOCONES) auf durchschnittlich 5,2 Mrd. US$ pro Jahr zwischen 1995 und 1998. Wird diese Belastung aus dem tatsächlichen Budgetdefizit (Tab. 5.5) herausgerechnet, ergeben sich Überschüsse zwischen 3,8 Mrd. US$ und 0,1 Mrd. US$, und erst ab 2000 hätten sich moderate Haushaltsdefizite ergeben.

[384] Diese Rechnung überschätzt den fiskalischen Verlust der Beitragseinnahmen auf das Kassenergebnis insofern, als von den AFJPs geleistete Rentenzahlungen (Jahr 2000 80.527 Leistungsempfänger versus 3,3 Mio. im staatlichen System, vgl. Teil IV.2.2.3) nicht berücksichtigt werden. Ebensowenig werden die Kosten der Defizitfinanzierung (Verschuldung, Auswirkungen Besteuerung) berücksichtigt. Vgl. auch Macián de Barbieri 2001.

Tabelle 5.10 Staatsausgaben Rentensystem (konsolidierter Staatssektor)*, 1993-2001

Jahr	In Mio. Pesos von 2001	In % BIP	In % Sozialausgaben
1993	19.802	7,88	38,92
1994	21.969	8,23	39,26
1995	21.242	8,38	39,56
1996	21.006	8,00	39,88
1997	21.068	7,48	37,86
1998	21.621	7,43	37,21
1999	22.253	7,87	36,47
2000	22.079	7,90	37,12
2001	21.713	8,08	37,02

Quelle: MECON 2001 (A.6.5)
* inklusive Provinzen und Kommunen. Inklusive Kosten der Rentenschuld des SNPS (Bocones Previsionales).

Tabelle 5.11 Rentenausgaben Zentralstaat (in Mio. Pesos 1997), 1994-1999

	1994	1995	1996	1997	1998	1999
Leistungen	16.536	16.058	16.823	17.050	17.234	17.823
Nationalsystem	13.760	13.136	12.963	12.449	12.536	12.881
Ex-Provinzkassen	124	270	1.296	1.965	2.029	2.051
Beitragsunabhängige Leistungen	457	515	499	567	557	658
Polizei/Militär	2.105	2.057	1.979	1.977	2.018	2.215
Oberster Gerichtshof	17	15	15	14	13	14
Andere	74	66	71	77	81	92
Transferleistungen*	610	513	560	550	650	693
Verwaltungsausgaben	397	357	388	314	334	331
Gesamt	**17.543**	**16.928**	**17.771**	**17.914**	**18.218**	**18.847**

Quelle: Secretaría de Programación Económica y Regional 2000: Tab. 2.8.
* Subvention Strom, Gas, Wasser für bedürftige Rentner, Sozialhilfe nach Dekret 2627/92, Beerdigungszuschüsse.

Die sinkenden Beitragseinnahmen der staatlichen Rentenversicherung nach der Teilprivatisierung waren vor dem Hintergrund steigender Risiko-*spreads* auf den nationalen und internationalen Finanzmärkten besonders problematisch. Zur Illustration dieses Problems gehen wir von einer vollständigen Schuldenfinanzierung des Rentendefizits aus (vgl. Baker/Weisbrod 2002c).

Die Zinskosten zur Finanzierung des Übergangsdefizits stiegen ab 1998 drastisch an, so dass sich, wie Tab. 5.12. zeigt, das gesamte Rentendefizit (Beitragsverlust p.a. sowie Zins auf akkumulierten Schuldenbestand) von 1% 1995 auf 4,2% des BIP 2001 erhöhte. Insgesamt betrug das kumulierte Rentendefizit 2001 16,8% des BIP. Ohne die strukturelle Rentenreform wären hingegen keine

Budgetdefizite aufgetreten, sondern weitgehend ein ausgeglichener Haushalt erzielt worden, wie die Berechnung in Tabelle 5.13 darlegt.[385]

Tabelle 5.12 Simulation: Fiskalische Wirkung der Rentenreform (in % BIP), 1994-2001

	1994	1995	1996	1997	1998	1999	2000	2001
Verlorene Rentenbeiträge	-0,3	-1,0	-1,2	-1,3	-1,4	-1,6	-1,6	-1,5
Zinsrate %	10,0	10,0	10,0	10,0	14,0	14,0	20,0	20,0
Zinskosten	-0,075	-0,081	-0,1	-0,33	-0,70	-1,01	-1,96	-2,7
Rentendefizit	-0.3075	-1,081	-1,3	-1,63	-2,1	-2,6	-3,56	-4,2
Kumuliertes Defizit	-0.3075	-1,39	2,69	-4,32	-6,42	-9,02	-12,58	-16,8

Quelle: Eigene Berechnungen nach SAFJP 2002 (Tab. 11.3.2.), MECON 2002 (A1.1.) Methode nach Baker/Weisbrod 2002c[386]

Tabelle 5.13 Simulation: Budgetsaldo (in % BIP) ohne Rentendefizit, 1994-2001

	1994	1995	1996	1997	1998	1999	2000	2001
Budgetsaldo in % BIP	-1,5	-0,9	-2,5	-1,6	-1,3	-2,5	-2,3	-3,7
Rentendefizit in % BIP	-0.3075	-1,081	-1,3	-1,63	-2,1	-2,6	-3,56	-4,2
Saldo ohne Rentendefizit % BIP	-1,2	0,18	-1,2	0,03	0,8	0,1	1,26	0,5

Quelle: Eigene Berechnungen nach Tabellen, Methode Baker/Weisbrod 2002c.

[385] Natürlich geht diese einfache Berechnung von einem ceteris paribus Kontext und einer vollständigen Finanzierung des Defizits durch Verschuldung aus (vgl. Baker/Weisbrod 2002c), de facto wurde die Fiskalpolitik durch die Rentenreform in vielerlei Hinsicht beeinflusst; ca. 40% der Ausgaben des staatlichen Rentensystems werden über Steuereinnahmen finanziert, vgl. BID 2000; 149. Im Gegensatz zu Kiguel 1999 wird das Rentendefizit enger definiert und nur die verlorenen Beiträge berücksichtigt.

[386] Baker und Weisbrod 2002c legen ihren Berechnungen Schätzungen des IWF zur Höhe der verlorenen Rentenbeiträge von 1% des BIP pro Jahr zugrunde. Diese Schätzung wurde durch den Anteil der tatsächlichen Beitragseinnahmen der AFJPs am BIP (nach Zahlen von SAFJP und MECON) ersetzt. Die Schätzungen der nominalen Kreditkosten wurden übernommen (sie tendieren eher zu einer Unterschätzung der tatsächlichen Zinskosten, da einige Staatsanleihen im Portfolio der AFJPs bis zu 34% Rendite erbrachten), ebenso die Methodik, Zinsen jeweils auf den Schuldenbestand sowie 50% des jährlichen Beitragsverlustes zu berechnen.

Baker und Weisbrod kommen zu der Schlussfolgerung, dass ohne die Rentenprivatisierung

> „...the country would have had little difficulty covering its bills, and there is no reason to believe that it would be facing the same sort of crisis and loss of confidence that it has at present.“ (Baker/Weisbrod 2002c: 2)

Die vorangegangenen Ausführungen sollen verdeutlichen, wie hoch die fiskalische Belastung einer strukturellen Rentenreform sein kann, auch wenn - wie im argentinischen Fall - keine vollständige Privatisierung durchgeführt wird und die Übergangsgeschwindigkeit und somit die Höhe des *cash-flow*-Defizits durch verschiedene Maßnahmen gesenkt wird. Im folgenden Kapitel werden die Strategien zur Finanzierung des Rentendefizits und Simulationen über dessen langfristige Entwicklung vorgestellt.

V.2.1 Finanzierung der Übergangskosten

Wie in Teil II ausgeführt wurde, existieren verschiedene Strategien, um die Finanzierung der Übergangskosten bei einer strukturellen Rentenreform zu erleichtern. Dazu gehört zum einen die Kürzung von Rentenansprüchen durch parametrische Reformen (Rentenformel, Anspruchsbedingungen), zum anderen die Festlegung der Größe der kapitalgedeckten Säule, der Übergangsgeschwindigkeit in das neue System sowie die Anerkennung bereits erworbener Ansprüche im alten System.

Argentiniens implizite Rentenschuld wird auf über 300% des BIP geschätzt und weist damit den höchsten Wert in Lateinamerika auf (Bravo/Uthoff 1998 in Mesa-Lago 2000: 49). Die ersten Maßnahmen vor und mit der Reform betrafen daher eine Verschärfung der Zugangsbedingungen für den Leistungsbezug und somit eine Senkung der zukünftigen Rentenansprüche. Zweitens wurde die kapitalgedeckte Säule nur optional eingeführt und bestimmte Versichertengruppen sind bisher ausgeschlossen (Polizei, Militär, Berufsverbände, 13 Provinzkassen), so dass die Übergangsgeschwindigkeit gestreckt wurde. Drittens wurde nur eine Teilprivatisierung vorgenommen, da die erste Säule in Form einer beitragsfinanzierten staatlichen Grundsicherung konzipiert ist und über das Umlageverfahren finanziert wird.

Was die Finanzierungsressourcen anbetrifft, treffen wir auf eine Mischung verschiedener Instrumente, um die fiskalische Belastung zwischen den Generationen aufzuteilen (SAFJP 1998c: 42): Dazu gehörten neben allgemeinen Steuereinnahmen und den Beitragszahlungen der Arbeitgeber sowie der Arbeitnehmer in der staatlichen Alternative Privatisierungserlöse, Sondersteuern und Verschuldung in Form von Staatsanleihen, die v.a. von den Pensionsfonds gehalten werden.[387]

Vor Implementierung der Reform hatte die Regierung signalisiert, das Übergangsdefizit in erster Linie über Einsparungen und Steuereinnahmen zu finanzieren (Cottani/Demarco 1998: 206).[388] Die folgende Abbildung (5.14) spiegelt die wachsende Bedeutung der Steuereinnahmen (2000 ca. 40%) innerhalb der gesamten Einnahmen des staatlichen Rentensystems wider:

Abbildung 5.14 Steuerfinanzierung der Übergangskosten: Einnahmestruktur staatliche Rentenversicherung, 1991-2000

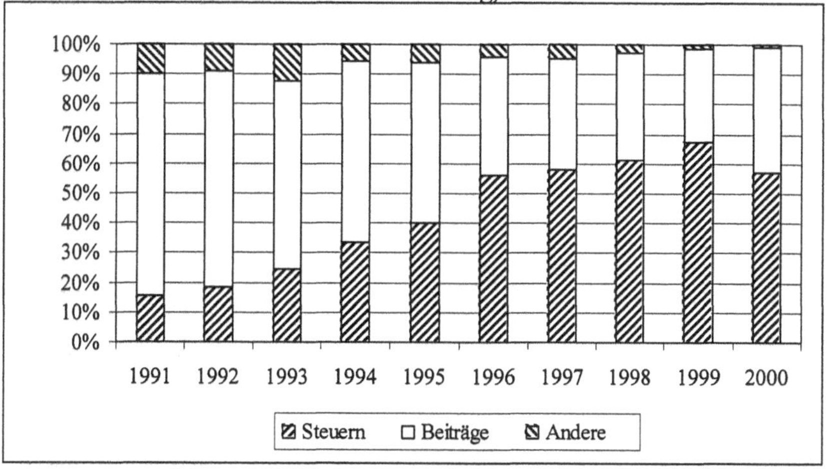

Quelle: Tabelle 5.15

[387] Zu den Sondersteuern zählen ein Teil der Mehrwertsteuer und der Einkommensteuer sowie die gesamten Einnahmen der privaten Vermögensteuer (Schulthess/Demarco 2000: 23). Laut Wirtschaftsministerium sind ab 30.7.2001 folgende Anteile für das Rentensystem vorgesehen: 15% der kopartizipativen Steuern (Aufteilung zwischen Zentralstaat und Provinzen), 120 Mio. Arg$ der Einkommen/Gewinnsteuer, von den restlichen Einkommensteuereinnahmen 20%, 11% der Mehrwertsteuer, 21% Gas/Benzin, 100% Diesel/Brennstoffe, 70% des *monotributo* Systems, Teil der Zigarettensteuer. Es erweist sich als problematisch, die Einkommensressourcen zur Finanzierung der *transition costs* empirisch einwandfrei zu identifizieren, insbesondere wenn es sich um Einnahmen aus dem allgemeinen Steueraufkommen handelt, vgl. zu dieser Thematik bezogen auf den chilenischen Fall Queisser 1998a: 51.

[388] Auch dies kann als Teil der *Signalling*-Strategie gewertet werden, da Steuerfinanzierung in der Orthdoxie die positiven Wirkungen auf die Sparrate erhöht, vgl. hierzu Teil II.

Tabelle 5.15 Zusammensetzung der Einnahmen in der staatlichen Rentenversicherung (1991-2000)

Jahr	Steuern in % (1)	Beiträge in % (2)	Andere in % (3)	Gesamt	Gesamt in Mio. Arg$
1991	15,6	74,8	9,7	100	k.A.
1992	18,4	72,7	9,0	100	k.A.
1993	24,5	63,2	12,3	100	k.A.
1994	33,5	60,9	5,7	100	19.802
1995	40,3	53,6	6,1	100	18.456
1996	56,2	39,8	4,1	100	20.054
1997	58,2	37,2	4,6	100	20.532
1998	61,4	36,0	2,6	100	21.842
1999	67,3	31,1	1,6	100	22.078
2000*	57,0	42,0	1,0	100	22.780

Quelle: Secretaría de Seguridad Social 1999b: Tab. 24, ANSES 2000: Tab. A.7. Schätzung

* Jahr 2000, eigene Berechnung

(1) inkl. Provinzkassen

(2) 11% MwSt, 100% private Vermögenssteuer, 20% Einkommensteuer, Treibstoffsteuer (21% Benzin, 100% Diesel), *monotributo*, figurative Beiträge (15% kopartizipative Steuern, Beiträge Schatzamt)

(3) Privatisierungen, Gebühren u.a., Zahlen 1991-93 Schulthess 1998: 12.

Die Finanzierung durch Staatsanleihen spielte dennoch eine bedeutende Rolle, obwohl eine genaue Zuordnung der Staatsverschuldung zu einem bestimmten Finanzierungszweck, bis auf die Emission von Rentenbonds im Rahmen der Begleichung der Rentenschuld des alten Systems (*Bocones Previsionales* in Höhe von ca. 8 Mrd. US$, deren Kosten ab 1993 in den Statistiken zu Sozialausgaben integriert sind), problematisch ist. Annäherungsweise könnte der Teil der öffentlichen Verschuldung, der im Portfolio der Pensionsfonds gehalten wird, herangezogen werden. Die AFJPs investierten in den letzten sieben Jahren durchschnittlich 50% der Fonds in Staatstitel, Mitte 2001 entsprach dies einem Volumen von ca. 11 Mrd. US$.

Eine Vielzahl von Studien hat Simulationen zur Schätzung der mit der Reform verbundenen Übergangskosten durchgeführt.[389] Die jüngste Studie, welche die Entwicklungen der verschiedenen Variablen während der letzten Jahre einbezieht, wurde von Bertranou/Grushka/Schulthess 2000 erstellt.[390] Sie unter-

[389] Vgl. Posadas 1994, Rofman/Stirparo/Lattes 1997, ASAP 1998, BID 2000 sowie für einen Überblick Bertranou et al. 2000 und auf Lateinamerika bezogen Mesa-Lago 2000.

[390] Sie gehen z.B. von einer geringeren BSP-Wachstumsrate aus, als vorherige Studien (wie Rofman/Stirparo/Lattes 1997), -4% 1999 und 3,75% von 2000-2050, und berechnen den „reinen“ Finanzierungssaldo aus Beitragseinnahmen und Leistungsausgaben ohne Einbeziehung

scheiden drei alternative Szenarien: Ein Basisszenario (BS)[391], ein alternatives Szenario (AS1), das die Entwicklung des alten Rentensystems ohne Reform simuliert, drittens ein Szenario (AS2), das eine weniger optimistische Annahme bezüglich der Entwicklung der Beitragszahler (50% der Versicherten) im Vergleich zum Basisszenario (70%) annimmt und viertens ein Szenario (AS3), das die Entwicklung des reformierten staatlichen Systems (100% der Versicherten wählen die staatliche Säule) simuliert, um die Wirkungen der parametrischen Reform (Anhebung von Beitragsjahren und Rentenalter) separat zu analysieren.

Tabelle 5.16 Kassensaldo SIJP (in % BIP und Mio. Arg$), 1995-2050

Jahr	**Basisszenario (BS)**		**Erfüllungsrate 50% (AS2)**		**Ohne Reform (AS1)**		**100% Umlage (AS3)**	
	Mio. Arg$	% BIP	Mio. Arg$	% BIP	Mio. Arg$	% BIP	Mio. Arg$	% BIP
1995	-7,1	-2,74	-7,1	-2,27	-5,2	-2,03	-4,6	-1,79
2000	-6,6	-2,23	-6,6	-2,23	-2,3	-0,77	-1,4	-0,49
2005	-4,9	-1,39	-5,7	-1,61	1,2	0,33	2,8	0,77
2010	-3,0	-0,71	-4,7	-1,08	3,9	0,92	6,8	1,59
2015	-1,0	-0,20	-3,7	-0,71	4,9	0,95	10,5	2,03
2020	1,4	0,22	-2,7	-0,43	3,7	0,59	13,9	2,25
2025	4,3	0,58	-1,2	-0,16	-0,6	-0,08	17,5	2,35
2030	7,6	0,85	0,9	0,10	-9,3	-1,04	20,0	2,24
2035	11,1	1,03	3,1	0,29	-24,0	-2,23	21,5	2,00
2040	12,7	0,98	4,0	0,31	-47,3	-3,66	18,3	1,42
2045	12,4	0,80	3,9	0,25	-77,0	-4,95	10,5	0,67
2050	11,2	0,60	3,2	0,17	-111,5	-5,96	0,0	0,00

Quelle: Bertranou et al. 2000: A-8.

Die Autoren kommen zu dem Ergebnis (vgl. Tab. 5.16), dass im Basisszenario die fiskalischen Kosten, besonders in der kurzen Frist, sehr ausgeprägt sind (1995 Defizit von 2,74% BIP), während das Defizit in der mittleren Frist

von Steuereinnahmen oder Privatisierungserlösen. Vgl. auch die Diskussion der Studie in Mesa-Lago 2000.

391 Vgl. Bertranou et al. 2000: 26: Das Basisszenario definiert die relevanten Simulationsparameter wie folgt: Gültigkeit Rentengesetz 24.241, Erwerbstätigenrate 50% der Bevölkerung, Arbeitslosenrate 7% der Erwerbstätigen (PEA), Anzahl der effektiven Beitragszahler steigt von 39% auf 70% in 2050, Anteil abhängig Beschäftigter sinkt von 77% auf 57%, Anteil der Versicherten, die in das AFJP-System wechseln konvergiert gegen 100%, Lohnsteigerungen für 1999 und 2000 1%, danach 2% p.a., Beitragssatz für Arbeitgeber 12%, Solidaritätsgesetz: Lohnindexierung von Rentenleistungen nur 75%.

sinkt und ab 2020 ein Überschuss erreicht wird (größter Überschuss 2035 mit 1,03% BIP, danach sinkend).[392] Bei Annahme des alternativen Szenarios AS2 (50% Beitragszahler), welches aufgrund der Entwicklung der letzten Jahre als realistischer anzusehen ist, wird der Überschuss zehn Jahre später erreicht.

Das Szenario ohne Reform (AS1) bewirkt eine entgegengesetzte Entwicklung. Das Defizit sinkt in der kurzen Frist, steigt jedoch in der mittleren Frist wieder an und wird letztendlich mit Größenordnungen von 6% BIP 2050 unhaltbar.

Interessanterweise erfolgt die günstigste Entwicklung unter fiskalischen Gesichtspunkten unter dem Szenario eines reformierten staatlichen Systems ohne Existenz der privaten Säule (AS3). Bereits 2001 wird ein Überschuss von 0,77% des BIP erreicht, der bis 2035 auf 2% des BIP ansteigt und schließlich bis 2050 auf einen ausgeglichenen Saldo sinkt.[393]

Wird die Struktur der Ausgaben des staatlichen Rentensystems im Rahmen des relevanten Szenarios AS2 betrachtet, so zeigt sich folgende Entwicklung (vgl. Abb. 5.17 unten): Der Anteil der Ausgaben für Bestandsrentner des alten Systems an den Gesamtausgaben verringern sich von 96,8% 1995 auf 0,7% 2050, während der Anteil der Ausgaben für die Grundrente PBU im gleichen Zeitraum von 1,4% auf 81,8% ansteigt.

Die Ausgaben für die Kompensationsrente PC erreichen zu Beginn 0,9% der Gesamtausgaben, steigen bis 2020 auf 27%, um bis 2050 auf 2,4% abzusinken. Leistungen für die Zusatzrente PAP beginnen bei Null, erreichen um 2030 ihr Maximum (7,0%) und sinken bis 2050 auf 1,7% ab, da angenommen wird, dass der Anteil der Versicherten im AFJP-System gegen 100% konvergiert. Drei weitere Komponenten der staatlichen Rentenausgaben (Komplementärkapital[394], Invaliditäts- und Hinterbliebenenrenten von aktiven Versicherten) steigen von 0,8 auf 3,7% 2015 und sinken zum Ende des Untersuchungszeitraums auf 0,3%, während die Hinterbliebenenleistungen von Versicherten im Ruhestand von Null auf 17,3% 2035 ansteigen und bis 2050 auf 13,1% absinken.

---

392 Bei Erhöhung des Arbeitgeberbeitrags auf die gesetzlich vorgesehenen 16% könnte das staatliche Rentensystem bereits im Jahre 2005 einen Überschuss erwirtschaften (Schulthess/ Demarco 2000: 28).

393 Eine Simulation des BID (2000) kommt aufgrund anderer Annahmen zu weitaus höheren jährlichen Defiziten, die ab 1999 bis 2010 ca. 10 Mrd. Arg$ erreichen und selbst 2045 noch über 7 Mrd. Arg$ betragen. Die Simulation des BID geht von den Daten des SIJP zum 30.6.99 aus, einem Arbeitgeberbeitrag von 9,63% sowie einem Rentenalter für Frauen von 60, jährlich werden Neuzugänge von 100.000 Personen in das AFJP-System angenommen. Vgl. BID 2000, Tab. 51 sowie V-5.

394 Je nach Alter der Versicherten zahlt der Staat einen Teil der Invaliditäts- und Hinterbliebenenrenten für Mitglieder des AFJP-Systems.

Abbildung 5.17 Zusammensetzung der Rentenausgaben (in Mio. Arg$), 1995-2050

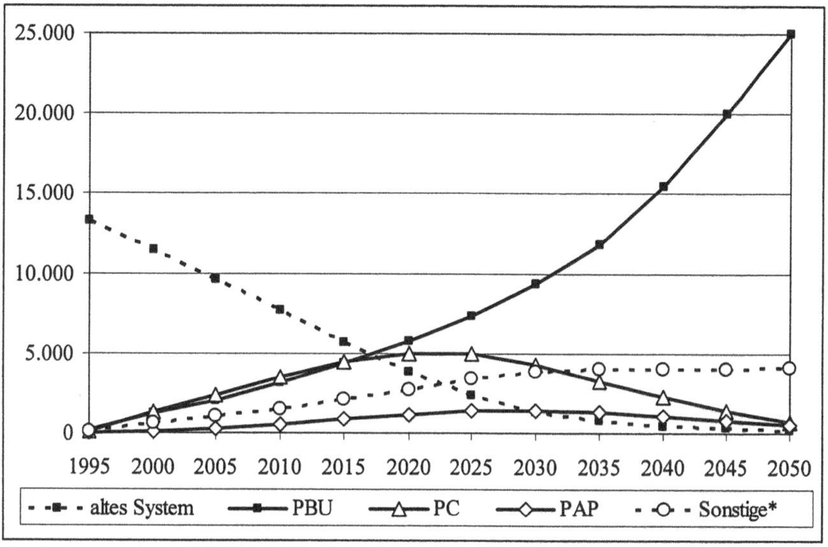

Quelle: Bertranou et al. 2000: 52 (A-11),
* Komplementärkapital, Invaliditäts- und Hinterbliebenenleistungen

Mesa-Lago (2000) vergleicht in einer komparativen Studie die fiskalischen Kosten der strukturellen Rentenreformen in Lateinamerika. Er identifiziert zwölf Variablen, welche die Kosten einer strukturellen Rentenreform beeinflussen: Alter und Deckungsgrad des alten Rentensystems, Anteil der Versicherten, die in eine private, kapitalgedeckte Säule wechseln, fiskalische Aufgaben des Staates (kurz- und mittelfristiges Rentendefizit, Anerkennungsbonds, Mindest- bzw. Grundrenten, Sozialrenten, weitere Staatsgarantien) sowie die Anspruchsvoraussetzungen für den Rentenbezug wie Rentenalter, erforderliche Beitragsjahre, Rentenformel und Wahloptionen bei Renteneintritt[395] (Mesa-Lago 2000: 28). Für Argentinien werden die Übergangskosten als hoch, jedoch geringer als im chilenischen Fall bezeichnet. Die relativ hohen Kosten im Fall Argentinien gehen auf den Reifegrad des Systems, die hohe implizite Rentenschuld (hoher Deckungsgrad und hohe Lohnersatzraten), die demographische Struktur der Bevölkerung, die staatlichen Leistungen (Grundrente, Kompensationsrente, Zusatzrente), Sozialrenten und Staatsgarantien sowie den hohen Anteil an Versicher-

[395] Dies betrifft die Systeme in Mexiko und El Salvador, bei denen vor Renteneintritt entschieden werden kann, ob eine private oder staatliche Renten bzw. Verrentung nach den Regeln des alten Systems gewählt wird.

ten, die bereits in den ersten Jahren in eine AFJP gewechselt sind, zurück. Fiskalisch entlastend wirken sich hingegen die Verschärfung der Anspruchsbedingungen und die Kompensationsrente (im Vergleich zu Anerkennungsbonds) aus. Mesa-Lago (2000: 48) schätzt auf Basis der oben dargestellten Simulationen von Schulthess/Bertranou/Grushka 2000, dass nach 2050 erneut ein Defizit im staatlichen System entstehen könnte.

Übergangskosten bei einer strukturellen Rentenreform werden in Kauf genommen, weil die zukünftige finanzielle Nachhaltigkeit des reformierten Systems durch die enge Beitrags-Leistungs-Äquivalenz, die Anreize gegen Hinterziehung sowie die angenommene höhere Verzinsung der Beiträge diese Kosten kompensieren soll.[396] Eine parametrische Reform des staatlichen Umlageverfahrens - obwohl fiskalisch überlegen, wie durch die Simulationen gezeigt - wird hingegen als politisch nicht durchsetzbar bezeichnet, da allein die Erwartung, höhere Renten aus einem privaten System zu beziehen und dabei Eigentümer seines angesparten Kapitals zu sein, Einschnitte in den staatlichen Leistungen akzeptabel mache (vgl. Teil II.3.3). Auch die Eliminierung der zahlreichen Privilegiensysteme war in der Vergangenheit an politischen Widerständen gescheitert.[397]

Wie jedoch bereits gezeigt wurde, haben sich die hochgesteckten Erwartungen bezüglich der Entwicklung der Beitragserfüllungsraten nicht realisiert. Wie Schulthess/Bertranou/Grushka (2000: 39) bei einem Vergleich verschiedener Studien zur Berechnung der Übergangskosten feststellen, gehen jedoch die meisten Simulationen von einer Überschätzung der Wirkungen der Rentenreform auf die Evasionsraten aus. Folglich werden Einnahmen im staatlichen System überschätzt sowie Ausgaben für Sozialrenten und andere nicht-beitragsbezogene Renten unterschätzt.[398] Die Wirtschaftskrise hat jedoch dazu geführt, dass aufgrund der prekären Beschäftigungssituation der Deckungsgrad im neuen im Vergleich zum alten System weiter abgenommen hat: Im Januar 2002 erreichte der Anteil der Beitragszahler an Versicherten im AFJP-System einen Rekordtiefstand von 29,8% (Clarín 31.3.02).

---

[396] Die erwarteten Nebenprodukte in Form von Wirtschaftswachstum, Beschäftigung und Immunität gegen politische Intervention und damit höhere Glaubwürdigkeit sind schwer zu schätzen, gehen jedoch ebenfalls in diese Form von Kosten-Nutzen-Analyse mit ein. Vgl. zur Thematik die Ausführungen unter Teil II.1.

[397] 1999 existierten noch ca. 68.000 Rentenleistungen dieser sogenannten Privilegiensysteme. Der oberste Gerichtshof hat in verschiedenen Urteilen die Eliminierung dieser Sondersysteme durch das Gesetz 24.241 sowie Dekret 78/94 als nicht verfassungskonform erklärt, so dass das Problem nicht als vollständig gelöst angesehen werden kann, vgl. BID (2000: 144).

[398] Nicht-beitragsbezogene Renten beliefen sich zwischen 1994 und 1997 auf durchschnittlich 0,17% des BIP, Bertranou et al. 2000: 37. Die neueste Studie von Bertranou/Grushka 2002: 12 beziffert die Kosten auf 0,19% des BIP von 1994-2000. Vgl. auch Tabelle 4.28.

Die Beitragshinterziehung führt einerseits zu unmittelbaren Finanzierungsproblemen im Umlageverfahren, bedeutet jedoch auch eine Belastung in der Zukunft: Eine Studie des BID (2000) simuliert die potentiellen Kosten, die aufgrund der Beitragshinterziehung auf den Staat zukommen. Die Autoren berechnen auf Basis der Evasionsraten von 1999 Kosten der Rente für fortgeschrittenes Alter (PEA, *Prestación por Edad Avanzada*), die ab Alter 70 bei 10 Beitragsjahren mit einem Abschlag von 30% auf die Grundrente sowie PAP und PC gezahlt wird. Ab 2030 erreichen die durch diese Leistung erzeugten Defizite bereits 1 Mrd. Arg$ und steigen bis 2040 auf 3,6 Mrd. Arg$ an (vgl. BID 2000: Tab. 58). Zusätzlich müsste die fiskalische Belastung durch beitragsunabhängige Sozialrenten kalkuliert werden, die zwischen 1994 und 2000 durchschnittliche Kosten in Höhe von ca. 535 Mio. Arg$ verursachten (Bertranou/Grushka 2002: 12), dabei jedoch nur einen geringen, wenn auch steigenden Teil der Zielgruppe bedürftiger Rentner (ca. 350.000, ebenda: 8) abdecken konnte (vgl. IV.2.3.1 zum Deckungsgrad).

Neben den hohen Hinterziehungsraten gehen die sinkenden Beitragseinnahmen auf die so genannte Politik der fiskalischen Abwertung zurück, aufgrund derer ab 1994 eine nach Wirtschaftssektoren und geographischen Regionen gestaffelte Reduzierung der Arbeitgeberbeträge verfügt wurde (vgl. Tab. 5.29). Bis 1999 betrugen die Beiträge statt der gesetzlich vorgesehenen 16% durchschnittlich nur 12%, was in Anbetracht der Tatsache, dass die Arbeitgeberbeiträge zu 100% an den Staat fließen zu beträchtlichen Einnahmeverlusten führte. Da die akkumulierten Staatseinnahmen aus Arbeitgeberbeiträgen von 1995-2001 16,5% des BIP betrugen, hat die durchschnittliche Senkung um 4 Prozentpunkte zu einem kumulierten Einnahmenverlust von ca. 5,5% des BIP geführt.[399] Ferner hat sich die Ausweitung von nicht-sozialversicherungspflichtigen Arbeitsplätzen im Kontext der Arbeitsmarktflexibilisierung negativ ausgewirkt.

Aufgrund der zunehmend prekären Finanzierungssituation der staatlichen Rentenversicherung wurden bereits wenige Monate nach Inkrafttreten des neuen Gesetzes Änderungen am Rentensystem eingeführt. Diese „Reformen nach der Reform“ werden im folgenden Kapitel dargestellt.

---

[399] Eigene Berechnung nach MECON 2002 (*Dirección Nacional de Investigaciones y Analisis Fiscal*): Boletín Financiero IV/01: Tab. 3, Zahl für 1994 liegt nicht vor, ab Mitte 2001 Erhöhung der Beiträge auf 16 bzw. 20%), Rechnung unterschätzt tatsächliche Senkung, da z.B. 1999 durchschnittlicher Arbeitgeberbeitrag 9,6%.

V.2.2 Modifizierungen des Rentengesetzes nach 1994

Das Rentensolidaritätsgesetz März 1995

Bereits neun Monate nach Inkrafttreten des neuen Rentensystems wurde im März 1995, als die Tequila-Krise auf ihrem Höhepunkt war, das Rentensolidaritätsgesetz Nr. 24.463 (*Ley de Solidaridad Previsional*) verabschiedet, um sowohl Solvenz als auch Solidarität im argentinischen Alterssicherungssystem zu erhöhen und die Konsolidierung der öffentlichen Finanzen zu ermöglichen.[400] Als wichtigste Maßnahme bestimmte das Gesetz eine Begrenzung der Ausgaben im staatlichen Rentensystem (inkl. der staatlichen Garantien) auf die Beitragseinnahmen sowie die im jährlichen Haushaltsgesetz für das SIJP bestimmten Mittel.[401] Monatliche Rentenleistungen über 3.100 Arg$ werden in Abhängigkeit von ihrer Höhe mit steigenden Raten abdiskontiert. Die Garantie einer Mindestrente von 3,6 AMPO (ca. 40% des Durchschnittslohns) wurde aufgehoben und die ursprüngliche automatische Rentenindexierung nach AMPO durch ebenfalls im Haushaltsgesetz zu beschließende diskretionäre Anpassungsregeln ersetzt. In das Gesetz wurde zudem eine Absichtserklärung aufgenommen, die höhere Leistungsanpassungen für die niedrigsten Renten bestimmte.[402] Schulthess/Demarco (2000: 39) schätzen die Einsparungen (ausgehend von 1995) aufgrund des Solidaritätsgesetzes auf 500 Mio. US$ pro Jahr.

Die Änderung der Rentenindexierung 1997

1997 wurde als neue Indexierungsregel per Dekret (Nr. 833/97) die Recheneinheit MOPRE (*módulo previsional*) eingeführt, deren Höhe jährlich von der Exekutive festgelegt wird und seit 1997 80 US$ beträgt. MOPRE ersetzt die frühere Einheit AMPO (durchschnittlicher Pflichtrentenbeitrag), welche die durchschnittliche Lohnentwicklung widerspiegelte. Sämtliche öffentlichen Leistungen werden auf Basis des Rentenmoduls berechnet. Das Fehlen eines transparenten Indexierungsmechanismus stellt einen Unsicherheitsfaktor für die Versicherten dar, da in Abwesenheit von Preisstabilität Leistungsverluste bzw. eine Abkoppelung von der Wirtschaftsentwicklung erfolgen können (vgl. Teil V.5).

---

400 Vgl. die in Pandis 1996: 9 abgedruckte Regierungsbotschaft an das Parlament.

401 Cottani/Demarco 1998: 205 sprechen diesbezüglich von einem echten Umlagesystem, indem sich die Ausgaben an den jeweiligen Einnahmen orientieren. Dies bedeutet jedoch de facto die Aufgabe eines *defined-benefit*-Systems.

402 Die Regierung begründete das Aussetzen einer automatischen Leistungsindexierung mit dem stabilen makroökonomischen Kontext „*...en el contexto de estabilidad general de la moneda es perfectamente compatible con todos los principios constitucionales de la materia.*“ Pandis 1996: 14.

Das Rentendekret der Regierung de la Rúa 2000

Im Dezember 2000 wurde schließlich im Rahmen der Verhandlungen über das Hilfspaket des Internationalen Währungsfonds (*blindaje financiero*) von der Regierung de la Rúa per Notstandsdekret (1306/2000) eine substantielle Reform des Rentengesetzes 24.241 beschlossen, die jedoch aufgrund von Widerständen im Kongress und des obersten Gerichtshofes sowie durch die Verschärfung der Wirtschaftskrise 2001 nicht in Kraft trat. Das Dekret sah eine umfassende Reform der staatlichen Komponenten des Systems vor und verfügte die Wiedereinführung einer gesetzlichen Mindestrente von 300 Arg$ (3,75 MOPRE) sowie einer automatischen Rentenindexierung durch periodische Anpassung der staatlichen Leistungen an die Lohnentwicklung. Die universelle Grundrente PBU und die Rente für fortgeschrittenes Alter sollten durch drei Leistungen ersetzt werden:

Eine universale Leistung (*prestación universal* PU) von 100 Arg$, die beitragsunabhängig an alle Rentner ab 75 (ab 2007 ab Alter 70) gezahlt werden soll und auch Krankenversicherungsleistungen (*PAMI*) enthält.

Eine proportionale Leistung (*prestación proporcional* PP), die eine Mindestbeitragszeit von 10 Jahren sowie ein Rentenalter von 70 Jahren erfordert und in Abhängigkeit der geleisteten Beitragsjahre berechnet wird: Die PP beträgt mindestens 150 Arg$ (50% der Mindestrente) bzw. (0,125)*MOPRE pro Beitragsjahr sowie Krankenversicherungsschutz.

Eine Zusatzleistung (*prestación suplementaria* PS), die ebenfalls beitragsabhängig ist und eine Mindestbeitragszeit von 30 Jahren sowie ein Rentenalter von 65 erfordert und nach der Formel (10*MOPRE-(PC+PAP+JO))/3.5 berechnet wird. Bei einer Rentenhöhe aus PC, PAP oder JO in Höhe von 800 Arg$ ist die PS gleich Null, für kleinere Einkommen beträgt sie bis zu maximal 200 Arg$.[403]

Das Reformprojekt der Regierung de la Rúa zielte zum einen darauf ab, den Deckungsgrad des SIJP zu erhöhen, indem die Rente für fortgeschrittenes Alter, die mindestens zehn Beitragsjahre erfordert, durch eine beitragsunabhängige Sozialrente (PU) ersetzt werden sollte. Darüber hinaus sollten die Anreize zur Beitragserfüllung für Versicherte erhöht werden, welche die Mindestbei-

---

[403] Weitere Veränderungen betrafen eine Anhebung des Rentenalters für Frauen auf 65 (bei Renteneintritt ab 60 Abschlag von 3% p.a.), die Berechnung von Lebensrenten nach geschlechtsneutralen Sterbetafeln, die Einführung eines weiteren Fonds innerhalb einer AFJP mit unterschiedlichem Risiko, die Eliminierung des Fluktuationsfonds, die Zuordnung von Versicherten, die sich nicht innerhalb von 60 Tagen für die staatliche oder private Variante entscheiden, zu der AFJP mit den geringsten Gebühren sowie Maßnahmen für mehr Transparenz, Information und weniger Marktkonzentration. Auch die Obergrenze für alle Investition in Staatsanleihen sollte in dem Dekret angehoben werden. Vgl. Dekret 1306/2000.

tragszeit von 30 Jahren im SIJP nicht erfüllen können. Liegt ihre Beitragszeit zwischen 10 und 30 Jahren, hätten sie ab Alter 70 einen Anspruch auf die proportionale Rente (PP) gehabt, welche die Sozialrente um mindestens 50% übersteigt. Die Tatsache, dass für Rentenbezieher mit einem Einkommen über 800 Arg$ die Grundrente ganz wegfällt, wurde mit einer Verbesserung der Zielgruppenorientierung der staatlichen Säule gerechtfertigt, war jedoch sicherlich in erster Linie fiskalpolitisch motiviert.[404]

Obwohl das Reformprojekt Ende August erneut im Parlament diskutiert wurde, gelang seine Umsetzung im Jahre 2001 nicht.

Eingriffe in das Rentensystem unter Cavallo

Während der zweiten Amtszeit von Cavallo als Wirtschaftsminister wurde das neue Rentensystem zunehmend im Kontext des ökonomischen Krisenmanagements instrumentalisiert, während die von de la Rúa anvisierten strukturellen Veränderungen vorerst zurückgestellt wurden. Die Eingriffe betrafen sowohl die staatlichen Leistungen, als auch die privaten Rentenfonds.

So wurde im Juni 2001 der Arbeitgeberbeitrag zur Rentenversicherung generell wieder auf 16% angehoben und für Arbeitgeber im Dienstleistungsbereich mit mehr als vierzig Angestellten sogar auf 20% erhöht (Dekret 814/2001). Im Rahmen des *mega-swaps* von Staatsanleihen, der zuerst mit den lokalen Investoren durchgeführt wurde, fand eine Umschuldung der von den AFJPs gehaltenen Bonds statt. Dabei wurden die Laufzeiten verlängert sowie eine Senkung der Verzinsung bei Kapitalisierung des Schuldendienstes durchgesetzt. Im Juli 2001 verfügte Cavallo eine Senkung der Renten über 500 Arg$ um 13%, um das Ziel eines ausgeglichenen Haushalts zu erreichen. Gegen Ende des Jahres wurde schließlich eine Senkung des Arbeitnehmerbeitrags von 11% auf 5% beschlossen, um durch die so erzielte Nettolohnerhöhung eine Anregung des Konsumverhaltens zu erreichen. Der letzte drastische Eingriff Cavallos in das Versichertenvermögen betraf die Zwangskonvertierung auslaufender Termineinlagen der AFJPs in Staatsanleihen im Dezember 2001.

Reformprojekte der Übergangsregierung Duhalde

Als wichtigste Maßnahme der Regierung Duhalde ist die zwangsweise Umstellung von Staatsanleihen, die auf US-Dollar nominiert waren, auf Peso zu

---

[404] Die fiskalischen Einsparungen durch die Reform wurden auf mehr als 600 Mio. US$ bis Ende 2002 geschätzt, innerhalb von 10 Jahren auf ca. 4 Mrd. US$, vgl. www.lanacion.com.ar/01/08/25/de_330201.asp. De la Rúa plante ursprünglich sogar die vollständige Eliminierung der staatlichen Option (PAP), was die fiskalische Zielsetzung des Reformvorstoßes unterstreicht.

nennen. (vgl. hierzu auch Teil V.5). Es wurden jedoch auch erste Schritte bezüglich einer konzeptionellen Änderung des gemischten Rentensystems geplant. Versicherte, die sich nicht für die staatliche oder private Option entscheiden, sollten im Gegensatz zur bisherigen Regelung (Zuweisung zu einer AFJP) automatisch dem staatlichen System zugeordnet werden. Weiterhin sollte für Mitglieder der kapitalgedeckten Säule die Rückkehr in das staatliche System erlaubt werden; Versicherte sollten alle zwei Jahre zwischen der staatlichen Option und den AFJPs wechseln können. Unter Duhalde wurden ferner zwei umfangreiche Studien mit Beteiligung internationaler Rentenexperten in Auftrag gegeben, um Problemfelder des SIJP zu identifizieren und mögliche Reformoptionen für die Zukunft aufzuzeigen.[405] Die seit Mai 2003 amtierende Regierung des peronistischen Präsidenten Nestor Kirchner fällt nun die Aufgabe zu, auf Basis eines neuen gesellschaftlichen und politischen Konsenses notwendige Modifikationen des gemischten Rentensystems durchzusetzen.

V.2.3 Zwischenbewertung

Die Wirkungen der Rentenreform auf das Budget lösten einen *vicious circle* aus. Das Defizit aus den Beitragsverlusten musste zum großen Teil über Steuereinnahmen finanziert werden, die entsprechend anderen Verwendungszwecken nicht zur Verfügung standen. Die verbleibenden Staatsausgaben wurden deshalb verstärkt über Verschuldung finanziert. Die Kosten dieser Verschuldung stiegen jedoch im Kontext der Wirtschafts- und Vertrauenskrise so stark an, dass sie mittelfristig nicht mehr zu finanzieren waren und den Staat zu Lohn- und Rentenkürzungen, Konfiszierung des Versichertenvermögens sowie letztendlich zur Erklärung der Zahlungsunfähigkeit veranlassten.[406] Gerade in einem *currency board*-Modell ist der Druck auf der *performance* der Fiskalpolitik, wie in Teil I und III ausgeführt, besonders hoch. Steigende Budget- und Leistungsbilanzdefizite signalisieren den Märkten, dass das Modell unter Abwertungsdruck gerät und die notwendige Deflationspolitik nicht längerfristig aufrecht zu erhalten ist.

Hingegen haben weder die Finanzmärkte noch der IWF das Rentendefizit als Substitut für eine bereits vorhandene implizite Staatsschuld anerkannt, son-

---

[405] Vgl. OIT 2002 sowie MTSS 2003.

[406] Während Periodika wie der *Economist* die Rentenreform an verschiedenen Stellen für den Zusammenbruch der argentinischen Staatsfinanzen verantwortlich macht (vgl. z.B. 28.02.02, S. 27-29), erwähnt der Rentenexperte Feldstein bei seiner Krisenanalyse „Lessons from Argentina“ die Reform mit keinem Wort, vgl. Feldstein 2002.

dern letztendlich ein ausgeglichenes Budget als Kondition für weitere Finanzierung verlangt (Baker/Weisbrod 2002, Cottani/Demarco).[407]

> „Convertibility was meant, among other purposes, as an instrument to constrain fiscal policies. However, persistent deficits, especially after the 1994 reform of the social security system (which does not seem to have been interpreted in Ricardian fashion by the public and by asset holders), caused a continous increase in public debt." (Fanelli/Heymann 2002: 24)

Die Simulationen über die Entwicklung des Rentendefizits haben gezeigt, dass das neue Rentensystem bei einigermaßen realistischen Annahmen erst nach 35 Jahren finanziell im Gleichgewicht ist. Diese Berechnungen gehen jedoch allein von der Einnahmen-Ausgaben-Entwicklung aus und lassen die Kosten der Verschuldung (ebenso wie steuerliche Subventionen) außen vor.[408] Die für den Staatshaushalt optimale Reformalternative wäre demgegenüber eine schlichte Reform des Umlageverfahrens gewesen, ohne dass Beitragseinnahmen an die kapitalgedeckte Säule abgezweigt werden.

Während also aus fiskalischer Perspektive eine strukturelle Rentenreform kurz- und mittelfristig eine eindeutige Belastung darstellt, wurden in anderen Bereichen sofortige positive Entwicklungsimpulse erwartet. Die Wirkungen der Rentenreform auf Finanzsektor und Kapitalmarkt werden im nächsten Kapitel untersucht.

V.3 Rentenfonds und Finanzsektor

Die Umstellung von einem staatlichen Umlageverfahren zu einem privaten Kapitaldeckungsverfahren soll wichtige Impulse für die Finanzsektorentwicklung in Entwicklungsländern geben und damit indirekt das Wirtschafts-

[407] Demgegenüber argumentiert Queisser 2000, dass der IWF Fiskaldefizite, die auf eine Rentenreform zurückgehen, anders beurteilt, als die normale öffentliche Verschuldung.

[408] Eine Annäherung an die Gesamtkosten des Systemwechsels gibt der geschätzte Nettokapitalwert des Defizits für den Betrachtungszeitraum der Simulationen (1995-2050), der sich für das Szenario AS2 auf fast 60 Mrd. Arg$ bzw. 23% des BIP beläuft (Diskontrate 10%, vgl. Schulthess/Betranou/Grushka 2000: 57). Als Barwert des Rentendefizits kommt die BID-Studie (BID 2000) bei einem Diskontsatz von 4% auf Arg$ 212,2 Mrd. (63% BIP) und bei einem Faktor von 6% auf 154,2 Mrd. Arg$ (46% BIP).

wachstum fördern (vgl. Kapitel II.1.3.2). Die Kanalisierung der Rentenbeiträge in den privaten Sektor, die Marktteilnahme institutioneller Investoren wie Pensionsfonds und Versicherungsgesellschaften sowie die Kontrolle und Regulierung der Branche durch neue staatliche Aufsichtsbehörden soll zu einer Vertiefung und Verbreiterung des Kapitalmarktes beitragen und insgesamt Effizienz, Transparenz und Wettbewerbsfähigkeit des Finanzsektors erhöhen. Die Vertiefung des Sektors erfolgt u.a. durch die Entwicklung neuer Finanzierungsinstrumente und die hohe Nachfrage der Pensionsfonds nach langfristigen Anlageformen. Import von Humankapital und modernen Standards sowie zusätzliche Stabilität soll durch die Teilnahme ausländischer Investoren im AFJP-Markt erzielt werden.

Im Folgenden wird die Entwicklung des argentinischen Finanzsektors und Kapitalmarktes in den 1990er Jahren dargestellt und analysiert, welche Bedeutung den 1994 eingeführten Pensionsfonds bei dieser Entwicklung zukommt.

V.3.1 Indikatoren zur Kapitalmarkt- und Finanzsektorentwicklung

Ein stabiler Finanzsektor ist eine wichtige Voraussetzung für die Sicherheit und Rentabilität des in privaten Rentenfonds angelegten Versichertenvermögens. In Argentinien hat nach Einführung des Konvertibilitätsplans 1991 eine Konsolidierung des Finanzsektors stattgefunden, die sich in einer Ausweitung von Volumen und Fristigkeiten der Anlagen, einem Anstieg des Kreditvolumens sowie einer allgemeinen Zinssenkung widerspiegelte (vgl. Teil III.5). Darüber hinaus resultierte die Tequila-Krise von 1995 in verstärkten Bemühungen der Zentralbank, die Bankenregulierung und -aufsicht zu verbessern, um den Bankensektor im Rahmen der systemischen Liquiditätspolitik krisenfest zu machen und notwendige Restrukturierungsprozesse zu fördern.[409] Das Ergebnis dieser Maßnahmen wurde allgemein positiv bewertet (vgl. IWF 2001a, 2000, World Bank 1998, Cristini et al. 2001). Indikatoren zu Kapitalisierung und Liquidität des argentinischen Bankensektors lagen über internationalen Standards (vgl. Tab. 5.19), und die Bankenaufsicht wurde als effizient eingeschätzt. Bis zur Eskalation der Krise im Jahr 2001 war das Vertrauen in die Stabilität des Bankensektors so hoch, dass durch die internationalen Finanzkrisen zwischen 1997 und 1999 keine Neuauflage der Tequila-Erfahrung stattfand, sondern im Gegenteil

[409] Die Anzahl der Banken hat sich durch Fusionen und Übernahmen, v.a. durch ausländische Institute, von 205 1994 auf 117 1999 reduziert, die Zahl der öffentlichen Banken von 34 auf 15 (allerdings halten öffentliche Banken 1999 immer noch 33% der Einlagen) vgl. IWF 2000: 6 sowie Tabelle 5.19.

Tabelle 5.18 Monetäre Kennzahlen, 1995-2001

	1995	1996	1997	1998	1999	2000	2001
Zentralbankreserven R (Mio. US$)	18.506	21.539	24.308	26.524	27.831	26.491	19.426*
Überschussreserven (M0-R)	1.188	1.128	1.907	1.832	1.524	1.929	1.657
M1/BIP (Peso) in % **	4,8	5,1	5,4	5,4	9,1	9,0	7,1
M2/BIP (Peso) in %	8,9	9,7	10,9	11,7	16,6	16,1	10,6
M3/BIP (Peso + US$) in %	16,2	18,0	20,0	22,6	33,2	34,9	28,3
Kreditentwicklung gesamt in %	5,6	12,6	18,0	19,4	4,2	3,5	-6.6*
-an öffentlichen Sektor	112,8	14,0	28,9	19,0	9,1	20,9	11,0*
-an privaten Sektor	-0,6	9,4	17,0	12,0	-2,8	-4,8	-23,0*
Depositen Peso (Mio. US$)	21.301	26.368	33.966	34.831	32.607	32.004	18.867
Depositen US$ (Mio. US$)	23.937	29.291	34.858	41.963	46.055	51.909	46.734
Interbankenrate Call (in %)	7,6	6,2	6,6	6,8	7,0	8,1	22,6
Pesozinsen (in %)							
Aktiv (30 Tage) 1st class	k.A.	10,5	9,2	10,6	11,0	11,1	26,5
Sparzins	3,5	3,5	3,3	3,0	2,9	2,8	3,1
Termineinlagen (30-59 Tage)	9,2	7,4	7,0	7,6	8,1	8,3	15,4
Dollarzinsen (in %)							
Aktiv (30 Tage) 1st class	k.A.	9,1	7,8	9,0	9,1	9,7	19,6
Sparzins	2,6	2,6	2,5	2,4	2,5	2,7	3,4
Termineinlagen (30-59 Tage)	7,4	6,1	5,9	6,4	6,4	7,0	9,8
Spread Benchmark Bonds***	-	494	461	705	548	773	1.039
Kapitalmarktindex Merval (31.12.)	519	649	687	429	550	417	295

Quelle: Heymann 2000: 87 (Geldaggregate bis 1998), Mecon 2002: A8.5, A 8.3 (Reserven, Einlagen 95-97 BCRA, Jahresende, Zins Jahresdurchschnitt), Cepal 2001: Tab. 1 Kreditentw.
* für 2001 eigene Berechnungen nach Mecon 2001 Tab. A.8.4, Anteil Staatsbonds an Reserven steigt von1.343 Mio. US$ 2000 auf 4.880 Mio. US$ 2001
** ab 1999 Geldaggregate in % BIP eigene Berechnungen nach Daten Mecon 2002 Tab. A8.3 und A1.1
*** EMBI + Argentina, Basispunkte.

die Einlagen zwischen Juli 1997 und März 2000 um ca. 15 Mrd. US$ zunahmen.[410] Obwohl eine Bankenkrise vermieden werden konnte, stiegen allerdings ab 1998 die Zinsen sowie die Risikoaufschläge auf argentinische Bondsemissionen an (vgl. Tab. 5.18).

Es wurde bereits in der wirtschaftspolitischen Analyse darauf verwiesen, dass der Bankensektor trotz der positiven Konsolidierung verschiedene Schwächen aufwies, die insbesondere auf den hohen Dollarisierungsgrad[411], die fehlende *lender of last resort*-Funktion des argentinischen CBs und die Auswirkungen der Rezession zurückgehen. Diese Schwächen führten u.a. zu einer geringen Rentabilität des Sektors, hohen Intermediations*spreads*, einem über internationalem Niveau liegenden Anteil notleidender Kredite sowie einer Begrenzung des Kreditangebots für den Privatsektor, wovon insbesondere kleine und mittlere Unternehmen betroffen waren (vgl. Tab. 5.18, Tab. 5.19 sowie die Ausführungen zur Einkommensbildung unter V.4).[412]

Im Vergleich zum Bankensektor weist der argentinische Kapitalmarkt einen geringeren Entwicklungsstand auf: Marktkapitalisierung und Handelsvolumina sind im internationalen Vergleich gering und konzentriert auf wenige Großunternehmen[413], während der Anleihenmarkt durch den öffentlichen Sektor dominiert wird. Kleine Unternehmen sind hingegen zur Finanzierung primär auf das beschränkte Angebot des Bankensektors angewiesen (World Bank 1998: 62).[414]

---

[410] Der Monetisierungsindikator M3 (Geldbasis und Depositen in Peso und US$) ist von 5% 1990 auf über 35% 2000 angestiegen und das Einlagenvolumen pro Bankangestellter hat sich seit 1991 fast verzehnfacht, Pou 2000: 15.

[411] Vgl. IWF 2001a, Tab. 8: Februar 2001 machte der Anteil von Fremdwährungskrediten an den Gesamtkrediten des Finanzsektors 68,6% aus, der Anteil der Fremdwährungsdepositen 61,8%.

[412] Internationale Großbanken erreichen Gewinne von 1-2% der Aktiva bzw. 15% des Eigenkapitals (IWF 2000: 8-12). Um die geringen Gewinnmargen in Argentinien zu erhöhen, steigern die Banken den *spreads* zwischen Einlagen- und Kreditzinsen (durchschnittlich 6% seit 1998).

[413] Ende Oktober 1997 dominierten fünf Unternehmen (YPF, Telefónica de Argentina, Perez Compac, Telecom, Siderca) 59% des Aktienmarktes, die ersten drei 45%, die ersten 25 Unternehmen 90%; vgl. World Bank 1998: 65.

[414] Zusätzlich hat sich ein Großteil des Handels auf internationale Kapitalmärkte verlagert - Handel von ADRs (*American Depository Receipts)* in New York und „*over the counter*“ Anleihenhandel; vgl. World Bank 1998: 62.

Tabelle 5.19 Indikatoren zum Bankensektor, 1994-1999

	1994	1995	1996	1997	1998	1999	2000	2001
Gewinn nach Steuern (1) % Aktiva	0,2	-0,4	0,6	0,8	0,4	0,2	-0,03	0,1
Eigenkapitalrendite (2) % Aktien	0,2	-0,2	4,2	7,0	4,4	1,7	-0,21	0,77
Notleidende Kredite (3) % Kredite	14,0	16,0	12,3	10,4	9,3	10,7	15,6	16,4
Verhältnis Kredite/Einlagen %	118,9	118,7	105,4	98,9	98,4	95,5	k.A.	k.A.
Liquide Aktiva/Passiva % (4)	29,4	32,9	40,2	37,3	35,4	36,7	37,8	25,5
Kapital/risikobewerteten Aktiva % (5)	18,3	21,6	20,7	22,0	21,4	21,6	21,3	23,6
Anzahl Banken	205	158	147	138	129	117	113	108

Quelle: IWF 2000: 7.

(1) in Prozent durchschnittlicher gesamter Aktiva, (2) in Prozent Eigenkapital, (3) Prozent Gesamtkredite, (4) Bar- und Reservenbestände, gesetzliche Liquiditätsreserven, *Stand-By*-Kreditlinie, Überschussreserven BCRA (33% M0)., (5) gesetzliches Minimum 11,5%. Ab 2000 Daten aus www.bcra.gov.ar/pdfs/entfinan/200112g.pdf.

Die Wachstumsraten der Börsen- und Bondsmärkte waren in den 1990er Jahren jedoch beträchtlich: Die Marktkapitalisierung (Wert der notierten Aktien in % BIP) hat seit 1990 bis auf die Jahre 1995/96 (Tequila-Effekt) stetig zugenommen und ist von 2,3% 1990 auf 51% im Jahre 2000 gestiegen, wobei die hohen Zuwachsraten 1999 und 2000 auffallen.[415] Das Handelsvolumen (an der Börse gehandelte Aktien in % BIP) zeigt demgegenüber eine unstete Entwicklung auf sowie sinkende Werte seit 1998. Die Anzahl der an der Börse notierten Unternehmen ist im Vergleich zu anderen lateinamerikanischen Ländern gering und seit 1990 stetig gesunken, was auf eine geringe Marktgröße bzw. hohe Konzentration hinweist.[416]

[415] Die Ursachen hierfür sind der Literatur nicht zu entnehmen; der argentinische Staat hat seine Finanzierungsbedürfnisse ab 2000 aufgrund der Verschlechterung der externen Kreditkonditionen in steigendem Maße auf dem lokalen Kapitalmarkt befriedigt. Zudem haben eine Vielzahl von Umschuldungsoperationen sowie Aktienswaps und -erhöhungen der großen Privatunternehmen, z.B. bei YPF, Perez Companc, Telefónica und verschiedenen Banken stattgefunden, vgl. BCRA 2001: 20ff. Die in der Tabelle errechneten Zahlen zur Marktkapitalisierung sollten jedoch mit offiziellen Statistiken (die z.Zt. nicht vorliegen) abgeglichen werden.

[416] Demirgüc-Kunt und Levine 1995 geben einen Überblick über wichtige Kapitalmarktindikatoren: Marktkapitalisierung und Anzahl der notierten Unternehmen geben Aufschluss über die Größe des Marktes, wobei eine positive Korrelation zwischen Marktgröße und Kapitalmobilisierung sowie Risikodiversifizierung angenommen wird. Das Handelsvolumen wird als Liquiditätsindikator genutzt und reflektiert die Handelskosten. Ein weiterer Liquiditätsindikator ist die sogenannte *turnover*-Rate (Wert Handelsvolumen/ Marktkapitalisierung). Die Autoren untersuchen für den Zeitraum 1986-93 41 Länder auf ihre Kapitalmarkt- und Finanzsektorentwicklung hin: Argentinien wird als unterentwickelter Markt bezeichnet. Die Marktkapitalisierung betrug im Untersuchungszeitraum 0,06% (allerdings mit hohen Wachstumsraten), das Handelsvolumen 0,02% des BIP, 187 Unternehmen waren an der Börse notiert und die *turnover*-Rate lag bei 0,34. Bezüglich der Marktvolatilität weist Argentinien den schlechtes-

Tabelle 5.20 Indikatoren zum Aktienmarkt, 1990-2000

Jahr	Markt-kapitalisierung % BIP	Börsenhandel % BIP	Anzahl notierter Unternehmen	Markt-kapitalisierung zu Börsenindex*
1990	2,3	0,6	181	1,01
1991	4,7	2,5	174	1,06
1992	9,7	6,9	175	1,60
1993	10,4	4,0	176	2,18
1994	15,8	4,0	159	2,81
1995	12,0	1,6	150	2,90
1996	13,9	1,5	149	3,00
1997	17,5	8,0	147	3,08
1998	15,7	11,2	131	k.A.
1999	30,0	4,6	126	k.A.
2000	60,0	3,5	124	k.A.

Quelle: World Bank 1998: 63. Ab 1998 eigene Berechnungen nach BCRA 2001: 21 (Marktkapitalisierung Wert 1999, 2000 für viertes Quartal) und Mecon 2002 Tab. A1.1 (BIP).
* Quantitätsindex: Reflektiert Zunahme neuer Aktienemissionen

Die argentinischen Bond-Märkte haben in den 1990er Jahren ebenfalls stark expandiert: Die Marktkapitalisierung von Staatsanleihen ist von 3% des BIP 1992 auf 22% 2000 gestiegen, die Kapitalisierung von Unternehmensanleihen allerdings nur von 0,2% auf 2% des BIP (World Bank 1998: 67, eigene Berechnungen nach BCRA 2001: 21). Die Tatsache, dass auf den Anleihenmärkten fast ausschließlich öffentliche Papiere gehandelt werden (1991 85% des Handels, 1997 91%, 2000 99,5%), weist darauf hin, dass die private Unternehmensfinanzierung bis auf wenige Großunternehmen (die in der Mehrzahl privatisierte Staatsunternehmen sind) nicht über die Emission von Schuldverschreibungen, sondern durch Bankkredite und einbehaltene Gewinne erfolgt.[417]

---

ten Wert des *Samples* auf, bei der Marktkonzentration liegt es an vorletzter Stelle und bei der Bewertung von institutionellen Faktoren sowie der Risikobewertung von Aktiva (Preissetzung) im Mittelfeld. Bei der Bewertung der Finanzintermediation (M3/BIP, M3-M1/BIP, Kredite an Privatsektor/BIP, Depositen/BIP, Spread) findet sich Argentinien ebenfalls auf den letzten Plätzen der untersuchten Länder wieder.

417 1997 haben jedoch ca. 30 neue Unternehmen Anleihen emittiert. Ein Grund für die geringe private Bondemission könnte in einer steuerlichen Benachteiligung privater Emissionen von Schuldverschreibungen im Vergleich zum Staatssektor liegen; Kreditzinsen sind steuerlich absetzbar, was auch im Vergleich zu einer Aktienemission Vorteile bringt, vgl. World Bank 1998: 68, 73.

V.3.2 Rolle der AFJPs im Finanzsektor

Der relative Entwicklungsrückstand des argentinischen Kapitalmarktes sollte durch die Einführung des privaten Rentensystems neue Impulse erhalten, wie das folgende Zitat aus dem *Financial Sector Report* der Weltbank zu Argentinien von 1998 belegt:

> „...prospects for capital market growth are excellent, particularly in view of the rapid evolution of institutional investors, which could turn out to be the defining factor in the development of the capital markets." (World Bank 1998: v)

Insbesondere sollten die Pensionsfonds ein Gegengewicht zu der dominanten Rolle der Geschäftsbanken im argentinischen Finanzsektor konstituieren, die Marktliquidität erhöhen, finanzielle Innovationen stimulieren, die Bilanzierungs-, Kontroll- und Ratingstandards erhöhen, die Infrastruktur der Anleihenmärkte modernisieren sowie die *corporate governance* verbessern (ebenda: 77-78). Zudem galten die langfristig investierten Zwangsersparnisse als Präventionsinstrument für Finanzsektorkrisen.[418]

Die in Kapitel II.2.2.2 (Rentenreform und Finanzsektorentwicklung) dargestellten Voraussetzungen für die Einführung von Pensionsfonds (makroökonomische Stabilität, Kapitalmarktliberalisierung, effiziente Unternehmen sowie Regulierung des Finanzsektors, Schutz von Eigentums- und Investorrechten, Privatisierung von Staatsunternehmen) waren in Argentinien nach den im Kontext des Konvertibilitätsplans durchgeführten Reformen weitgehend erfüllt. Die von Vittas (2000) als *impact preconditions* bezeichneten Voraussetzungen für eine positive Beeinflussung des Kapitalmarktes durch die Rentenfonds waren bzw. sind in Argentinien allerdings nur zum Teil erreicht.

Positiv zu werten ist die effiziente Regulierung der AFJPs sowie die Investitionsstrategien der Fonds (vgl. dazu weiter unten sowie Schefer 2001), während die steigende Marktkonzentration und das Unterschreiten der „kritischen Masse", die Vittas (2000) auf 20% des BIP beziffert (AFJP Fondskapital Ende 2001 7,4% des BIP), den Entwicklungsimpuls der Rentenfonds auf den Kapitalmarkt begrenzt. Nach der Einführung des Konvertibilitätsplans wurde eine Vielzahl von institutionellen Änderungen verabschiedet, welche die Expansion

---

[418] Vgl. z.B. Catalan et al. 2000: 3, OECD 2000: 235, sowie Teil V.5.

des Kapitalmarktes förderten und für die Funktionsfähigkeit des privaten Rentensystems notwendig waren (siehe Überblick Kasten).[419]

Auch die Schaffung neuer Finanzierungsinstrumente wurde von den AFJPs stimuliert (World Bank 1998: 78): Die Pensionsfonds hielten beispielsweise Bankeinlagen bis 1998 v.a. in Form von Einlagen- bzw. Indexzertifikaten (*certificates of deposit*) bei Großbanken, wobei die (variable) Verzinsung an die *performance* eines Bonds- oder Aktienindexes (Merval, S&P, Bovespa u.a.) gekoppelt war.[420]

Kapitalmarktreformen seit 1992

- Gesetz 24.083 (1992) für Investitionsfonds
- Dekret 656 u.a. (1992) zur Risikoqualifizierung bei der Emission von staatlichen Wertpapieren
- Dekret 1973 (1993) zur Regulierung der Emission von Handelsobligationen von Klein- und Mittelunternehmen
- Gesetz 24.441 (1995) zur Verbriefung von Hypotheken
- Gesetz 24.552 (1995) Insolvenzregelung
- Resolution 262 (1995) der Nationalen Wertpapierkommission (CNV): Erhöhung der Transparenz bei öffentlichen Schuldverschreibungen (oferta publica de valores) von Unternehmen
- Dekret 340 (1996) Einführung von market-makers zur Emission und Handel auf Sekundärmärkten von staatlichen Wertpapieren
- Dekret 627 (1996) zur Ausweitung von Leasing-Verträgen
- Schaffung argentinische Einlagenzertifikate (CEDEAR), Börse Bs.As.
- ADRs (American Depositary Certificate) argentinischer Unternehmen, Börse Bs.As.
- Einführung von Finanztreuhandgesellschaften (fideicomisos financieros)
- Schaffung Markt für Futures und Optionen

Quelle: ASAP 1998: 157-58, World Bank 1998: 74.

Zweitens wurde in steigendem Maße in verbriefte Anlagen (Hypotheken, Konsumentenkredite) der neuen Finanztreuhandgesellschaften (*fideicomisos financieros*) und in Investmentfonds investiert. Diese neuen Investitionsinstrumente sollten eine bessere Risiko-Rendite-Kombination ermöglichen, allerdings hing das Risiko der Investition in erster Linie von der Situation der anbietenden Finanzinstitution ab (vgl. World Bank 1998: 85). Weiterhin haben die Fonds die

---

[419] Vgl. die detaillierte Auflistung der Normen in ASAP 1998: Anhang zu Kapitel 5, sowie die jeweils aktuelle Information der SAFJP unter www.safjp.gov.ar

[420] Je nach Ausgestaltung kann dabei eine 100prozentige Teilnahme an Gewinnen und Verlusten, oder eine Verminderung des Risikos durch eine Sicherung des Prinzipals bei prozentualer Teilnahme an einer Aufwärtsentwicklung des Indexes vereinbart werden. Die Pensionsfonds erwerben Papiere mit niedrigem Risiko.

Etablierung einer automatischen *clearing*-Stelle für Wertpapiertransaktionen gefördert.

Was die Transparenz, Informationsbereitstellung, Unternehmensführung und Qualität von *auditing*- und *rating*-Prozessen angeht, werden hingegen nach Einschätzung der Weltbank (1998) trotz einer positiven Bewertung des AFJP-Sektors auf dem gesamten Markt keine zufrieden stellenden Standards erreicht.[421]

Tabelle 5.21 Anzahl Versicherungsgesellschaften, 1993-2001

	1993	1994	1995	1996	1997	1998	1999	2000	2001
Rentenversicherung	34	36	37	34	34	31	30	27	24
Lebensversicherung	7	32	45	72	72	71	68	63	62
Vermögensschäden	188	180	174	164	153	149	134	126	117
Arbeitsrisiken*	-	-	-	18	17	15	15	14	14
Gesamt	**229**	**248**	**256**	**288**	**276**	**266**	**247**	**230**	**217**

Quelle: SSN 2002, KFZ, Feuer, Transport u.a.
* seit 1996 obligatorische Privatversicherung ART eingeführt.

Als komplementärer Sektor zu den Rentenfonds wurde die Entwicklung der Versicherungsbranche durch die Einführung der kapitalgedeckten Säule stark vorangetrieben:[422] Die AFJPs haben eine hohe Nachfrage nach privaten Erwerbsunfähigkeits- und Hinterbliebenenversicherungen geschaffen, da diese für Mitglieder der AFJPs als Gruppenversicherung bei einer privaten Lebensversicherungsgesellschaft abgeschlossen werden (in Tab. 5.21 Lebensversicherung). Wenn das neue Rentensystem in sein Reifestadium eintritt, werden die Versicherten zudem eine steigende Anzahl von Lebensrenten nachfragen. In Zukunft ist deshalb eine starke Expansion des Annuitätenmarktes zu erwarten (in Tab. 5.21 Rentenversicherung): Bis zu einer Million Rentner könnte um 2020 diese Verrentungsoption gewählt haben (Palacios/Rofman 2001: 28).[423]

---

421 Für eine detaillierte Analyse der Schwächen des argentinischen Kapitalmarktes und der entsprechenden Politikempfehlungen vgl. World Bank 1998: 75.

422 Vgl. für eine Analyse des Versicherungssektors World Bank 1998: 87ff. Der Versicherungssektor wurde Anfang der 1990er Jahre dereguliert, die staatliche Rückversicherungsgesellschaft liquidiert und das größte staatliche Versicherungsunternehmen, *Caja de Ahorros y Seguros,* privatisiert. Trotz der Expansion des Sektors (Einkommen aus Prämien hat sich von 1990 bis 2001 mehr als verdreifacht) zeigt der Weltbankbericht eine Vielzahl von Schwächen auf und empfiehlt eine Konsolidierung des Sektors sowie höhere Transparenz.

423 Dies stellt wachsende Anforderungen an den Annuitätenmarkt, der gegenwärtig noch weniger transparent und effizient ist sowie eine geringere Kontrolle aufweist, als der AFJP-Markt, vgl. zur Analyse der Annuitätenmärkte in Chile, Argentinien, Kolumbien und Peru Pa-

Aus Tab. 5.21 sowie 5.22 können einige Indikatoren zur Marktentwicklung der Versicherungsbranche entnommen werden: Die Anzahl der Unternehmen, die Lebensversicherungen anbieten, ist von 7 (1993) auf 62 (2001) angestiegen, die Zahl der Anbieter von Rentenversicherungen jedoch von 34 auf 24 gesunken. Die Versicherungsausgaben pro Einwohner haben sich von 87 Arg$ 1990 auf 183 Arg$ 2001 erhöht, während sich die Produktion des gesamten Marktes seit 1990 fast verdoppelt hat und 2001 2,3% des BIP erreichte.

Tabelle 5.22 Indikatoren zur Produktion des Versicherungsmarktes, 1990-2001

	1990	**1991**	**1992**	**1993**	**1994**	**1995**
Ausgaben pro Einwohner, in Arg$	87,2	96,5	114,7	120,2	136,2	143,1
Produktion in % BIP	1,3	1,6	1,5	1,6	1,7	1,9
	1996	**1997**	**1998**	**1999**	**2000**	**2001**
Ausgaben pro Einwohner, in Arg$	121,7	138,4	159,2	174,6	171,4	182,9
Produktion in % BIP	1,5	1,6	1,8	2,1	2,1	2,3

Quelle: SSN 2002

Mitte 2000 arbeiteten die 13 AFJPs mit 13 Lebensversicherungen aus der jeweils gleichen Unternehmensgruppe zusammen. Die Annuitätenoption für Rentenbezieher des AFJP-Systems wurde von 21 Rentenversicherungen angeboten, wobei die Versicherten mehrheitlich (zwischen 60-80%) ein mit ihrer AFJP verbundenes Versicherungsunternehmen wählten (SAFJP 2001d). Der gesamte Lebensversicherungssektor investierte im Jahr 2000 (30.6.) 1,3 Mrd. Arg$ an Reserven, von denen 42,2% in Staatsanleihen, 17,5% in Aktien, 2,8% in Handelsobligationen, 8,4% in Trustfunds (*fideicomisos financieros*) sowie 24,8% in Termineinlagen angelegt wurde (SAFJP 2001d: 15). Die Rentenversicherungen investierten 2,3 Mrd. Arg$ mit einer (risikoaverseren) Portfoliostruktur von 61% Staatsbonds, 0,6% Aktien, 4% Handelsobligationen, 3,7% Trustfunds sowie 28,3% Termineinlagen (SAFJP 2001d: 20).

Bis 2030 wird der Anstieg der Reserven des Lebens- und Rentenversicherungssektors auf 20% des BIP, bis 2050 auf 50% des BIP geschätzt. Mit zunehmendem Reifegrad des neuen Rentensystems werden deshalb diese Versicherungsgesellschaften die Position auf den Kapitalmärkten einnehmen, die in der Aufbauphase von den AFJPs eingenommen werden (Palacios/Rofman 2001).

---

lacios/Rofman 2001. Das Fehlen von Recognition-Bonds à la Chile in Argentinien reduziert die Fonds für den Annuitätenmarkt in der Übergangsphase, vgl. ebenda: 31.

Obwohl die argentinischen AFJPs im Vergleich zu Chile eine geringere quantitative Rolle im Finanzsektor wahrnehmen und die von Vittas als kritische Masse definierte Schwelle von 20% des BIP noch nicht erreicht haben, steigt ihr Marktanteil an den wichtigsten Anlageinstrumenten kontinuierlich an (Tab. 5.23).[424] Dabei ist der Marktanteil bei Staatsanleihen am größten, gefolgt von

Tabelle 5.23 Marktanteile der AFJPs (in Mio. Arg$), 1992-2000

	1992	1993	1994	1995	1996
Depositen	26.277	40.159	46.916	43.196	53.576
AFJPs	-	-	145	618	756
Marktanteil in %	-	-	0,31	1,43	1,41
Staatsanleihen	7.025	28.481	27.623	32.421	39.461
AFJPs	-	-	262	1.334	2.815
Marktanteil in %	-	-	0,9	4,1	7,1
Unternehmensanleihen	496	932	720	2.007	2.938
AFJPs	-	-	31	218	414
Marktanteil in %	-	-	4,3	10,8	14,1
Aktien	18.326	42.932	36.529	37.062	44.358
AFJPs	-	-	8	146	998
Marktanteil in %	-	-	0,02	0,39	2,25

	1997	1998	1999	2000
Depositen	62.569	76.794	78.662	83.913
AFJPs	1.205	2.170	2.597	3.186
Marktanteil in %	1,93	2,8	3,3	3,8
Staatsanleihen	42.684	39.221	49.171	61.225
AFJPs	3.650	5.531	8.141	10.050
Marktanteil in %	8,5	14,1	16,6	16,4
Unternehmensanleihen	2.547	4.669	5.489	5.544
AFJPs	352	358	288	571
Marktanteil in %	13,8	7,7	5,3	10,3
Aktien	54.290	45.292	58.904	139.835
AFJPs	1.598	2.116	3.449	2.499
Marktanteil in %	2,94	4,7	5,9	1,8

Quelle: ASAP 1998: 159 nach Daten der CNV (1992-97), SAFJP 2002b, Tab. 7.4.1.c, SAFJP 2000b, SAFJP 1999c, 1998-2000 eigene Berechnungen nach BCRA 2001: 21 (informe al congreso), jeweils Angaben zur Marktkapitalisierung (jährlicher Durchschnitt) bzw. Gesamtdepositen

[424] Es gibt keine neuen Studien bzw. Sekundärstatistiken zu den Marktanteilen der AFJPs, auch Walker und Lefort 2002 greifen auf alte Zahlen der ASAP-Studie von 1998 zurück: Diese errechnen für 1995 den Anteil des gesamten Anlagevermögens am Kapitalmarkt, der von den AFJPs verwaltet wird, auf 2,5%; für 1996 auf fast 20% (ASAP 1998: 160).

Unternehmensanleihen, wobei letzteres auch auf die geringe Größe dieses Marktes zurückzuführen ist.

Auch die Diversifizierung der Emittenten im Portfolio der Pensionsfonds weist auf eine symbiotische Entwicklung zwischen AFJPs und Kapitalmarkt hin (vgl. Tab. 5.24). Die größte Steigerung hat bei Investmentfonds stattgefunden, gefolgt von ausländischen Emittenten, Unternehmensanleihen und Aktienemittenten.

Tabelle 5.24 Anzahl verschiedener Emittenten im AFJP-Portfolio, 1994-2000

Jahr	Aktien	Unternehmensanleihen	Bankbonds	Investmentfonds	Ausländische Staatsbonds	Ausländische private Bonds + Aktien	Derivate
1994	15	9	8	8	0	5	0
1995	19	19	10	23	8	31	0
1996	28	30	9	44	4	14	0
1997	34	40	10	73	3	8	0
1998	36	42	13	100	1	3	1
1999	37	33	11	131	1	14	2
2000	35	31	4	130	0	68	1

Quelle: Walker/Lefort 2002: 59.

V.3.3 Zwischenbewertung

Die Stabilisierung und Expansion des argentinischen Finanzsektors in den 1990er Jahren ist primär als Ergebnis der makroökonomischen Transformation im Rahmen des Konvertibilitätsplans zu werten. Dennoch haben die 1994 eingeführten Rentenfonds zu einer moderneren und transparenten Infrastruktur beigetragen, das Angebot an Investitionsinstrumenten verbreitert, die Ausweitung der Fristigkeiten gefördert, den Eintritt neuer Marktakteure angeregt sowie zu einer höheren Liquidität und Marktgröße beigetragen. Trotz dieser symbiotischen Entwicklung von Finanzsektor und institutionellen Investoren bleiben zukünftig verschiedene Herausforderungen zu lösen, die für die Sicherheit und Rentabilität des Rentenkapitals und für die Funktionsfähigkeit des Finanzsektors insgesamt von Bedeutung sind.

Die wichtigste Herausforderung liegt gegenwärtig in der Wiederherstellung makroökonomischer Stabilität und der Zahlungsfähigkeit des Staates, da steigende Inflationsraten sowie sinkende Aktien- und Bond-Preise zu einer Entwertung des akkumulierten Kapitalstocks der AFJPs führen (vgl. Teil V.5). Auch die Verletzung grundlegender Eigentumsrechte sowie die Eingriffe in die Investitionstätigkeit der Rentenfonds reflektieren das Ausmaß der Wirtschaftskrise sowie die generelle Rechtsunsicherheit in Argentinien, die nach wie vor ein hohes Risiko für den Privatsektor darstellt.

Zweitens erfordert die Vermögensakkumulation in der Ansparphase eine kontinuierliche Ausweitung des Angebots an sicheren und rentablen Investitionsanlagen. Eine rasche Expansion des Kapitalmarktes durch die Verbriefung von impliziten Rentenansprüchen kann jedoch schnell Dimensionen erreichen, die gerade für ein Entwicklungsland unrealistisch sind bzw. Risiken implizieren.[425] Zurzeit dominieren in Argentinien Staatspapiere, Termingelder sowie Aktien weniger Großunternehmen das Portfolio der Rentenfonds, Versicherungsgesellschaften und Investmentfonds.[426] Eine Vielzahl von Studien weist auf mögliche Änderungen der Investitionsvorschriften sowie der Sicherheitsgarantien hin, um eine höhere Diversifizierung des Portfolios und eine Verminderung des gleichgerichteten Investitionsverhaltens (*herding behaviour*) zu erzielen.[427] Weiterhin müssen in einem Kontext steigender und volatiler Preissteigerungsraten indexierte Anlageformen sowie *hedging*-Instrumente entwickelt werden bzw. der Anteil ausländischer Investitionen erhöht werden.[428]

Drittens sollte mit zunehmendem Reifegrad des Systems der Annuitätenmarkt transparenter und effizienter gestaltet werden und einer ähnlich strikten Kontrolle (und Regulierung) wie der AFJP-Markt unterworfen werden (Rofman/Palacios 2000; James/Vittas 2000, Alier/Vittas 2000, Valdés-Prieto 1998). *Last but not least* weist der AFJP-Markt eine zunehmende Konzentration auf, die sich durch die Zusammenarbeit mit Lebens- und Rentenversicherungsgesellschaften der gleichen Unternehmensgruppe auch auf den komplementären Ver-

[425] Während die implizite Rentenschuld des alten Umlageverfahrens auf ca. 300% des BIP geschätzt wird, erreichte die Marktkapitalisierung des argentinischen Kapitalmarktes (Aktien, Anleihen) für das Jahr 2000 gerade einmal 84% des BIP. Vgl. zur Problematik Rentenreform und Kapitalmarkteffekte auch Nitsch 1997 und Nitsch 2003.

[426] Der Markt wurde noch 2000 als sehr eng eingeschätzt, was einen Journalisten von *Pensions International* (April 2000) zu folgender Aussage veranlasste: „*When it comes to investing, it's a bit like being all dressed up with nowhere to go, for Argentina's private pension funds (AFJPs).*" Trotz hoher Marktkonzentration (7 Unternehmen seien für 80% der Marktkapitalisierung verantwortlich) beschränkten die Portfolioregulierung Investitionen in eine Aktie auf 2,5% des Fondskapitals, sowie die Obergrenze für Anteile an einem Unternehmen auf 5%.

[427] Vgl. z.B. Rofman 2000, World Bank 1998: 84-87.

[428] Dass Vermögenseigentümer durch Indexierung oder Hedging vollständig vor Vermögensverlusten (insbesondere bei systemischen Krisen) geschützt werden könnten, ist allerdings eine Illusion.

sicherungssektor ausweitet und der Effizienz des Marktes abträglich sein kann, insbesondere wenn es sich bei den größten Unternehmen nicht unbedingt um die „Besten“ handelt (vgl. Mesa-Lago 2002).

V.4 Auswirkungen auf den Einkommensbildungsprozess

Eine strukturelle Rentenreform soll a) die private Ersparnis erhöhen (um die Quantität der Investitionen zu erhöhen) und b) eine effizientere Allokation der Ersparnis (um die Qualität der realisierten Investitionsprojekte zu erhöhen) ermöglichen und damit das Wachstum fördern (vgl. Walker/Lefort 2002). Ob die Ersparnis erhöht wird, hängt in den orthodoxen Modellen von der Finanzierung der Übergangskosten sowie Verhaltensannahmen (Konsum, Ersparnis) bezüglich der privaten Haushalte und Unternehmen ab.[429] Während neoklassisch orientierte Ökonomen davon ausgehen, dass der Übergang zu einem individuellen Kapitaldeckungsverfahren langfristig die aggregierte Ersparnis erhöht, sind post- bzw. neokeynesianische Theoretiker diesbezüglich skeptischer (Studart 2000, Orszag/Stiglitz 1999, Holzmann 1997a, Barrientos 2000, Uthoff 2001). Beide Schulen sind sich jedoch einig, dass von einer strukturellen Rentenreform qualitative Effekte auf die Investitionsfinanzierung ausgehen, wobei entweder von einer effizienteren Allokation oder einer Verbesserung der finanziellen Infrastruktur gesprochen wird.

Die Position von Studart (2000), der den Beitrag von Pensionsfonds zur Investitionsfinanzierung in Brasilien analysiert, ist ein Beispiel für die keynesianisch-institutionelle Variante: Er kritisiert sowohl den Liberalisierungsansatz der *Theory of Finance* als auch die postkeynesianische Niedrigzinspolitik, die in der Vergangenheit durch Finanzsektorregulierungen oder forcierte Kreditallokation durch Staatsbanken zu einer inflationären Kreditausweitung und fiskalischen Problemen geführt haben (ebenda: 12-14). Demgegenüber betont er die Bedeutung von Finanzstrukturen, der Schaffung von Institutionen und Anreizen, die zu einer besseren Marktintermediation führten. Da Studart die Herausforderung der Finanzintermediation in der Fristentransformation zwischen Gläubigern und Schuldner sieht (*maturity-matching process*), liegt für ihn der potentielle Beitrag von Rentenfonds zur Investitionsfinanzierung in deren Nachfrage nach langfristigen Anlagen:[430]

[429] Das individuelle Verhalten wird wiederum durch eine Vielzahl von Faktoren bestimmt, siehe weiter unten sowie den Überblick in Teil II.1.3.1.

[430] Vgl. auch Catalan et al. 2000 sowie World Bank 2001: 9. Studart 2000: 16 spricht vom Konzept der Funktionalität von Finanzsystemen für den produktiven Investitionsprozess;

> „The growth of pension funds does not per se increase aggregate saving, which is primarily determined by investment decisions and the supply of finance to the corporate sector. It does however provide potentially more stable mechanisms of productive investment funding, since, due to the characteristics of the assets they finance, they are potential demanders of long-term securities." (Studart 2000: 51)

Allerdings hänge die Realisierung dieses Potentials von dem makroökonomischen Umfeld, der Volatilität der Vermögenspreise, der Marktorganisation und -regulierung sowie den Intermediationsinstitutionen zwischen Pensionsfonds und den Märkten für Unternehmensanleihen ab. In einem instabilen bzw. rezessiven makroökonomischen Kontext sei die langfristige *performance* von Unternehmen unsicher. Existieren zudem Alternativanlagen mit höherer Sicherheit und hoher Verzinsung - wie z.B. Staatsanleihen - und sei der Markt für langfristige Unternehmensanleihen wenig liquide und durch hohe Preisvolatilität gekennzeichnet, werde die Finanzierung produktiver Investitionen für Pensionsfonds weniger attraktiv. Investitionsvorschriften sowie andere Marktregulierungen könnten diese Tendenzen verstärken (ebenda: 16-19).

Wie bereits in Teil I und II dieser Arbeit ausgeführt wurde, verfehlt sowohl das Rekurrieren auf die *loanable funds*-Theorie als auch der (neoklassische oder neokeynesianische) institutionelle Ansatz den Kern des Problems, nämlich die Bedingungen für einen Einkommensbildungsprozess in heimischer Währung zu klären. Dabei geht es zwar um die Frage, wie ein dynamischer Investitionsprozess und eine Ausweitung des Exportpotentials gefördert werden kann - allerdings ist die Entwicklung dieser Gütermarktkategorien nicht von einem Konsumverzicht bzw. der Ressourcenausstattung, sondern vom Vermögensmarkt bestimmt. Ob jedoch der Vermögensmarkt langfristige Investitionen zu einem Zinssatz und mit Laufzeiten finanziert, welche die Erwirtschaftung von Profiten ermöglicht, hängt von der Existenz eines stabilen makroökonomischen Umfeldes ab, einer marktkonformen Geldpolitik, der Bereitschaft der Vermögenseigentümer, langfristige Forderungen in heimischem Geld zu halten sowie der Wettbewerbsfähigkeit des produzierenden Sektors, deren makroökonomische Komponente durch den Wechselkurs und das Handelsregime bestimmt wird. Die Forderung nach *institution building* sowie der Förderung bestimmter Marktakteure ist hingegen Ausdruck der irrigen Vorstellung, Marktintervention könne das Fehlen einer kontraktfähigen Währung sowie die Weigerung der Vermögenseigentümer, langfristige Forderungen zu halten, kompensieren. Neu an der

---

Rentenfonds können die Funktionalität des Finanzsektors - besonders in Entwicklungsländern mit kreditbasierten Finanzsystemen (im Gegensatz zu kapitalmarktbasierten) - erhöhen.

Pensionsfondsdebatte ist nun, dass die beobachtete (aber nicht erklärte) „Finanzierungslücke“ nicht mehr durch den Staat, sondern von (staatliche regulierten) privaten Akteuren ausgefüllt werden soll.

In den folgenden beiden Kapiteln soll untersucht werden, ob sich für Argentinien durch die Rentenreform von 1994 positive Wirkungen auf den Einkommensbildungsprozess nachweisen lassen. Dabei ist die Isolierung der Reformeffekte auf Investitionen und Beschäftigung von der allgemeinen wirtschaftlichen Entwicklung problematisch. Dennoch wird es als höchst unwahrscheinlich angesehen, dass positive Impulse durch die Rentenreform die stagnative Tendenz des *currency board*-Modells konterkarieren können bzw. konnten. Wie bereits in den Teilen III und V.1 analysiert wurde, ist ein *currency board* zwar als kurzfristiges Stabilisierungsinstrument erfolgreich, behindert jedoch die Entwicklung von Investitionen und Beschäftigung. So führt das Regime letztendlich in eine langfristige Stagnation bzw. zu einer so profunden (Schulden- oder Währungs-) Krise, dass - wie im Fall Argentinien - eine Aufgabe des Modells erzwungen wird.

Tabelle 5.25 Indikatoren zu Produktion und Beschäftigung, 1995-2001

	1995	1996	1997	1998	1999	2000	2001
Konsumrate Veränderung %	-3,6	5,9	7,9	2,1	-2,1	-0,1	-5,8
Investitionsrate Veränderung %	-13,1	8,9	17,7	6,5	-12,8	-8,6	-15,9
Exporte Veränderung %	22,6	7,8	12,0	9,9	-1,4	2,0	2,9
Importe Veränderung %	-10,0	17,4	26,6	8,1	-11,7	-0,5	-14,0
Exporte % BIP	9,5	9,7	10,1	10,7	10,9	9,6	10,1
Investitionsquote % BIP	17,9	18,5	20,1	20,7	18,7	17,2	14,0*
Sparquote % BIP	15,9	15,7	15,3	15,0	13,5	13,4	14,5*
Reallöhne 1995=100 (Index)	100,0	99,9	99,3	99,0	100,1	101,6	k.A.
Arbeitslosigkeit in % Erwerbstätigen	17,5	17,2	14,9	12,9	14,3	15,1	17,4

Quelle: Cepal 2001: Tab. 1. Mecon 2002 (Cuadro resumen mecon.gov.ar/infoec)
* eigene Berechnung nach Mecon 2002 (Tab. A1.11), III.Quartal 2001, Santangelo 2000.

Ein Überblick über die Entwicklung der Variablen der Einkommensbildung nach der Tequila-Krise (vgl. Tab. 5.25) zeigt, dass die Investitionen nur in Perioden hoher Kapitalzuflüsse zugenommen haben (1996-98), während in den Krisenjahren 1995 sowie 1999-2001 extreme Einbrüche zu verzeichnen sind.[431]

[431] Die Studie von López Murphy et al. 1998 über die Determinanten der internen Ersparnis in Argentinien reflektiert anschaulich die Position der Orthodoxie: Die Autoren identifizieren als zentrales Problem, dass der Wachstums- und Investitionsanstieg in den 1990er Jahren nicht von einer Ausweitung der Ersparnis begleitet wurde, somit auf externe Ersparnis zurückgegriffen werden musste, was zu steigenden Leistungsbilanzdefiziten und schließlich zur Tequila-Krise führte. Hier wird argumentiert, dass der Nachfrageboom im CB-Kontext ohne die

Eine ähnlich zyklische Entwicklung lässt sich im Außenhandel beobachten, wobei das Exportwachstum seit 1998 rückläufig ist und nach einem absoluten Rückgang 1999 in den letzten beiden Jahren nur niedrige Zunahmeraten aufweist. Die für die Erwirtschaftung von Devisen wichtige Außenhandelsbilanz mit den NAFTA-Staaten zeigt auch in der zweiten Hälfte der 90er Jahre Defizite, während die Überschüsse gegenüber den Mercosur-Partnern (bis auf 2000) rückläufig sind (vgl. Tab. 5.26)

Sowohl die Investitionsquote als Anteil des BIP als auch die aggregierte Sparquote ist bis 2001 auf das Niveau von 1991 zurückgefallen und liegt damit unter den Werten der 1980er Jahre.[432] Die Arbeitslosenquote hält sich seit der Tequila-Krise auf hohem Niveau und ist im Zuge der Rezession wieder auf über 17% angestiegen.

Tabelle 5.26 Außenhandel mit Wirtschaftsblöcken: Mercosur und Nafta (Mio. US$), 1995-2000

Jahr	EX Mercosur	EX Nafta	IM Mercosur	IM Nafta	Mercosur Saldo	NAFTA Saldo
1995	6.769,7	2.026,9	4.602,7	4.856,6	2.167,0	-2.829,7
1996	7.918,4	2.470,6	5.809,0	5.565,7	2.109,4	-3.095,1
1997	9.596,7	2.554,4	7.612,7	7.155,7	1.984,0	-4.601,3
1998	9.410,8	2.701,3	7.939,1	7.217,8	1.471,7	-4.516,5
1999	7.071,3	3.173,8	6.298,8	5.776,9	772,5	-2.603,1
2000	8.401,8	3.764,5	7.199,3	5.675,2	1.202,5	-1.910,7

Quelle: Indec (Mecon 2002, Tab. A5.4.)

Kapitalzuflüsse nicht stattgefunden hätte - verstärkter Konsum bei sinkender Beschäftigung resultierte in einer niedrigen Sparquote.

[432] Nach Berechnungen auf Basis von Daten aus ASAP (1998: 153) betrug die durchschnittliche Sparquote in % des BIP in den 1970er Jahren 24,4 %, in den 1980er Jahren 19,6%, die durchschnittliche Investitionsquote respektive 24,1% und 19,6%.

Abbildung 5.27 Entwicklung der Einkommensbildung (Veränderungsrate in %), 1991-2001

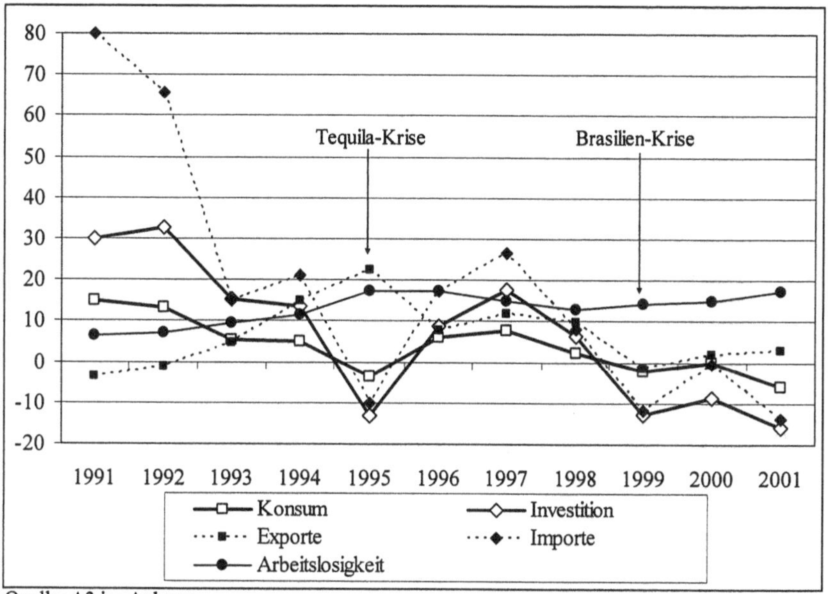

Quelle: A3 im Anhang.

Die Wirkungen der Rentenreform auf den Einkommensbildungsprozess werden in zwei Kapiteln untersucht: Unter V.4.1 sollen die Wirkung der argentinischen Rentenreform auf die Investitionsfinanzierung, unter V.4.2.mögliche Effekte auf die Arbeitsmarktentwicklung analysiert werden.

V.4.1 Impulse für die Investitionsfinanzierung

Der Annahme der rentenpolitischen Orthodoxie, eine strukturelle Rentenreform erhöhe die aggregierte Sparrate und kanalisiere auf diese Weise mehr Fonds zur Finanzierung von Investitionen über den Finanzsektor, soll an dieser Stelle nicht weiter verfolgt werden, da die Irrelevanz der Ersparnis für den Investitionsprozess in dieser Arbeit bereits mehrfach angesprochen wurde. Zudem ist eine Trennung der Wirkungen der Rentenreform von einer Vielzahl von Faktoren, die in den 1990er Jahren das private Spar- und das staatliche Fiskalverhalten beeinflusst haben, nicht möglich. Diesbezüglich wichtige Veränderungen fanden z.B. im monetären und finanziellen Sektor statt (Preis- und Wechselkursstabilität, Rückkehr von Fluchtkapital, Anstieg von Konsumentenkrediten, Anstieg der privaten Depositen im Bankensektor), bei den öffentlichen Finanzen (Eliminierung der Inflationssteuer versus Finanzierung über Kapitalimporte und Privatisierungen), durch Änderungen im Einkommensniveau sowie des Kreditzugangs für Individuen und Unternehmen.[433] Wie Tabelle 5.25 zeigt, ist die aggregierte Ersparnis zwar von 1991-95 angestiegen, weist seitdem jedoch wieder fallende Werte auf. Eine signifikante Erhöhung der aggregierten Ersparnis, wie sie in Chile nach der Rentenreform stattgefunden hat (selbst wenn diese nicht direkt auf die Rentenprivatisierung zurückgeführt werden konnte, vgl. Teil II.3.1), kann also für Argentinien bisher nicht nachgewiesen werden.

Wichtiger als die Wirkung auf die Sparquote ist die strukturpolitische Rolle der Rentenfonds für die Investitionsfinanzierung durch ihre Nachfrage nach langfristigen Anlageinstrumenten wie Aktien und Unternehmensanleihen.[434] Als Folge soll die Abhängigkeit der Unternehmen vom Bankensektor verringert[435] und dieser gleichzeitig stabilisiert werden, da die Finanzierung kurzfristiger Projekte eher den Laufzeiten der Passivstruktur der Banken entspräche (Catalan et al. 2000: 5).

Der argentinische Bankensektor hat zwar in den 1990er Jahren, was Kredit- und Einlagenvolumen angeht, stark expandiert, engagierte sich jedoch v.a. im Bereich von Konsumentenkrediten, bei der Finanzierung von Großunternehmen und seit Beginn der Rezession in der Finanzierung des Staates (vgl. Tab. 5.18).[436] Hohe reale Kreditzinsen[437] eine starke Segmentierung des Kreditsektors

---

[433] ASAP 1998: (Tab. 4, Tab. 7) projizieren einen graduellen Anstieg der aggregierten Ersparnis um über 3% bis 2040. Bei Finanzierung der Übergangskosten durch Steuern beträgt der Anstieg 3,27%, bei Schuldenfinanzierung 3,45%, bei Beibehaltung der Sondersteuern zur Finanzierung 3,84%. Cottani/Demarco 1998 errechnen einen positiven Beitrag der Rentenreform zur Ersparnis von 1999 an, der bis auf 2,5% des BIP 2020 ansteigt.

[434] Als Folge sollen auch die Zinsen für langfristige Anlagen sinken und so das Wirtschaftswachstum zunehmen, vgl. Catalán et al. 2000: 6. In Argentinien steigen die Zinsen jedoch ab 1998 wieder an; der *spread* zum internationalen Niveau erhöht sich bis 2001 beträchtlich und macht eine Trennung der Wirkungen der Rentenreform unmöglich. Vgl. zu Zinsraten auch Cristini et al. 2001: 16.

[435] Vgl. zur Dominanz des Bankensektors in Entwicklungsländern McKinnon 1973, Mitchell 1997, Studart 2000, World Bank 2001.

[436] Die Übernahme des Liquiditätsrisikos durch den Geschäftsbankensektor, welcher in einem zweistufigen Bankensystem eigentlich nur das Solvenzrisiko (Konkurs der Kreditnehmer) tragen muss, führt zu höheren Kosten durch die atypisch hohe Reservehaltung, was sich negativ auf die Kreditkapazität auswirkt, im Falle Argentiniens jedoch eine positive Wirkung auf die Staatsfinanzierung hat, da ein Teil der systemischen Liquiditätsreserven der Banken in staatliche Wertpapiere angelegt werden können!

(nach Größe und geographischer Lage der Unternehmen), das Fortbestehen hoher Intermediations*spreads* zwischen Aktiv- und Passivzinsen, die Zinsdifferentiale zwischen Peso, Argendollar und US-Dollar sowie die in Bezug auf Investitionserfordernisse unzureichenden Kreditlaufzeiten sind als die Hauptprobleme des argentinischen Finanzsektors dargestellt worden (Rozenwurcel/Fernández 1994: 79-80; Rozenwurcel/Bleger 1998: 392).

Besonders problematisch für den Einkommensbildungsprozess war zudem die fast vollständige Dollarisierung der Gläubiger-Schuldner-Kontrakte. Zwei Drittel der Kreditkontrakte wurden in Fremdwährung abgeschlossen. Um finanzierbare Pesokredite zu erhalten, war die Mehrzahl der kleinen und mittleren Unternehmen auf die verbleibenden staatlichen Großbanken angewiesen, die spezielle subventionierte Kreditlinien vergaben.[438]

1997 waren Manufakturgüterproduzenten nur drittgrößte Empfänger von Bankkrediten (18,1%), während der Dienstleistungssektor mit 40% der Gesamtkredite den ersten Rang und die privaten Haushalte die zweite Stelle mit 24% belegten. Zudem war die Empfängergruppe durch Großkreditnehmer dominiert: 50% der Kredite für das verarbeitende Gewerbe beliefen sich auf mehr als 1 Mio. Arg$; die 50 größten Kreditnehmer erhielten 10% der gesamten Kreditfonds (Cristini et al. 2001: 14). Diese Situation hat sich in den letzten Jahren weiter verschärft: Seit 1999 ist die Kreditvergabe an den Privatsektor um kumulierte 30% zurückgegangen, die Zinsen für die argentinischen *blue-chip*-Unternehmen betrugen 2001 20% für Dollarkredite und 27% für Pesokredite (Tab. 5.18).

Die Ausführungen des letzten Kapitels V.3 haben die Entwicklung des Kapitalmarktes in den 1990er Jahren und die Rolle der Pensionsfonds analysiert. Danach kann die Bedeutung der AFJPs bei der Finanzierung privater Investitionen als relativ gering eingeschätzt werden, da der überwiegende Teil des Versichertenkapitals in staatliche Papiere angelegt wird.[439] Ende 2001 wurde ca. 70% des Kapitals in Staatsbonds und 11% in Termineinlagen investiert, während nur 1,7% der Fonds in Unternehmensanleihen und 10,5% in Aktien angelegt wurde (vgl. Tab. 5.28). Entsprechend sind auch die Marktanteile der AFJPs am privaten Anlagevolumen sehr gering (vgl. Tab. 5.23): Bei Unternehmensanleihen wurde Mitte 2001 ein Marktanteil von 3,1%, auf dem Aktienmarkt von 10,7%

---

[437] Für Kleinunternehmen betragen die Realzinsen im Schnitt 30%, für Großunternehmen ca. 10%, FIDE 1998: 27, Nr. 4.

[438] Die öffentlichen Banken weisen eine geringere Rentabilität und höhere Anteile notleidender Kredite (1999 18,8) auf als der Privatsektor (7,0); vgl. IWF 2000: 7.

[439] Zu ähnlichen Ergebnissen kommen Studart (2000) in Bezug auf Brasilien sowie Rubalcava/Gutiérrez in ihrer Studie zur Wirkung der mexikanischen Rentenreform auf die Investitionen.

erreicht, während sich der Marktanteil bei Staatsanleihen auf 18% belief (Schefer 2001).[440]

Tabelle 5.28 Anteil des AFJP-Portfolios in Anlagen des Privatsektors (in % Gesamtportfolio), 1995-2001

Instrument	1995	1996	1997	1998	1999	2000	30.06. 2001	31.12. 2001
Unternehmens-Anleihen	6,77	10,66	4,80	2,33	2,29	2,44	2,34	1,70
Aktien	1,97	13,48	21,76	20,90	17,33	16,59	11,49	10,50
Fondsgesellschaften*			3,06	3,00	2,74	2,73	9,11	1,30
Gesamt	**8,74**	**24,14**	**26,56**	**23,23**	**22,36**	**21,76**	**22,94**	**13,50**

Quelle: SAFJP 2001b: Tab. 14, S. 137, jeweils zum 30.06, Daten 31.12.2001 SAFJP 2002b.
* Fideicomisos Financieros.

Schefer (2001) analysiert die Ursachen der seit Einführung des kapitalgedeckten Rentensystems niedrigen Präsenz des (nicht-finanziellen) privaten Unternehmenssektors im Portfolio der AFJPs. Auf Basis einer ökonometrischen Analyse kommt er zu dem Ergebnis, dass dieses Investitionsverhalten auf den normativen Rahmen des kapitalgedeckten Rentensystems zurückzuführen ist und bestätigt damit die These von Studart: Erstens führe die relative Mindestrentabilitätsregel zu Herdenverhalten und mache differenzierte Investitionsstrategien kostenträchtig. Zweitens resultiere die Verbuchung von Staatsanleihen, die bis zur Fälligkeit auf so genannten Investitionskonten gehalten werden und deshalb nicht zum Marktwert, sondern zum Nominalwert (plus durchschnittlichem internen Zinsfuß) bewertet werden, in Höhe von bis zu 30% des Portfolios in einer Reduzierung der Volatilität und setze diesbezüglich den Standard für andere Investitionen.[441] Drittens würde der Marktwert von Handelsobligationen unregelmäßig bestimmt und folge somit nicht den Preisschwankungen der anderen Papiere im Portfolio der AFJPs.[442] Da jedoch allein die systemische Rentabilität für die *performance* einer einzelnen AFJP ausschlaggebend ist, würden Anlagen bevorzugt, die den allgemeinen Marktschwankungen folgen.[443] Und viertens

[440] Nach den verfügbaren Zahlen erreichten die AFJPs 1997 den höchsten Marktanteil bei Aktien und Unternehmensobligationen: 2,94 sowie 13,8%; bei Staatsanleihen betrug der Marktanteil nur 8,5% (vgl. Tab. 5.23).

[441] Vgl. zu den „*títulos mantenidos a vencimiento*" die Studie der SAFJP (Rojo Brizuela/Stampacchio 1996).

[442] Nach Walker/Lefort 2002: 35 existiert in Argentinien für Unternehmensanleihen kein Sekundärmarkt, so dass die Papiere bis zur Fälligkeit im Portfolio gehalten werden müssen.

[443] In verschiedenen Studien (u.a. Catalán et al. 2000) wird belegt, dass sich Pensionsfonds bei Risikoanlagen engagieren und kleine Unternehmen sowie *start-ups* finanzieren; nach

müssten die AFJPs private Emissionen auf dem Primärmarkt kollektiv zeichnen, was die Analyse und Bewertung kleiner Investitionsprojekte für einen einzelnen Rentenfonds kostspielig mache (da die Kosten auf die einzelne AFJP, die Gewinne auf alle Rentenfonds aufgeteilt werden).

Als Ergebnis ist festzustellen, dass der Beitrag der AFJPs bei der Finanzierung von privaten Investitionen im Betrachtungszeitraum relativ gering ausfiel. Dies ist zum Teil auf die Investitions- und Mindestrentabilitätsvorschriften sowie buchungstechnische Faktoren bei der Bewertung von Staatspapieren zurückzuführen. Insgesamt ist der öffentliche Anleihenmarkt durch seine Größe, Liquidität und hohe Verzinsung eine attraktive Investitionsoption für die Rentenfonds gewesen - während das *default*-Risiko durch den fast ausschließlichen Ankauf von auf Fremdwährung denominierten Anleihen sowie langer Laufzeiten als kalkulierbar eingeschätzt wurde. Die privaten Anleihen -und Aktienmärkte waren demgegenüber weniger liquide und stärkeren Preisschwankungen unterworfen und nur wenige Großunternehmen boten attraktive Anlagemöglichkeiten.

Die negativen Erfahrungen mit Investitionen in den Staatssektor sowie Änderungen der Regulierungsnormen könnten das Investitionsverhalten der Rentenfonds in Zukunft ändern; dafür müsste allerdings die Investorfreiheit der Unternehmen gewahrt werden und der lokale Kapitalmarkt in ausreichendem Maße sichere und rentable Investitionsprojekte anbieten.[444] Beide Bedingungen sind in Schwachwährungsländern bzw. im Kontext der jüngsten Wirtschaftskrise in Argentinien nicht anzutreffen.

V.4.2 Wirkungen auf den Arbeitsmarkt

In Argentinien war vor Implementierung des Konvertibilitätsplans und während der Diskussion des Rentenreformprojektes die offizielle Arbeitslosenquote relativ gering, so dass sich von der Rentenprivatisierung sicher nicht die Lösung für eine Beschäftigungskrise erhofft wurde, wie sie nach der Tequila-Krise und seit 1999 eingetreten ist. Das Problem einer Ausweitung des informellen Sektors, die hohen Beitrags- und Steuersätze, die aufgrund drastischer Hin-

---

Walker/Lefort 2002: 10 ist jedoch bei obligatorischen *defined-contribution*-Systemen die kurzfristige Rentabilität aufgrund der Regulierungsbestimmungen entscheidend, so dass trotz der Illiquidität der Anlagen ein konservatives Portfolio vorherrscht.

[444] Die Unternehmensfinanzierung wird auch durch die steuerliche Behandlung mitbestimmt: Erst seit Januar 1999 sind in Argentinien Kreditfinanzierung (Zinszahlungen) und Eigenkapitalfinanzierung (Dividendenzahlungen) steuerlich gleich gestellt, vgl. IWF 2000: 40.

terziehungraten nur wenig Einnahmen erbrachten, sowie der neue wirtschaftspolitische Kontext (Abbau der staatlichen Beschäftigung, höherer Wettbewerbsdruck für lokale Unternehmen) waren jedoch Gründe genug, eine Reform zu unterstützen, die positive Arbeitsmarkteffekte versprach.

Wie in Abschnitt II.2.2.5 herausgearbeitet, wurden von der höheren Beitrags-Leistungs-Äquivalenz im Kapitaldeckungsverfahren eine Minderung steuertypischer Verhaltensweisen wie die Verringerung des Arbeitsangebots (Frührente, Abwanderung informeller Sektor) bzw. anderer Formen der Beitragshinterziehung erwartet.[445]

Die postulierte höhere Rendite des Kapitaldeckungsverfahrens sollte zudem eine Verringerung des Beitragssatzes ermöglichen und dadurch die Arbeitsnachfrage der Unternehmer erhöhen bzw. deren Wettbewerbsfähigkeit steigern.

Parallel zur Einführung des neuen Rentensystems entwickelte sich in Argentinien jedoch eine Arbeitsmarktkrise, die - im Gegensatz zur Fiskalkrise - zwar nicht primär auf die Rentenreform zurückgeführt werden mag, jedoch mögliche positive Beschäftigungsanreize der Reform konterkarierte. Wie in Kapitel II.6.2 dargestellt wurde, führte die Regierung und internationale Berater die Arbeitslosigkeit auf den Strukturwandel, die hohe Beitrags- und Steuerbelastung und die rigide Arbeitsmarktverfassung in Argentinien zurück.[446] Während die Reformprojekte zur Flexibilisierung des Arbeitsmarktes zunächst an politische Barrieren stießen (vgl. Torre/Gerchunoff 1999: 29-44) und erst gegen Ende der Dekade in gradueller Weise umgesetzt werden konnten, trafen staatliche subventionierte Beschäftigungsprogramme sowie die Steuer- und Beitragssenkungen rasch auf fiskalische Grenzen.[447]

---

[445] Neben der Stärkung des Äquivalenzprinzips sollte sich auch die Erhöhung des Rentenalters sowie der Mindestbeitragsjahre positiv auf die Erhöhung des Arbeitsangebots auswirken.

[446] Der argentinische Arbeitsmarkt ist aufgrund einer Vielzahl von Regelungen sehr rigide organisiert: Zeitlich unbefristete Verträge, hohe Entschädigungszahlungen bei Entlassungen, hohe Lohnnebenkosten v.a. für Sozialversicherung sowie zentralisierte Tarifverhandlungen schränken die Flexibilität von Einstellungen und Entlassungen sowie der Lohnfestsetzung ein. Aus neoliberaler Sicht wird die Deregulierung des Arbeitsmarktes durch flexible Zeitverträge, eine möglichst kapitalgedeckte Arbeitslosenversicherung sowie dezentrale Tarifverhandlungen auf Betriebsebene als Lösung der Beschäftigungskrise postuliert. Erste Schritte in diese Richtung wurden in den letzten Jahren implementiert (vgl. MTSS 1998).

[447] Vgl. zu Arbeitsmarktflexibilisierung und Beschäftigungsprogrammen MTSS 1998; Mondino et al. 2000, Hopenhayn 2001, Bour 2000, Carcár 1998, IWF 2000 (Kap. III) u.a.

Tabelle 5.29 Durchschnittliche RV-Arbeitgeberbeiträge nach Reduzierung (in %), 1991-2001

Aug-91	Jan-94	März 94	April 94	März 95	Sep-95	Nov-95	Jan-96	Feb-99	Aug-99	Dez-99	Jun-01
Gesetz	Dekret	Dekret	Dekret	Dekret	Dekret	Dekret	Dekret	Dekret	Dekret	Dekret	Dekret
23.966	2.609/93	385/94	859/94	372/95	492/95	492/95	492/95	98/99	1520/98	1520/98	814/01
16,0	9,8	9,8	9,8	14,6	13,0	11,4	9,8	7,5	6,8	4,4	16/20

Quelle: BID 2000: 161a, 2001: MECON 2002.

Entsprechend prozyklisch verlief die staatliche Einnahmen- und Ausgabenpolitik: In Zeiten steigender Einnahmen aus Konsum- und Handelssteuern wurden die direkten Steuern (und Sozialversicherungsbeiträge) gesenkt, während im Abschwung die Steuer- und Beitragsschraube wieder angezogen wurde (vgl. V.1 sowie Tab. 5.29). Es ist jedoch klar, dass Unternehmen nur bei positiven Profitaussichten und einer dauerhaften Reduzierung der Arbeitskosten zu mehr Personaleinstellungen bereit sind und Steuersenkungen nur dann positiv zu werten sind, wenn sie ohne eine Steigerung der Verschuldung zu finanzieren sind, da letzteres Druck auf die Zinsen ausübt und Investitionen negativ beeinflusst.

Tabelle 5.30 Sozialversicherungsbeiträge als % des Bruttolohns, 1990-2000

	1990	1995a	1995b	1998	2000
Gesamte Beiträge	49,0	50,0	(46,7)	49,0	43,0
Arbeitgeberbeiträge gesamt	33,0	33,0	(29,7)	32,0	26,0
-Rentenversicherung	11,0	16,0	(14,4)	16,0	10,0
-KV für Rentner (Pami)	2,0	2,0	(1,8)	2,0	2,0
-KV (Obras Sociales)	6,0	6,0	(5,4)	5,0	5,0
-Familienleistungen	9,0	7,5	(6,75)	7,5	7,5
-FONAVI (Wohnungsbau)	5,0			0,0	0,0
-Beschäftigungsfonds	0,0	1,5	(1,35)	1,5	1,5
Arbeitnehmerbeiträge gesamt	16,0	17,0	17,0	17,0	17,0
-Rentenversicherung	10,0	11,0	11,0	11,0	11,0
-RV für Rentner (Pami)	3,0	3,0	3,0	3,0	3,0
-KV (Obras Sociales)	3,0	3,0	3,0	3,0	3,0

Quelle: modifiziert nach IWF 2000: 24. Ohne Einbeziehung der Abschläge von durchschnittlich 40% auf AG-Beiträge zur RV. FIEL 1995: 143 für 1995 (in Klammern mit Abschlägen)

So mag zwar das Arbeitsangebot im formellen Sektor in den 1990er Jahren zugenommen haben, die relevante (staatliche und private) Arbeitsnachfrage ist jedoch bereits während der Wachstumsphase von 1991-94 gesunken.[448]

V.4.3 Zwischenbewertung

Insgesamt lässt sich, wie bei der Untersuchung der Wirkungen der argentinischen Rentenreform auf die Investitionsfinanzierung, im Rahmen einer qualitativen Analyse ein positiver Impuls auf den Arbeitsmarkt nicht nachweisen. Ohne ein ausreichendes Angebot an produktiven Arbeitsplätzen kann die alleinige Erhöhung der Anreize, eine Beschäftigung im formellen Sektor aufzunehmen, nicht greifen.[449] Mögliche Struktureffekte werden, wie in anderen untersuchten Bereichen, von der makroökonomischen Konstellation überlagert. Der unsicheren Beschäftigungswirkung der Rentenreform stand jedoch die hohe fiskalische Belastung gegenüber, die durch die Senkung der Arbeitgeberbeiträge sowie die Ausweitung von nicht-sozialversicherungspflichtigen Tätigkeiten im Rahmen der Beschäftigungsprogramme verursacht wurde.

Nachdem das Ausmaß der Arbeitslosigkeit trotz Rentenreform in der zweiten Hälfte der 1990er Jahre zunahm, forderten Regierung und internationale Gläubigerorganisationen vehement die Flexibilisierung des argentinischen Arbeitsmarktes. Trotz einer gewissen Berechtigung der Forderung täuscht sie darüber hinweg, dass die Beschäftigungskrise Ausdruck der stagnativen Tendenz des argentinischen Entwicklungsmodells war. Auch eine noch so flexible Lohnfestsetzung und Einstellungspolitik in Verbindung mit niedrigen Sozialversicherungsbeiträgen war nicht hinreichend, um die Weltmarktfähigkeit der argentinischen Produktion zu gewährleisten.

---

[448] Vgl. Beker 1998: Obwohl der Output im (traditionell arbeitsintensiven) Manufakturgütersektor im Zeitraum 1990-94 um 32,6% zunahm, sank die Beschäftigung des Sektors um 8,7%. Der Autor führt diese Arbeitsplatzvernichtung auf die Substitution von Arbeit durch (relativ billigeres) Kapital und den Niedergang zahlreicher Industriezweige im Kontext von Privatisierung und Liberalisierung zurück.

[449] Packard 2001 kommt bei einer Analyse der Arbeitsmarktentwicklung in lateinamerikanischen Ländern, die eine strukturelle Rentenreform implementiert haben, zu dem Ergebnis, dass der Anteil der Erwerbsbevölkerung, die Beiträge zur Sozialversicherung leistet (und damit im formellen Sektor beschäftigt ist) aufgrund der besseren Anreize zunimmt. Auch in Bezug auf Chile werden positive Wirkungen auf den Arbeitsmarkt herausgearbeitet, vgl. dazu die Literaturhinweise in Teil II.2.1.

V.5 Folgen der Wirtschaftskrise für das neue Rentensystem

Das Ende des Konvertibilitätsregimes ist die größte Herausforderung für das gemischte Rentensystem seit seiner Implementierung 1994 - selbst eine Rückkehr zum staatlichen Umlageverfahren wird derzeit nicht mehr ausgeschlossen (Clarín 16.5.02).

Den massiven Eingriffen von 2001 - Rentenkürzungen um 13%, Umschuldungsoperationen von Staatsanleihen im Portfolio der institutionellen Investoren, Senkung des Arbeitnehmerbeitrags sowie der Gebühren der AFJPs, Zwangskonvertierung von auslaufenden Termineinlagen in Schatzwechsel - folgte die Erklärung der staatlichen Zahlungsunfähigkeit und im Januar die Abwertung des Peso und eine forcierte Pesifizierung von Depositen, Kreditverträgen und Staatsanleihen, die das angesparte Vermögen der Versicherten mit einem Schlag halbiert haben.

Im letzten Kapitel der Schnittstellenanalyse von Wirtschafts- und Rentenpolitik in Argentinien sollen die (bisher absehbaren) Folgen der Wirtschaftskrise für das neue Rentensystem und die Sicherheit der zukünftigen Leistungen bewertet werden. Zudem wird der Frage nachgegangen, ob den kapitalgedeckten Rentenfonds, wie von einigen Autoren angenommen, eine Präventionswirkung bei Bankenkrisen nachgewiesen werden kann.

V.5.1 Auswirkung von Bankenkrise, Abwertung und Staatsbankrott

Rentenfonds und die Prävention von Bankenkrisen

Argentinien hatte durch den Tequila-Effekt bereits 1995 eine schwere Bankenkrise erlebt, die als (erfolgreich bestandener) Härtetest für das CB-Modell gewertet wurde und nach Einschätzung der Vereinigung der Rentenfondsverwalter (ASAP 1998) auch die positive Rolle der Pensionsfonds als Stabilisatoren des Finanzsektors deutlich machte: Bereits ein Jahr nach Einführung der Fonds hatten die AFJPs während der Krise den Anlagenabzug ausländischer Investoren (-12%) fast vollständig ersetzt (ASAP 1998: 170).

Die Ausführungen zur ökonomischen Entwicklung nach 1994 unter V.1.1 haben jedoch gezeigt, dass allein die Lockerung der CB-Regeln sowie massive internationale Finanzhilfe den *internal drain* beenden konnte, da jegliche Art von (begrenzten) Finanzfonds - ob vom IWF[450] oder lokalen institutionellen In-

[450] Der IWF wird von einigen Autoren als potentieller LOLR für CB-Länder bezeichnet, vgl. z.B. die Diskussion in Caprio et al. 1996 sowie im Text.

vestoren bereitgestellt - nicht ausreichen, um ein offenes Diskontfenster im Falle (bzw. zur Verhinderung) einer Bankenpanik zu ersetzen (vgl. Teil I). Dennoch gehen verschiedene Autoren davon aus, ein wichtiger Nebeneffekt der Einführung obligatorischer Pensionsfonds sei die Stabilisierung des Finanzsektors und die Verhinderung von Bankenkrisen.

> „...contractual savings mitigate social and financial risk, thus improving the resilience of the economy to shocks, reducing the country risk premium, the level of interest rates, and the cost of capital, thereby promoting growth.“ (Catalan et al. 2000: 31)

Catalán et al. (2000: 7) führen die Asienkrise von 1997 u.a. auf fehlende langfristige Verbindlichkeiten des Bankensektors zurück. Demgegenüber seien die Einlagen bei Rentenfonds langfristige Anlagen und aus Sicht der Vermögenseigentümer völlig illiquide:

> „...depositors or investors cannot ‚run‘ (...) against the assets of the contractual savings institutions where they have claims.“ (Catalán et al. 2000: 3)

Auch der OECD-Sammelband verweist auf die Präventionsfunktion der Rentenfonds:

> „The strengthening and growth of domestic capital markets can also have important externalities, such as reducing dependency on foreign capital and playing a role in crisis prevention.“ (OECD 2000: 235)

Für die argentinische Regierung war die Kanalisierung von nicht-liquidierbaren Zwangsersparnissen in den Finanzsektor ein wichtiges Argument für die strukturelle Rentenreform, da ein Konvertibilitätsregime für systemische Liquiditätskrisen besonders anfällig ist (vgl. Zwischenbewertung in Kapitel III.7).

Tatsächlich fand in Argentinien während der internationalen Turbulenzen infolge der Asien- und Russlandkrise keine Wiederholung der Bankenkrise von 1995 statt. Allerdings kam es in diesem Zeitraum auch nicht zu einer Umkehr der Kapitalströme, sondern im Gegenteil: die Kapitalimporte nahmen zwischen 1997 und 1998 zu (vgl. Tab. 5.2). Die Wirtschaft verzeichnete ihren zweiten Aufschwung seit Einführung des Konvertibilitätsplans: Ausländische und inländische Anleger erhöhten ihre Positionen in Argentinien, die Zinsen erreichten einen historischen Tiefstand, Kreditsektor und Kapitalmarkt expandierten (Tab. 5.18).

Tabelle 5.31 Finanzaktiva von institutionellen Investoren (in Mio. Arg$), 1994-96

Jahr (Dezember)	Pensionsfonds	Versicherungsgesellschaften	Investiertes Volumen von Nicht-Inländern	Gesamt
1994	300,7	339,65	11.330	11.970,4
1995	1.697,2	411,53	9.974	12.082,7
1996	4.252,7	451,26	16.797	21.501,0

Quelle: ASAP 1998: 170 nach Daten von CNV und SAFJP.

Erst als Argentinien nach der brasilianischen Abwertung in eine Rezession geriet, gingen sowohl Kapitalimporte als auch die Depositen im Bankensektor zurück, was die Regierung im Kontext des *currency boards* zu einer Deflationspolitik zwang und die Krise weiter verschärfte. Die Bankenkrise von 2001, die im Jahresverlauf zu einem Einlagenabzug (von Peso- und Dollardepositen) in Höhe von 18,3 Mrd. US$ geführt hat und 12 Mrd. US$ Zentralbankreserven verschlang (INDEC 2002), konnte hingegen weder durch die Rentenfonds noch durch das größte IWF-Hilfspaket der argentinischen Geschichte gestoppt werden. Der Marktanteil der AFJPs bei Festgeldanlagen, der 2000 3,8% und 2001 3,5% erreichte (vgl. Tab. 5.23), war viel zu gering, um bei einem Einlagenabzug von 22% ein signifikantes Gegengewicht zu bilden.[451] Um einen Zusammenbruch des Bankensektors zu verhindern, verfügte die Regierung Anfang Dezember die Einfrierung sämtlicher Depositen (*corralito*) und begrenzte Barabhebungen auf 1.000 Arg$ im Monat.[452] Diese zweite Vermögenskonfiszierung nach dem Plan Bonex von 1991 hat das Vertrauen der Anleger in den Bankensektor drastisch unterminiert.

Auswirkungen von Abwertung und Staatsbankrott für das Versichertenvermögen

Durch die Pesifizierung der monetären Kontrakte nach der Abwertung im Januar 2002 hat sich die Vertrauenskrise aufgrund beträchtlicher Verluste für die

[451] Seit Januar 2002 hat sich der Marktanteil der Pensionsfonds auf 13% erhöht (SAFJP 2002a: 28) und reflektiert damit sowohl die veränderte Anlagestrategie der Fonds, als auch die Weigerung der übrigen Investoren, ihr Vermögen im argentinischen Bankensektor anzulegen.

[452] Dabei war erst im August ein Gesetz über die „Unantastbarkeit der Depositen“ (*Ley de intangibilidad de depositos*) verabschiedet worden, vgl. Clarín 30.8.01.

Vermögenseigentümer weiter ausgeweitet.[453] Im Rahmen eines dualen Wechselkursregimes, welches bis Februar operierte, wurden Dollarforderungen und -verbindlichkeiten zu unterschiedlichen Kursen (Forderungen Arg$1,4:US$1, Verbindlichkeiten Arg$1:US$1) umgerechnet. Obwohl der partielle Vermögensschnitt und die damit verbundene Vernichtung von Geldvermögen (die auf ca. 66 Mrd. US$ oder 50% des BIP geschätzt wird, Clarin 29.6.02) notwendig ist, um die Belastung der fast vollständig dollarisierten Ökonomie durch die Schuldenaufwertung zu verringern, sind neben privaten Einlegern v.a. Banken und AFJPs betroffen. Während im Bankensektor die erforderlichen Abschreibungen aufgrund des Forderungsausfalls auf 10-20 Mrd. US$ geschätzt werden[454], ist - wie im Folgenden gezeigt werden wird - das von den AFJPs verwaltete Versichertenvermögen nach der Abwertung um mehr als 60% gesunken.

Tabelle 5.32 Investitionen der AFJPs in Staatspapiere (Tausend Arg$, % Gesamtinvestitionen), 31.12.01

Instrument	Arg$	% Gesamt	Fremdwährung	% Gesamt	Gesamt Arg$	% FJP
a. Staatsanleihen TGN	127.525	0,6	13.431.777	66,1	13.559.302	66,7
-Termin (a vencimiento)			95.970	0,5	95.970	0,5
-Marktwert (negociable)			1.417.463	7,0	1.417.463	7,0
-garantiert			40.761	0,2	40.761	0,2
-fideicomisos f.			15.704	0,1	15.704	0,1
-garantierte Kredite	127.525	0,6	11.861.879	58,4	11.989.404	59,0
b. Staatsanleihen TEE	53.989	0,3	515.261	2,5	569.250	2,8
c. Gesamt Investitionen	4.344.158	21,4	15.978.044	78,6	20.322.202	100,0

Quelle: SAFJP 2002b Tab. Nr. 7.4.1.c.

Ende Dezember 2001 war ca. 80% des Fondsvolumens in Fremdwährungsanlagen investiert. Da ab April 2002 die auf Dollar denominierten Staatsanleihen und garantierten Kredite - entgegen der ursprünglichen Ankündigungen - zum Kurs von 1,4 pesifiziert wurden[455], wird das Vermögen der AFJPs zum

[453] Über Dekret Nr. 214/2002 wurde die Umstellung von Dollarkontrakten des nichtfinanziellen Sektors auf Peso zum Wechselkurs 1,4:1 bestimmt. Bezüglich der Dollareinlagen im Finanzsektor sind die Regelungen differenziert und letztendlich von der Lösung des „*corralito*“-Problems abhängig.

[454] Vgl. La Nación 8.2.02 sowie DBLA 2002: 10. Letztere schätzt die Verluste der Banken durch Kreditausfälle des privaten und öffentlichen Sektors auf das Zwei- bis Dreifache des Eigenkapitals. Die Regierung hat eine Anleihe zur Rekapitalisierung der Banken angekündigt.

[455] Dekret 471/02, vgl. AFJP Máxima 2002, Clarín 11.5.02.

30.4.2002 auf 31.227 Mio. Arg$ beziffert (SAFJP 2002c: Tab. 19). Zum derzeit gültigen Marktkurs von 3,5 Pesos pro Dollar entsprach dies 8.920 US$. Ende Dezember 2001 verwalteten die Pensionsfonds hingegen 20.322 Mio. US$.

Tabelle 5.33 Investitionen der AFJPs in Staatspapiere (Tausend Arg$, % Gesamtinvestitionen), 30.04.02

Instrument	Arg$	% FJP
a. Staatsanleihen TGN	23.232.052	74,39
-Termin (a vencimiento)	137.699	0,59
-Marktwert (negociable)	4.043.856	12,95
-garantiert	128.156	0,41
-Treuhandfonds	2.795	0,00
-garantierte Kredite	18.919.546	60,59
b. Staatsanleihen TEE	574.809	1,84
c. Gesamt Investitionen	31.227.064	100,0

Quelle: SAFJP 2002c: Tab. 19.

Die Entwertung des akkumulierten Rentenvermögens durch die Pesifizierung wiegt nach Aussage der AFJPs um so schwerer, als von den Fonds auf Druck der Regierung bereits 2001 beträchtliche Eingriffe in die Investitionstätigkeit hingenommen werden mussten.[456] Die damit verbundenen Abschläge bei der Investitionsrendite sowie geringere Gebühreneinnahmen wurden akzeptiert, um die staatliche Solvenz und damit auch die langfristige Sicherheit der Anlagen zu gewährleisten, die zu zwei Drittel in Staatsanleihen investiert waren. Im Rahmen des Anleihentausches (*mega-canje*) zur Senkung der staatlichen Schuldendienstverpflichtungen wurden Staatsbonds im Portfolio der AFJPs in Höhe von ca. 17 Mrd. US$ (13,2 Mrd. US$, 4,5 Mrd. Arg$, La Nación 5.2.02) in so genannte garantierte[457] Kredite mit längeren Laufzeiten und einer beträchtlichen Reduzierung der Zinsen auf 7% sowie einer Kapitalisierung der Zinsverpflichtungen umgewandelt. Weiterhin wurde per Dekret (1.572/01, 1582/01) bestimmt, dass für drei Monate mit auslaufenden Festgeldanlagen der AFJPs Peso-Schatzwechsel (LETES) gekauft werden mussten.

[456] Die Kammer der AFJPs (UAFJP) geht gerichtlich gegen die staatlichen Maßnahmen (Pesifizierung von Dollaranlagen, Umwandlung der Termingelder in Letes) vor. Auch Sparer haben bereits mit Teilerfolgen gegen die Depositeneinfrierung geklagt, was zu Konflikten zwischen Oberstem Gerichtshof und Regierung geführt hat. Vgl. AFJP Máxima 2002.

[457] Die Bedienung der neuen Papiere (*préstamos al gobierno nacional garantizados*) sollte durch Steuereinnahmen garantiert werden und vor anderen staatlichen Zahlungsverpflichtungen (Lohnzahlungen etc.) Priorität haben.

Obwohl nach massiven Protesten der Fondsverwalter zurzeit eine Redollarisierung der garantierten Kredite an den Staat diskutiert wird, bleibt das Ausmaß des Vermögensverlustes für die Versicherten unklar.[458] Zwar ist ein neues Indexierungsinstrument CER (*coeficiente de estabilización de referencia*) eingeführt worden, das auch für die pesifizierten garantierten Kredite und Staatsanleihen gilt, aber es gilt zu berücksichtigen in der Vergangenheit hat sich in Argentinien das Instrument der Indexierung als sehr unzureichender Inflationsschutz erwiesen, sowohl in Bezug auf *stocks* als auch auf *flows*.[459] Zudem ist die Investitionsrendite aufgrund des Preisverfalls auf Aktien- und Anleihenmärkten erneut in den negativen Bereich gerutscht: Nach einer negativen Rendite von 11,74% für das Jahr 2001 hat sich die durchschnittliche (nominale) Verzinsung des Rentenkapitals seit Einführung des Systems bis Ende 2001 auf knapp 8% verringert. Würde allerdings eine historische Verzinsung auf den derzeitigen Dollarwert der akkumulierten Fonds berechnet, gingen die Verluste in zweistellige Bereiche.

Gegenüber dem systemischen Risiko, welches sich in der momentanen Wirtschaftskrise manifestiert, treten die Auswirkungen eines eventuellen Management- oder *Agency*-Risikos in den Hintergrund. In Bezug auf letztere Risiken können die argentinischen Rentenfondsverwalter jedoch bisher als sicher eingestuft werden: Seit der Asienkrise haben die AFJPs im Rahmen ihrer Möglichkeiten durch aktive Änderungen der Investitionsstrategie versucht, ihr Portfolio vor exzessiven Marktschwankungen zu schützen (vgl. SAFJP 1997, 1999).

Während im Oktober 1997 noch ca. 70% der Anlagen zu Marktpreisen bewertet wurden (24% Aktien, 16% Depositenzertifikate mit variabler Verzinsung, 20% Staatsanleihen zu Marktpreisen), hat seitdem eine Umschichtung hin zu weniger volatilen Instrumenten (nicht-handelbare Staatsanleihen, Termineinlagen mit fester Verzinsung) stattgefunden.

Die momentane Bewertung des Portfolios macht allerdings auch deutlich, dass die Preisstabilisierung größtenteils kosmetischer bzw. buchungstechnischer Natur ist: Gegenwärtig sind 76% der Fonds in staatliche Titel investiert, von denen nur 13% zum Marktwert verbucht werden. Sowohl bei öffentlichen Anleihen als auch bei Privatunternehmen mit Zahlungsschwierigkeiten werden keine

---

[458] Nach Angaben der Tageszeitung Clarín (12.6.02) geht es um 16 Mrd. US$, die gegenwärtig mit 20,6 Mrd. Pesos (also 37% des Marktwertes) bewertet werden. Der Staat will zwei Dollaranleihen mit folgenden Konditionen auflegen: Laufzeit von 15 und 30 Jahren, Verzinsung von LIBOR+1,5% und Schuldendienstkapitalisierung.

[459] Bisher gilt CER nur für pesifizierte Vermögensbestände (Einlagen im *corralito*, Bsp: Depositeneinlage von 10.000 Dollar wurde zunächst auf 14.000 Pesos umgestellt und erreichte durch CER-Indexierung im September 2002 19.000 Pesos, vgl. Clarín 19.9.02) , nicht für *flows* wie Renten und Löhne.

Kursberichtigungen bzw. Verlustabschreibungen vorgenommen (vgl. Clarín 18.4.02 sowie Tab. 5.33).

Auch wenn die bisherige Investitions*performance* der AFJPs im Vergleich zu Benchmark-Indizes sehr gut abgeschnitten hat (vgl. Schefer 2001) und die Investitionstätigkeit insofern als effizient bezeichnet werden kann, sind die Versicherten vor Vermögensverlusten aufgrund systemischer Krisen nicht zu schützen.

Da das Volumen an freiwilligen Einlagen im Finanzsektor sowie an privaten und staatlichen Investitionen auf ein Minimum gesunken ist, hat die relative Bedeutung der Rentenfonds im Bankensektor und für die Investitionsfinanzierung zugenommen. Die AFJPs haben sich jüngst bereiterklärt, mit den Fonds verstärkt Exportgeschäfte und Infrastrukturinvestionen zu finanzieren, um die Wirtschaftsentwicklung zu fördern, fordern aber weiterhin die Redollarisierung der Staatsanleihen, um eine Dekapitalisierung der Fonds zu verhindern (Clarín 30.5.02).

V.5.2 Auswirkung der Stagnation der Einkommensbildung

Das neue gemischte Rentensystem ist nicht nur durch die akute Wirtschaftskrise und deren Effekte auf das Versichertenvermögen und die Zahlungsfähigkeit des Staates betroffen. Auch die größte Beschäftigungskrise in der Geschichte des Landes hat gravierende Auswirkungen auf die Alterssicherung.

Die Arbeitslosenquote, die 2001 bereits 17,4% erreichte, ist im laufenden Jahr auf 21,5% angestiegen. Zu den 3,3 Mio. Arbeitslosen kommen noch ca. 6 Mio. Unterbeschäftigte hinzu, so dass ungefähr 41% der Erwerbsfähigen Beschäftigungsprobleme haben. Nur 210.000 Personen (ca. 6% der Arbeitslosen) erhalten eine Arbeitslosenunterstützung und werden in diesem Zeitraum als Anspruchsberechtigte in der Rentenversicherung geführt.[460] Im Mai 2002 lebten 53% der städtischen Bevölkerung unter der Armutsgrenze (INDEC 2002).

Beitragsfinanzierte Sicherungssysteme werden durch eine stagnierende bzw. sinkende Einkommens- und Beschäftigungsentwicklung mit sinkenden Einnahmen konfrontiert. Im Umlageverfahren führt dies zu unmittelbaren Fi-

---

[460] Dies ist wichtig für den Anspruch auf eine Erwerbsunfähigkeits- oder Hinterbliebenenrente. Der Bezug von Arbeitslosengeld (Minimum Arg$ 150, Maximum Arg$ 300) ist nur für aktive Beitragszahler zur Sozialversicherung möglich. Gefordert werden innerhalb von 36 Monaten 12 Monate an Arbeitgeberbeiträgen zum nationalen Beschäftigungsfonds. Vgl. La Nación 22.4.02, 14.2.02.

nanzierungsproblemen, im Kapitaldeckungsverfahren zu einer geringeren Vermögensakkumulation. In beiden Fällen resultieren niedrigere Rentenleistungen oder die Notwendigkeit staatlicher Subventionen, und es besteht zudem die Gefahr, dass die Mindestbeitragszeit zum regulären Rentenbezug nicht erreicht wird.

Die akute Arbeitsmarktkrise spiegelt sich in Argentinien deutlich in der Entwicklung des Anteils der Beitragszahler an den gesamten Versicherten im SIJP wider: Die Erfüllungsquote ist im März 2002 auf 28% (23% staatliche Option, 30% AFJP-System) gefallen (SAFJP 2002d). Diejenigen, die überhaupt noch Beiträge zahlen, leisten seit November letzten Jahres einen reduzierten Arbeitnehmerbeitrag von 5% des Bruttolohns. Nach Abzug der Verwaltungs- und Versicherungsgebühren von ca. 2,3% des Bruttolohns (die AFJPs haben ihre Gebühr aufgrund der Senkung des Arbeitnehmerbeitrags reduziert) bleiben 2,7% für die Rentenersparnis. Auch wenn die Reduzierung des Arbeitnehmerbeitrags nur für ein Jahr (verlängerbar auf 2 Jahre, vgl. Mesa-Lago 2002) vorgesehen ist, bedeutet sie eine weitere Senkung der zukünftig zu erwartenden Rentenleistungen. Hinzu kommt die Senkung der Beitragseinnahmen durch die Mitte letzten Jahres verfügte Lohn- und Gehaltskürzung im öffentlichen Sektor um 13% sowie die inflationsbedingte Erosion der Reallöhne seit Januar 2002.[461]

Die Nichterfüllung der Beitragspflicht aufgrund von Arbeitslosigkeit, Abwanderung in den informellen Sektor oder Hinterziehung verschärft das Finanzierungsproblem der öffentlichen Rentenkasse und kann zu beträchtlichen Deckungsproblemen in der Zukunft führen (vgl. Teil IV.2.3). Eine Verbesserung der Beschäftigungslage ist für die Erzielung ausreichender Rentenleistungen in beiden Säulen des SIJP unabdingbar, allerdings ist zurzeit völlig unklar, worauf ein dynamischer Prozess der Einkommensbildung aufbauen soll.

Die interne Nachfrage ist im Kontext von Beschäftigungskrise, Reallohnverlusten und Liquiditätsbewirtschaftung durch die Einfrierung der Konten völlig zusammengebrochen (vgl. Tab. 5.34 unten). Die Krise des Bankensektors sowie der allgemeine Niedergang der ökonomischen Aktivität hat zu einem Stillstand der Kreditvergabe und einer Unterbrechung der Zahlungsströme geführt, die in Verbindung mit den negativen Profitaussichten zu einem Einbruch bei Investitionen und Produktion geführt hat. So ist die Industrieproduktion im Vergleich zum Vorjahr zwischen Januar und Juli im Durchschnitt um 17% gesunken. Selbst die Exportwirtschaft, die in den letzten Jahren die höchsten Wachstumsraten aufwies, ist im ersten Quartal 2002 um 4% geschrumpft. Dies liegt zum einen an mangelnden Finanzierungsmöglichkeiten, zum anderen an

---

[461] Bisher sind die Nominallöhne kaum erhöht worden, obwohl bis Juli die Konsumentenpreise bereits um 33% gestiegen sind (Tab. 5.34); der Kaufkraftverlust wirkt sich negativ auf die Nachfrage aus, Lohn-Preis-Spiralen konnten jedoch bisher verhindert werden.

der Verteuerung von importierten Inputs sowie an einem Preisverfall der argentinischen Exportgüter auf den Weltmärkten. Obwohl aufgrund der abwertungsbedingten Verbilligung argentinischer Güter eine weitere Steigerung des Exportvolumens erwartet wird (Ecolatina 2002: Nr. 382R), werden die Beschäftigungswirkungen gering ausfallen: Argentinien exportiert nur 10% seines BIP und dabei v.a. ressourcennahe Primärgüter, deren Produktion wenig arbeitsintensiv ist (vgl. Teil III.6.1).[462]

Die gegenwärtige Depression der Einkommensbildung ist der Höhepunkt einer Entwicklung, die mit der Einführung des *currency boards* 1991 begonnen hat. Sie stellt neben der *twin crisis* aus Währungs- und Bankenkrise, die zu einer Dekapitalisierung des Versichertenvermögens geführt hat, das größte Problem für die Rentenversicherung dar. Lohnbezogene Beitragsfinanzierung der Alterssicherung ist an die Existenz von formellen Beschäftigungsverhältnissen gebunden. Selbst das Minimalziel einer Stabilisierung des Deckungsgrades auf dem bisherigen Niveau wird angesichts dieser Situation nicht erfüllt werden können.

Tabelle 5.34 Wirtschaftsentwicklung 2002 (% Veränderung im Vergleich Vorjahresmonat)

	Dez-01	Jan-02	Feb-02	März 02	Apr-02	Mai-02	Jun-02	Jul-02
Inflation IPC (Konsum)	-1,5	0,6	4,0	7,9	18,4	23,0	-	32,9
Inflation IPIM (Großhandel)	-5,3	1,0	12,3	27,8	53,3	72,3	87,9	97,5
Industrieaktivität EMI	-18,8	-19,0	-15,3	-22,5	-15,3	-14,8	-15,1	-11,4
Baugewerbe ISAC*	-35,9	-43,8	-42,8	-37,1	-35,6	-35,1	-36,1	-37,2
Verkäufe								
-Supermärkte	-15,2	-7,4	-3,2	-5,5	-8,8	-0,2	-1,5	-1,4
-Einkaufszentren	-34,0	-40,5	-27,4	-21,9	-37,0	-30,0	-24,4	-27,3
Exporte	-19,0	-11,0	-1,0	2,0	-10,0	-9	-13	-6
Importe	-55,0	-56,0	-64,0	-71,0	-68,0	-59	-61	-54

Quelle:<www.indec.gov.ar/comunica/menucom2.htm> IPC-Indice de precios al consumidor, IPIM-Indice de precios internos al por mayor; EMI-Estimador Mensual Industrial, ISAC-Indicador sintético de la actividad de la construcción.
* nicht saisonbereinigt

[462] 2001 exportierte Argentinien 41% Primärgüter und Erdöl, 31% Industriegüter und 28% verarbeitete landwirtschaftliche Güter. Vgl. DBLA 2002.

TEIL VI

SCHLUSSBEWERTUNG

Argentinien war in den 90er Jahren in vielerlei Hinsicht erfolgreich. Zuerst gelang es, mit dem Instrument eines *currency boards* und der festen Ankoppelung des Pesos an den US-Dollar einen chronischen Inflationsprozess zu durchbrechen, der 1989 mit dem Ausbruch einer Hyperinflation mit Preissteigerungsraten von 200% im Monat den Höhepunkt einer jahrzehntelangen Erosion der argentinischen Geldwirtschaft markiert hatte.

Darüber hinaus setzte die peronistische Regierung Menem marktwirtschaftlich orientierte Strukturreformen um, die das ökonomische Erbe des Parteigründers Perón und den bisherigen Entwicklungsweg des Landes auf den Kopf stellten. Bereits in den ersten Jahren nach seinem Regierungsantritt privatisierte Menem fast sämtliche Staatsbetriebe, liberalisierte und deregulierte Kapitalverkehr und Außenhandel, sanierte den öffentlichen Haushalt und normalisierte die Beziehungen mit den externen Gläubigern. *Last but not least* gelang es auch in der Sozialpolitik alte Reformblockaden zu überwinden und die kurz vor der Zahlungsunfähigkeit stehende staatliche Rentenversicherung durch ein gemischtes Modell aus Grundrente und kapitalgedeckten Rentenfonds zu ersetzen.

Washington Consensus-Reformen, die „Disziplinierung" der Geldpolitik und die Privatisierung der Rentenversicherung sollten in Argentinien eine nachhaltige Periode aus Stabilität und Wachstum einleiten. Kurzfristig wurde diese ungewöhnliche Kombination auch erreicht; das „argentinischen Wirtschaftswunder" wurde zum Vorbild für andere Entwicklungsländer. Die *growth-cum-debt*-Strategie der wechselkurs-basierten Stabilisierung stieß jedoch rasch an Grenzen:

Die Liberalisierung der Güter- und Kapitalmärkte im Kontext von Überbewertung und fixem Wechselkurs unterdrückte die Einkommensbildung und resultierte in einem explosionsartigen Anstieg der (privaten und staatlichen) Fremdwährungsverbindlichkeiten. Die Eliminierung der Zentralbank destabilisierte den Finanzsektor und begrenzte dessen Kreditkapazität, ohne das Vertrauen der Vermögenseigentümer in das heimische Geld nachhaltig festigen zu können. Und die Rentenreform belastete den Staatshaushalt durch einen jährlichen Verlust von ca. 4,3 Mrd. US$ an Beitragseinnahmen, was im Kontext steigender Zinsen und einer wirtschaftlichen Rezession zu einer Fiskalkrise führte, die ohne die Reform nicht oder zumindest nicht in dieser Größenordnung aufgetreten wäre.[463]

Vor dem Hintergrund der hochgesteckten Erwartungen, die national und international mit der Transformation des argentinischen Wirtschafts- und Wohl-

[463] In dieser Höhe bewegten sich die Beitragseinnahmen der AFJPs 1999 und 2000 (vgl. Tab. 5.9, S. 211) nachdem über 80% der Versicherten aufgrund eigener Wahl oder des Zuteilungsmechanismus Mitglied der kapitalgedeckten Säule geworden waren. Die Erfüllungsquote lag dabei unter 50%.

fahrtssystems verbunden wurden, mutet der Zusammenbruch des Entwicklungsmodells durchaus tragisch an, wie der IWF im Vorfeld der Herbsttagung 2002 bemerkte.[464] Und tatsächlich scheint die argentinische Krise einige Parallelen zur griechischen Tragödie aufzuweisen:

> „Sie (die Tragödie, Anm. K.H.) beginnt mit dem Glück des Helden, das ihn unvorsichtig, überheblich und vertrauensselig macht. Dann häufen sich die Warnungen. Schließlich setzt ein Konflikt ein, und der Held fasst Entschlüsse zur Vermeidung bevorstehender Gefahren, die dem Gesetz der tragischen Ironie unterworfen werden: Die Aktivität des Helden führt die Katastrophe herbei, die er damit gerade vermeiden wollte." (Schwanitz 1999: 211)

Für Argentinien folgte auf das vermeintliche Glück, mit dem CB eine stabile Währung institutionalisiert und eine Reaktivierung der Wirtschaft erreicht zu haben[465], die erste Warnung im Gewand der Tequila-Krise: Sie machte deutlich, wie prekär die Stabilität einer Entwicklungsstrategie ist, die v.a. auf das Erzeugen von Glaubwürdigkeit und die Attrahierung von Kapitalzuflüssen setzt.

Der Konflikt des argentinischen Konvertibilitätsprogramms, den Funktionsbedingungen einer Geldwirtschaft konsequent zu widersprechen und deshalb letztendlich eine Marktkonstellation der Unterentwicklung zu vertiefen, spitzte sich nach einer kurzen Erholungspause weiter zu. Die rasche Abfolge von internationalen Finanz- und Währungskrisen in den *emerging markets* und die damit verbundenen Änderungen der Investitionsstrategie der internationalen Anleger veranlasste die argentinischen Regierungen zu immer neuen Kraftanstrengungen. Dabei war der Handlungsspielraum der Wirtschaftspolitik durch die Weichenstellungen ab 1991 zusätzlich eingeschränkt worden.[466] Nur über eine restriktive Einkommenspolitik konnten die Kreditgeber von der Nachhaltigkeit des CB-Modells überzeugt werden. Die Umsetzung einer solchen Austeritätspolitik, die sich im Kontext einer ausgewachsenen Deflationskrise in höchst kontraproduktiven Maßnahmen wie Nominallohn- und Rentensenkungen sowie einer

---

[464] Man sprach von der „*tragischen Krise*" in Argentinien, vgl. Clarín 27.9.02. Vgl. auch Mussa 2002.

[465] Wobei unser „überheblicher" Held durch niemanden besser, als durch den „Caudillo" Carlos Menem personifiziert werden dürfte, der nach der erfolgreichen Stabilisierung und dem überschwenglichen internationalen Lob für seine Wirtschaftspolitik wiederholt den Aufstieg Argentiniens in die Erste Welt proklamierte.

[466] Zusätzlich, weil die Gestaltungsmöglichkeiten der Wirtschaftspolitik für Länder der Peripherie grundsätzlich eingeschränkt bzw. von den Funktionsbedingungen des Weltmarktes bestimmt sind.

Null-Defizit-Politik niederschlug, musste in einen Teufelskreis münden. Statt der erhofften Einkommensdynamik, die eine Haushaltskonsolidierung und einen Verschuldungsabbau erlauben sollte, trat allein eine rezessionsbedingte Verringerung des Leistungsbilanzdefizits ein, während sich die Fiskalkrise vor dem Hintergrund sinkender Steuer- und Beitragseinnahmen und steigender Zinskosten zuspitzte.

Letztendlich wurden genau die Reformen, die ursprünglich als positives Signal an die internationalen Gläubiger konzipiert worden waren, das rigide CB und die Privatisierung der Rentenversicherung, zu den Fallstricken des Modells. Deshalb konnten auch die letzten Maßnahmen Cavallos wie z.B. die Koppelung des Pesos an einen Währungskorb, die Senkung des Rentenbeitrags auf 5% und die Verstaatlichung des Portfolios der AFJPs keine Umkehrung der negativen Erwartungen erreichen. Im Gegenteil, ganz im Sinne der tragischen Ironie wurde der Zusammenbruch durch die Ad-hoc-Eingriffe beschleunigt statt verzögert, u.a. weil die Maßnahmen einen Teil der ursprünglichen Zielsetzungen der Reformen ad absurdum führten. War denn nicht der Peso dem Dollar gleichwertig und eine Überbewertung jahrelang abgestritten worden? Und erhöhte nicht die von den Rentenfonds investierte Zwangsersparnis in Anlagen des Privatsektors das Wirtschaftswachstum, statt die Nachfrage zu bremsen?

Um zu erklären, warum unser Held in dieses Drama geriet, wurde im Rahmen der vorliegenden Studie auf die politökonomische Rationalität der gewählten Reformmodelle verwiesen. Und hier kommt der eigentliche Schurke des Stücks ins Spiel:[467] Ohne die Übereinstimmung der argentinischen Wirtschafts- und Rentenpolitik mit der expliziten und impliziten Konditionalität der Finanzmärkte und der multilateralen Gläubigerinstitutionen hätten die argentinischen Entscheidungsträger diese Reformen wohl nicht umgesetzt. Gerade deshalb sollte die argentinische Erfahrung nicht als tragisches Schicksal interpretiert werden, sondern vielmehr als vorhersehbares Ergebnis einer falschen Entwicklungsstrategie. Warum dies nicht geschieht und die Defizite und Risiken von CB und struktureller Rentenreform im Vergleich zu den postulierten Vorteilen so wenig thematisiert wurden, hat die Analyse der theoretischen Wurzeln der Kreditkonditionalität der internationalen Gläubiger deutlich gemacht.[468] Neoklassisches

[467] Um eine Formulierung Rieses aufzugreifen, mit der er die Rolle der Deutschen Bundesbank im deutschen „*Wirtschaftsdrama*“ umschrieb, vgl. Riese 1996a.

[468] Da hilft es auch nicht, dass beispielsweise bei einigen IWF-Ökonomen ein gewisses Unbehagen bezüglich der Langfristigkeit des CBs als monetäre Entwicklungsstrategie existierte: „*...differences of opinion have existed in matters of economic policy between the Argentine authorities and the IMF staff since the beginning of the Convertibility Plan. (...) But the main misunderstandings arose form the fact that the IMF never really believed in the currency board system as a long-term arrangement.*“ (Cottani/Demarco 1997) zitiert nach Von Haldenwang 2002: 19.

Effizienzdenken, das Ignorieren der monetären Dimension von Entwicklung und das *revival* der Sparfonds-Investitions-Hypothese sind als Hauptmerkmale der (renten- und wirtschaftspolitischen) Orthodoxie herausgearbeitet worden.

Vor diesem Hintergrund werden die Empfehlungen der ökonomischen Politikberatung durch IWF, BID und Weltbank verständlich: Wenn sie argumentiert, dass ein privates Rentensystem effizienter als ein staatliches sei, die Akkumulation von Ersparnissen der Pensionsfonds das Wachstum stimuliere, die Senkung von Lohnnebenkosten und die Flexibilisierung des Arbeitsmarktes die Beschäftigung erhöhe, die Passivierung der Geldpolitik und die Übertragung des *lender of last resort* auf externe Akteure (IWF und AFJPs) den monetären Sektor stabilisiere, eine Liberalisierung von Güter- und Kapitalmärkten die Wohlfahrt erhöhe und institutionelle Reformen die Funktionsstörungen peripherer Geldwirtschaften beheben oder zumindest abschwächen könnten, glaubt sie sich auf dem Boden ökonomischer Rationalität und Realität zu befinden. Tatsächlich ist sie jedoch von beidem weit entfernt[469] und zwar so weit, dass nicht einmal die so offensichtliche Diskrepanz zwischen Theorie und Wirklichkeit, wie sie in der argentinischen (Wirtschafts- und Renten-)Krise zum Ausdruck kommt, ein Umdenken einleitet. Stattdessen werden erneut die üblichen Kategorien wie Politikversagen (*bad politics*), externe Schocks (*bad luck*) sowie die mangelnde fiskalische Konsolidierung und unzureichende Flexibilisierung des Arbeitsmarktes als Erklärung für das Scheitern bemüht (vgl. Birdsall 2002, Jonas 2002).[470]

Kehren wir zum Schluss noch einmal zu den Ausgangsfragen dieser Arbeit zurück. Die vorliegende Dissertation versuchte zu erklären, warum in Argentinien im Kontext einer spezifischen Entwicklungsstrategie in den 1990er Jahren eine Rentenreform auf Basis des Drei-Säulen-Modells der Weltbank implementiert wurde. Dabei ging es darum nachzuweisen, dass dem vermeintlichen Widerspruch der gegenwärtigen Krisenanalysen, die einerseits von der mangelhaften Umsetzung eines richtigen Modells, andererseits vom umgekehrten Fall sprechen, tatsächlich eine falsche Fragestellung zugrunde liegt. Denn weder ist das chilenische Modell der Rentenreform *per se* falsch noch ein *currency board*

---

[469] Um die Diskrepanz zwischen Theorie und Realität der Effekte einer strukturellen Rentenreform auszudrücken, sprechen Kritiker von den Mythen der rentenpolitischen Orthodoxie. Vgl. z.B. Barr 2000, Orszag/Stiglitz 1999, Mesa-Lago 2002, Hujo 2004. Siehe auch die Replik von Holzmann mit dem Titel „Realities not Myths" im Weltbank pension reform primer, World Bank 2002.

[470] Oder eben - die mangelnde Ersparnis: „*Perhaps the most important underlying cause of the Argentinean crisis is the chronical low domestic savings - a phenomenon typical for most countries in Latin America. Low level of domestic savings meant that Argentina needed to rely on external savings to finance part of domestic investment.*" (Jonas 2002: 18). Derselbe Autor (IWF-Ökonom) bemerkt bezüglich der externen Schocks: „*It looks as if at the end of the 1990s, outside forces conspired against Argentina*" ebenda: 12.

zum Scheitern verurteilt. Die Modelle wurden vielmehr für ein peripheres Land wie Argentinien, das innerhalb der Restriktionen einer höchst instabilen Marktkonstellation der Überbewertung wirtschaften muss, als dysfunktional bezeichnet. Dysfunktional das CB, weil es den Funktionsbedingungen einer Geldwirtschaft zuwiderläuft und keine Entwicklungsperspektiven eröffnet und dysfunktional die Rentenprivatisierung, weil sie weder ökonomische noch soziale, sondern allenfalls politische Vorteile mit sich bringt.

Dies führt uns zu einem weiteren Paradoxon: Was aus ökonomischer Sicht, d.h. aus einer sozialen und wirtschaftlichen Entwicklungsperspektive heraus, als dysfunktional bezeichnet wurde, kann aus politökonomischer Sicht durchaus rational sein kann. Die Analyse der theoretischen Grundlagen des Reformmodells sowie des ökonomischen und politischen Kontextes haben gezeigt, dass die Reform rational war, weil sie dem herrschenden ökonomischen Paradigma entsprach und als Komponente der *credibility*-Strategie von Menem-Cavallo das CB-Modell in vielfältiger Hinsicht stützte bzw. stützen sollte, v.a. aber durch Kapitalimporte am Leben erhielt. Im Gegensatz dazu haben die Ausführungen zur Theorie der Geldwirtschaft und die Kritik an den theoretischen Grundlagen der wirtschafts- und rentenpolitischen Empfehlungen der Orthodoxie die Dysfunktionalität der Reform in Bezug auf soziale und wirtschaftliche Entwicklungsziele bewiesen.

Die theoretische Kritik fand innerhalb der Länderstudie eine Bestätigung. So konnten keine positiven Wirkungen auf die Beschäftigung und allenfalls geringe positive Wirkungen auf Finanzsektor und Kapitalmarkt nachgewiesen werden, während die Wirkungen auf die öffentlichen Finanzen als desaströs bezeichnet werden müssen. Auch die Ergebnisse der mikroökonomischen Analyse sind mit den Erwartungen der Reformer wenig kompatibel. Weder konnten die hohen Hinterziehungsraten durch eine Stärkung des Äquivalenzprinzips gesenkt werden, noch werden in Zukunft die realen (Netto-)Renditen die *performance* des Umlageverfahrens übersteigen, wenn die Verwaltungskosten hoch bleiben und die langfristige Realverzinsung des angesparten Kapitals durch eine stagnative Wirtschaftsentwicklung bzw. systemische Krisen beeinträchtigt wird.

Schließlich kam auch eine Evaluierung auf Basis sozialpolitischer Kriterien zu keinem positiven Ergebnis: Der zukünftige Deckungsgrad wird als Folge der strikteren Zugangsregeln und des Rückgangs der formellen Beschäftigung bis zu 50% sinken (und dennoch finanziert die Bevölkerungsmehrheit die Übergangskosten der Reform). Ferner hat das Risiko für die Versicherten, trotz der Diversifizierung über die Säulen, zugenommen. Ihre Rentenleistung hängt nun nicht allein von der Zahlungsfähigkeit des Staates, sondern mehr denn je von der Existenz stabiler Arbeitsplätze im formellen Sektor sowie den realen Renditen des Kapitalmarktes und ganz individuellen Merkmalen wie Familie, Geschlecht und dem (makroökonomisch günstigen oder ungünstigen) Zeitpunkt des Renteneintritts ab.

Die Bilanz der Rentenreform erscheint vernichtend. Ein Blick in die Geschichte der wirtschaftlichen und sozialpolitischen Entwicklung Argentiniens hätte dabei genügt, um etwas über die Wahrscheinlichkeit zu erfahren, in Argentinien die *preconditions* für eine systemische Rentenreform - makroökonomische Stabilität, fiskalische Ressourcen und Schutz der privaten Eigentumsrechte - erfüllen zu können. Jetzt kursiert ein Ausspruch von Weltbankmitarbeitern, man wäre naiv gewesen. Das Privileg der Naivität hat jedoch in der Tragödie nur der Held, während der Schurke immer Realist sein muss.

Anhang

Tabellenverzeichnis Anhang

Tabelle A1 Ökonomische Basisdaten (in Mio. US$), 1989-2001

	1989	1990	1991	1992	1993	1994	1995
BIP (in Mio. US$)	k.A.	141.175	189.440	228.838	236.505	250.308	243.186
BIP Veränderung (in %)	-7,0	-1,3	10,5	9,6	5,7	5,8	-4,0
Leistungsbilanz	1.776	4.552	-672	-5.488	-8.003	-10.949	-5.211
Handelsbilanz	5.372	8.275	3.703	-2.584	-3.604	-5.652	2.357
-Exporte fob	9.573	12.352	12.352	12.399	13.269	16.023	21.162
-Importe fob	4.201	4.077	8.275	14.983	16.873	21.675	18.804
Kapitalbilanz	-31	-2.507	3.152	8.960	13.496	12.451	7.223
Netto-Direktinvestitionen	k.A.	k.A.	k.A.	k.A.	2.089	2.622	4.111
Auslandsverschuldung	65.027	61.929	61.337	62.972	72.425	85.908	99.147
-Staat SPNF, inkl. BCRA	52.162	46.599	52.739	50.678	53.606	61.268	67.192
-Privat	4.295	5.043	3.524	5.774	9.938	13.842	18.203
-Finanzsektor	k.A.	k.A.	5.074	6.520	8.882	10.799	13.752
Budgetsaldo (Mio. US$)	k.A.	-3.953,0	-379,0	1.602,0	2.730,5	-285,9	-1.373,3
In % BIP	-6,1	-2,8	-0,2	0,7	0,8	-0,5	-0,9
Arbeitslosigkeit in %	7,6	6,3	6,0	7,0	9,6	11,5	17,5
Inflation in % (CPI)	4.924	1.344	84,0	17,5	7,4	3,9	1,6
Inflation in % (GPI)	5.386	798	56,7	3,2	0,1	5,8	5,9

	1996	1997	1998	1999	2000	2001
BIP (in Mio. US$)	256.626	277.441	288.123	278.369	276.173	263.870
BIP Veränderung (in %)	4,8	8,2	3,9	-3,4	-0,5	-4,5
Leistungsbilanz	-6.873	-12.333	-14.624	-12.001	-8.885	-4.429
Handelsbilanz	1.760	-2.123	-3.097	-795	2.558	7.507
-Exporte fob	24.043	26.431	26.434	23.309	26.410	26.655
-Importe fob	22.283	28.554	29.531	24.103	23.852	20.312
Kapitalbilanz	12.380	16.819	18.418	14.009	9.227	-4.100
Netto-Direktinvestitionen	5.349	5.508	4.968	11.100	10.553	4.100
Auslandsverschuldung	110.613	125.052	141.929	145.289	146.338	146.849 *
-Staat SPNF, inkl. BCRA	74.113	74.912	83.111	84.750	84.615	90.957
-Privat	20.841	29.551	36.512	36.911	36.949	35.671
-Finanzsektor	15.659	20.598	22.306	23.628	24.775	20.222
Budgetsaldo (Mio. US$)	-5.264,4	-4.276,6	-4.074,0	-4.769,0	-6.792,0	-8.779,5
In % BIP	-2,5	-1,6	-1,3	-2,5	-2,3	-3,7
Arbeitslosigkeit in %	17,2	14,9	12,9	14,3	15,1	17,4**
Inflation in % (CPI)	0,1	0,3	0,7	-1,8	-0,7	-1,0
Inflation in % (GPI)	2,1	-0,9	-6,3	1,2	2,3	-5,6

Quelle: Heymann 2000, Cepal 2002a, 2002b, Mecon 2002. IFS ext. Versch. 1989/90. Schuler 2002 (Inflation GPI 2001), KB 2001 + FDI ab 1999 (DBLA 5/2002), FDI Cepal 2002b: Tab. 283. Budgetsaldo % BIP: bis 1993 Cedes 1997, bis 1999 IMF 2000, bis 2002 DBLA 2002; Budgetsaldo (Mio. US$) 90-92 eigene Berechnung nach Daten der Tabelle; BIP Mio. US$ 1990-92 FIDE 1997 (C&D)

* Sept. 01, SPNF (nicht-finanzieller öffentlicher Sektor)

** Ecolatina 2002

Tabelle A2 Monetäre Kennzahlen, 1991-2001

	1991	1992	1993	1994	1995	1996
Zentralbankreserven R (Mio. US$)	8.974	12.496	17.223	17.930	18.506	21.539
Reservenveränderung (Mio. US$)	7.616	3.287	4.238	682	-102	3.882
Überschussreserven (M0-R)	1.270	1.486	2.034	1.663	1.188	1.128
M1/BIP in %	2,4	3,4	4,1	4,7	4,8	5,1
M2/BIP (Peso-einlagen) in %	4,6	6,3	8,3	9,4	8,9	9,7
M3/BIP (Peso + US$) in %	7,3	10,3	13,8	16,3	16,2	18,0
Kreditentwicklung Gesamt in %	108,8	15,0	33,8	27,6	5,6	12,6
-an öffentlichen Sektor in %	55,9	-21,6	-61,2	-9,6	112,8	14,0
-an privaten Sektor in %	112,0	53,5	23,7	8,8	-0,6	9,4
Depositen Gesamt (Mio. US$)	14.658	24.814	37.951	45.445	45.238	55.659
Depositen Peso (Mio. US$)	8.098	13.790	19.964	22.416	21.301	26.368
Depositen US$ (Mio. US$)	6.560	11.024	17.987	23.029	23.937	29.291
Pesozinsen						
Interbankenrate *Call*	69,2	15,8	6,4	7,5	7,6	6,2
Sparzins	37,6	7,7	4,8	3,3	3,5	3,5
Termineinlagen (30-59 Tage)	53,0	11,6	10,2	8,1	9,2	7,4
Dollarzinsen						
Interbankenrate Call	k.A.	k.A.	k.A.	7,2	7,6	6,2
Sparzins	k.A.	k.A.	2,7	2,5	2,6	2,6
Termineinlagen (30-59 Tage)	k.A.	k.A.	6,1	5,7	7,4	6,1
Kapitalmarktindex Merval (31.12.)	798	427	583	460	519	649
Spread Benchmark Bonds***	k.A.	k.A.	k.A.	k.A.	k.A.	494

Fortsetzung

	1997	1998	1999	2000	2001
Zentralbankreserven R (Mio. US$)	24.308	26.524	27.831	26.491	19.426*
Reservenveränderung (Mio. US$)	3.273	3.438	1.201	-439	-12.083
Überschussreserven (M0-R)	1.907	1.832	1.524	1.929	1.657
M1/BIP in %**	5,4	5,4	9,1	9,0	7,1
M2/BIP (Peso-einlagen) in %	10,9	11,7	16,6	16,1	10,6
M3/BIP (Peso + US$) in %	20,0	22,6	33,2	34,9	28,3
Kreditentwicklung Gesamt in %	18,0	19,4	4,2	3,5	-6,6*
-an öffentlichen Sektor in %	28,9	19,0	9,1	20,9	11,0*
-an privaten Sektor in %	17,0	12,0	-2,8	-4,8	-23,0*
Depositen Gesamt (Mio. US$)	68.824	76.794	78.662	83.913	65.598
Depositen Peso (Mio. US$)	33.966	34.831	32.607	32.004	18.867
Depositen US$ (Mio. US$)	34.858	41.963	46.055	51.909	46.734
Pesozinsen					
Interbankenrate *Call*	6,6	6,8	7,0	8,1	22,6
Sparzins	3,3	3,0	2,9	2,8	3,1
Termineinlagen (30-59 Tage)	7,0	7,6	8,1	8,3	15,4
Dollarzinsen					
Interbankenrate Call	6,6	6,8	7,0	8,1	22,6
Sparzins	2,5	2,4	2,5	2,7	3,4
Termineinlagen (30-59 Tage)	5,9	6,4	6,4	7,0	9,8
Kapitalmarktindex Merval (31.12.)	687	429	550	417	295
Spread Benchmark Bonds***	461	705	548	773	1.039

Quelle: Situacíon Latinoamericana 1995 (Einlagen und Zins), Cepal 2001: Tab. 1 Kreditentw. Heymann 2000: 87 (Geldaggregate bis 1998), Mecon 2002: A8.5, A 8.3. (Reserven, Einlagen 1995-1997 BCRA, Jahresende, Zins Jahresdurchschnitt), Cepal 2001: Tab. 1 Kreditentw., Interbankenrate ab 1995 einheitlich Peso-Dollar. World Bank 1996: Reservenveränderung 1991.

* für 2001 eigene Berechnungen nach Mecon 2001: Tab. A.8.4, Anteil Staatsbonds an Reserven steigt von 1.343 Mio. US$ 2000 auf 4.880 Mio. US$ 2001, Call k.A. Dezember 2001

** ab 1999 Geldaggregate in % BIP eigene Berechnungen nach Daten Mecon 2002 Tab. A8.3 und A1.1

*** EMBI + Argentina, Basispunkte.

Tabelle A3 Indikatoren zu Produktion und Beschäftigung, 1991-2001

	1991	**1992**	**1993**	**1994**	**1995**	**1996**
Konsum Veränderungsrate %	14,8	13,2	5,3	5,0	-3,6	5,9
Investitionen Veränderungsrate %	29,9	32,6	15,3	13,7	-13,1	8,9
Exporte Veränderungsrate %	-3,6	-1,0	4,7	15,1	22,6	7,8
Importe Veränderungsrate %	80,1	65,7	14,9	21,1	-10,0	17,4
Exportquote % BIP	7,8	7,0	7,0	7,6	9,5	9,7
Investitionsquote % BIP	14,2	17,1	18,6	20,0	17,9	18,5
Sparquote % BIP	13,8	14,3	14,7	15,2	15,9	15,7
Reallöhne 1995=100 (Index)	100,4	101,7	100,4	101,1	100,0	99,9
Arbeitslosigkeit % Erwerbstätigen	6,5	7,0	9,6	11,5	17,5	17,2
	1997	**1998**	**1999**	**2000**	**2001**	**∅**
Konsum Veränderungsrate %	7,9	2,1	-2,1	-0,1	-5,8*	3,9
Investitionen Veränderungsrate %	17,7	6,5	-12,8	-8,6	-15,9	6,8
Exporte Veränderungsrate %	12,0	9,9	-1,4	2,0	2,9	6,5
Importe Veränderungsrate %	26,6	8,1	-11,7	-0,5	-14,0	18,0
Exportquote % BIP	10,1	10,7	10,9	9,6	10,1	9,1
Investitionsquote % BIP	20,1	20,7	18,7	17,2	14,0*	18,0
Sparquote % BIP	15,3	15,0	13,5	13,4	14,5*	14,7
Reallöhne 1995=100 (Index)	99,3	99,0	100,1	101,6	k.A.	-
Arbeitslosigkeit % Erwerbstätigen	14,9	12,9	14,3	15,1	17,4	13,1

Quelle: Cepal 2001: Tab. 1. Mecon 2002 (Cuadro resumen mecon.gov.ar/infoec)
* eigene Berechnung nach Mecon 2002 (Tab. A1.11), III.Quartal 2001, Exporte % GDP: Santangelo 2000: 7, 2000-01 eigene Berechnungen nach Tab. A1

Tabelle A4 Außenhandel mit Wirtschaftsblöcken: Mercosur und Nafta (Mio. US$), 1989-2000

Jahr	EX Mercosur	EX Nafta	IM Mercosur	IM Nafta	Mercosur Saldo	NAFTA Saldo
1989	1.428,0	1.387,4	869,1	1.005,3	558,9	382,1
1990	1.832,6	2.101,7	833,4	968,9	999,2	1.132,8
1991	1.977,1	1.551,2	1.738,2	1.744,0	238,9	-192,8
1992	2.326,9	1.638,3	3.676,3	2.817,2	-1.349,4	-1.178,9
1993	3.684,0	1.562,5	4.028,7	3.483,9	-344,7	-1921,4
1994	4.803,7	2.083,5	4.783,8	4.819,2	19,9	-2.735,7
1995	6.769,7	2.026,9	4.602,7	4.856,6	2.167,0	-2.829,7
1996	7.918,4	2.470,6	5.809,0	5.565,7	2.109,4	-3.095,1
1997	9.596,7	2.554,4	7.612,7	7.155,7	1.984,0	-4.601,3
1998	9.410,8	2.701,3	7.939,1	7.217,8	1.471,7	-4.516,5
1999	7.071,3	3.173,8	6.298,8	5.776,9	772,5	-2.603,1
2000	8.401,8	3.764,5	7.199,3	5.675,2	1.202,5	-1.910,7

Quelle: Indec (Mecon 2002, Tab. A5.4.)

Tabelle A5 Außenhandelsindikatoren (in % BIP), 1980-2000

	1980	1985	1990	1995	1997	1998	1999	2000
Exporte % BIP	5,7	8,1	10,0	10,5	11,4	11,9	12,0	12,3
Importe % BIP	9,7	4,5	4,5	10,9	14,5	15,1	13,6	13,4
Agrarexporte % Gesamter Exporte	68,8	67,2	56,5	48,3	46,5	48,4	47,0	40,9

Quelle: Cepal 2002b. Exportquote stimmt nicht mit Zahlen aus Tab. A3 überein.

Tabelle A6 Gesamtwirtschaftliches Angebot und Nachfrage (prozentuale Veränderung), 1991-1999

	1991	1992	1993	1994	1995	1996	1997	1998	1999	2000	2001
Konsum	14,8	13,2	5,3	5,0	-3,6	5,9	7,9	2,1	-2,1	-0,1	-5,8*
Brutto-investitionen	29,9	32,6	15,3	13,7	-13.1	8,9	17,7	6,5	-12,8	-8,3	-15,9
Importe	80,1	65,7	14,9	21,1	-10.0	17,4	26,6	8,1	-11,7	0,2	-14,0
Exporte	-3,6	-1,0	4,7	15,1	22.6	7,8	12,0	9,9	-1,4	1,8	2,9

Quelle: Cepal 2002: 106, 2001: 144; Mecon 2002

* privater Konsum.

Tabelle A7 Öffentliche Finanzen (in Mrd. US$), 1991-2001

	1991	**1992**	**1993**	**1994**	**1995**	**1996**	**1997**	**1998**	**1999**	**2000**	**2001**
Einnahmen	28,6	38,8	44,7	48,7	50,3	47,7	55,4	56,7	58,5	56,6	51,3
Ausgaben	27,8	35,7	39,7	46,6	51,7	52,9	59,7	60,8	63,2	63,4	60,0
Zinszahlungen	3,1	3,9	2,9	3,2	4,1	4,6	5,8	6,7	8,2	9,7	10,2
Privatisierungserlöse*	2,2	1,7	0,5	0,7	1,2	0,38	0,31	0,1	2,6	0,15	0,06
Primärüberschuss** ohne Privatisierungen	0,9	3,1	5,1	2,2	1,5	-1,3	1,2	2,5	0,9	2,7	1,4
Primärüberschuss mit Privatisierungen	3,1	4,9	5,6	2,9	2,7	-0,7	1,5	2,6	3,5	2,9	1,5
Budgetsaldo ohne Privatisierungen	-2,2	-0,8	2,2	-1,1	-2,5	-5,9	-4,6	-4,2	-7,4	-6,9	-8,8
Budgetsaldo mit Privatisierungen	0,002	1,0	2,7	-0,3	-1,4	-5,3	-4,3	-4,1	-4,8	-6,8	-8,7

Quelle: Fundación Cedeal 3/95, 2/99, Cepal 2001.
* Bareinnahmen
** Primärüberschuss = Budgetsaldo ohne Zinszahlungen Mecon 2002 (Tab. A6.1.)

Tabelle A8 Struktur der Staatseinnahmen (in Mrd. Pesos), 1993-2001

Jahr	**Steuern**	**Sozialversicherungsbeiträge**	**Andere Einnahmen**	**Gesamt**
1993	29,0	13,4	7,7	50,1
1994	31,6	14,1	4,6	50,3
1995	31,0	13,7	4,3	49,0
1996	33,2	10,3	3,5	47,0
1997	38,4	12,2	4,0	54,6
1998	40,4	12,0	3,8	56,2
1999	38,6	11,0	6,1	55,7
2000	40,7	10,7	4,8	56,2
2001	37,2	9,6	4,3	51,1

Quelle: Mecon 2002 Tab. A6.1. (gerundet), eigene Berechnungen

Tabelle A9 Struktur der Staatsausgaben, konsolidierter Staatssektor (% BIP), 1989-2001

Jahr	Verwaltung	Sozialausgaben	Güter und Dienst-leistungen*	Schuldendienst	Gesamt
1989	4,69	16,61	7,59	2,82	31,71
1990	4,92	18,57	5,31	1,57	30,37
1991	5,80	19,62	3,63	1,99	31,04
1992	6,08	19,80	3,10	2,51	31,49
1993	6,15	20,25	3,41	1,85	31,66
1994	6,31	20,96	2,75	1,75	31,77
1995	6,26	21,17	2,83	2,24	32,50
1996	5,88	20,06	2,41	2,21	30,56
1997	5,68	19,76	2,24	2,67	30,35
1998	5,96	19,98	2,35	2,69	30,98
1999	6,76	21,57	2,20	3,58	34,10
2000	6,34	21,29	1,86	4,28	33,76
2001	6,35	21,83	1,80	5,33	35,32

Quelle: Mecon 2002 (Secretaría de Política Económica)

* v.a. Produktion und Dienstleistungen v. Staatsunternehmen A6.4, A6.6.Sector público consolidado

Tabelle A10 Struktur der Staatsausgaben auf Bundesebene (in % BIP), 1989-2001

Jahr	Verwaltung	Sozialausgaben	Güter und Dienst-leistungen	Schuldendienst	Gesamt
1989	2,34	10,15	6,50	2,51	21,50
1990	2,17	11,09	4,27	1,47	19,00
1991	2,56	11,43	2,55	1,83	18,36
1992	2,64	10,53	1,96	2,23	17,46
1993	2,53	10,22	1,97	1,64	16,35
1994	2,71	11,04	1,25	1,52	16,53
1995	2,69	11,36	1,17	1,94	17,60
1996	2,49	11,12	0,79	1,81	16,22
1997	2,31	10,67	0,77	2,29	16,00
1998	2,31	10,54	0,78	2,26	15,90
1999	2,79	11,13	0,68	3,03	17,64
2000	2,44	10,90	0,57	3,57	17,48
2001	2,30	11,02	0,54	4,38	18,25

Quelle: Mecon 2002 (Tab. A6.7, A6.4.Secretaria de Política Económica)

Tabelle A11 Zusammensetzung Einnahmen staatliche Rentenversicherung, 1991-2000

Jahr	Steuern in % (1)	Beiträge in % (2)	Andere in %(3)	Gesamt	Gesamt in Mio. Arg$
1991	15,6	74,8	9,7	100	k.A.
1992	18,4	72,7	9,0	100	k.A.
1993	24,5	63,2	12,3	100	k.A.
1994	33,5	60,9	5,7	100	19.802
1995	40,3	53,6	6,1	100	18.456
1996	56,2	39,8	4,1	100	20.054
1997	58,2	37,2	4,6	100	20.532
1998	61,4	36,0	2,6	100	21.842
1999	67,3	31,1	1,6	100	22.078
2000*	57,0	42,0	1,0	100	22.780

Quelle: Secretaría de Seguridad Social 1999, Tab. 24, ANSES 2000, Tab. A.7. Schätzung

* Jahr 2000, eigene Berechnung

(1) inkl. Provinzkassen

(2) 11% Mwst, 100% private Vermögensteuer, 20% Einkommensteuer, Treibstoffsteuer (21% Benzin, 100% Diesel), *monotributo*, figurative Beiträge (15% kopartizipative Steuern, Beiträge Schatzamt)

(3)Privatisierungen, Gebühren u.a., Zahlen 1991-93 Schulthess 1998: 12.

Tabelle A12 BIP Entwicklung nach Sektoren (prozentuale Veränderung), 1989-1994

Jahr	Agrarsektor	Bergbau	Industrie	Bau
1989	-8.6	-0.8	-7.8	-24.5
1990	8.4	2.8	-2.3	-16.2
1991	4.3	2.9	9.9	25.4
1992	-1.0	11.1	10.2	16.9
1993	3.1	10.0	5.1	11.2
1994	3.6	8.8	6.2	15.2

Quelle: Cepal 1999.

Tabelle A13 Kennzahlen der Entwicklung des Finanzsektors (% BIP), 1945-1990

Jahr	Münzen und Noten	Girokonten	Einlagen	Kreditvolumen
1945	13,4	19,5	23,5	41,3
1950	15,1	12,8	12,3	47,5
1955	20,1	12,5	12,3	44,7
1960	16,4	11,4	9,5	27,0
1965	7,3	4,9	6,3	15,8
1970	7,7	7,1	7,4	5,2
1975	4,3	5,3	5,1	13,9
1980	4,3	3,1	20,6	33,2
1985	3,2	1,5	9,6	18,8
1990	3,2	-	2,5	-

Quelle: Boletín Estadístico del Banco Central, nach D'Alessio/Oberbeck 1994: 41.

Tabelle A14 Demographische Entwicklung (1950-2050)

	1950	1960	1970	1980	1990	2000	2010	2020	2030	2040	2050
In % Gesamtbevölkerung											
0-14jährige	30,5	30,8	29,4	30,5	30,6	27,7	25,7	23,3	21,6	20,7	19,7
15-64jährige	65,3	63,7	63,7	61,4	60,4	62,6	64,2	65,2	65,4	64,5	62,5
65jährige und älter	4,2	5,5	7,0	8,1	8,9	9,7	10,2	11,5	13,0	14,8	17,8
In %											
Abhängigkeitsrate (a)	53,2	57,0	57,0	63,0	65,5	59,8	55,8	53,4	52,9	55,0	60,1
Medianalter	25,7	26,8	27,4	27,2	27,2	27,8	30,0	32,5	34,7	36,8	38,5
Alt-Jung-Rate (b)	13,8	18,0	23,7	26,6	29,2	35,0	39,6	49,5	60,4	71,8	90,4

Quelle: CEPAL 2002c: Tab. 12c.

(a) 0-14jährige + über 65jährige / 15-64jährige * 100

(b) über 65jährige / 0-14jährige * 100

Literaturverzeichnis

Aaron, Henry J. 1966: The Social Insurance Paradox. *Canadian Journal of Economics and Political Science,* 32 (3), S. 371-4.

Academia Nacional de Ciencias Económicas 1998: *Financiamiento de la seguridad social.* Instituto de Economía Aplicada, Serie Seminarios, Seminario realizado el 8 de octubre de 1997, Koordinator: Enrique J. Reig. Buenos Aires.

Acuña, Rodrigo R.; Iglesias, Augusto P. 2001: *Chile's Pension Reform After 20 Years.* Social Protection Discussion Paper Nr. 0129, <http://www.worldbank.org/pensions>, Washington D.C.: The World Bank.

AFJP Máxima 2002a: *Comunicado de la UAFJP.* 20 de febrero 2002. <http://www.maxima. comar/maximad/comunicado.asp>

AFJP Máxima 2002b: *Que estamos haciendo.* <http://maxima.com.ar/maxima/maximad/que_estamos_haciendo.asp.>

Ahmad, E.; Dreze, J., Hills, J.; Sen, A. 1991: *Social Security in Developing Countries* Oxford: Clarendon Press.

AIOS 2001: *Boletín Estadístico* AIOS 6 (Diciembre 2001). Buenos Aires: Asociación Internacional de Organismos de Supervisión de Fondos de Pensiones.

AISS 1998: *El debate sobre la reforma de la seguridad social: en busca de un nuevo consenso.* Un resúmen. Ginebra: Asociación Internacional de la Seguridad Social.

Aiyer, Sri-Ram 1997: *Pension Reform in Latin America. Quick Fixes or Sustainable Reform*? The World Bank, Policy Research Working Paper Nr. 1865, Dez. 1997, Washington D.C.

Albin, Alexandra Inés 1999: *Rentenreform und ‚Kapitalisierung' - Der bolivianische Sonderweg der Alterssicherung.* Unveröffentl. Diplomarbeit, Humboldt Universität Berlin.

Alier, Max; Vittas, Dimitri 2000: *Personal Pension Plans and Stockmarket Volatility.* World Bank Working Paper Nr. 2463, <http://econ.worldbank.org>, Washington D.C.: The World Bank.

Alonso, Guillermo V. 1998: Democracia y Reformas: Las Tensiones entre Decretismo y Deliberación. El Caso de la Reforma Previsional Argentina. In: *Desarrollo Economico*, Bd. 38, Nr. 15, Jul.-Sept. 1998, S. 595-626.

Alonso, Guillermo V. 2000: *Política y seguridad social en la Argentina de los '90.* Buenos Aires-Madrid: Mino y Dávila Editores.

Altimir, Oscar; Beccaria, Luis 1998: *Efectos de los cambios macroeconómicos y de las reformas sobre la pobreza urbana en la Argentina.* Instituto de Ciencias, Universidad Nacional de General Sarmiento, Colección Investigación, Serie Informes de Investigación Nr. 4.

Ambito Financiero: Argentinische Wirtschaftszeitung, Buenos Aires.

Análisis Laboral 1994: *Sistema privado de pensiones en América Latina*. Informe Especial, Enero de 1994, Lima.

Ando, A.; Modigliani, F. 1963: The ,life cycle' hypothesis of saving: aggregate implications and tests. In: *American Economic Review* Nr. 53, S. 55-84.

ANSES 2000: *Informe de la Seguridad Social*. Año II., Nr. 2, Junio 2000. <http://www.anses.gov.ar>, Buenos Aires: Administración Nacional de la Seguridad Social.

Arenas De Mesa, Alberto; Bertranou, Fabio 1997: Learning from Social Security Reforms: Two Different Cases, Chile and Argentina. In: *World Development*, Bd. 25, Nr. 3, S. 329-348.

Argentinische Botschaft 1996: *Argentina. A Country for Investment and Growth*. Wirtschaftsbericht Argentinien. Wirtschaftsabteilung, Bonn.

Arida, P.; Lara-Resende, A. 1985: Inertial Inflation and Monetary Reform: Brazil. In: Williamson, J. (Hrsg.): *Inflation and Indexation: Argentina, Brazil and Israel*. Cambridge MA: MIT Press.

Arnaudo, Aldo 1987: *Cincuenta años de política financiera argentina* (1934-1983), Buenos Aires: El Ateneo Editorial.

Arnaudo, Aldo 1994: La política monetaria argentina desde la convertibilidad. In: *Monetaria*, Bd. 17, Nr. 4, Oct.-Dic. 1994, México D.F., S. 315-336.

Arrau, Patricio, Schmidt-Hebbel, Klaus 1993: *Macroeconomic and intergenerational welfare effects of a transition from pay-as-you-go to fully-funded pension systems*. Santiago de Chile & Washington D.C., mimeo.

Arrau, Patricio; Schmidt-Hebbel, Klaus 1995: *Pension Systems and Reform. Country Experiences and Research Issues*. World Bank Policy Research Working Paper Nr. 1470, June 1995, <http://econ.worldbank.org>,Washington D.C.: The World Bank.

Artana, Daniel; Libonatti, Oscar; Moskovits; Salinardi, Mario 1995: Argentina. In: López Murphy, Ricardo (Hrsg.) 1995: *Fiscal decentralization in Latin America*. IADB, Washington D.C.: John Hopkins University Press.

Arzbach, Matthias 1994: „Currency Boards" und Auslandsverschuldung – Das Beispiel Argentiniens -. Materialien und Kleine Schriften Nr. 153, Institut für Entwicklungsforschung und Entwicklungspolitik, Ruhr-Universität Bochum.

Arzbach, Matthias 1997: El papel del sector financiero en el estímulo del ahorro: la experiencia de América Latina. In: IRELA (Hrsg.) 1997: *Ahorro nacional: La clave para un desarrollo sostenible en América Latina*. Madrid: Instituto de Relaciones Europeo-Latinoamericanas, S. 289-308.

ASAP 1998: *La reforma previsional en Argentina. El impacto macroeconómico y la organización del mercado de las AFJP*. Buenos Aires: Asociación de Administradoras Privadas.

ASAP 1999: *Cinco años de vida del régimen de capitalización. Antecedentes y Propuestas*. Octubre del 1999, mimeo. Buenos Aires: Asociación de Administradoras Privadas.

Auerbach, Alan J.; Kotlikoff, Laurence J. 1998: *Macroeconomics. An Integrated Approach*. 2nd Edition, Cambridge MA, London: MIT Press.

Azpiazu, Daniel; Vispo, Adolfo 1994: Some lessons of the Argentine privatization process. In: *Cepal Review*, Nr. 54, Dezember 1994, S. 129-147.

Bagehot, Walter 1873: *Lombard Street: A Description of the Money Market*. London: Kegan Paul, Trench, Trübner & Co (1904).

Baker, Dean 2001: *The World Bank's Attack on Social Security*. 7.8.2001, <http://www.cepr.net/Social_Security/world_bank_ss.htm>, Washington D.C.: CEPR (Center for Economic and Policy Research).

Baker, Dean; Weisbrod, Mark 2002a: *What Happened to Argentina*? 31. Januar 2002, <http://ww.cepr.net/IMF/what_happened_to_argentina.htm>, Washington D.C.: CEPR (Center for Economic and Policy Research, Washington DC).

Baker, Dean; Weisbrod, Mark 2002b: *When „good parents" go bad: The IMF in Argentina*. A Reply to Nancy Birdsalls „What went wrong in Argentina?" Briefing Paper, 2. April 2002, <http://www.cepr.net>, Washington D.C.: CEPR (Center for Economic and Policy Research, Washington DC).

Baker, Dean; Weisbrod, Mark 2002c: *The Role of Social Security Privatization in Argentina's Economic Crisis*. 16. April 2002, <http://www.cepr.net/argentina_and_ss_ privatization.htm>, Washington D.C.: CEPR (Center for Economic and Policy Research).

Barassi, Mauricio 1993: *Análisis comparado de los sistemas argentino y chileno*. In: Administradoras de Fondos de Pensiones (Hrsg.), Buenos Aires, August 1993, S. 43-54.

Barr, Nicholas 1992: Economic Theory and the Welfare State: A Survey and Interpretation. In: *Journal of Economic Literature*, Bd. XXX (June 1992), S. 741-803.

Barr, Nicholas 2000: *Reforming Pensions: Myths, Truths, and Policy Choices*. IMF Working Paper Nr. 139, Fiscal Affairs Department, August 2000, Washington D.C.: International Monetary Fund.

Barreto De Oliveira, Francisco 1994: Seguridad social en América Latina: La experiencia de Argentina, Brasil, Chile y Venezuela. In: ders. (Hrsg.): *Sistemas de seguridad social en la región: problemas y alternativas de solución*. Brasilia: IPEA (Instituto de Pesquisa e Economía Aplicada, Washington D.C.: BID (Banco Interamericano de Desarrollo).

Barrientos, Armando, 1998: Pension Reform in Latin America. Ashgate, Aldershot, Brookfield USA.

Barrientos, Armando 1999: *Labour markets and pension reform in Latin America*. University of Hertfordshire Business School, Manuskript.

Barrientos, Armando 2000: *Will pension reform contribute to economic growth in Latin America?* Paper presented at IESG Easter Conference 2000: Liberalisation and Growth in Developing and Transition Countries, University of Wales, Gregynog, 17-18.4.2000.

Barro, Robert 1974: Are government bonds net wealth? In: *Journal of Political Economy* 82 (6), S. 1095-1117.

Barro, Robert; Gordon, David 1983: A positive theory of monetary policy in a natural rate model. In: *Journal of Political Economy* 91 (4), S. 548-610.

BCRA 2001: *Informe al Congreso.* Segundo Semestre 2000. <http://www.bcra.gov.ar.>, Buenos Aires: Banco Central de la República Argentina.

BCRA 2002: Información sobre Entidades Financieras. <http://www.bcra.gov.ar/pdfs/entfinan/200112g.pdf> Buenos Aires: Banco Central de la República Argentina.

Beattie, Roger; McGillivray, Warren 1995: Una estrategia riesgosa: reflexiones acerca del informe del Banco Mundial titulado Envejecimiento sin crisis. Revista Internacional de Seguridad Social, Bd. 48(3-4), Ginebra, S. 7-28.

Beccaria, Luis; López, Néstor 1996 (Hrsg.): *Sin Trabajo. Las características del desempleo y sus efectos en la sociedad argentina.* Unicef/Losada.

Beck, Hanno 2002: Aus der Balance. In: *Frankfurter Allgemeine Sonntagszeitung,* 31. März 2002, Nr. 13, S. 48.

Becker, Gary S. 1996: A Social Security Lesson from Argentina. *Business Week*, 21. Oktober 1996, S. 9.

Beckermann, Marta; Sirlin, Pablo 1996: Patrón de especialización y política comercial en la Argentina de los noventa. In: *Desarrollo Económico*, Bd. 36, Número Especial (verano 1996), Buenos Aires, S. 115-148.

Beinstein, Jorge 1996: Crisis de la seguridad social. In: *Coyuntura & Desarrollo*, Nr. 460, Buenos Aires: Fundación International de Desarrollo Económico (FIDE), S. 18-20.

Beker, Victor Alberto 1998: *Globalization and Unemployment: The Case of Argentina.* Paper presented at LASA 1998 Congress in Chicago, USA, Manuskript.

Bennett, A. G.G. 1995: Currency Boards: Issues and Experiences. In: *Finance & Development*, Sept. 1995, Washington D.C.: International Monetary Fund, S. 39-42.

Berg, Andrew; Borensztein, Eduardo 2000: The dollarization debate. In: *Finance & Development*, March 2000, Washington D.C.: International Monetary Fund, S. 38-41.

Bertín, Hugo D. 1996: *Desempeño de las AFJP 1994-1996.* SAFJP, Serie Estudios Especiales, Nr. 7, <http://www.safjp.gov.ar>, Buenos Aires: Superintendencia de Administradoras de Fondos de Jubilaciones y Pensiones.

Bertín, Hugo D. 1997: Tres años del régimen de capitalización individual: rentabilidad, eficiencia y solvencia de las AFJP. SAFJP, Serie Estudios Especiales, Nr. 11, <http://www.

safjp.gov.ar>, Buenos Aires: Superintendencia de Administradoras de Fondos de Jubilaciones y Pensiones.

Bertín, Hugo D.; Perrotto, Andrea M. 1997: *Los nuevos regímenes de capitalización en América Latina: Argentina, Chile, Colombia, Costa Rica, México, Perú y Uruguay.* SAFJP, Serie Estudios Especiales, <http://www.safjp.gov.ar>, Buenos Aires: Superintendencia de Administradoras de Fondos de Jubilaciones y Pensiones.

Bertranou, Fabio M. 1999: Are market-oriented health insurance reforms possible in Latin America? The cases of Argentina, Chile and Colombia. In: *Health Policy* 47 (1999) S. 19-36, Elsevier.

Bertranou, Fabio M. 2001: Pension Reform and Gender Gaps in Latin America: What are the Policy Options? In: *World Development*, Bd. 29, Nr. 5, S. 911-923.

Bertranou, Fabio; Grushka, Carlos 2002: *The Non-Contributory Pension Programme in Argentina: Assessing the Impact on Poverty Reduction.* ESS Paper Nr. 5 (Extension of Social Security), Social Security Policy and Development Branch, ILO.

Bertranou, Fabio; Grushka, Carlos; Shulthess, Walter 2000: *Proyección de responsabilidades fiscales asociadas a la reforma previsional en Argentina.* In: CEPAL, Unidad de Financiamiento para el Desarrollo, Serie financiamiento de desarrollo Nr. 94, März 2000, Santiago de Chile: Naciones Unidas, Comisión Económica para América Latina.

Betz, Karl 1992: *Monetäre Theorie des Weltmarktes.* FU Berlin: Manuskript.

Betz, Karl 1993: *Ein monetärkeynesianisches makroökonomisches Gleichgewicht.* Riese, H./Spahn, H.-P. (Hrsg.): Studien zur monetären Ökonomie, Bd. 13, Marburg, Diss. FU Berlin.

Betz, Karl 2000: *Indien: ein früheres Currencyboard*? Diskussionsbeiträge des FB Wirtschaftswissenschaft der FU Berlin Nr. 2000/14.

BFAI 1995a: *Argentinien. Wirtschaftsentwicklung* 1994, Juni 1995. Köln/Berlin: Bundesstelle für Außenhandelsinformation, Köln.

BFAI 1995b: *Argentinien. Wirtschaftsdaten aktuell.* November 1995, Nr. 15.944, Köln/Berlin: Bundesstelle für Außenhandelsinformation, Köln.

BID 2000: Argentina. *El sistema previsional: Situación actual y perspectivas.* Estudio técnico Nr. FI1-SSR-SSI-14, Washington D.C.: Banco Interamericano de Desarrollo.

Birdsall, Nancy 2002: *What Went Wrong in Argentina*? Remarks, Center for Strategic & International Studies Conference „Argentina: Weighing the Options", January 29, 2002 (Birdsall President of Center for Global Development. From 1993-98 IADB) <http://cgdev.org/other/birdsall_CSIS_jan29.pdf>

Birle, Peter 1991: Vom „Plan Bunge y Born" zum „Plan Cavallo". Argentiniens wirtschaftliche und politische Situation nach zwei Jahren peronistischer Regierung. In: *Lateinamerika,*

Analysen, Daten, Dokumentation, Beiheft Nr. 9, 7/91, Hamburg: Institut für Iberoamerika-Kunde (IIK).

Bisang, Roberto; Cetrángolo, Oscar 1997: *Descentralización de los Servicios de Salud en la Argentina.* CEPAL, Serie Reformas de Política Pública Nr. 47, Santiago de Chile: Naciones Unidas, Comisión Económica para América Latina.

Bloomfield, A. 1959: *Monetary Policy under the International Gold Standard.* New York.

Blum, Volkmar 1998: Die lateinamerikanischen Sozialfonds. Ansätze für eine Sozialpolitik im Neoliberalismus? In: *Peripherie* Nr. 69/70, 17. Jg., Frankfurt a.M.: IKO-Verlag, S. 88-103.

BMZ 1999: Rolle sozialer Sicherungssysteme in den Entwicklungsländern. In: *BMZ Aktuell.* Nr. 098/März 1999. Bonn: Bundesministerium für wirtschaftliche Zusammenarbeit und Entwicklung. <http://www.bmz.de/medien/spezial/spezial098/>

Bodemer, Klaus 1991: Von Alfonsín zu Menem. Argentinische Wirtschaftspolitik im Wechselbad kontroverser Strategien. In: Nolte, Detlef (Hrsg.) 1991: *Lateinamerika im Umbruch? Wirtschaftliche und politsche Wandlungsprozesse an der Wende von den 80er zu den 90er Jahren.* Schriftenreihe des Instituts für Iberoamerika-Kunde (IIK), Bd. 33, Hamburg: Lit-Verlag, S. 231-263.

Boletín Informativo Techint 1963: *La Previsión Social en la Argentina.* Nr. 132, enero 1963, Buenos Aires, S. 2-25.

Boletín Informativo Techint 1969: *Sistema de la Previsión Social Argentina.* Nr. 172, julio-agosto 1969, Buenos Aires, S. 11-34.

Börsch-Supan, Axel 1997: Sozialpolitik. In: Hagen, Jürgen v./Börsch-Supan, Axel (Hrsg.): Springers Handbuch der Volkswirtschaftslehre 2, Wirtschaftspolitik und Weltwirtschaft, S. 182-234.

Börsch-Supan, Axel 1998: Germany: A Social Security System on the Verge of Collapse. In: Siebert, Horst (Hrsg.): *Redesigning Social Security.* Tübingen: Mohr, S. 129-159.

Bour, J.L.; Cristini, M.; Susmel, N.; Delgado, J., Panadeiros, M. 1994: La seguridad social en la Argentina: Problemas y Soluciones Alternativas. In: Barreto de Oliveira (Hrsg.): *Sistemas de seguridad social en la región: problemas y alternativas de solución*, Brasilia: Instituto de Pesquisa e Economía Aplicada (IPEA), Washington D.C.: Banco Interamericano de Desarrollo (BID).

Bour, Juan Luis 2000: Una caja para los políticos. In: Diario *Ambito Financiero*, 10.05.2000, <http://www.ambitofinanciero.com/00.05-10/columnistas001.htm.>

Braslavsky, Cecilia 1996: Veränderungen im Erziehungswesen, 1984-1995. In: Nolte, Detlef; Werz, Nikolaus (Hrsg.) 1996: *Argentinien. Politik, Wirtschaft, Kultur und Aussenbeziehungen.* Schriftenreihe des Instituts für Iberoamerika-Kunde Hamburg, Band 42, Frankfurt am Main: Vervuert, S. 260-272.

Braslavsky, Cecilia 2002: Transformation und Reform des Bildungswesens. In: Birle, Peter/Carreras, Sandra (Hrsg.): *Argentinien nach zehn Jahren Menem – Wandel und Kontinuität.* Frankfurt am Main: Vervuert, S. 153-182.

Bresser Pereira, Luiz C.; Nakano, Yoshiaki, 1987: *The Theory of Inertial Inflation. The Foundation of Economic Reform in Brazil and Argentina.* Boulder: Lynne Rienner Publishers.

Breyer, Friedrich 1990: *Ökonomische Theorie der Alterssicherung.* München: Vahlen.

Breyer, Friedrich 1994: The political economy of intergenerational redistribution. *European Journal of Political Economy* (10), S. 61-84.

Brooks, Sarah 1998: *Political dynamics of pension reform in Argentina.* Research Note, Duke University, Manuskript.

Browning, E. 1975: Why the social insurance budget is too large in a democracy. In: *Economic Inquiry* Nr. 13, S. 133-138.

Brümmerhoff, Dieter 1992: *Finanzwissenschaft.* 6. Auflage. München, Wien: Oldenbourg.

Buchrucker, Cristián 1998: Interpretations of Peronism. Old frameworks and new perspectives. In: Brennan, James (Hrsg.): *Peronism and Argentina.* Wilmington DE: Scholarly Resources Inc., S. 3-28.

Burtless, Gary 1998: The Effect of Pension Privatization on National Saving and Capital Market Development. In: *Promoting Pension Reform: A Critical Assessment of the Policy Agenda.* Proceedings of the APEC Regional Forum on Pension Reform Cancun, Mexico, 4-6 February 1998, Asian Development Bank, Chile: Ministry of Economy, S. 215-242.

Burtless, Gary 2000: *How would financial risk affect retirement income under individual accounts?* Issue in Brief, Oct. 2000, Nr. 5, Boston: Center for Retirement Research at Boston College.

Bustos, Pablo (Hrsg.) 1995: *Más Allá de la Estabilidad. Argentina en la época de la Globalización y la Regionalización.* Buenos Aires: Friedrich-Ebert Stiftung.

Butler, Stuart; Germanis, Peter 1983: Achieving a „Leninist" Strategy. In: *The Cato Journal,* Bd. 3, Nr. 2, Fall 1983.

Cagan, P. 1965: *The Effect of Pension Plans on Aggregate Saving*: Evidence from a Sample Survey. NBER Occasional Paper Nr. 95. National Bureau of Economic Research.

Calcagno, Alfredo F. 1997: El régimen de convertibilidad y el sistema bancario en la Argentina. In: *Revista de la Cepal* 61, Abril 1997, Santiago de Chile: Comisión Económica de América Latina, S. 63-89.

Calvert, Peter 1996: Privatisation in Argentina, in: *Bulletin of Latin American Research,* Bd. 15, Nr. 2, Society for Latin American Studies, UK, S. 145-156.

Calvo, G.A.; Leiderman, L.; Reinhart, C.M. 1993: *Capital Inflows and Real Exchange Rate Appreciation in Latin America.* The Role of External Factors. IMF Staff Papers, Bd. 40, Nr. 1 (March 1993), Washington D.C.: International Monetary Fund.

Calvo, Guillermo 1999: *Public Debt and the Macroeconomy*. May 1995, <http:/www.bsos. umd.edu/econ/ciecalvo.htm.>

Calvo, Guillermo 2000: *The Case for Hard Pegs in the Brave New World of Global Finance*, June 21 2000, preliminary. <http:/www.bsos.umd.edu/econ/ciecalvo.htm>

Calvo, Guillermo A.; Vegh, Carlos A. 1993: Währungssubstitution in Staaten mit hoher Inflation. In: *Finanzierung & Entwicklung*, 3/1993, Washington D.C.: International Monetary Fund. S. 34-37.

Canavese, Alfredo J. 1991: Hyperinflation and Convertibility Based Stabilization in Argentina. In: *Anales de la Asociación Argentina de Economía Política*, 26. Jahrestreffen, Santiago del Estero, 1991, Bd. 1., S. 237-264.

Canavese, Alfredo; Gerchunoff, Pablo 1996: Reformas estructurales, productividad y tipo de cambio. In: *Desarrollo Económico,* Bd. 36, Número Especial (Verano 1996), S. 7-22.

Canitrot, Adolfo 1981: Teoría y Práctica del Liberalismo 1976-81. In: *Desarrollo Económico*, Bd. 21, Nr. 82 (Jul.-Sept.), S. 131-189.

Canitrot, Adolfo; Junco, Silvia (Hrsg.) 1993: *Macroeconomic Conditions and Trade Liberalization*, Washington D.C. IADB: John Hopkins University Press.

Caprio, G.; Dooley, M.; Walsh, C. 1996: The Lender of Last Resort Function under a Currency Board: The Case of Argentina. In: *Open Economics Review,* 7 (1996), S. 625-650.

Carassai, Sebastián 1998: Un mercado que elige, un estado que abdica, un crecimiento que posterga. La experiencia argentina de los años '90. In: Nochteff, Hugo (Hrsg.) 1998: *La economía argentina a fin de siglo: fragmentación presente y desarrollo ausente.* Buenos Aires: Eudeba, Universidad de Buenos Aires; Flacso, Facultad Latinoamericana de Ciencias Sociales, Argentina, S. 109-138.

Carbonetto, Daniel 1997: El sector informal y la exclusión social. In: Villanueva, E. (Hrsg.): *Empleo y Globalización.* Buenos Aires: Universidad de Quilmes, S. 258-300.

Cárcar, Fabiola 1998: Políticas laborales implementadas en Argentina y su relación con las grandes empresas. In: Nochteff, Hugo (Hrsg.) 1998: *La economía argentina a fin de siglo: fragmentación presente y desarrollo ausente.* Eudeba, Universidad de Buenos Aires; Flacso, Facultad Latinoamericana de Ciencias Sociales, Argentina.

Carrizosa, Mauricio; Leipziger, Danny M.; Shah, Hemant 1996: Der Tequila-Effekt und die Bankenreform in Argentinien. In: *Finanzierung & Entwicklung,* März 1996, Washington DC: IMF, S. 22-25.

Catalan, Mario; Impavido, Gregorio; Musalem, Alberto R. 2000: *Contractual Savings or Stock Market Development: Which Leads*? Social Protection Discussion Paper Nr. 0020, Financial Sector Development Department, <http://www.worldbank.org> Washington D.C.: The World Bank.

Cavallo, Domingo 1993: Die Argentinische Wirtschaftsreform: Rückkehr zum Wachstum. In: *KAS-Auslandsinformation*, Nr. 12/1993, Konrad-Adenauer Stiftung, S. 11-20

Cavallo, Domingo 1995: Discurso del Ministro de Economía y Obras y Servicios Públicos de la Nación. In: IDEA (Hrsg.): *Empleo. Responsabilidad de todos.* XXXI Coloquio Anual. Buenos Aires: Instituto para el desarrollo empresarial de la Argentina.

Cavallo, Domingo 1997: *Learning from Argentina's fiscal adjustment.* In: DEC notes. Policy directions. Nr. 34 October 1997 (17287). Washington D.C.: The World Bank.

Cavallo, Domingo 1998: Confiar en el poder ciudadano. In: Ameghino Editora; Fundación Libertad (Hrsg.): *Los Desafíos a la Sociedad Abierta a Fines del Siglo XX,* Buenos Aires: Ameghino Editora, S. 157-166.

Cavallo, Domingo; Cottani, Joaquín 1997: *American Economic Review*, Heft 2, S. 19.

CEPAL 1994: Anuario Estadístico de America Latina y el Caribe, Santiago de Chile: Comisión Económica para América Latina.

CEPAL 1995a: Balance Preliminar de la Economía de America Latina y el Caribe 1995. In: *Notas sobre la Economía y el Desarollo*, Nr. 585/586 12/95, Santiago de Chile: Comisión Económica para América Latina.

CEPAL 1995b: A Summary of the ECLAC PROPOSAL - an agenda for public policy reforms to change regional production patterns while increasing social equity. *Notas sobre la economía y el desarrollo*, Nr. 579-580, August-September 1995. Santiago de Chile: Comisión Económica para América Latina.

CEPAL 1998: *Impact of the Asian Crisis on Latin America.* Chile, May 1998, Santiago de Chile: Comisión Económica para América Latina.

CEPAL 2001: *Estudio Económico de América Latina y el Caribe, 1999-2000: Argentina.* <http://www.cepal.org>, Santiago de Chile: Comisión Económica para América Latina, S. 141-150.

CEPAL 2002a: *Estudio Económico de América Latina y el Caribe, 2000-2001: Argentina.* <http://www.cepal.org> Santiago de Chile: Comisión Económica para América Latina S. 103-113.

CEPAL 2002b: *Anuario Estadístico de América Latina y el Caribe 2001.* <http://www.cepal.org> Santiago de Chile: Comisión Económica para América Latina

CEPAL 2002c: *Boletín Demográfico* Nr. 69. América Latina y el Caribe: Estimaciones y Proyecciones de Población, 1950-2050. CELADE, 01.01.2002. <http://www.cepal.org/ publicaciones/poblacion/2/LCg2152p/lcg2152_ParteA.pdf.> Santiago de Chile: Comisión Económica para América Latina.

CEPAL/PNUD 1990: *Regulación del sistema financiero y reforma del sistema de pensiones: experiencias de América Latina.* Serie Financiamiento del Desarrollo, febrero 1990, Santiago de Chile: Comisión Económica para América Latina.

Cetrángolo, O.; Damill, M., Katz, J.; Lerner, L., Ramos, S. 1992: *Desregulación y salud. Un análisis de la reforma del sistema de Obras Sociales.* IDI; Fundación UIA, Documento de Trabajo Nr. 2, 8/92, Buenos Aires: Instituto para el Desarrollo Industrial, Unión Industrial Argentina.

Cetrángolo, Oscar 1994: *El nuevo sistema previsional. ¿Una reforma definitiva?* CECE, Serie Notas: Octubre 1994, Buenos Aires: Centro de Estudios para el Cambio Estructural.

Cetrángolo, Oscar 1997: Efectos Macroeconómicos del SIJP. In: San Martino, Jorge A. (Hrsg.): *Primer Seminario Internacional sobre Fondos de Pensiones.* Asociación Internacional de Organismos de Supervisión de Fondos de Pensiones. SAFJP, Buenos Aires: Medanografix Editores. S. 136-143.

Cetrángolo, Oscar 1998: *Reformas en la política de salud en Argentina durante los años noventa, con especial referencia a la equidad.* Serie Estudios del CECE, Nr. 27, Sept. 1998, Buenos Aires: Centro de Estudios para el Cambio Estructural.

Cetrángolo, Oscar; Damill, Mario; Frenkel, Roberto; Jiménez, Juan P. 1997: *La sostenibilidad de la política fiscal en América Latina: El caso argentino.* BID Red de Centros de Investigación, Documento de Trabajo R-315, Washington D.C.: Banco Interamericano de Desarrollo, Buenos Aires: CEDES.

Cetrángolo, Oscar; Golbert, Laura 1996: Desempleo en Argentina: Magnitud del Problema y Políticas Adoptadas. In: *Aportes para el Estado y la Administración Gubernamental.* Bd. 3, Nr. 5, Verano 1996, Buenos Aires, S. 125-154.

Cetrángolo, Oscar; Machinea, José L. 1993: *El sistema previsional argentino: crisis, reforma y transición.* IDI, Documento de Trabajo Nr. 6, Enero 1993, Buenos Aires: Instituto para el Desarrollo Industrial.

Chick, Victoria 2000: Money and Effective Demand. In: Smithin, J. (Hrsg.): *What is money?* London&New York: Routledge, S. 124-138.

Chick, Victoria 2001: *How Best to Study Money.* Manuskript, FU Berlin.

Chick, Victoria; Dow, C.S. 1988: *A Post-Keynesian Perspective on the Relation between Banking and Regional Development.* Essex.

Chisari, Omar O.; Dal Bó, Pedro 1994: *Portfolio composition regulations and pension funds investments: a short-run simulation exercise for the argentine case.* Cuadernos UADE 29, Instituto de Economía, Sept. 1994, Buenos Aires: Universidad Argentina de la Empresa.

Chisari, Omar O.; Dal Bó, Pedro 1996a: *Competencia y regulación en el régimen de capitalización. Efectos sobre el mercado de capitales y la distribución del ingreso.* Cuadernos UADE 78, Instituto de Economía, Buenos Aires: Universidad Argentina de la Empresa.

Chisari, Omar O.; Dal Bó, Pedro 1996b: Las Regulaciones a la composición de cartera y las inversiones de los fondos de jubilaciones y pensiones: Un ejercicio de simulación para el caso argentino. In: *Revista de Análisis Económico,* Bd. 11, Nr. 1, S. 43-71.

Choueiri, Nada; Kaminsky, Graciela 1999: *Has the Nature of Crises Changed? A Quarter Century of Currency Crises in Argentina*. IMF Working Paper Nr. 152, Washington D.C.: International Monetary Fund.

Claassen, E.-M.; De La Cruz Martínez, J. 1994: *Dollarization and its Impact on the Economy: Argentina, Brazil, and Uruguay*, IADB Working Paper Series Nr. 168. Washington D.C.: Inter-American Development Bank.

Clarín, argentinische Tageszeitung. <http://www.clarin.com>

COFEPRES 1992: *Reforma Previsional: Proyectos Legislativos, Estudios de Factibilidad Económica*. Buenos Aires: Consejo Federal de Previsión Social.

Cordon, Max 2000: Exchange Rate Regimes and Politics: An Overview. In: Wise, Carol, Roett, Riordan (Hrsg.) 2000: *Exchange rate politics in Latin America*. Washington D.C.: The Brookings Institution, S. 23-42.

Corrales, Javier 1997: Why Argentines Followed Cavallo. A Technopol between Democracy and Economic Reform. In: Domínguez, Jorge I. (Hrsg.) 1997: *Technopols. Freeing Politics and Markets in Latin America in the 1990s*, Pennsylvania: The Pennsylvania State University Press, S. 49-94.

Cortés, Rosalía 1985: *La Seguridad Social en la Argentina: Las Obras Sociales*. FLACSO Serie De Documentos e Informes de Investigación Nr. 28, Programa Buenos Aires: Facultad Latinoamericana de Ciencias Sociales.

Cortés, Rosalía; Marshall, Adriana 1999: Estratégia económica, instituciones y negociación política en la reforma social de los '90. In: *Desarrollo Económico*, Bd. 39, Nr. 154, julio-setiembre 1999, Buenos Aires, S. 195-212.

Cottani, Joaquín; Demarco, Gustavo 1998: The Shift to a Funded Social Security System: The Case of Argentina. In: Feldstein, Martin (Hrsg.): *Privatizing Social Security*. Chicago/London: The University of Chicago Press, S. 177-211.

Cottarelli, Carlo, Giannini, Curzio 1997: *Credibility without rules? Monetary Frameworks in the post-Bretton Woods era*. IMF Occasional Paper Nr. 154, Dec. 1997, Washington D.C.: International Monetary Fund.

Cristini, Marcela; Moya, Ramiro; Powell; Andrew 2001: *The Importance of an Effective Legal System for Credit Markets: The Case of Argentina*. IADB, Research Network Working Paper #R-428, Feb. 2001. Washington D.C: Interamerican Development Bank.

Cruz-Saco, María Amparo; Mesa-Lago, Carmelo (Hrsg.) 1998: *Do Options Exist? The Reform of Pensions and Health Care Systems in Latin America*. Pittsburgh, PA: University of Pittsburgh Press.

D'Alessio, Nestor; Oberbeck, Herbert 1994: *Hüter des Geldes und Verwalter des Chaos: argentinische Banken zwischen Strukturanpassung und Inflationsmanagement*. Berlin: Edition Sigma.

Dal Bó, Pedro 1996: *Un estudio de los determinantes de las afiliaciones a las AFJP*. UADE, Buenos Aires: Universidad Argentina de la Empresa. Manuskript.

Damill, Mario; Frenkel, Roberto 1996: Democratic Restoration and Economic Policy: Argentina 1984-91. In: Morales, Juan Antonio; McMahon, Gary (Hrsg.) 1996: *Economic Policy and the Transition to Democracy. The Latin American Experience,* Houndsmill, Basingstoke & London: McMillan Press Ltd., S. 49-111.

Das Handelsblatt: Deutsche Wochenzeitung.

Davis, E. Phillip 1998: *Policy and implementation issues in reforming pension systems.* EBRD Working Paper Nr. 31, London: European Bank for Reconstruction and Development.

DBLA 2001: *Spotlight Special. Argentina's debt burden,* April 2001, <http://www.dbla.de> Dresdner Bank Lateinamerika.

DBLA 2001a: *Perspektiven Spezial* April 2001: Argentinien: Einen Monat nach dem Amtsantritt Cavallos. <http://www.dbla.de> Dresdner Bank Lateinamerika.

DBLA 2001b: *Perspektiven Spezial* Juli 2001: Tanzt bald ganz Lateinamerika den argentinischen Tango? <http://www.dbla.de>. Dresdner Bank Lateinamerika.

DBLA 2002: *Perspektiven* 3/2002, 9/2002 <http://www.dbla.de> Dresdner Bank Lateinamerika.

DBLA (Hrsg): *Perspektiven,* verschiedene Ausgaben <http://www.dbla.de>. Dresdner Bank Lateinamerika

De Pablo, Juan Carlos 1994: *Quién hubiera dicho. La transformación que lideraron Menem y Cavallo*. Buenos Aires: Planeta.

Delgado, José, 1994: *Reforma Previsional y Opción de Reparto-Capitalización.* Buenos Aires: Fundación de Investigaciones Economicas Latinoamericanas (FIEL).

Della Paolera, Gerado 1992: How the Argentine Economy Performed during the International Gold Standard: A Reexamination. In: *Anales de la Asociación Argentina de Economía Política,* XXVII Reunión Anual, Universidad San Andrés, 11-13 Nov. 1992.

Della Paolera, Gerardo; Taylor, Alan 1999: Internal versus external convertibility and developing-country financial crisis: lessons from the Argentine bank bailout of the 1930s. NBER Working Paper Series, WP Nr. 7386, October 1999, Cambridge MA: National Bureau for Economic Research.

Dellepiane Avellaneda, Sebastián 2001: Institutions and Credibility: Some reflections on the political economy of Argentina's convertibility law. Paper prepared for the 2001 meeting of LASA, Washington D.C. September 6-8 2001, Manuskript.

Demarco, Gustavo 1997: El efecto de los fondos de pensiones sobre el ahorro interno: reflexiones sobre el caso argentino. In: IRELA 1997 (Hrsg.): *Ahorro nacional: La clave para un desarrollo sostenible en América Latina.* Madrid: Instituto de Relaciones Europeo-Latinoamericanas, S. 271-288.

Demarco, Gustavo 1998: La cobertura de un sistema de pensiones reformado: El caso argentino. In Rodríguez, Adolfo, Durán, Fabio (Hrsg.): *América Latina. Seguridad Social y Exclusion*, Costa Rica: Ministerio de Información y Comunicación.

Demarco, Gustavo 2000: *The Argentine Pension System Reform and the International Experience.* Paper prepared for the conference on „Learning from foreign models in Latin American Policy Reform", Washington D.C.: The Woodrow Wilson Center, September 2000, Manuskript.

Demarco, Gustavo; Almeida, Sandra; Mastrangelo, Jorge 1997: *Las Reformas Sociales En Acción: Seguridad Social.* CEPAL, Serie Políticas Sociales Nr. 18, Santiago de Chile: Comisión Económica para América Latina, Naciones Unidas.

Demarco, Gustavo; Posadas, Laura (ohne Datum): Las Inequidades en el Regimen Nacional de Prevision Social Vigente. Pronatass (Programa Nacional de Asistencia Técnica para la Administración de los Servicios Sociales en la República Argentina.) Gobierno Argentino/ BIRF/PNUD/Arg. 88/005.

Demirgüc-Kunt, Asli; Levine, Ross 1995: *Stock Market Development and Financial Intermediaries. Stylized Facts.* World Bank Policy Research Working Paper Nr. 1462. <http://econ. worldbank.org>, Washington D.C.: The World Bank.

Deutsche Bundesbank 1999: Möglichkeiten und Grenzen einer verstärkten Kapitaldeckung in der gesetzlichen Alterssicherung in Deutschland. In: *Deutsche Bundesbank, Monatsbericht* Dezember 1999, S. 15-31.

Devesa-Carpio, José E.; Vidal-Meliá, Carlos 2002: *The Reformed Pension Systems in Latin America.* Social Protection Discussion Paper Nr. 0209, <http://www.worldbank.org/pensions>, Washington D.C.: The World Bank.

Di Tella, Guido; Dornbusch, Rudiger (Hrsg.) 1989: *The Political Economy of Argentine, 1946-83.* Pittsburgh: University of Pittsburgh Press.

Diamand, Marcelo; Nochteff, Hugo (Hrsg.) 1999: *La economía argentina actual. Problemas y lineamientos de políticas para superarlos.* Consejo Académico de la Fundación Unión Industrial Argentina, Buenos Aires: Editorial Norma.

Diamond, Peter 1965: National Debt in a Neoclassical Growth Model. In: *American Economic Review,* Bd. 55, S. 1126-1150.

Diamond, Peter 1995: Government Provision and Regulation of Economic Support in Old Age. In: Bruno, M./Pleskovic, B. (Hrsg.): *Annual World Bank Conference on Development Economics* 1995, Washington D.C., S. 83-103.

Díaz Fuentes, Daniel 1998: Latin America during the Interwar Period: The Rise and Fall of the Gold Standard in Argentina, Brazil, and Mexico. In: Coatsworth, John H.; Taylor, Alan

M. (Hrsg.) 1998: *Latin America and the World Economy since 1800*, Cambridge, London: Harvard University Press, S. 443-469.

Diaz-Alejandro, Carlos F. 1970: *Ensayos sobre la historia económica argentina*, Buenos Aires: Amorrortu.

Diaz-Alejandro, Carlos F. 1981: Southern Cone Stabilization Plans. In: Cline, W.R.; Weintraub, S. (Hrsg.): *Economic Stabilization in Developing Countries*. Washington D.C.

Diaz-Alejandro, Carlos F. 1982: Exchange Rates and Terms of Trade in the Argentine Republic, 1923-76. In: Syrquin, Moshé/Teitel, Simón (Hrsg.): *Trade, Stability, Technology and Equity in Latin America*. New York, London: Academic Press, S. 27-41.

Die Zeit: Deutsche Wochenzeitung.

DIW 1998: Kapitaldeckung: Kein Wundermittel für die Altersvorsorge. In: *Wochenbericht 46/98,* 65 Jg., 12. November 1998, Berlin: Deutsches Institut für Wirtschaftsforschung, S. 833-840.

DIW 2000: Probleme der Altersvorsorge allein durch Änderung des Finanzierungsverfahrens nicht zu lösen. *Wochenbericht 30/2000*, 67. Jg., 27. Juli 2000, Berlin: Deutsches Institut für Wirtschaftsforschung, S. 479-89

Döring, Diether 1999: Alterssicherung in der EU. Anmerkungen zum Verhältnis Staat-Privat. In: Schmitthenner, Horst/Urban, Hans-Jürgen (Hrsg.): *Sozialstaat als Reformprojekt. Optionen für eine andere Politik.* Hamburg: VSA Verlag, S. 158-174.

Dornbusch, Rudiger; de Pablo, J.C. 1987*: Argentina; Debt and Macroeconomic Instability.* NBER Working Paper Nr. 2378, 9/87, Cambridge, MA: National Bureau for Economic Research.

Downs, Anthony 1957: *An economic theory of democracy.* New York: Harper&Row.

Draibe, Sonia; Henrique, Wilnes 1988: „Welfare State“, Crise e Gestao da Crise: Um Balanco da Literatura Internacional. In: *Revista Brasileira de Ciencias Sociais*, Nr. 6, Bd. 5, Feb. 1988.

Drazon, Allan; Masson, Paul R. 1994: Credibility of Policies versus Credibility of Policymakers. IMF Working Paper WP/94/49, May. Washington D.C.

Durán, Viviana 1993: La evasión en el sistema de seguridad social argentino. Proyecto Regional de Política Fiscal CEPAL-PNUD, Serie Política Fiscal Nr. 50, Santiago de Chile: Comisión Económica para América Latina, Programa Naciones Unidas de Desarrollo.

Easterly, William 1999: The Ghost of Financing Gap. Testing the Growth Model Used in the International Financial Institutions. In: *Journal of Development Economics*, 60 (2), S. 423-438.

Eatwell, John 1999: *The macroeconomics of pension reform-Summery.* Paper presented at the Spring Seminar „The economic implications of population ageing in the ECE region“, Geneva 3rdof May, United Nations Economic Commissions for Europe.

Ecolatina (Hrsg.) 2002: *Informe Económico Semanal.* Verschiedene Ausgaben. Buenos Aires <http://www.ecolatina.com>

Editorial Bregna 1996: *Ley No. 24.241.* Sistema Integrado de Jubilaciones y Pensiones. Con las modificaciones de la Ley No. 24.463. Buenos Aires: Editorial Bregna.

Edwards, Sebastian 1993: Exchange Rates as Nominal Anchors. In: *Weltwirtschaftliches Archiv*, Bd. 129, Heft 1, S.1-32.

Edwards, Sebastian 1996: *The Chilean Pension Reform: A Pioneering Program.* NBER Working Paper Nr. 5811, Cambridge, MA: National Bureau for Economic Research.

Edwards, Sebastian 1998: Chile: Radical Change towards a Funded Pension System. In: Siebert, Horst (Hrsg.): *Redesigning Social Security.* Tübingen: Mohr, S. 233-263

Ehrke, Michael 1985: Der „Plan Austral". Währungsreform und Stabilisierungspolitik in Argentinien, in: *Lateinamerika, Analysen, Daten, Dokumentation*, Beiheft 1, 9/85, Hamburg: Institut für Iberoamerika Kunde.

Ehrke, Michael 1987: Der Plan Austral: Grenzen der Stabilisierungspolitik in Argentinien, in: *Lateinamerika, Analysen, Daten, Dokumentation*, 4(1987)9, Hamburg: Institut für Iberoamerika Kunde.

Eichengreen, Barry 1999: Kicking the Habit: Moving from Pegged Rates to Greater Exchange Rate Flexibility. In: *Economic Journal*, 109 (March), C1-C14.

Eichengreen, Barry 2001: An End to Argentina's Misery. <http://www.stern.nyu.edu/ ~roubini/>

Eichengreen, Barry, Masson, Paul et al. 1998: *Exit Strategies. Policy Options for Countries Seeking Greater Exchange Rate Flexibility.* IMF Occasional Paper Nr. 168, Washington D.C.: International Monetary Fund.

Eichengreen, Barry; Masson, Paul, Svastano, Miguel; Sharma, Sunil 1999: *Transition Strategies and Nominal Anchors on the Road to Greater Exchange-Rate Flexibility.* Essays in International Finance, Nr. 213, April 1999, International Finance Section, Princeton University, NJ.

El Mercurio: Chilenische Tageszeitung.

El País: Spanische Tageszeitung.

Enoch, Charles; Gulde, Anne-Marie 1998: Are Currency Boards a Cure for All Monetary Problems? In: *Finance and Development*, Dez. 1998, S. 40-43, IMF, Washington D.C.: International Monetary Fund.

Erro, Davide G. 1993: *Resolving the Argentine Paradox. Politics and Development 1966-1992.* Boulder & London.

Escudero, Alfredo Castro 1995: Argentina: La crisis final de la convertibilidad? In: *Comercio Exterior*, Bd. 45, Nr. 7, Mexico D.F., S.535-540.

Esping-Andersen, Gøsta 1990: *The Three Worlds of Welfare Capitalism*. Princeton: Princeton University Press.

Esping-Andersen, Gøsta 1996: After the Golden Age? Welfare State Dilemmas in a Global Economy. In: Esping-Andersen, Gøsta (Hrsg.): *Welfare States in Transition. National Adaptations in Global Economies*, London et al.: SAGE, S. 1-31.

Esping-Andersen, Gøsta 1997: Towards a Post-industrial Welfare State. In: *Internationale Politik und Gesellschaft. International Politics and Society.* Friedrich-Ebert-Stiftung, 3/1997, S. 237-245.

Esping-Andersen, Gøsta 1998: Die drei Welten des Wohlfahrtskapitalismus. Zur Politischen Ökonomie des Wohlfahrtsstaates. In: Lessenich, S.; Ostner, I. (Hrsg.): *Welten des Wohlfahrtskapitalismus: Der Sozialstaat in vergleichender Perspektive*. Frankfurt/Main-New York: Campus. S. 19-56.

Eßer, Klaus (Hrsg.) 1989: *Argentinien. Zum industriepolitischen Suchprozeß seit 1983*. Berlin: Deutsches Institut für Entwicklungspolitik.

Eßer; Klaus 1997: Mercosur - Sprungbrett zum Weltmarkt? In: Sevilla, Rafael; Zimmerling, Ruth (Hrsg.) 1997: *Argentinien. Land der Peripherie?* Bad Honnef: Horlemann, Länderseminar des Instituts für Wissenschaftliche Zusammenarbeit mit Entwicklungsländern, Tübingen, S. 227-237.

Eßer, Klaus; Hillebrandt, W.; Messner, D.; Meyer-Stamer, J. 1996: Sistemic Competitiveness; A New Challenge for Firms and Government. In: *Cepal Review*, Nr. 59, August 1996. Santiago de Chile: Comisión Económica para América Latina.

Fanelli, J.M.; Frenkel, R. 1990: Politicas de Estabilización e Hiperinflación en Argentina. Buenos Aires: CEDES (Centro de Estudios de Estado y Sociedad) Editorial Tesis, S.A.

Fanelli, J.M.; Frenkel, R.; Rozenwurcel, G. 1992: *Transformación Estructural, Estabilización y Reforma del Estado en la Argentina.*, 6/1992, Buenos Aires: CEDES (Centro de Estudios de Estado y Sociedad).

Fanelli, José; Heymann, Daniel 2002: *Monetary Dilemmas: Argentina in Mercosur*. Oficina de la CEPAL in Buenos Aires, Serie Estudios y Perspectivas Nr. 7, Buenos Aires: Naciones Unidas, Comisión Económica para América Latina.

Fasano-Filho, Ugo 1986: *Currency Substitution and Liberalization. The Case of Argentina.* Gower.

Faúndez Melendez, Alejandra (Hrsg.) 1998: *Modernización de las Políticas Sociales en América Latina.* Programa Management of Social Transformation (MOST), Santiago de Chile: UNESCO-FLACSO.

Felderer, Bernhard; Homburg, Stefan 1991: *Makroökonomik und neue Makroökonomik*. Berlin: Springer.

Feldman, Jorge 1992: El sistema previsional argentino: orientaciones alternativas para la reforma. In: Witte, Lothar/Cárdenas, Miguel (Hrsg.): *Regímenes Pensionales*. FESCOL, FAUS, CIID, Colombia, S. 67-86.

Feldman, Jorge; Golbert, Laura; Isuani, E.A. 1986: Maduración y crisis del sistema previsional argentino. In: *Boletín Informativo Techint*, Nr. 240, enero-febrero 1986, S. 57-92.

Feldstein, Martin 1974: Social Security, Induced Retirement and Aggregate Capital Accumulation. In: *Journal of Political Economy*, Bd. 82, Nr. 5, S. 905-926.

Feldstein, Martin 1997: The Case for Privatization. In: *Foreign Affairs*, Juliy/August 1997, Bd. 76, Nr. 4, S. 24-38.

Feldstein, Martin 1998: *Privatizing Social Security*. University of Chicago Press. Chicago& London.

Feldstein, Martin 2002: *Lessons from Argentina*. Jan. 14, 2002, <http://econ161.berkeley.edu/macro_online.../economists_say/Feldstein_Argentina.html.>

Fernández, Roque B. 1979a: *Hacia una reforma del sistema argentino de previsión social*. CEMA, abril 1979, Nr. 1, Buenos Aires: CEMA.

Fernández, Roque B. 1979b: *Previsión Social y Crecimiento Económico*. CEMA, Nr. 6, agosto 1979, Buenos Aires.

Fernández, Roque B. 1996: Regulation for a Stable Financial System: Prudential Supervision and Liquidity Management in Argentina. In: Sautter, Hermann; Schinke, Rolf (Hrsg.): *Stabilization and Reforms in Latin America: where do we stand?* Frankfurt a. M.: Vervuert, Madrid: Iberoamericana, S. 123-146.

Ffrench-Davis, Ricardo 1997: El efecto tequila, sus orígenes y su alcance contagioso. In: *Desarrollo Económico*, Bd. 37, Nr. 146 (julio-setiembre 1997), Buenos Aires, S. 195-214.

FIDE (Hrsg.): *Coyuntura & Desarrollo*, verschiedene Ausgaben, Buenos Aires: Fundación de Investigaciones para el Desarrollo.

FIEL 1987: *El fracaso del etatismo. Una propuesta para la reforma del sector público argentino*. Buenos Aires: Sudamericana, Planeta S.A., Fundación de Investigaciones Económicas Latinoamericanas.

FIEL 1995: *El Sistema de Seguridad Social. Una Propuesta de Reforma*. Buenos Aires: Consejo Empresario Argentino, Fundación de Investigaciones Económicas Latinoamericanas.

FIEL 2001: *Crecimiento y Equidad en la Argentina. Bases de una Política Económica para la Década. Síntesis y Propuestas*. Octubre 2001, <http://www.fiel.org.> Buenos Aires: Fundación de Investigaciones Económicas Latinoamericanas.

Flood, R.; Mussa, M. 1994: Issues Concerning Nominal Anchors for Monetary Policy. NBER, Working Paper Nr. 4850, Cambridge, MA: National Bureau for Economic Research.

Fontaine, Juan Andrés 1997: Are there (good) macroeconomic reasons for limiting external investments by pension funds? The Chilean experience. In: Valdés-Prieto, Salvador (Hrsg.): *The economics of pensions. Principles, policies, and international experience*. Cambridge MA: Cambridge University Press.

Ford, A.G. 1962: *The Goldstandard 1880-1914. Britain and Argentina*. Oxford: Clarendon Press.

Fox, Louise; Palmer, Edward 2001: *Pension Reform in Europe in the 90's and Lessons for Latin America.* ECLAC, Serie Financiamento del Desarrollo Nr. 114, <http://www.eclac.org>, Santiago de Chile: Economic Commission for Latin America & the Carribbean.

Frediani, R.O. 1993: *Estabilizacion y Reforma Estructural. El Caso Argentino*. Konrad-Adenauer-Stiftung A.C., Buenos Aires: Centro Interdisciplinario de Estudios sobre el Desarrollo Latinoamericano (CIEDLA).

Freytag, Andreas 1998: Geldpolitische Regelbindung als Teil der wirtschaftlichen Gesamtordnung: Der argentinische Currency Board. In: *ORDO*, Jahrbuch für die Ordnung von Wirtschaft und Gesellschaft, Bd. 49, S. 379-399.

Friedman, Milton 1999: Speaking the truth about social security reform. In: *Cato Institute Briefing Papers*, Nr. 46, 12.4.99, <http://www.cato.org>

Fritz, Barbara 1999: Implikationen der Asienkrise für das lateinamerikanische Entwicklungsmodell der 90er Jahre. In: *Vierteljahreshefte zur Wirtschaftsforschung*, Heft 1, Jg. 68, Berlin: Deutsches Institut für Wirtschaftsforschung, S. 22-35.

Fritz, Barbara 2001: *Entwicklung durch wechselkurs-basierte Stabilisierung? Der Fall Brasilien.* Dissertation FU Berlin, Marburg: Metropolis (Studien zur monetären Ökonomie, Bd. 28), 2002.

Fritz, Barbara 2002: Reasons to cry, Argentina! In: *Brennpunkt Lateinamerika*, Nr. 3, 14.2.02, Hamburg: Institut für Iberoamerika Kunde, S. 25-32.

Fry, Maxwell J. 1988: *Money, Interest and Banking in Economic Development*. Baltimore & London: John Hopkins University Press.

Fuhrmann, W.; Richter, R. 1995: Ein Währungssystem mit einem Currency Board. In: *WISU (Wirtschaftsstudium)* 12/95, S. 1035-1039.

Fuhrmann, Wilfried 1999: Zur Theorie des Currency Boards. In: *Zeitschrift für Wirtschaftspolitik*, Jg. 48 (1999) Heft 1, S. 85-104.

Fundación Cedeal (Hrsg.): *Situación Latinoamericana,* verschiedene Ausgaben, Madrid: Centro de Estudios sobre Europa y América Latina.

Fundación Mediterránea (Hrsg.) 1991: *Novedades Económicas*. Córdoba.

Fundación Mediterránea (Hrsg.): *Newsletter*, mehrere Ausgaben, Córdoba.

Ganapolsky, Eduardo J.J.; Schmukler, Sergio L. 2001: *Crisis Management in Capital Markets: The Impact of Argentine Policy during the Tequila Effect.* <http://econ.worldbank.org/2551_EF_chap1.pdf>, Washington D.C.: The World Bank.

Gavin, Michael; Hausmann, Ricardo; Talvi, Ernesto 1997: El comportamiento del ahorro en América Latina: panorama y consideraciones globales. In: IRELA (Hrsg.) 1997*: Ahorro nacional: La clave para un desarrollo sostenible en América Latina.* Madrid: Instituto de Relaciones Europeo-Latinoamericanas, S. 7-40.

Gerchunoff, Pablo 1989: Peronist Economic Policies, 1946-55. In: Di Tella, Guido; Dornbusch, Rudiger (Hrsg.) 1989: *The political economy of Argentine, 1946-83.* Pittsburgh: University of Pittsburgh Press, S. 59-85.

Gerchunoff, Pablo; Machinea, José Luis 1995: Un ensayo sobre la política económica después de la estabilización. In: Bustos, Pablo (Hrsg.) 1995: *Más Allá de la Estabilidad. Argentina en la época de la Globalización y la Regionalización.* Buenos Aires: Friedrich-Ebert Stiftung.

Ghilarducci, Teresa; Ledesma Liébana, Patricia 2000: Union's Role in Argentine and Chilean Pension Reform. In: *World Development,* Bd. 28, Nr. 4, S. 753-762.

Gillion, Colin 2000: Desarrollo y reforma de las pensiones de seguridad social: el enfoque de la Oficina Internacional de Trabajo. In: *Revista Internacional de Seguridad Social,* Bd. 53, Nr. 1/2000, Ginebra: Asociación Internacional de la Seguridad Social, S. 41-74.

Gillion, Colin.; Bonilla, Alejandro, 1992: Analysis of a National Private Pension Scheme: The Case of Chile. *International Labour Review,* 131(2), S. 171-195.

Gillion, Colin; Turner, John; Bailey, Clive; Latulippe, Denis (Hrsg.) 2000: *Social Security Pensions. Development and Reform.* Geneva: ILO.

Godoy, Oscar; Valdés-Prieto, Salvador 1997: Democracy and pensions in Chile: Experiences with two systems. In: Valdés-Prieto, Salvador (Hrsg.): *The economics of pensions- Principles, policies, and international experience.* Cambridge, MA: Cambridge University Press, S. 58-91.

Golbert, Laura 2000: The Social Agenda in Argentina: A Review of Retirement and Employment Policies. In: Tulchin, Joseph S./Garland, Allison M. (Hrsg.): *Social Development in Latin America,* Wodrow Wilson Center,: Boulder&London: Lynne Rienner Publishers, S. 227-242.

Golbert, Laura; Lo Vuolo, Rubén 1989: El sistema previsional en discusión. In: Isuani, Ernesto A.; Tenti, Emilio (Hrsg.): *Estado democrático y política social.* Buenos Aires: Editorial Universitaria de Buenos Aires, S. 127-169.

Goldsmith, Raymond W. 1969: *Financial Structure and development.* New Haven CT: Yale University Press.

Gonzáles, G. 1993: „La Macroeconomía luego de dos años de convertibilidad". In: *Cauces para construir democracia,* Jahr 5, Nr. 8, 10/93, Fundación Sergio Karakachoff.

Gonzáles-Eiras, José M. 1997: The impact of economic opening on savings in Latin America. In: *Generating Savings for Latin American Development*. University of Miami: North-South Center Press, S. 155-168.

Gosh, Atish R.; Gulde, Anne-Marie; Wolf, Holger C. 1998: *Currency Boards: The Ultimate Fix*? IMF Working Paper WP/98/8, Januar 1998, Washington D.C.: International Monetary Fund.

Gough, Ian 1989: Welfare State. In: Eatwell, John/Milgate, Murray/Newman, Peter (Hrsg.): *The New Palgrave Social Economics*. London & Basingstoke: McMillan Press Ltd.

Gratius, Susanne; Coronado, Horacio 2001: Zehn Jahre Mercosur: Der Anfang vom Ende einer Erfolgsgeschichte? In: *Brennpunkt Lateinamerika*, Nr. 04-01, 19. März 2001, Hamburg: IIK.

Grosse, Robert (Hrsg.) 1997: *Generating Savings for Latin American Development*. University of Miami: North-South Center Press.

Grushka, Carlos 1996: *Tablas Actuariales Para Argentina*. SAFJP, Serie Estudios Especiales, Nr. 8, <http://www.safjp.gov.ar>, Buenos Aires: Superintendencia de Administradoras de Fondos de Jubilaciones y Pensiones.

Grushka, Carlos 2001: La cobertura previsional en Argentina a fines del siglo XX. In: *Socialis*, Revista Latinoamericana de Política Social, Nr. 4, Abril 2001, Buenos Aires, S. 53-70.

Grushka, Carlos; De Biase, Marcelo 1996: *La movilidad de los afiliados a las AFJP. Hipótesis y evidencias*. SAFJP, Serie Estudios Especiales, Jahr 1, Nr. 6, <http://www.safjp.gov.ar>, Buenos Aires: Superintendencia de Administradoras de Fondos de Jubilaciones y Pensiones.

Haindl Rondanelli, Erik 1997: Chilean Pension Fund Reform and Its Impact on Savings. In: Grosse, Robert (Hrsg.): *Generating Savings for Latin American Development* University of Miami: North-South Center Press, S. 113-134.

Hanke, Steve H.; Schuler, Kurt 1992: *Currency Boards for Eastern Europe*. Geld und Währung, Working Papers Nr. 23, Frankfurt a. M.: Johann Wolfgang Goethe Universität.

Hanke, Steve H.; Schuler, Kurt 1994: *Currency Boards for Developing Countries*. Sector Study Nr. 9, San Francisco: International Center for Economic Growth.

Hanke, Steve H.; Schuler, Kurt 2002: A Manifesto for Economic Reform in Argentina. <http://www.cato.org/cgi-bin/scripts/pr..rrent/argentina/pubs/hanke-020611.htm.>

Hauskrecht, Andreas 1993: Weltgeld-Allokation-Entwicklung. In: Stadermann, H.-J.; Steiger, O. (Hrsg.): *Der Stand und die nächste Zukunft der Geldforschung*, Berlin: Duncker&Humblot, S. 413-421.

Hauskrecht, Andreas 1998: *Monetäre Aspekte des Transformationsprozesses. Eine Fallstudie Vietnams*. Studien zur monetären Ökonomie. Hrsg. von Hajo Riese und Heinz-Peter Spahn, Band 23, Marburg: Metropolis.

Hein, Marc-Dietmar 1999: *Investitionsprobleme chilenischer Pensionsfonds*. Unveröffentl. Diplomarbeit FU Berlin.

Heymann, Daniel 1991: From Sharp Disinflation to Hyperinflation, Twice: The Argentine Experience, 1985-1989. In: Bruno, M.; Fischer, S./Helpman, E.; Liviatan, N. (Hrsg.): *Lessons of Economic Stabilization and Its Aftermath*. Cambridge, MA., London: MIT Press, S. 103-140.

Heymann, Daniel 2000: *Políticas de Reforma y Comportamiento Macroeconómico: La Argentina en los Noventa*. CEPAL, Serie Reformas Económicas Nr. 61, LC/L.1357, Mayo 2000, <http://ww.cepal.org>, Santiago de Chile: Comisión Económica para América Latina, Naciones Unidas.

Hirschman, Albert O. 1993: *Entwicklung, Markt und Moral. Abweichende Betrachtungen*. Frankfurt am Main: Fischer.

Holzmann, Robert 1997a: *A World Bank Perspective on Pension Reform*. Paper prepared for the „Joint ILO-OECD Workshop on the Development and Reform of Pension Schemes", Paris, France, Dec. 15-17 1997. <http://www.worldbank.org/pensions> Veröffentlicht in *International Social Security Review*, 53 (1), 11-34.

Holzmann, Robert 1997b: Reforma de las pensiones y ahorro nacional: la experiencia chilena. In: IRELA 1997*: Ahorro nacional: La clave para un desarrollo sostenible en América Latina*. Madrid: Instituto de Relaciones Europeo-Latinoamericanas, S. 221-248.

Holzmann, Robert 1997c: *On Economic Benefits and Fiscal Requirements of Moving from Unfunded to Funded Pensions*. Forschungsbericht 9702, Januar 1997, Saarbrücken: University of Saarland.

Holzmann, Robert et al. (Hrsg.) 2001: *New ideas about old age security: Towards sustainable pension systems in the 21th century*. Washington D.C.: The World Bank.

Holzmann, Robert (2003): Toward a Reformed and Coordinated Pension System in Europe: Rationale and Potential Structure. Paper prepared for the Watson and Wyatt/Deutsches Institut für Wirtschaftsforschung Lecture on Issues in Pension Reform, Berlín, Septiembre 26, 2003.

Homburg, Stefan 1988: *Theorie der Alterssicherung*. Berlin: Springer-Verlag.

Hopenhayn, Hugo A. 2001: *Labor Market Policies and Employment Duration: The Effects of Labor Market Reform in Argentina*. IADB Research Network Working Paper R-407, February 2001. Washington D.C.: Inter-American Development Bank.

Horowitz, Joel 1995: When Argentine Employers and Workers Agreed: Opposition to a Government Pension Plan in 1923 and 1924. Paper prepared for the XIX. International Congress of the Latin American Studies Association (LASA), Washington DC. Manuskript.

Huber, Evelyne 1996: Options for Social Policy in Latin America: Neoliberal versus Social Democratic Models. In: Esping-Andersen, Gösta (Hrsg.): *Welfare States in Transition. National Adaptation in Global Economies*. SAGE: London et al., S. 141-191.

Huber, Evelyne 1999: *Globalization and Social Policy Developments in Latin America.* Paper prepared for the conference on Globalization and the Future of Welfare States: Interregional Comparisons, Brown University, October 22-23, 1999.

Hujo, Katja 1996: *Der Plan Cavallo: Analyse der geldwirtschaftlichen Entwicklung Argentiniens unter einem Currency-Board-Regime.* Univ. Diplomarbeit FU Berlin.

Hujo, Katja 1997: Die Reform der Rentenversicherung in Argentinien. In: Lateinamerika. Analysen-Daten-Dokumentation: *Rentenreformen in Lateinamerika. Lehren für Europa* (Institut für Iberoamerika-Kunde IIK Hrsg.) Nr. 36, Dez. 1997, Hamburg: IIK, S. 65-79.

Hujo, Katja 1999: Paradigmatic Change in Old Age Security: Latin American Cases, in: Müller, Katharina; Ryll, Andreas; Wagener, Hans-Jürgen (Hrsg.): *Transformation of Social Security: Pensions in Central-Eastern Europe*, Heidelberg: Physica, S. 121-39.

Hujo, Katja 2002: Die Wirtschaftspolitik der Regierung Menem: Stabilisierung und Strukturreformen im Kontext des Konvertibilitätsplans. In: Birle, Peter/Carreras, Sandra (Hrsg.): *Argentinien nach zehn Jahren Menem – Wandel und Kontinuität.* Frankfurt am Main: Vervuert, S. 85-124.

Hujo, Katja 2004: Reforma previsional y crisis económica: el caso argentino. In: Hujo/Mesa-Lago/Nitsch (Hrsg.): *¿Públicos o Privados? Los sistemas de pensiones en América Latina después de dos décadas de reformas.* Caracas: Nueva Sociedad. S. 135-174.

Hujo, Katja; Mesa-Lago, Carmelo; Nitsch, Manfred (Hrsg.) 2004: *¿Públicos o Privados? Los sistemas de pensiones en América Latina después de dos décadas de reformas.* Caracas: Nueva Sociedad.

Humeres N., Hector, 1995: Descripción General del Sistema Privado de Pensiones. In: Baeza; Margozzini (Hrsg.): *Quince Años Después. Una Mirada al Sistema Privado de Pensiones* Santiago de Chile, S. 27-46.

IADB 1995: *Economic and Social Progress in Latin America.* Special Report: Overcoming Volatility. Washington D.C.: Inter-American Development Bank.

IADB 1996a: *Argentina. Provincial Social Security Sector Refom Program.* Document 961/OC-AR, Approved Oct. 30, 1996, Washington D.C.: Inter-American Development Bank.

IADB 1996b: *Economic and Social Progress in Latin America.* 1996 Report, Chapter 7: Pension Reform. Washington D.C.: Inter-American Development Bank, S. 207-232.

IFS: *International Financial Statistics, Yearbook,* Washington DC: IWF, verschiedene Jahrgänge.

IIK 1997: Rentenreformen in Lateinamerika. Lehren für Europa. *Lateinamerika. Analysen-Daten-Dokumentation.* Nr. 36, Dez. 1997, Hamburg: Institut für Iberoamerika-Kunde.

ILO 1983: *Sécurité sociale: Quelle méthode de financement?* Une analyse indternationale. Bureau international du Travail, Genève: International Labour Organisation.

Impavido, Gregorio; Musalem, Alberto R., Vittas, Dimitri 2002: *Contractual Savings in Countries with a Small Financial Sector.* The World Bank, 2. April 2002, <http://econ. worldbank.org>, Washington D.C.: The World Bank.

INDEC 1994: Anuario Estadístico de la República Argentina, Bd. 10, Buenos Aires: Instituto Nacional de Estadística y Censo

INDEC 1995: *Situación y evolución social.* Síntesis Nr. 3, Buenos Aires: Instituto Nacional de Estadística y Censo.

INDEC 2002: *Información a la prensa.* 30.4.2002, Sept. 2002, <http://www.indec.gov.ar>

IRELA (Hrsg.) 1997*: Ahorro nacional: La clave para un desarrollo sostenible en América Latina.* Madrid: Instituto de Relaciones Europeo-Latinoamericanas.

Isuani, Aldo 1998: Una nueva etapa histórica. In: Isuani, Aldo et al. 1998: *La Argentina que viene.* Análisis y propuestas para una sociedad en transición. Buenos Aires: Grupo Editorial Norma, S. 17-52.

Isuani, Aldo et al. (Hrsg.) 1998: *La Argentina que viene.* Análisis y propuestas para una sociedad en transición. Buenos Aires: Grupo Editorial Norma.

Isuani, Ernesto Alberto, San Martino, Jorge Antonio, 1995: El nuevo sistema previsional argentino. ¿Punto final a una larga crisis? *Boletín Informativo Techint* 281, S. 41-56 und *Boletín Informativo Techint* 282, S. 43-67.

Isuani, Ernesto Alberto, San Martino, Jorge Antonio, 1998: The New Argentine Social Security System: A Mixed Model, In: Cruz-Saco, María Amparo; Mesa-Lago, Carmelo (Hrsg.): *Do Options Exist? The Reform of Pension and Health Care Systems in Latin America. Pittsburgh: University of Pittsburgh Press,* S. 130-149.

Isuani, Ernesto Alberto; Rofman, Rafael; San Martino, Jorge Antonio, 1996: Las jubilaciones del siglo XXI: Podemos gastar a cuenta? In: *Boletín Informativo Techint*, Nr. 286, abril-junio 1996, S. 79-104.

Isuani, Ernesto Aldo 1991: Bismarck o Keynes? Quién es el Culpable? Notas sobre la crisis de acumulación. In: Isuani, Ernesto Aldo; Lo Vuolo, Rubén M.; Tenti Fanfani, Emilio (Hrsg.) 1991: *El estado benefactor. Un paradigma en crisis.* Buenos Aires: Miño y Dávila Editores S.R.L., S. 9-26.

Isuani, Ernesto Aldo; Lo Vuolo, Rubén M.; Tenti Fanfani, Emilio (Hrsg.) 1991: *El estado benefactor. Un paradigma en crisis.* Buenos Aires: Miño y Dávila Editores S.R.L.

IWF 2000: Argentina: Selected Issues and Statistical Annex. IMF Staff Country Report Nr. 00/160, <http://imf.org/cr00160.pdf.> Washington D.C.: International Monetary Fund.

IWF 2001a: Argentina: Third Review under the Stand-By Arrangement, Request for Waivers and Modifications of the Program. June 2001. *Country Report Nr. 01/90*, <http://www.imf. org/cr0190.pdf.> Washington D.C.: International Monetary Fund.

IWF 2001b: Press Release Nr. 01/37, 07.09.01. Washington DC: International Monetary Fund.

Jahnsen Gutierrez, Carlos G. 1990: *Monetäre Unabhängigkeit der Schuldnerländer Lateinamerikas*. Studien zur monetären Ökonomie, Riese, H.; Spahn, H.-P. (Hrsg.), Bd. 8, Regensburg: Transfer.

James, Estelle 1996: Proveer una mejor protección y facilitar el crecimiento: una defensa de Envejecimiento sin Crisis. In: *Revista Internacional de Seguridad Social*, 49(3), Ginebra: AISS, S. 3-25.

James, Estelle 1997a: *New Systems for Old Age Security. Theory, Practice and Empirical Evidence*. Policy Research Working Paper 1766, World Bank, Policy Research Department, Washington D.C.: The World Bank.

James, Estelle 1997b: *Pension Reform. Is There a Tradeoff between Efficiency and Equity*? Policy Research Working Paper 1767, World Bank, Policy Research Department, Washington D.C.: The World Bank.

James, Estelle 1998: New Models for Old-Age Security: Experiments, Evidence, and Unanswered Questions. In: *The World Bank Research Observer*, Bd. 13, Nr. 2, August 1998, S. 271-301.

James, Estelle 2001: Reforming Social Security in the U.S.: An International Perspective. Lessons from abroad can help the U.S. get it right. In: *Business Economics*, January 2001, S. 16-31.

James, Estelle; Brooks, Sarah, 1999: The Political Economcy of Pension Reform, Durham, NV&Washington D.C., Manuskript. Veröffentlicht in: Holzmann, Robert; Stiglitz, Joseph E. (Hrsg.): *New Ideas about Old Age Security. Toward Sustainable Pension Systems in the 21st century*. Washington D.C.: World Bank, S. 133-170.

James, Estelle; Vittas, Dimitri 2000: *Annuity Markets in Comparative Perspective. Do Consumers Get Their Money's Worth*? Development Research Group, Working Paper Nr. 2493, Washington D.C.: The World Bank.

James, Estelle; Smalhout, James; Vittas, Dimitri 2001: *Administrative Costs and the Organization of Individual Retirement Account Systems: A Comparative Perspective*. World Bank Working Paper Nr. 2554, Development Research Group, <http://econ.worldbank.org.>, Washington D.C.: The World Bank.

Jonas, Jiri 2002: *Argentina: The Anatomy of a Crisis*. ZEI Working Paper B12, Zentrum Für Europäische Integrationsforschung, Bonn.

Kath, Dietmar 1995: Sozialpolitik. In: *Vahlens Kompendium der Wirtschaftstheorie und Wirtschaftspolitik*, Bd. 2, München: Vahlen. S. 405-459.

Katona, G. 1965: *Private Pensions and Individual Savings*. Monograph Nr. 40, Survey Research Center, University of Michigan.

Katzman, Rubén; Beccaria, Luis; Filgueira, Fernando; Golbert, Laura; Gabriel, Kessler 1999: *Vulnerabilidad, Activos y Exclusión Social en Argentina y Uruguay*. Ginebra: Oficina Internacional de Trabajo, Fundación Ford.

Kay, Stephen James 1998: *Politics and Social Security Reform in the Southern Cone and Brazil*. Dissertation Manuscript, Los Angeles: University of California.

Kay, Stephen James 1999: Unexpected Privatizations. Politics and Social Security Reform in the Southern Cone. *Comparative Politics*, July 1999, S. 403-422.

Kay, Stephen James 2000: Privatizing Pensions: Prospects for the Latin American Reforms (Review Essay). In: *Journal of Interamerican Studies and World Affairs*, Bd. 42: 1, S. 133-143.

Kay, Stephen J.; Kritzer, Barbara E. 2001: Social Security in Latin America: Recent Reforms and Challenges. *Economic Review*, 1st Quarter 2001, Federal Reserve Bank of Atlanta, S. 41-52.

Kellner, Gundula 1998: *Die chilenische Rentenreform und ihre Bedeutung für die inländische Kapitalbildung*. Wirtschaftspolitische Forschungsarbeiten der Universität zu Köln, Bd. 21, Marburg: Tectum Verlag.

Kern, Alejandra; Nolte, Detlef 2001: Argentinien nach dem ersten Jahr der Präsidentschaft von Fernando de la Rúa: zwischen der Melancholie des Tango und dem Prinzip Hoffnung. In: *Brennpunkt Lateinamerika*, Nr. 3-01, 15.02.2001, Hamburg: IIK.

Kiefer, Manfred 1998: *Die Rentenreform in Peru: Auswirkungen auf soziale Sicherung, Finanzmärkte und Staatsfinanzen*. Frankfurt am Main: Peter Lang.

Kiguel, M.A.; Liviatan, N. 1992: *Stopping Three Big Inflations* (Argentina, Brazil and Peru), World Bank, Working Papers Series 999, Washington D.C.: The World Bank.

Kiguel, Miguel A. 1999: *The Argentine Currency Board*. CEMA Working Paper Nr. 152, <http://www.cema.edu.ar>, Buenos Aires: Universidad del CEMA

Kippes, Gustavo; Zorgno, Roberto 1990: El sistema previsional argentino. Análisis, diagnóstico y propuesta. In: *Anales de la Asociación Argentina de Economía Política*, Universidad del Sur, XXV Reunión Anual 1990.

Kleinjans, Kristin 1995: *Rentenversicherungsreformen in Lateinamerika: Der Fall Kolumbien*. Unveröffentl. Diplomarbeit, FU Berlin.

Kosacoff, Bernardo 1995: La industria argentina, un proceso de reestructuración desarticulada. In: Bustos, Pablo (Hrsg.) 1995: *Más Allá de la Estabilidad. Argentina en la época de la Globalización y la Regionalización*. Buenos Aires: Friedrich Ebert Stiftung, S. 93-128.

Kotlikoff, Laurence J. 1989: Social Security. In: Eatwell, John; Milgate, Murray; Newman, Peter (Hrst.): *The New Palgrave*. A Dictionary of Economics. Bd. 4, London: McMillan. S. 231-242.

Kotlikoff, Laurence J. 1995: *Privatization of Social Security: How it Works and Why it Matters.*, NBER Working Paper 5330, Cambridge M.A.: National Bureau of Economic Research.

Kotlikoff, Laurence J. 1996: Privatizing Social Security at Home and Abroad. In: AEA, *Papers and Proceedings*, Bd. 86, Nr. 2, May 1996.

Krüger, M. 1994: Das Currency Board System. In: *WISU*, 10/94, S. 783-787.

Krugman, Paul 1979: A Model of Balance-of-Payments Crises. In: *Journal of Money, Credit, and Banking*, 11/3, S. 311-325.

Krugman, Paul 2002: *Argentina's Money Monomania.* <http://www.wws.princton.edu/%7Ep krugman/mania.html>, University of Princton.

Kydland, Finn; Prescott, Edward 1977: Rules rather than discretion: The inconsistency of optimal plans. In: *Journal of Political Economy* 85 (3), S. 473-91.

La Nación: Argentinische Tageszeitung, Buenos Aires. <http://www.lanacion.com.ar>

Lampert, Heinz 1996: *Lehrbuch der Sozialpolitik.* 4. Auflage, Berlin: Springer.

Levine, Ross 1997: Financial Development and Economic Growth: Views and Agenda. In: *Journal of Economic Literature,* 35 (June 1997), S. 701-709.

Lewis, Arthur W. 1954: Economic Development with Unlimited Supply of Labour. In: *The Manchester School.* May 1954: S. 139.

Lewis, Colin M. 1993: Social Insurance: Ideology and Policy in the Argentine, c. 1920-66. In: Abel, Christopher/Lewis, Colin (Hrsg.): *Welfare, Poverty and Development in Latin America.* Houndsmill, Basingstoke, London: Macmillan Press LTD, S. 175-200.

Liviatan, Nissan (Hrsg.) 1993: *Proceedings of a Conference on Currency Substitution and Currency Boards*, World Bank Discussion Papers Nr. 207, Washington D.C.: The World Bank.

Lloyd-Sherlock, Peter G. 1999: *Ancianidad y pobreza en el mundo de desarrollo. Las villas miserias de Buenos Aires.* CIEPP Centro interdisciplinario para el estudio de las políticas públicas, Buenos Aires-Madrid: Mino y Dávila Editores, 2. A.

Lo Vuolo, Rubén M. 1991a: Economía Política del Estado de Bienestar: Mitología Neoliberal y Keynesianismo Populista. In: Isuani, Ernesto Aldo; Lo Vuolo, Rubén M.; Tenti Fanfani, Emilio (Hrsg.) 1991: *El estado benefactor. Un paradigma en crisis*, Buenos Aires: Miño y Dávila Editores S.R.L., S. 27-88.

Lo Vuolo, Rubén M. 1991b: *Reformulación de las políticas sociales en Argentina: La alternativa del fondo social unificado.* Buenos Aires: CIEPP Centro interdisciplinario para el estudio de las políticas públicas.

Lo Vuolo, Rubén M. 1993: *La reforma del estado de bienestar en Argentina: entre la crisis de integración social y la exclusion social.* Buenos Aires: CIEPP Centro interdisciplinario para el estudio de las políticas públicas.

Lo Vuolo, Rubén M. 1995: *Estabilización, ajuste estructural y política social. Los inocentes son los culpables.* In: Bustos, P. (Hrsg.): Más allá de la estabilidad. Argentina en la época de la Globalisación y la Regionalización. Buenos Aires: Fundación Friedrich Ebert.

Lo Vuolo, Rubén, 1996: Reformas previsionales an América latina: El caso argentino. In: *Comercio Exterior*, Bd. 46, Nr. 9/96, 692-702, Mexico D.F.: Banco del Exterior.

Lo Vuolo, Rubén 1997: The Retrenchment of the Welfare State in Latin America: An Approach Based on Argentina. Mimeo. Veröffentlicht in: *Social Policy Administration*, Dec. 1997, Blackwell Publishers Ltd.

Lo Vuolo, Rubén; Barbeito, Alberto 1998: *La nueva oscuridad de la política social. Del estado populista al neoconservador.* Buenos Aires-Madrid: Mino y Dávila Editores, CIEPP.

Lo Vuolo, Rubén; Barbeito, Alberto; Pautassi, Laura; Rodríguez, Corina 1999: *La pobreza...de la política contra la pobreza.* Buenos Aires-Madrid: Mino y Dávila Editores, CIEPP.

López Murphy, Ricardo; Navajas, Fernando, Urbiztondo, Santiago; Moskovitz, Cynthia 1998: *Determinantes del Ahorro Interno: El Caso Argentino.* BID Documentos de Trabajo R-324, <http://www.iadb.org>. Washington D.C.: Banco Interamericano de Desarrollo.

López, Amancio 1996: La irrupción de un „nuevo" modelo previsional en la region. In: *Coyuntura & Desarrollo* Nr. 460, Buenos Aires: FIDE (Fundación de Investigaciones para el Desarrollo Económico), S. 16-18.

López, Néstor; Minujin, Alberto 1994: Nueva Pobreza y exclusión. El caso argentino. In: Fundación Friedrich Ebert (Hrsg.): *Nueva Sociedad* Nr. 31, Mayo-Junio 1994, S. 88-105, Caracas.

Lora, Eduardo; Pagés, Carmen 2000: *Hacia un Envejecimiento Responsable: Las Reformas de los Sistemas Pensionales en América Latina.* BID Working Paper #433, Washington D.C.: Banco Interamericano de Desarrollo.

Lozano, Claudio; Feletti, Roberto 1996: Convertibilidad y Desempleo, Crisis Ocupacional en la Argentina. In: *Aportes Para El Estado A La Administración Gubernamental*, Jahr 3, Nr. 5, Verano 1996, S. 155-180, Buenos Aires.

Lüken gen. Klaßen, Mathilde 1993: *Währungskonkurrenz und Protektion. Peripherisierung und ihre Überwindung aus geldwirtschaftlicher Sicht.* Studien zur monetären Ökonomie Bd. 12, Riese/Spahn (Hrsg.), Marburg: Metropolis.

Lüken gen. Klaßen, Mathilde; Betz, Karl 1989: Weltmarkt und Abhängigkeit: In: Riese/Spahn (Hrsg.): Internationale Geldwirtschaft, Studien zur monetären Ökonomie Bd. 2, Regensburg: Transfer, S. 217-265.

Lüken gen. Klaßen, Mathilde; Betz, Karl 1990: Binnenmarkt und Währungsunion, in: Riese/ Spahn (Hrsg.): *Wirtschaftspolitische Strategien*, Studien zur monetären Ökonomie Bd. 7, Regensburg: Transfer.

Macián de Barbieri, Liliana 2001: Seguridad Social y problema fiscal en Argentina. Paper Nr. 1602, presentado en la Reunión Anual de la AAEP, Noviembre 2001, Buenos Aires: Asociación Argentina de Economía Política, <http://www.aaep.org.ar>

Mackenzie, G. A.; Gerson, Philip; Cuevas, Alfredo 1997a: Kann eine Rentenreform die gesamtwirtschaftliche Ersparnis erhöhen? In: *Finanzierung & Entwicklung*, Dezember 1997. Washington D.C.: International Monetary Fund, S. 44-47

Mackenzie, G. A.; Gerson, Philip; Cuevas, Alfredo 1997b: *Pension Regime and Saving*. IMF August 1997, Occasional Paper Nr. 153, Washington D.C.: International Monetary Fund.

Mackenzie, G. A.; Gerson, Philip; Cuevas, Alfredo 1998: Can public pension reform increase saving? In: *Promoting Pension Reform: A critical assessment of the policy agenda*. Proceedings of the APEC regional forum on Pension Reform, Cancun, Mexico, 4-6 February 1998, Asian Development Bank, S. 205-214.

Madrid, Raúl 1998: *The Determinants of Pension Reform Around the World*, 1992-97, Stanford CA, Manuskript.

Madrid, Raúl 1999: *The New Logic of Social Security Reform: Politics and Pension Privatization in Latin America*. PhD Dissertation, Stanford University, Department of Political Science, Stanford, CA, Manuskript.

Madrid, Raúl 2002: The Politics (and Economics) of Pension Privatization in Latin America. Draft, University of Austin, Texas. Forthcoming in *Latin American Research Review*, Bd. 37, Nr. 2, Spring 2001.

Manzetti, L.; Dell'Aquila, M. 1988: Economic Stabilization in Argentina: The Austral Plan. In: *Journal of Latin American Studies* 20, Cambridge, S. 1-26.

Margheritis, Ana 2001: *Political Credibility and the Management of Economic Policy*. Paper prepared for the 23rd LASA Congress, Washington DC, September 6-8, 2001.

Mármora, Leopoldo 1992: Argentinien - Vom Plan Cavallo zum „emerging market“? In: *Vierteljahresberichte*, Nr. 128, 6/92, S. 142-62.

Marshall, Adriana 1995: Mercado de Trabajo y Distribución del Ingreso: Efectos de la Política Económica 1991-1994. In: *Realidad Económica*, Nr. 129.

Marshall, Adriana 1997: Protección del empleo en América Latina: las reformas de los noventa y sus efectos en el mercado de trabajo. In: Villanueva, Ernesto (Hrsg.): *Empleo y Globalización. La nueva cuestión social en la Argentina*. Universidad Nacional de Quilmes, S. 427-458.

McComb, Robert; Zarazaga, Carlos E.J.M. 1997: Argentina. In: Randall, Laura (Hrsg.): *The Political Economy of Latin America in the Postwar Period.*, Austin: University of Texas Press, S. 149-184.

McGillivray, Warren R. 2000: Reforma de las pensiones. En que punto estamos? In: *Revista Internacional de Seguridad Social,* Bd. 53, Nr. 1/2000,. Ginebra: AISS Asociación Internacional de Seguridad Social, S. 3-12.

McGillivray, Warren R. 1997: Los Riesgos en los Sistemas de Pensiones. In: *Estudios de la Seguridad Social,* No. 84-1998, Buenos Aires: Asociación International de Seguridad Social, S. 125-148.

McGreevey, William 1990: *Social Security in Latin America. Issues and Options for the World Bank.* World Bank Discussion Papers Nr. 110, Washington D.C.: The World Bank.

McKinnon, Roddy; Charlton, Roger; Munro, Harry T. 1997: El modelo del fondo nacional de previsión: una revaluación analítica y estimativa. In: *Revista Internacional de la Seguridad Social,* Bd. 50, 2/97, S. 49-69, Geneva: International Social Security Association.

McKinnon, Ronald 1973: *Money and Capital in Economic Development.* Washington D.C.: Brookings Institution.

MECON 1997: <http://www.mecon.gov.ar/informe/infor20/introd.htm.>, Buenos Aires: Ministerio de Economía.

MECON 2001: *Boletín Financiero* Cuarto Trimestre 2001. <http://www.mecon.gov.ar>, Buenos Aires: Ministerio de Economía.

MECON 2002: Statistiken. <http://www.mecon.gov.ar>, Buenos Aires: Ministerio de Economía.

Meier, Gerald M. 2000: *Leading Issues in Economic Development.* 7. Auflage. Kap. 3: Savings and Investment, New York: Oxford University Press, S. 119-154.

Menem, Carlos 2000: Dolarizar implica democratizar la moneda de èlite. In: *Diario Ambito Financiero,* 04.05.2000, <http://www.ambitofinanciero.com/00-04-05/columnistas001.htm.>

MEOSP 1993: *Argentina. A Growing Nation.* Economic Reforms and Results: 1989-1992. The „Growth In Argentina 1993-1995“ Program. Buenos Aires: Ministerio de Economía y Obras y Servicios Públicos.

MEOSP 1994: *Informe Económico.* Jahr 1993. 4/94, Jg. 2, Nr. 8. Secretária de Programación Económica. Buenos Aires: Ministerio de Economía y Obras y Servicios Públicos.

MEOSP 1995a: *A Compendium for Foreign Investors.* 6/95, Subsecretária de Inversiones. República Argentina, Buenos Aires: Ministerio de Economía y Obras y Servicios Públicos.

MEOSP 1995b: *Argentine Investment Update.* Special Edition 7/95, Subsecretária de Inversiones, Buenos Aires: Ministerio de Economía y Obras y Servicios Públicos.

MEOSP 1995c: *Argentina. A Country for Investment and Growth.* República Argentina. Buenos Aires: Ministerio de Economía y Obras y Servicios Públicos.

MEOSP 1996: *Argentina is the Opportunity.* Vortragsskript des Staatssekretärs für Investitionen im Wirtschaftsministerium, S.E. Rafael Iniesta, anläßlich eines Symposiums von der

Dresdener Bank und dem Generalkonsulat Argentinien in Berlin, am 15.2.1996, Ministerio de Economía y Obras y Servicios Públicos.

Mesa-Lago, Carmelo, 1978: *Social Security in Latin America.* Pressure Groups, Stratification, and Inequality. Pittsburgh: University of Pittsburgh Press.

Mesa-Lago, Carmelo 1991a: *Social Security and Prospects for Equity in Latin America.* World Bank Discussion Papers Nr. 140, Washington D.C.: The World Bank.

Mesa-Lago, Carmelo 1991b: Social Security in Latin America. In: IADB (Hrsg.): *Economic and Social Progress in Latin America.* 1991 Report, Washington D.C.: Inter-American Development Bank.

Mesa-Lago, Carmelo 1992: *Evaluación de Proyectos Macroeconómicos y Comentarios al Ante Proyecto de Ley de Previsión Social de la Secretaría de Seguridad Social.* Pronatass, Gob. Arg./BIRF/PNUD.

Mesa-Lago, Carmelo 1993: Soziale Sicherheit und Rentenreform in Lateinamerika: Bedeutung und Evaluierung von Privatisierungsansätzen. In: *Zeitschrift für ausländisches und internationales Arbeits- und Sozialrecht*, Juli-September 1993, 7. Jg., Trier, München.

Mesa-Lago, Carmelo 1994: *Changing Social Security in Latin America.* Toward Alleviating the Social Costs of Economic Reform., Boulder&London: Lynne Rienner Publishers.

Mesa-Lago, Carmelo 1996: Las reformas de las pensiones en América Latina y la posición de los organismos internacionales. In: *Revista de la Cepal,* Dez. 1996, Santiago de Chile: Comisión Económica para América Latina, S. 73-94.

Mesa-Lago, Carmelo 1997a: Social Welfare Reform in the Context of Economic-Political Liberalization: Latin American Cases. *World Development*, (25)4, S. 497-517.

Mesa-Lago, Carmelo 1997b: Die Reform der Renten in Lateinamerika und die Position der internationalen Organisationen. *Zeitschrift für ausländisches und internationales Arbeits- und Sozialrecht*, 11(3), S. 161-174.

Mesa-Lago, Carmelo 1997c: *Modelos alternativos de la reforma de la seguridad social en América Latina: comparación y evaluación.* Mayo 1997, San Salvador: Fundación Friedrich Ebert.

Mesa-Lago, Carmelo 1998: The Reform of Social Security Pensions in Latin America: Public, Private, Mixed and Parallel Systems. In Ruland, Franz (Hrsg.): *Verfassung, Theorie und Praxis des Sozialstaates.* Festschrift für Hans F. Zacher zum 70. Geburtstag. Heidelberg: Müller, S. 609-633.

Mesa-Lago, Carmelo 1999: *Social Assistance on Pensions and Health Care for the Poor in Latin America and the Caribbean.* Conference on Social Protection and Poverty, Washington, D.C.: Inter-American Development Bank, Feb. 4-5, 1999, Manuskript.

Mesa-Lago, Carmelo 2000: *Estudio comparativo de los costos fiscales en la transición de ocho reformas de pensiones en América Latina.* CEPAL, serie financiamiento del desarrollo Nr. 93, marzo de 2000, Santiago de Chile: Comisión Económica para América Latina.

Mesa-Lago, Carmelo 2001: Structural reform of social security pensions in Latin America.: Models, characteristics, results, and conclusions. In: *International Social Security Review*, 54(4), S. 67-92.

Mesa-Lago, Carmelo 2002: *Introduction to Pension Reforms in Latin America: Models, Features, Performance, Myths and Lessons.* Paper prepared for the International Workshop „Pension Reform in Latin America: The Argentinian Challenge", Berlin, 11.-12. Juli 2002 FU Berlin: Lateinamerika-Institut.

Mesa-Lago, Carmelo 2003: La Protección Social en Iberoamérica, Factor de Inclusión Social y Desarrollo Económico. Estudio preparado para la II Conferencia Iberoamericana de Ministros Responsables de Seguridad Social previa a la Cumbre de Jefes de Estado y de Gobierno de Iberoamérica. Alicante, 2.-3. Oktober 2003.

Mesa-Lago, Carmelo; Arenas de Mesa, Alberto 1997: Fünfzehn Jahre nach der Privatisierung des Rentensystems in Chile: Evaluation, Lehre und zukünftige Aufgaben. *Deutsche Rentenversicherung* 7, S. 405-27.

Mesa-Lago, Carmelo; Kleinjans, Kristin, 1997: Die internationale Rentenreformdebatte - Annahmen und Realität der lateinamerikanischen Reformen. In: *Lateinamerika. Analysen-Daten-Dokumentation,* (IIK Hrsg.), Nr. 36, Dez. 1997, Hamburg: Institut für Iberoamerika Kunde, S. 33-50.

Mesa-Lago, Carmelo; Bertranou, Fabio 1998: *Manuel de Economía de la Seguridad Social.* Uruguay: CLAEH (Centro Latinoamericano de Economía Humana).

Mesa-Lago, Carmelo; Müller, Katharina 2002: The politics of pension reform in Latin America. Erscheint in: *Journal of Latin American Studies* 34:3, August 2002.

Messner, Dirk 1993: *Stärkung technologischer Kompetenz in Argentinien.* DIE: Berichte und Gutachten 10/1993, Berlin: Deutsches Institut für Entwicklungspolitik.

Messner, Dirk 1996: Wirtschaftsstrategie im Umbruch. Anmerkungen zu den ökonomischen und politischen Determinanten von Wettbewerbsfähigkeit. In: Nolte, Detlef; Werz, Nikolaus (Hrsg.) 1996: *Argentinien. Politik, Wirtschaft, Kultur und Aussenbeziehungen.* Schriftenreihe des Instituts für Iberoamerika-Kunde Hamburg, Band 42, Frankfurt am Main: Vervuert. S. 149-176.

Messner, Dirk 1997: Wirtschaft und Entwicklung in Argentinien in den neunziger Jahren: ein schwieriger Neuanfang. In: Sevilla, Rafael; Zimmerling, Ruth (Hrsg.) 1997: *Argentinien. Land der Peripherie?* Bad Honnef: Horlemann, Länderseminar des Instituts für Wissenschaftliche Zusammenarbeit mit Entwicklungsländern, Tübingen, S. 206-226.

Mitchell, Olivia 1997: *Building an Environment for Pension Reform in Developing Countries.* Social Protection Group, The World Bank, Social Protection Discussion Paper Nr. 9803, <http://www.worldbank.org/pensions.> Washington D.C.

Mitchell, Olivia S., Zeldes, Stephen P.1996: Social Security Privatization: A Structure for Analysis. In: *AEA, Papers and Proceedings*, Bd. 86, Nr. 2, May 1996. S. 363-367.

Mitchell, Olivia; Barreto, Flavio Ataliba 1998: *After Chile, what? Second-Round Pension Reforms in Latin America.* NBER Working Paper Nr. 6316. Cambridge MA: National Bureau of Economic Research.

Mondino, Guillermo; Montoya, Silvia 2000: *The Effects of Labor Market Regulations on Employment Decisions by Firms: Empirical Evidence for Argentina.* IADB Research Network Working Paper R-391, May 2000, Washington D.C.: Inter-American Development Bank.

Montanaro, Elisabetta 1990: The Banking and Financial System in Argentina. The History of a Crisis. In: Gardener, Edward P.M. (Hrsg.): *The future of financial systems and services: Essays in honour of Jack Revell.* Basingstoke & London: MacMillan Press, S. 72-84.

MTSS 1996: *Medidas para ampliar la cobertura previsional de carácter contributivo.* Secretaria de Seguridad Social, Buenos Aires: Ministerio de Trabajo y Seguridad Social, 5/96.

MTSS 1998: *El trabajo en la Argentina*: La transformación laboral. Buenos Aires: Ministerio de Trabajo y Seguridad Social.

MTSS 2003: *Libro Blanco de la Previsión Social.* <http://weguridadsocial.gov.ar/libroblanco.pdf>, Buenos Aires, Ministerio de Trabajo.

MTSS/Pronatass 1993: Los Mecanismos de Distribución del ANSSAL. Programa Nacional de Asistencia Técnica para la Administración de los Servicios Sociales en la República Argentina (Gob. Arg./BIRF/PNUD), Buenos Aires: Ministerio de Trabajo y Seguridad Social.

Müller, Katharina, 1997: Das „argentinische Modell“ für Mittelosteuropa? In: *Lateinamerika. Analysen-Daten-Dokumentation,* (IIK Hrsg.), Nr. 36, Dez. 1997, Hamburg: Institut für Iberoamerika Kunde, S. 129-136.

Müller, Katharina 1999: *The Political Economy of Pension Reform in Central-Eastern Europe.* Cheltenham, UK & Northampton, MA: Edward Elgar.

Müller, Katharina 2000a: Pension Privatization in Latin America. In: *Journal of International Development,* 12, S. 507-518.

Müller, Katharina 2000b: Altern in der Dritten Welt. In: Betz, Joachim/Brüne, Stefan, (Hrsg.): *Jahrbuch Dritte Welt 2001*, München: C.H. Beck, S. 32-46.

Müller, Katharina 2001: *The Making of Pension Privatisation in Latin America and Eastern Europe – A Cross-Regional Comparison.* Paper prepared for the joint IIASA World Bank Workshop on „The Political Economy of Pension Reform“, Laxenburg, Austria, 5 April 2001.

Müller, Katharina 2003: *Privatising Old-Age Security: Latin America and Eastern Europe Compared.* Cheltenham, UK & Northampton, MA: Edward Elgar.

Munnell, Alicia 1974: *The Effects of Social Security on Private Savings.*

Mussa, Michael 2002: Argentina and the Fund. From Triumph to Tragedy. Washington D.C.: Institute for International Economics.

Musgrave, Richard A.; Musgrave, P.B.; Kullmer 1994: *Die öffentlichen Finanzen in Theorie und Praxis.* Tübingen: Mohr.

Nelson, Joan M. 2000a: Reforming Social Sector Governance: A Political Perspective. In: Tulchin, Joseph S.; Garland, Allison M. (Hrsg.): *Social Development in Latin America.* Boulder & London: Lynne Rienner Publishers, Washington D.C.: Woodrow Wilson Center, S. 53-69.

Nelson, Joan M. 2000b: *External Models, International Influence, and the Politics of Social Sector Reforms.* Paper prepard for the conference on „Learning from foreign models in Latin American Policy Reform“, Washington D.C.: Woodrow Wilson Center, September 2000, Manuskript.

Nicolas, Alrich 1995a: *Geldverfassung und Entwicklung in Lateinamerika*, Bd. 16 der Studien zur monetären Ökonomie, Riese, Hajo; Spahn, Hans-Peter (Hrsg.), Marburg: Metropolis.

Nicolas, Alrich 1995b: Armut und peripherer Wohlfahrtsstaat: Das Beispiel Lateinamerikas. *Schriften des Vereins für Socialpolitik*, Neue Folge Bd. 241, Bevölkerungsdynamik und Grundbedürfnisse in Entwicklungsländern, S. 257-272.

Nicolas, Alrich; Symma, Britta 1992: Der Plan Cavallo in Argentinien. Stabilisierungspolitik mit konvertierbarer Währung. In: *Nord-Süd-Aktuell*, Jg. 6, Nr. 1, 1. Quartal 1992, Hamburg, S. 132-145.

Niskanen, William A. 1971: *Bureaucracy and representative government.* Chicago: Aldine Atherton.

Nitsch, Manfred 1994: *Reichtum und Armut in Lateinamerika.* Geldwirtschaft und Wohlfahrtsstaat an der Peripherie des Weltsystems. In: Schönberger, Axel; Zimmermann, Klaus (Hrsg.): De orbis Hispani linguis litteris historia moribus. Festschrift für Dietrich Briesemeister, Frankfurt a.M.: Domus Editoria Europea, S. 1719-1730.

Nitsch, Manfred 1995: Economic Theory and Latin American Debt. In: Liehr, Reinhard (Hrsg.): *La deuda pública an América Latina en perspectiva histórica.* Frankfurt a.M.: Vervuert/Madrid: Iberoamericana, S. 47-73.

Nitsch, Manfred, 1996a: *Monetary Reforms, Financial Markets and Social Policies at the Periphery.* Lateinamerika Institut, FU Berlin, Manuskript.

Nitsch, Manfred 1996b: *The Chilean Model for Social Security Reforms in Eastern Europe?* Lateinamerika-Institut, FU Berlin, Diskussionspapier des LAI.

Nitsch, Manfred 1997: Dimensionen von Sozialversicherungsreformen: Lateinamerika, Deutschland und darüber hinaus. In: *Lateinamerika, Analysen-Daten-Dokumentation*, Nr. 36, Dezember 1997, Hamburg: Institut für Iberoamerika Kunde, S. 15-32.

Nitsch, Manfred 1999: Vom Nutzen des monetär-keynesianischen Ansatzes für Entwicklungstheorie und -politik. In: Schubert, Renate (Hrsg.): *Neue Wachstums- und Außenhandelstheorie - Implikationen für die Entwicklungstheorie und -politik.* Schriften des Vereins für Socialpolitik, Neue Folge Bd. 269. Berlin: Duncker & Humblot, S. 183-214.

Nitsch, Manfred 2001: *Optionen für die monetäre Kooperation im Mercosur.* Beitrag zum Workshop „Wächst Südamerika unter brasilianischer Führung zusammen?“ Hamburg: Institut für Iberamerika Kunde, 19./20.02.2001, Manuskript.

Nitsch, Manfred 2003: Reflexiones finales. In: Hujo, Katja; Mesa-Lago, Carmelo; Nitsch, Manfred (Hrsg.) 2003: Públicos o Privados? Los sistemas de pensiones en América Latina después de dos décadas de reformas. Caracas: Nueva Sociedad. Im Druck.

Nitsch, Manfred; Schwarzer, Helmut, 1996: *Recent developments in financing social security in Latin America.* ILO discussion paper Nr. 1 - Issues in Social Protection. Geneva: International Labour Office.

Nitsch, Manfred; Schwarzer, Helmut 1997: *Notes on the Chilean pension funds: paradigm or myth*? FU Berlin: Manuskript. Publiziert auf Portugiesisch: Notas sobre os Fundos de pensão Chilenos: Paradigma ou Mito? In: *Revista de Economia Política*, No. 1 70 (Apr.-Jun. 1998), São Paulo.

Nochteff, Hugo (Hrsg.) 1998: *La economía argentina a fin de siglo: fragmentación presente y desarrollo ausente.* Buenos Aires: Eudeba, Universidad de Buenos Aires; Flacso, Facultad Latinoamericana de Ciencias Sociales, Argentina.

Nochteff, Hugo; Abeles, Martin 2000: *Economic Shocks without Vision.* Frankfurt: Vervuert.

Nolte, Detlef 1995: Ein Volk von Menemisten? Argentinien nach den Parlaments- und Präsidentschaftswahlen vom Mai 1995. In: *Lateinamerika. Analysen-Daten-Dokumentation*, Hamburg: Institut für Iberoamerika-Kunde, 12(1995)28, S. 9-24.

Nolte, Detlef 1996: Ein neuer Perón? Eine Bilanz der ersten Präsidentschaft von Carlos Menem (1989-1995). In: Nolte, Detlef; Werz, Nikolaus (Hrsg.) 1996: *Argentinien. Politik, Wirtschaft, Kultur und Außenbeziehungen.* Schriftenreihe des Instituts für Iberoamerika-Kunde Hamburg, Band 42, Frankfurt am Main: Vervuert, S. 98-124.

Nolte, Detlef 2001: Trendwende in Argentinien? Ist Domingo Cavallo erneut der Retter? In: *Brennpunkt Lateinamerika. Politik-Wirtschaft-Gesellschaft.* Nr. 6, 31.3.2001, Hamburg: IIK.

Nolte, Detlef; Werz, Nikolaus (Hrsg.) 1996: *Argentinien. Politik, Wirtschaft, Kultur und Aussenbeziehungen.* Schriftenreihe des Instituts für Iberoamerika Kunde Hamburg, Band 42, Frankfurt am Main: Vervuert.

O'Neil Trowbridge, Shannon 2001: *The Role of Ideas in Neoliberal Economic Reform: The Case of Argentina.* Paper prepared for the 23rd LASA Congress, Washington D.C., September 6-8, 2001, Manuskript.

OECD 1995: *Main Economic Indicators.* November 1995. Paris: Organization for Economic Co-operation and Development.

OECD 2000: *Institutional Investors in Latin America. Insurance and Pensions.* OECD Proceedings. Paris: Organization for Economic Co-operation and Development.

OIT 1983: *Sécurité sociale: Quelle méthode de financement? Une analyse internationale.* Bureau international du travail, Genève: Organisation International du Travail.

OIT 2002: Argentina. Diagnóstico Institucional del Sistema Previsional Argentino y pautas para enfrentar la crisis. Documento confidencial. <http://www.seguridadsocial.gov.ar>, Organización Internacional del Trabajo, Ginebra, Julio 2002.

Orszag, Peter R.; Stiglitz, Joseph E. 1999: *Rethinking pension reform: Ten myths about social security systems.* <http://www.worldbank.org/pensions.> Washington, D.C.: The World Bank. Publiziert in Holzmann, Robert et al. (Hrsg.) 2001: *New ideas about old age security*: Towards sustainable pension systems in the 21st century. Washington D.C.: The World Bank, S. 17-62.

Packard, Truman G. 2001: *Is There a Positive Incentive Effect from Privatizing Social Security? Evidence from Latin America.* World Bank Working Paper Nr. 2719, Human Development Sector Unit, <http://econ.worldbank.org> Washington D.C.: The World Bank.

Pagina 12: Argentinische Tageszeitung, Buenos Aires. <http://www.pagina12.com.ar>

Palacios, Robert; Rofman, Rafael 2001: *Annuity Markets and Benefit Design in Multipillar Pension Schemes: Experience and Lessons from Four Latin American Countries.* World Bank Pension Reform Primer, <http://www.worldbank.org/pensions>, Washington D.C.: The World Bank.

Palomino, Héctor 2002: Die Beziehungen zwischen Gewerkschaften, Unternehmen und Staat: Akteure und Spielregeln im Wandel. In: Birle, Peter/Carreras, Sandra (Hrsg.): *Argentinien nach zehn Jahren Menem – Wandel und Kontinuität.* Frankfurt am Main: Vervuert, S. 243-278.

Palomino, Hector; Schvarzer, Jorge 1996: Entre la informalidad y el desempleo. Una perspectiva de largo plazo. In: *Realidad Económica*, Nr. 139, S. 17-43.

Panadeiros, Mónica 1996: Organización del seguro de salud en la Argentina. Análisis y propuesta de reforma. In: *Desarrollo Económico.* Número Especial, Bd. 36 (Verano 1996), S. 267-310.

Pandis, Juan, 1996: *Solidaridad Previsional.* Ley 24.463. Tratamiento Práctico, Buenos Aires: A-Z editora.

Pastor Jr., Manuel; Wise, Carol 1999: Stabilization and its Discontents: Argentina's Economic Restructuring in the 1990s. In: *World Development*, Bd. 27, Nr. 3, S. 477-503.

Pierson, Paul 1994: *Dismantling the Welfare State? Reagan, Thatcher, and the Politics of Retrenchment*. Cambridge: Cambridge University Press.

Pierson, Paul 1996: The New Politics of the Welfare State. *World Politics,* 48 (2), S. 143-79.

Pierson, Paul; Weaver, R. Kent 1993: Imposing Losses in Pension Policy. In: Weaver, R.Kent; Rockman, Bert A. (Hrsg.): *Do Institutions Matter? Government Capabilities in the United States and Abroad,* Washington, DC: The Brookings Institution, S. 110-50.

Piñera, José 1997: Auf dem Weg zum mündigen Bürger: Reform der Altersversorgung am Beispiel Chile. In: *Frankfurter Institut-Stiftung Marktwirtschaft und Politik: Rentenreform – Lehren von draußen.*, Bd. 23, Bad Homburg, S. 21-44.

Posadas, Laura 1994: El nuevo sistema de jubilaciones y pensiones y el déficit previsional público. In: *Estudios,* Jahr XVII, Nr. 68, Enero-Marzo 1994, S. 41-59.

Pou, Pedro 2000: Argentina's Structural Reforms of the 1990s. In: *Finance & Development*, March 2000, Washington D.C.: International Monetary Fund, S. 13-15.

PRONATASS 1992: Planificación Social. Buenos Aires: Programa Nacional de Asistencia Técnica para la Administración de los Servicios Sociales.

Queiro Trajalli, Irene 1990: Argentina. In: Dixon, John/Scheurell, Robert (Hrsg.): *Social Welfare in Latin America*: London&New York: Routledge, S. 1-24.

Queisser, Monika, 1993: *Vom Umlage- zum Kapitaldeckungsverfahren: die chilenische Rentenreform als Modell für Entwicklungsländer?* ifo Institut, München: Weltforum-Verlag.

Queisser, Monika 1995: Después de Chile: la segunda generación de reformas en América latina. In: *Revista Internacional de Seguridad Social*, Bd. 48, Nr. 3-4/95, S. 29-48.

Queisser, Monika 1998a: *The Second-Generation Pension Reforms In Latin America.* Development Centre Studies, Paris: OECD.

Queisser, Monika 1998b: *Die Rente mit Kapital unterlegen.* In: Frankfurter Allgemeine Zeitung, 24.1.1998.

Queisser, Monika 2000: La reforma de las pensiones de jubilación y las organizaciones internacionales: de la crítica a la convergencia. In: *Revista Internacional de Seguridad Social*, Bd. 53, Nr. 2/2000, Ginebra: Asociación Internacional de Seguridad Social, S. 35-52.

Reichel, Richard 1995: Vom Interventionismus zum Liberalismus - Erfahrungen mit Argentiniens ordnungspolitischem Kurswechsel. In: *Zeitschrift für Wirtschaftspolitik*, Jg. 44, Heft 2, S. 185-203.

Reisen, Helmut 2000: *Pensions, Savings and Capital Flows. From Ageing to Emerging Markets*. Paris: OECD.

Reisen, Helmut; Williamson, John 1997: Pension funds, capital controls, and macroeconomic stability. In: Valdés-Prieto, Salvador (Hrsg.) 1997: *The economics of pensions. Principles, policies, and international experience*. Cambridge MA: Cambridge University Press.

Richter, Peter 1984: Argentinien zwischen Liberalismus und Interventionismus,. In: *Viertel-jahresberichte* Nr. 95, 3/84, S. 71-84.

Riese, Hajo 1964: Gleichgewichtswachstum und optimales Wachstum in der neoklassischen Wachstumstheorie. In: *Kyklos, 17 (1964), S. 40-64.*

Riese, Hajo 1965: Mittelfristiges wirtschaftliches Wachstum und neoklassische Wachstums-theorie. In: *Kyklos*, 18 (1965), S. 80-106.

Riese, Hajo 1970: Das Ende einer Wachstumstheorie. *Kyklos*, 23 (1970), S. 756-771.

Riese, Hajo 1980: Theorie der Geldwirtschaft. Manuskript Teile A-D. In: Riese, H. 2001: *Grundlegungen eines monetären Keynesianismus. Ausgewählte Schriften 1964-99*. Hrsg. von Betz. K. et al., Marburg: Metropolis.

Riese, Hajo 1981: Theorie der Produktion und der Einkommensverteilung. In: *Kyklos*, Bd. 34, Heft 4, S. 540-562.

Riese, Hajo 1983:a Geldökonomie, Keynes und die Anderen. Kritik an den monetären Grund-lagen der Orthodoxie. In: Ökonomie und Gesellschaft. Jahrbuch 1: Die Neoklassik und ihre Herausforderungen. Frankfurt am Main, New York: Campus, S. 103-160.

Riese, Hajo 1983b: Zur Theorie rationaler Erwartungen. Neoklassische Grundlagen und key-nesianischer Gegenentwurf. In: Bombach, G.; Gahlen, B.; Ott, A.E. (Hrsg.): *Makroökono-mik Heute: Gemeinsamkeiten und Gegensätze*. Tübingen: Mohr. S. 249-277.

Riese, Hajo 1984: Das Dilemma der Ökonomie der Bundesrepublik Deutschland. Retrospek-tive und Vision. In: *Mitteilungen aus der Arbeitsmarkt- und Berufsforschung*, 17(1984), Heft 1, S. 28-39.

Riese, Hajo 1985: Akkumulation und Wachstum in der Krise. In: Künzel, R., Ipsen, D. (Hrsg.): *Die gegenwärtige Wachstumskrise. Theoretische und empirische Beiträge zu ihrer Erklärung*. Regensburg: Transfer, S. 35-60.

Riese, Hajo 1986a: *Theorie der Inflation*. Tübingen: Mohr (Siebeck).

Riese, Hajo 1986b: Keynes, Schumpeter und die Krise. In: *Konjunkturpolitik*, Bd. 32, Heft 1-2, S. 1-26.

Riese, Hajo 1986c: Entwicklungsstrategie und ökonomische Theorie - Anmerkungen zu ei-nem vernachlässigten Thema. In: *Ökonomie und Gesellschaft*, Jahrbuch 4, Entwicklungs-länder und Weltmarkt, Frankfurt a.M.-New York: Campus, S. 157-196.

Riese, Hajo 1986d: Thesen zu: Beschäftigung und Interaktion von Geld- und Gütersphäre. In: Prior, H.; Tomann, H. (Hrsg.): *Theoretische Grundlagen der Beschäftigungspolitik*. Proto-koll einer Tagung für den Sachverständigenrat am 26.6.1986, FU Berlin, in Riese 2001, S. 13-24.

Riese, Hajo 1988: Die Keynes-Ohlin-Debatte und die Verschuldungskrise der Entwicklungsländer. Manuskript, veröffentlicht in: Riese, H. 2001: *Grundlegungen eines monetären Keynesianismus. Ausgewählte Schriften 1964-99.* Hrsg. von Betz. K. et al., Bd. 2, Marburg: Metropolis.

Riese, Hajo 1989a: Schuldenkrise und ökonomische Theorie. In: Riese, H.; Spahn, H.J. (Hrsg.): *Internationale Geldwirtschaft*, Studien zur monetären Ökonomie, Bd. 2, Regensburg: Transfer. S. 187-216.

Riese, Hajo 1989b: Geld, Kredit, Vermögen. In: Riese, H.; Spahn, H.J.(Hrsg.): *Internationale Geldwirtschaft*, Studien zur monetären Ökonomie, Bd. 2, Regensburg: Transfer, S. 1-59.

Riese, Hajo 1990a: *Geld im Sozialismus. Zur theoretischen Fundierung von Konzeptionen des Sozialismus.* Studien zur monetären Ökonomie, Bd. 6, Regensburg: Transfer.

Riese, Hajo 1990b: Das Forschungsprojekt „Geldpolitik als Grundlage der ökonomischen Entwicklung der Bundesrepublik Deutschland". In: Riese, H.; Spahn, H.-P. (Hrsg.): *Geldpolitik und ökonomische Entwicklung - Ein Symposium.* Studien zur monetären Ökonomie Bd. 4, Regensburg: Transfer.

Riese, Hajo 1991: *Stand der Geldforschung - Regression und Fortschritt.* Manuskript des Vortrags anläßlich der Frühjahrstagung des Arbeitskreises Politische Ökonomie.

Riese, Hajo 1993: *Bagehot versus Goodhart: Warum eine Zentralbank Geschäftsbanken braucht.* Forschungsgruppe „Postkeynesianische Ökonomie". Diskussionsbeiträge zur gesamtwirtschaftlichen Theorie und Politik, Neue Folge Nr. 22, Universität Bremen.

Riese, Hajo 1994a: Modell einer einkommensorientierten Entwicklung. Typologie von Einkommenseffekten. In: Riese, H. 2001: *Grundlegungen eines monetären Keynesianismus. Ausgewählte Schriften 1964-99.* Hrsg. von Betz. K. et al. Band 2, Marburg: Metropolis. S. 1312-1325.

Riese, Hajo 1994b: Einkommensbildung als Entwicklungsproblem. In: Hölscher, J.; Jacobsen, A.; Tomann, H.; Weisfeld, H. (Hrsg.): *Bedingungen ökonomischer Entwicklung und institutioneller Wandel.* Marburg: Metropolis, S. 37-63.

Riese, Hajo 1994c: *Die Rolle der Zentralbanken als intermediäre Institution im Zuge des ökonomischen Umbruchs in Osteuropa*, Manuskript, FU Berlin.

Riese, Hajo 1995a: Geld: Das letzte Rätsel der Nationalökonomie. In: Schelkle, W.; Nitsch, M. (Hrsg.): *Rätsel Geld.* Marburg: Metropolis, S. 45-63.

Riese, Hajo 1995b: Das Grundproblem der Wirtschaftspolitik. In: Riese, H.; Betz, K. (Hrsg.): *Wirtschaftspolitik in einer Geldwirtschaft.* Marburg: Metropolis, S. 9-29.

Riese, Hajo 1995c: Von der Geschichtsteleologie zur Teleologie der Wohlfahrtspolitik. In: Kemper, H.; Rau, E. (Hrsg.): *Festschrift zum 60. Geburtstag von Peter Hübner.* Berlin: Peter Lang, S. 27-38.

Riese, Hajo 1996a: Kann sich die Realwirtschaft von den Finanzmärkten abkoppeln? : Das monetäre Fundament des Keynesianismus. In: *Haben sich die Finanzmärkte von der Realwirtschaft abgekoppelt?* Frankfurt am Main (Frankfurter Arbeitspapiere), veröffentlicht in Riese 2001.

Riese, Hajo 1996b: Arbeitslosigkeit in der Krise. In: K. Eicker-Wolf; R. Käpernick; T. Niechoj; S. Reiner, J. Weiß (Hrsg.): *Wirtschaftspolitik im theoretischen Vakuum?* Marburg, S. 171-203.

Riese, Hajo 1997a: Die moderne Wachstumstheorie: Eine keynesianische Unmöglichkeit. In: Bombach, G., Ramser, H.J., Stadler, M. (Hrsg.): *Der Keynesianismus* Bd. VI, Berlin-Heidelberg-New York: Springer, S. 187-226.

Riese, Hajo 1997b: Stabilität und Entwicklung – Anmerkungen zur Integration der Dritten Welt in die Weltwirtschaft. In: Braig, M.; Ferdinand, U.; Zapata, M. (Hrsg.): *Begegnungen und Einmischungen. Festschrift für Renate Rott zum 60. Geburtstag.* Akademischer Verlag Stuttgart, S. 81-107.

Riese, Hajo 1998a: *Sieben Thesen zur Ostasienkrise und der Rolle des Internationalen Währungsfonds.* Diskussionsbeiträge des Fachbereichs Wirtschaftswissenschaft der Freien Universität Berlin, Volkswirtschaftliche Reihe Nr. 16.

Riese, Hajo 1998b: Zur Reformulierung der Theorie der Makropolitik. In: A. Heise (Hrsg.): *Renaissance der Makroökonomik.* Marburg, S. 25-40.

Riese, Hajo 1998c: *Finanzkrise in Asien und Lateinamerika*: Destabilisierung unter globalem Vorzeichen - eine monetärkeynesianische Analyse. Diskussionsbeiträge des Fachbereichs Wirtschaftswissenschaft der Freien Universität Berlin, Volkswirtschaftliche Reihe Nr. 48.

Riese, Hajo 1999: Geldfunktion und Währungsstandard: Der Fall der Ostasienkrise. Anmerkungen zur Funktionsstörung des gegenwärtigen Weltwährungssystems. In: Stadermann, H.J.; Steiger, O. (Hrsg.): *Herausforderungen der Geldwirtschaft.* Marburg: Metropolis, S. 329-343.

Riese, Hajo 2001: *Grundlegungen eines monetären Keynesianismus. Ausgewählte Schriften 1964-99.* 2 Bände, Hrsg. von Betz, K.; Fritsche, U.; Heine, M.; Herr, H.J.; Joebges, H.; Roy, T.; Schramm, J. Marburg: Metropolis.

Rock, David 1975: *Politics in Argentina, 1890-1930.* London: Cambridge University Press.

Rodiño, Leonardo 1997: *Inversiones de los Fondos de Jublicaciones y Pensiones.* SAFJP, Serie Estudios Especiales, Nr. 10, <http://www.safjp.gov.ar>, Buenos Aires: Superintendencia de Administradoras de Fondos de Jubilaciones y Pensiones.

Rodríguez Herrera, Adolfo 1997: La reforma previsional y la gestión del ahorro en América Latina. In: IRELA 1997*: Ahorro nacional: La clave para un desarrollo sostenible en América Latina.* Madrid: Instituto de Relaciones Europeo-Latinoamericanas, S. 183-194.

Rodríguez, L. Jacobo 1999: Chile's Private Pension System at 18: Its Current State and Future Challenges. In: *The Cato Project on Social Security Privatization*, SSP Nr. 17, 30.7.99, <http://www.cato.org>, S. 1-23.

Rodrik, Dani 1996: Understanding Economic Policy Reform. *Journal of Economic Literature* (XXXIV), March 1996, S. 9-41.

Rofman, Rafael 1996: *Evolución, componentes y efectos de las comisiones del Régimen de Capitalización.* SAFJP, Serie Estudios Especiales, Jahr 1, Nr. 2, <http://www.safjp.gov.ar>, Buenos Aires: Superintendencia de Administradoras de Fondos de Jubilaciones y Pensiones.

Rofman, Rafael 2000: *The pension system in Argentina six years after the reform.* Pension reform primer, <http://www.worldbank.org/pensions>, June 2000, Buenos Aires.

Rofman, Rafael; Stirparo, Gustavo 1996: *Proyección del tamaño de los fondos de jubilaciones y pensiones.* SAFJP, Serie Estudios Especiales, Jahr 1, Nr. 4, <http://www.safjp.gov.ar>, Buenos Aires: Superintendencia de Administradoras de Fondos de Jubilaciones y Pensiones.

Rofman, Rafael; Stirparo, Gustavo; Lattes, Pablo 1997: *Proyecciones del Sistema Integrado de Jubilaciones y Pensiones 1995-2050.* SAFJP, Serie Estudios Especiales, Nr. 12, <http://www.safjp.gov.ar>, Buenos Aires: Superintendencia de Administradoras de Fondos de Jubilaciones y Pensiones.

Rojo Brizuela, Sofía; Stampacchio, Claudia 1996: *Cartera de títulos mantenidos a vencimiento.* SAFJP, Serie Estudios Especiales, Jahr 1, Nr. 1, <http://www.safjp.gov.ar>, Buenos Aires: Superintendencia de Administradoras de Fondos de Jubilaciones y Pensiones.

Rojo, Pablo; Canosa, Armando 1992: El Programa de Desregulación del Gobierno Argentino. In: *Boletín Informativo Techint*, Nr. 269, Jan.-Mai 1992, S. 29-64.

Romero, José Luis 1996: *Breve Historia de la Argentina.* Mexico D.F., Buenos Aires: Fondo de Cultura Económica.

Rösner, Hans Jürgen 1999: Soziale Sicherung im konzeptionellen Wandel - ein Rückblick auf grundlegende Gestaltungsprinzipien. In: Hauser, Richard (Hrsg.): *Alternative Konzeptionen der sozialen Sicherung.* Schriften des Vereins für Socialpolitik, NF Bd. 265, S. 11-83.

Ross, Stanford G. 2000: Doctrina y práctica en la reforma de las pensiones de seguridad social. In: *Revista Internacional de Seguridad Social*, Bd. 52, No. 2/2000, Ginebra: AISS, S. 3-34.

Roy, Tobias 1993: *Geld als Zahlungsmittel in einer Kontraktökonomie - Warum Zentralbanken?*, unveröffentlichtes Manuskript im Seminar „Theorie und Politik der Zentralbank", WS 1993/4, FU Berlin.

Roy, Tobias 2000: *Ursachen und Wirkungen der Dollarisierung von Entwicklungsländern.* Studien zur monetären Ökonomie Bd. 26, Hrsg. von Hajo Riese und Heinz-Peter Spahn, Marburg: Metropolis.

Roy, Tobias; Betz, Karl 2000: *Währungskooperation im Mercosur*. Diskussionsbeiträge des Fachbereichs Wirtschaftswissenschaft der FU Berlin, Nr. 2000/15, Volkswirtschaftliche Reihe.

Rozenwurcel, Guillermo; Bleger, Leonardo 1998: Argentina's Banking Sector in the Nineties: From Financial Deepening to Systemic Crisis. In: *The World Economy,* Bd. 21, Nr. 3, S. 369-396.

Rozenwurcel, Guillermo; Fernández, Raúl 1994: Argentina. In: Frenkel, Roberto (Hrsg.) 1994: *Strengthening the Financial Sector in the Adjustment Process,* Washington D.C.: Inter-American Development Bank, Baltimore: John Hopkins University Press, S. 39-84.

Rubalcava, Luis; Gutiérrez, Octavio 2000: *Políticas para Canalizar Mayores Recursos de los Fondos de Pensiones hacia la Inversión Real in Mexico.* CEPAL, Unidad de Financiamento para el Desarrollo, Serie Financiamiento del Desarrollo Nr. 99, Proyecto Conjunto Cepal/ GTZ „Fondos de Pensiones y Jubilación", Santiago de Chile: Comisión Económica para América Latina, Naciones Unidas, Julio 2000.

Ruiz-Tagle, Jaime P. 1998: *The chilean pension system.* Working Paper AWP 5.6., <http://www.oecd.org> Paris: OECD.

Russo, Cintia 1998: La Argentina de los '90: Transformaciones macroeconómicas y reestructuración productiva. In: Nochteff, Hugo (Hrsg.) 1998: *La economía argentina a fin de siglo: fragmentación presente y desarrollo ausente.* Buenos Aires: Eudeba, Universidad de Buenos Aires; Flacso, Facultad Latinoamericana de Ciencias Sociales, Argentina.

Sachon, Julia 1998: *Das Currency-Board-System der Währungspolitik als Stabilisierungsinstrument am Beispiel Argentiniens.* Wirtschaftspolitische Forschungsarbeiten der Universität Köln, Band 25, Marburg: Tectum Verlag.

SAFJP 1997a: *El régimen de capitalización a tres años de la reforma previsional.* <http://www.safjp.gov.ar> Buenos Aires: Superintendencia de Administradoras de Fondos de Jubilaciones y Pensiones.

SAFJP 1997b: *Informe Especial - Resúmen. La Evolución Reciente de los Mercados Bursatiles y los Fondos de Jubilaciones y Pensiones.* <http://www.safjp.gov.ar>, Buenos Aires: Superintendencia de Administradoras de Fondos de Jubilaciones y Pensiones.

SAFJP 1998a: *Plan Estratégico de la Superintendencia de Administradoras de Fondos de Jubilaciones y Pensiones.* <http://www.safjp.gov.ar> Buenos Aires: Superintendencia de Administradoras de Fondos de Jubilaciones y Pensiones.

SAFJP 1998b: *Comportamiento de los Fondos de Jubilaciones y Pensiones. Año 1998.* <http://www.safjp.gov.ar>, Buenos Aires: Superintendencia de Administradoras de Fondos de Jubilaciones y Pensiones.

SAFJP 1998c: *El sistema previsional argentino.* <http://www.safjp.gov.ar> Buenos Aires: Superintendencia de Administradoras de Fondos de Jubilaciones y Pensiones.

SAFJP 1999a: *Comportamiento de los Fondos de Jubilaciones y Pensiones. Año 1999.* <http://www.safjp.gov.ar>, Buenos Aires: Superintendencia de Administradoras de Fondos de Jubilaciones y Pensiones.

SAFJP 1999b: *Influencia de las Crisis Financieras en los Fondos de Jublilaciones y Pensiones.* Nov. 1999; <http://www.safjp.gov.ar>, Buenos Aires: Superintendencia de Administradoras de Fondos de Jubilaciones y Pensiones.

SAFJP 1999c: Comunicado Estadístico Nr. 001/99. <http://www.safjp.gov.ar>, Buenos Aires: Superintendencia de Administradoras de Fondos de Jubilaciones y Pensiones.

SAFJP 2000a: *El Régimen de Capitalización a 6 Años de la Reforma Previsional.* <http://www.safjp.gov.ar>, Buenos Aires: Superintendencia de Administradoras de Fondos de Jubilaciones y Pensiones.

SAFJP 2000b: Comunicado Estadístico Nr. 001/00. <http://www.safjp.gov.ar>, Buenos Aires: Superintendencia de Administradoras de Fondos de Jubilaciones y Pensiones.

SAFJP 2001a: *Análisis Previsional. Evolución del SIJP-2do semestre de 2000.* Informe trimestral Nr. 9, Marzo 2001, <http://www.safjp.gov.ar>, Buenos Aires: Superintendencia de Administradoras de Fondos de Jubilaciones y Pensiones.

SAFJP 2001b: *El Régimen de Capitalización a Siete Años de la Reforma Previsional.* <http://www.safjp.gov.ar>, Buenos Aires: Superintendencia de Administradoras de Fondos de Jubilaciones y Pensiones.

SAFJP 2001c: *Informe de Coyuntura.* July 2001, <http://www.safjp.gov.ar>, Buenos Aires: Superintendencia de Administradoras de Fondos de Jubilaciones y Pensiones.

SAFJP 2001d: *Panorama de las Companías de Seguros de Vida y Retiro.* Seguros Previsionales Nr. 2, Febrero 2001, <http://www.safjp.gov.ar>, Buenos Aires: Superintendencia de Administradoras de Fondos de Jubilaciones y Pensiones.

SAFJP 2002a: *Reporte Financiero.* Enero 2002, Jahr 8 Nr. 1. <http://www.safjp.gov.ar>, Buenos Aires: Superintendencia de Administradoras de Fondos de Jubilaciones y Pensiones.

SAFJP 2002b: *Memoria Trimestral Nr. 30.* Trimestre Oct.-Dic. 2001, Febrero 2002, <http://www.safjp.gov.ar>, Buenos Aires: Superintendencia de Administradoras de Fondos de Jubilaciones y Pensiones.

SAFJP 2002c: *Boletín Estadístico Mensual*, 30.4.2002, <http://www.safjp.gov.ar>, Buenos Aires: Superintendencia de Administradoras de Fondos de Jubilaciones y Pensiones.

SAFJP 2002d: *Memória Trimestral Nr. 31.* Trimestre Ene.-Marzo 2002, <http://www.safjp.gov.ar>, Buenos Aires: Superintendencia de Administradoras de Fondos de Jubilaciones y Pensiones.

Samuelson, Paul 1958: An Exact Consumption-Loan Model of Interest with or without the Social Contrivance of Money. In: *Journal of Political Economy,* 66 (6), S. 467-82.

Samwick, Andrew A. 1999: *Is Pension Reform Conducive to Higher Saving*? Dartmouth College, Manuskript.

San Martino, Jorge A. (Hrsg.) 1997*: Primer Seminario Internacional sobre Fondos de Pensiones*. Asociación Internacional de Organismos de Supervisión de Fondos de Pensiones. SAFJP, Buenos Aires: Medanografix Editores.

Sangmeister, Hartmut 2000: US-Dollars für alle in Lateinamerika? In: *Brennpunkt Lateinamerika. Politik, Wirtschaft, Gesellschaft*. Nr. 7, 14. April 2000.

Sangmeister, Hartmut 2001: Zehn Jahre Mercosur. Eine Zwischenbilanz. *Ibero-Analysen*, Heft 9, März 2001, Berlin: Ibero-Amerikanisches Institut, Preußischer Kulturbesitz.

Sankaran, T.S.; Subrahamanya, R.K.A., Wadhawan, S.K., SSAI, FES (Hrsg.) 1994: *Social Security in Developing Countries*. New Dehli: Har-Anand Publications. Friedrich Ebert Stiftung, Social Security Association of India.

Santangelo, Rodolfo A. 2000: *A diez años de la convertibilidad. ¿Gracias por los servicios prestados? ¿O feliz próxima década?* Paper Nr. 1532, vorgelegt auf Jahrestreffen der Asociación Argentina de Economía Política (AAEP), Córdoba 2000, <http://www.aaep.org.ar>

Sautter, Hermann; Schinke, Rolf 1996: The Social Dimension of the Latin American Reform Process. In: dies. (Hrsg.): *Stabilization and Reforms in Latin America: Where do we stand*? Göttinger Studien zu Entwicklungsökonomie Nr. 3, Frankfurt a.M.: Vervuert, Iberoamericana.

Schefer, Ricardo 2001: FJP: *Entre los Aportantes y la Inversión Real*. Universidad del CEMA, Documento de Trabajo Nr. 199, September 2001. Buenos Aires: UCEMA. <http://www.cema.edu.ar>

Schelkle, Waltraud (ohne Datum): Sozialpolitischer Handlungsbedarf in Europa. Beitrag für *Beihefte zur Konjunkturpolitik*: Funktionsbedingungen der Europäischen Währungsunion. I.E. Manuskript, FU Berlin, <http://www.wiwiss.fu-berlin.de/w3/w3lorenz/>

Schelkle, Waltraud 1992: *Konstitution und Erosion einer Geldwirtschaft: Entwicklungsprobleme Indiens seit der Unabhängigkeit*. Berlin: Deutsches Institut für Entwicklungspolitik.

Schelkle, Waltraud 1994: *Geldverfassung und Finanzsystem*, Manuskript, FU Berlin.

Schelkle, Waltraud 1999a: Die Theorie der geldwirtschaftlichen Entwicklung. In: Thiel, Reinhold E. (Hrsg.): *Neue Ansätze zur Entwicklungstheorie*, Bonn: Deutsche Stiftung für internationale Entwicklung (DSE). S. 339-349 (2. Auflage 2001, unter http://www.dse.de)

Schelkle, Waltraud 1999b: *Vortrag FU Berlin zur Theorie der Currency Boards*, 15.12.99

Schelkle, Waltraud 2000: Geldpolitik, Währungsstabilität und Entwicklung. Manuskript. Erschienen in: *Journal für Entwicklungspolitik*, Bd. 16, Nr. 2, S. 209-232.

Schmähl, Winfried 1995: Perspektiven der Alterssicherung – Anmerkungen zur deutschen und internationalen Diskussion. In: *Betriebliche Altersversorgung*, Juni 15, 1995, Serie 4, S. 104-109.

Schmähl, Winfried 1996: Die Alterssicherungssysteme aus gesamtwirtschaftlicher und ordnungspolitischer Sicht. In: GVG (Hrsg.): *Die Alterssicherungssysteme vor der demographischen Herausforderung. Das Säulen-Modell der Weltbank als Lösungsansatz.* Bonn: I. Vollmer, S. 19-41.

Schmähl, Winfried 1997a: *Finanzpolitik und Rentenversicherung – Beispiele für die Notwendigkeit einer integrierenden Sichtweise. ZeS-Arbeitspapier* Nr. 19/97, Universität Bremen: Zentrum für Sozialpolitik.

Schmähl, Winfried 1997b: *Financing of Social Security – Two Papers on the Instruments and Methods of Financing Social Insurance Schemes.* ZeS-Arbeitspapier Nr. 21/97, Universität Bremen: Zentrum für Sozialpolitik.

Schmidt-Hebbel, Klaus 1999: Die Revolution des chilenischen Alterssicherungssystems trägt Früchte. In: Deutsches Institut für Altersvorsorge GmbH (Hrsg.): *Gesetzliche Alterssicherung. Reformerfahrungen im Ausland.* Köln 1999, S. 157-82.

Schmücker, Julia 1998: *Erfolgreiche Stabilisierungspolitik nach einer großen offenen Inflation. Der Plan Cavallo in Argentinien.* Wirtschaftspolitische Forschungsarbeiten der Universität zu Köln, Band 20, Marburg: Tectum Verlag.

Scholz, Wolfgang 2000: Alterssicherung und Kapitaldeckung. In: *Deutsche Rentenversicherung*, Heft 9, September 2000, S. 578-596.

Schuler, Kurt 2002: *Fixing Argentina.* A Cato Paper. <http://www.cato.org/current/argentina/pubs/schuler-04-26-02.pdf>

Schulthess, Walter E. 1990: *Sistema Nacional de Previsión Social: Su evolución y situación a fines de la década del `80.* Pronatass, Gob.Arg./BIRF 2984 Ar/PNUD Arg/88/005.

Schulthess, Walter E. 1994: Antecedentes y fundamentos del anteproyecto de ley de solidaridad previsional. In: *Previsión Social*, Oct.-Dec. 1994, Nr. 16, S. 1-13.

Schulthess, Walter E. 1998: Financiamiento de la Seguridad Social. In: Academia Nacional de Ciencias Económicas 1998: *Financiamiento de la seguridad social.* Instituto de Economía Aplicada, Serie Seminarios, Seminario realizado el 8 de octubre de 1997, Koordinator: Enrique J. Reig. Buenos Aires, S. 9-27.

Schulthess, Walter E., Demarco, Gustavo 1996: *El sistema de jubilaciones y pensiones de Argentina a dos años de la reforma.* SAFJP, Serie Estudios Especiales 1(5), <http://www.safjp.gov.ar>, Buenos Aires: Superintendencia de Administradoras de Fondos de Jubilaciones y Pensiones.

Schulthess, Walter E.; Demarco, Gustavo 1997: La gestión financiera del régimen previsional argentino-Su proyección. In: *Documentación de la Seguridad Social* Nr. 18: Problemas normativas y financieros de la reforma de las pensiones. AISS, Serie Americana, S. 23-41.

Schulthess, Walter E.; Gustavo Demarco 1993: Sistema de Pensiones en América Latina. *Argentina: Evolución del Sistema Nacional de Previsión Social y propuesta de reforma.* Proyecto Regional Políticas Financieras para el Desarrollo. Santiago de Chile: CEPAL/PNUD.

Schulthess, Walter; Demarco, Gustavo, 1994: *Reforma Previsional Argentina.* Buenos Aires: Abeledo-Perrot.

Schulthess, Walter E.; Demarco, Gustavo 2000: *El financiamiento del régimen previsional público en Argentina después de la reforma.* In: CEPAL, Divisiόn de Desarrollo Económico, Serie política fiscal, Nr. 111, Santiago de Chile: Naciones Unidas.

Schulz-Weidner, Wolfgang 1996: Das „chilenische Modell" einer Privatisierung der Rentenversicherung – mehr Leistung für weniger Beiträge? In: *Deutsche Rentenversicherung,* 3/96, S. 158-175.

Schulz-Weidner, Wolfgang 1999: Chile. In: Verband der deutschen Rentenversicherungsträger (VDR) Hrsg.: *Rentenversicherung im internationalen Vergleich.* DRV-Schriften Band 15, Frankfurt a.M., S. 309-32.

Schvarzer, Jorge 1994: ¿La reforma económica en la Argentina: qué fuerzas sociales y para qué objetivos? In: *Revista de Economia Política,* Bd. 14, Nr. 4 (56), Oktober-Dezember 1994, S. 76-96.

Schvarzer, Jorge 1997: Das System der Lohnregulierung im modernen Argentinien. In: Sevilla, Rafael; Zimmerling, Ruth (Hrsg.) 1997: *Argentinien. Land der Peripherie?* Bad Honnef: Horlemann, Länderseminar des Instituts für Wissenschaftliche Zusammenarbeit mit Entwicklungsländern, Tübingen, S. 251-275.

Schwanitz, Dietrich 1999: *Bildung. Alles, was man wissen muß.* Frankfurt a.M.: Eichborn.

Schwarz, Anita J. 1992: *Do Currency Boards have a future*? Twenty-Second Wincott Memorial Lecture, Occasional Paper 88, London: Institute of Economic Affairs.

Schwarz, Anita M. 1998: Comment. In: Feldstein, Martin (Hrsg.): *Privatizing Social Security.* Chicago, London: The University of Chicago Press, S. 207-211.

Schwarzer, Helmut 1997: O „modelo chileno" vale o que custa? In: *Folha de S. Paulo,* 28.09.1997, S. 2.

Schwarzer, Helmut 2003: *Sozialstaatliche Rentenreformen in Lateinamerika? Der Fall Brasilien.* Frankfurt a. M.: Peter Lang Verlag, Reihe Entwicklung und Finanzierung.

Schweickert, Rainer 1994: Exchange Rate Based Stabilization: Lessons from a Radical Implementation in Argentina. In: *The World Economy,* Bd. 17, Nr. 2, 3/94. S. 171-190.

Schweickert, Rainer 1995: Der Wechselkurs als Stabilisierungsinstrument – ‚Pacto' (Mexico) versus ‚Convertibility' (Argentinien). In: *Die Weltwirtschaft,* Nr. 3, Kiel, S. 325-339.

Schweickert, Rainer 1998a: Chancen und Risiken eines Currency Board Systems. In: *Die Weltwirtschaft,* Heft 4, S. 421-442.

Schweickert, Rainer 1998b: The Nominal Anchor Approach to Stabilisation: Lessons from Argentina. In: Auroi, Claude (Hrsg.): *Latin American and East European Economies in Transition. A Comparative View.* London: Frank Cass, S. 44-60.

Secretaría de Programación Económica y Regional 2000: <http://www.mecon.gov.ar/gasto_p/gaspub99/indice.htm, cuadro2.8.xls.>

Secretaría de Seguridad Social 1999a: *Panorama de la Seguridad Social.* <http://www.trabajo.gov.ar/documentacion/panorama.> Buenos Aires: Ministerio de Trabajo.

Secretaría de Seguridad Social 1999b: *Síntesis de los principales Indicadores de la Seguridad Social.* Buenos Aires.

Secretaría de Seguridad Social 2001: *Panorama de la Seguridad Social*, <http://www.trabajo.gov.ar/documentacion/panorama.> Buenos Aires: Ministerio de Trabajo

Seidl, Christian 1988: Das Sozialversicherungsparadoxon. In: *WiSt* Heft 6, Juni 1988, S. 305-308.

Sevilla, Rafael; Zimmerling, Ruth (Hrsg.) 1997: *Argentinien. Land der Peripherie?* Bad Honnef: Horlemann, Länderseminar des Instituts für Wissenschaftliche Zusammenarbeit mit Entwicklungsländern, Tübingen.

Sha, Ajay; Fernandes, Kshama 2000: *The Relevance of Index Funds for Pension Investment in Equities.* World Bank Working Paper Nr. 2494, November 2000, Development Research Group, <http://econ.worldbank.org.>, Washington D.C.: World Bank.

Shaw, Edward S. 1973: *Financial Deepening in Economic Development.* New York: Oxford University Press.

Shermann, K.G. 2000: Un nuevo consenso para la reforma de la seguridad social? La iniciativa de Estocolmo de la AISS. In: *Revista Internacional de Seguridad Social*, Bd. 53, Nr. 1/2000, Ginebra: AISS, S. 75-96.

Siebert, Horst 1997: *Pay-as-you-go versus capital funded pension systems.* The issues. Kiel Working Papers Nr. 816, June 1997, Kiel: Institut für Weltwirtschaft.

Singh, Ajit, 1996: Reforma de las pensiones, mercados de valores, formación de capital y crecimiento económico: un comentario crítico sobre las propuestas del Banco Mundial. In: *Revista Internacional De Seguridad Social,* Bd. 49, March 1996, S. 27-52, Ginebra: AISS.

Sirlin, Pablo 1999: El Régimen de especialización industrial argentino: política industrial de nueva generación o mera transferencia de recursos? In: *Revista de la Cepal,* Nr. 68, Agosto 1999, Santiago de Chile: Comisión Económica para América Latina y el Caribe, S. 101-114

Situación Latinoamericana: Zeitschrift, verschiedene Ausgaben. Fundación CEDEAL: Centro de Estudios de Europa y América Latina, Madrid.

Slodky, Javier 1997:The Reform to Social Security in Argentina. In: II High Level Conference Cycle. *Social Security in America towards the End of the XX Century.* Maria del Carmen Alvarez Garcia; Octavio Jimenez Duran; Antonio Ruezga Barba. Studies Series Nr. 36, Mexico City: Secretariat General.

Smith, William C. 1991: State, Market and Neoliberalism in Post-Transition Argentina: The Menem Experiment. In: *Journal of Inter-American Studies and World Affairs*, Bd. 33, Nr. 4, S. 45-82.

Smith, William C.; Korzeniewicz, Roberto Patricio 1997: Latin America and the Second Great Transformation. In Smith, William C.; Korzeniewicz, Roberto Patricio (Hrsg.): *Politics, Social Change, and Economic Restructuring in Latin America*. Boulder, CO: Lynne Rienner Publishers, S. 1-20.

Snower, Dennis J. 2000: Evolution of the Welfare State. In: Atkinson, A.B. u.a. (Hrsg.): *Die Zukunft des Sozialstaates*. Berlin: Duncker&Humblot. S. 35-71.

Sotelsek, Daniel F. 1999: Crisis bancaria en un esquema de currency board: la experiencia argentina. In: *Desarrollo Económico,* Bd. 39, Nr. 154, Juli-Sept. 1999, Buenos Aires, S. 195-212.

Sottoli, Susana 1998: La política de reformas de la seguridad social en América Latina en los años noventa: estilos de gestión, actores, conflictos. In: *Ibero-Amerikanisches Archiv,* Neue Folge, Jg. 24, Heft 1-2, S. 139-163.

Sottoli, Susana 2002: Sozialpolitische Reformen und soziale Entwicklung. In: Birle, Peter/Carreras, Sandra (Hrsg.): *Argentinien nach zehn Jahren Menem – Wandel und Kontinuität*. Frankfurt am Main: Vervuert, S. 125-152.

Spitta, Arnold 1997: Grundzüge der Hochschulreform in Argentinien (1993-1996). In: Sevilla, Rafael; Zimmerling, Ruth (Hrsg.) 1997: *Argentinien. Land der Peripherie?* Bad Honnef: Horlemann, Länderseminar des Instituts für Wissenschaftliche Zusammenarbeit mit Entwicklungsländern, Tübingen, S. 313-327.

Srinivas, P.S.; Whitehouse, Edward; Yermo, Juan 2000: *Regulating private pension funds' structure, performance and investments: cross-country evidence.* Social Protection Discussion Paper Nr. 0113, <http://www.worldbank.org/pensions., Washington D.C.: The World Bank.

SSA 1995: *Regimenes de Seguridad Social en las Américas* – 1995. Washington D.C.: Social Security Administration

SSN 2002: Descripción del Mercado Asegurador. <http://ssn.gov.ar.em_mercaseg.htm.> Buenos Aires: Superintendencia de Seguros de la Nación.

Stadermann, H.-J. 1988: *Weltwirtschaft.* Tübingen: Mohr.

Stadermann, H.-J. 1994: *Die Fesselung des Midas. Eine Untersuchung über den Aufstieg und Verfall der Zentralbankkunst*. Tübingen: J.C.B. Mohr (Paul Siebeck).

Stadermann, H.-J.; Steiger, O. 1993: *Der Stand und die nächste Zukunft der Geldforschung.* Festschrift für Hajo Riese zum 60. Geburtstag. Berlin: Duncker & Humblot.

Starr, Pamela K. 1999: Capital Flows, Fixed Exchange Rates, and Political Survival: Mexico and Argentina, 1994-1995. In: Oxhorn, Phillip; Starr, Pamela K. (Hrsg.) 1999: *Markets and*

Democracy in Latin America: Conflict or Convergence? Boulder, CO, London: Lynne Rienner Publishers, S. 203-241.

Stiefl, Jürgen 1993: *Inflation und Stabilisierung lateinamerikanischer Schwellenländer. Eine makroökonomische Analyse für Argentinien (1970-1991)*. Schriften des Zentrums für regionale Entwicklungsforschung der Justus-Liebig-Universität Giessen, Bd. 52. Münster: LIT Verlag.

Stiglitz, Joseph E. 2002: *Whither Reform? Towards a New Agenda for Latin America.* 2. Cátedra Raúl Prébisch, 26.8.02, Santiago de Chile: CEPAL. <http://www.cepal.org/prensa/noticias/comunicados/1/10891/DocumentoStiglitz.pdf> Draft.

Studart, Rogerio 1997: *Estado, O Mercado e o Financiamento do Desenvolvimento nos Anos 90.* In: II Encontro Nacinal de Economia Política. PUC/SP, 27-30 de maio de 1997, Sociedade Brasileira de Economia Política, S. 428-441.

Studart, Rogerio 2000: *Pension Funds and the Financing of Productive Investment. An Analysis Based on Brazil's Recent Experience.* CEPAL Development Finance Unit; Serie Financiamiento del Desarrollo Nr. 102, Santiago de Chile: Comisión Económica Para América Latina, August 2000.

Sturzenegger, Federico; Tommasi, Mariano (Hrsg.) 1998: *The Political Economy of Reform.* Cambrige MA, London: MIT Press.

SZ: Süddeutsche Zeitung, Tageszeitung.

Tanner, Evan 1997: Savings, stabilization, and reform in Latin America: Patterns and policies in the 1990s. In: Grosse, Robert (Hrsg.): *Generating Savings for Latin American Development.* University of Miami: North-South Center Press, S. 13-34.

Taylor, Alan M. 1997: *Argentina and the world capital market: saving, investment, and international capital mobility in the twentieth century.* NBER Working Paper Series, WP Nr. 6302, Dec. 1997, Cambridge MA: National Bureau of Economic Research.

Taylor, John B. 2002: *Treasury News from the Office of Public Affairs*, PO-986, 6.2.02, Statement before the subcommittee on international monetary policy and trade of the house financial services committee. <http://www.treas.gov/press/release/po986.htm>

Thompson, Lawrence H. 1983: The Social Security Reform Debate. In: *Journal of Economic Literature*, Bd. XXI, Dec. 1983, S. 1425-1467.

Thompson, Lawrence 1999: *Forging a New Social Consensus.* Paper presented at Spring Seminar of the UN Economic Commission for Europe: The Economic Implications of Population Ageing in the ECE Region, Geneva 3rd May 1999.

Tommasi, Mariano; Velasco, Andrés 1996: Where Are We in the Political Economy of Reform? *Journal of Policy Reform* (1), S. 187-238.

Töpper, Barbara; Müller-Plantenberg, Urs (Hrsg.) 1994: *Transformation im südlichen Lateinamerika. Chancen und Risiken einer aktiven Weltmarktintegration in Argentinien, Chile und Uruguay*. Schriftenreihe des Instituts für Iberoamerika-Kunde, Band 39, Hamburg: IIK.

Torre, Juan Carlos; Gerchunoff, Pablo 1999: *La economía política de las reformas institucionales en Argentina. Los casos de la política de privatización de entel, la reforma de la seguridad social y la reforma laboral.* IADB, Working Paper R-349, März 1999, Washington D.C.: Inter-American Development Bank.

Torres, Carlos Raúl 1997a: Transformación del Sistema de Previsión Social de la República Argentina. In: *Documentación de la Seguridad Social* Nr. 18: Problemas normativas y financieros de la reforma de las pensiones. AISS, Serie Americana, S. 13-22.

Torres, Carlos Raúl 1997b: *Transformación y evolución del sistema previsional argentino*. In: AIC Conferences: Strategies for developing successful private funds in new markets. Pension management Latin America, Miami, Feb. 1997.

Torres, Carlos Raúl 1998: Principales Indicadores de la Seguridad Social Argentina: Diagnostico y Perspectivas. In: *Estudios de la Seguridad Social*, Nr. 84-1998, Buenos Aires: AISS Asociación Internacional de Seguridad Social, S. 7-34.

Trappe, Friederike 2000: *Zur Nachhaltigkeit sozialer Sicherungssysteme: Eine Analyse am Beispiel des argentinischen Alterssicherungssystems*. Münster: LIT.

Uthoff, Andras, 1995: *Reformas a los sistemas de pensiones en América latina y el Caribe*. CEPAL, Serie Financiamiento y Desarrollo, Santiago de Chile: Comisión Económica para América Latina.

Uthoff, Andras 1997: Reformas de los sistemas de pensiones y ahorro: ilustraciones a partir de la experiencia chilena. In: IRELA 1997: *Ahorro nacional: La clave para un desarrollo sostenible en América Latina.* Madrid: Instituto de Relaciones Europeo-Latinoamericanas, S. 195-220.

Uthoff, Andras 1998: Baja cobertura de la seguridad social en América Latina. ¿Un problema de incentivos o de exclusión social? In: Rodriguez, Adolfo 1998: *América Latina. Seguridad Social y Exclusión*. S. 95-109.

Uthoff, Andras 1999: Fondos de pensiones, el financiamiento de los costos de transición y el desarrollo de los mercados financieros. Lecciones de la reforma de privatización en Chile. In: Bonilla Garcìa, Alejandro; Conte-Grand, Alfredo H. (Hrsg.): *Pensiones en América Latina. Dos Décadas de Reforma.* Ginebra: Oficina Internacional de Trabajo.

Uthoff, Andras 2001: *La reforma del sistema de pensiones en Chile: desafíos pendientes*. CEPAL, Serie financiamiento del desarrollo Nr. 112, Santiago de Chile: Naciones Unidas, Julio 2001.

Valdés-Prieto, Salvador (Hrsg.) 1997: *The Economics of Pensions. Principles, Policies, and International Experience*. Cambridge MA: Cambridge University Press.

Valdés-Prieto, Salvador 1998: *Risks in Pensions and Annuities: Efficient Designs.* Social Protection Group, Discussion Paper Nr. 9804, <http://www.worldbank.org/pensions> Washington D.C.: The World Bank.

Vargas, Carlos 1999: Argentina: ¿Devaluación o Deflación? In: *Cuadernos de Marcha,* tercera epoca, Jahr 14, Nr. 151, Montevideo, S. 39-43.

Vázquez Vialard, Antonio 1998: Organismos de Gestión Privada Encargados de la Administración de la Seguridad Social en la Argentina. Secretária General de la OISS (Hrsg.): *Las Reformas de la Seguridad Social en Iberoamérica.* Madrid: AIA DTSS und OISS.

Véganzonès, Marie-Ange; Winograd, Carlos 1997: *Argentina in the 20th century. An account of long-awaited growth.* Paris: OECD.

Velde, François R.; Veracierto, Marcelo 1999: Dollarization in Argentina. In: *Chicago Fed Letter,* June 1999, Nr. 142, Chicago: Federal Reserve Bank of Chicago, <http://www.frbchi.org>

Vicens, Mario; Zorgno, Roberto 1991: *Sistema Nacional de Previsión Social. Una Propuesta de Reforma.* ADEBA Documento Nr. 01, 7. Convención de Bancos Privados Nacionales, Agosto 1991, Buenos Aires: Asociación de Bancos Argentinos.

Vilas, Carlos M. 1997: De ambulancias, bomberos y policías: la política social del neoliberalismo. In: *Desarrollo Económico,* Bd. 36, Nr. 144, Enero-Marzo 1997, S. 931-954.

Villanueva, Ernesto 1997 (Hrsg.): *Empleo y Globalización. La nueva cuestión social en la Argentina.* Universidad Nacional de Quilmes.

Vittas, Dimitri, 1995: *Argentina's New Integrated Pension System: First Year Assessment.* Washington D.C.: The World Bank.

Vittas, Dimitri 1997a: *Private Pension Funds in Argentina's New Integrated Pension System.* Policy Research Working Paper 1820, World Bank, Financial Sector Development Department, Washington D.C.: World Bank.

Vittas, Dimitri 1997b: *The Argentine Pension Reform and Its Relevance for Eastern Europe.* Policy Research Working Paper 1819, World Bank, Financial Sector Development Department, Washington D.C.: World Bank.

Vittas, Dimitri 2000: *Pension Reform and Capital Market Development: „Feasibility" and „Impact" Preconditions.* World Bank Policy Research Working Paper Nr. 2414 <http://econ.worldbank.org> Washington D.C.: World Bank.

Vittas, Dimitri 2002: *Policies to Promote Saving for Retirement: A Synthetic Overview.* World Bank Working Paper Nr. 2801, <http://econ.worldbank.org> Washington D.C.: World Bank.

Vittas, Dimitri; Iglesias, Augusto, 1992: *The Rationale and Performance of Personal Pension Plans in Chile.* World Bank Working Paper Nr. 867, Washington D.C.: World Bank.

Von Haldenwang, Christian 1997: Legitimierung und politische Konsolidierung in Argentinien: die „zweite Phase“ im Anpassungsprozess, in: Sevilla, Rafael; Zimmerling, Ruth (Hrsg.) 1997: *Argentinien. Land der Peripherie?* Bad Honnef: Horlemann, Länderseminar des Instituts für Wissenschaftliche Zusammenarbeit mit Entwicklungsländern, Tübingen, S. 170-189.

Von Haldenwang, Christian 2002: Zusammenfassende Darstellung des internationalen Seminars: *Wohin treibt Argentinien? Die Krise als Chance*. Organisiert von FES, IIK und DIE, 27.02.2002 in Bonn.

Waldmann, Peter 1974: *Der Peronismus, 1943-1955*, Hamburg.

Walker, Eduardo; Lefort, Fernando 2002: *Pension Reform and Capital Markets: Are There Any (Hard) Links*? Social Protection Discussion Paper Nr. 0201, <http://econ.worldbank.org> Washington D.C.: The World Bank.

Walters, A. 1989: Currency Boards. In: *New Palgrave Money*. Eatwell, J.; Milgate, M.; Newman, P. (Hrsg.), London: McMillan, S. 109-114.

Weaver, Carolyn L. 1983: The Economics and Politics of the Emergence of Social Security: Some Implications for Reform. In: *The Cato Journal* (3) 2, S. 361-384.

Weaver, R. Kent 1986: The Politics of Blame Avoidance. In: *Journal of Public Policy*, 6, S. 371-398.

Weltbank 1989: Weltentwicklungsbericht 1989. *Finanzsysteme und Entwicklung*. Washington D.C.

Wilde, Klaus 1981: Hundert Jahre Sozialversicherung in Deutschland. *Aus Politik und Zeitgeschichte*, B47, S. 3-20.

Williamson, John (Hrsg.) 1990: *Latin American Adjustment. How much has happened*. Washington D.C.: Institute for International Economics.

Williamson, John (Hrsg.) 1994: *The Political Economy of Policy Reform*. Washington D.C.: Institute for International Economics.

Williamson, John B.; Pampel, Fred C. 1993: *Old-Age Security in Comparative Perspective*. New York & Oxford: Oxford University Press

Williamson, John B.; Pampel, Fred. C. 1998: ¿En las naciones en desarrollo tiene sentido la privatización de la seguridad social? In: *Revista Internacional de Seguridad Social*, Bd. 51, Nr. 4, Ginebra: AISS, S. 3-36.

Windisch, Rupert 2000: Fundamentalarithmetik der Altersversorgung. In: *WISU*, 10/00, S. 1390-1404.

Wise, Carol 2000: Argentina's Currency Board: The Ties That Bind? In: Wise, Carol, Roett, Riordan (Hrsg.) 2000: *Exchange rate politics in Latin America*. Washington D.C.: The Brookings Institution, S. 93-122.

Wise, Carol, Roett, Riordan (Hrsg.) 2000: *Exchange rate politics in Latin America.* Washington D.C.: The Brookings Institution.

Witte, Lothar 1994: Lateinamerikanische Sozialversicherung zwischen Staat und Privatisierung. Vom chilenischen Reformmodell zur kolumbianischen Reform des Modells. In: Dirmoser, Dietmar et al (Hrsg.): *Jenseits des Staates?* Lateinamerika Analysen und Berichte Nr. 18, Horlemann-Verlag: Bad Honnef, S. 65-105

Wohlmann, Monika 1998: *Der nominale Wechselkurs als Stabilitätsanker. Die Erfahrungen Argentiniens 1991-1995.* Göttinger Studien zur Entwicklungsökonomie Nr. 5, Frankfurt am Main: Vervuert.

World Bank 1990a: *Argentina. Tax Policy for Stabilization and Economic Rec*overy, World Bank Country Study, Washington D.C.

World Bank 1990b: *Argentina. Reforms for Price Stability and Growth.* A World Bank Country Study. Washington D.C.

World Bank 1993a: *Argentina's Privatization Programm*, Washington D.C.

World Bank 1993b: *Argentina. From Insolvency to Growth*, Washington D.C.

World Bank 1994: *Averting the old age crisis. Policies to protect the old and promote growth.* Washington D.C: Oxford University Press.

World Bank 1995: *Trends in Developing Economies*, Washington D.C.

World Bank 1996: *Argentina. The Convertibility Plan: Assessment and Potential Prospects.* World Bank Report Nr. 15402-AR. Washington, D.C. mimeo.

World Bank 1997: *The State in a Changing World.* World Development Report 1997. Washington D.C.: Oxford University Press.

World Bank 1998: *Argentina. Financial Sector Review.* Report Nr. 17864-AR.

World Bank 2001: *Finance for Growth. Policy Choices in a Volatile World.* A WB Policy Research Report. Washington D.C.: Oxford University Press.

World Bank 2002: *Pension Reform Primer.* <http://worldbank.org/pensions>

Zerche, Jürgen; Gründger, Fritz 1996: *Sozialpolitik.* 2. Auflage. Wisu-Texte. Düsseldorf: Werner Verlag.

Entwicklung und Finanzierung
Development and Finance

Herausgegeben von / Edited by
Reinhard H. Schmidt
Claus-Peter Zeitinger

Bd./Vol. 1 Heike Proff: Auswirkungen der Politik der internationalen Finanzinstitutionen (IWF und Weltbank) auf importintensive und exportorientierte Unternehmen in Ghana. 1994.

Bd./Vol. 2 Martin Holtmann / Rochus Mommartz: Technical Guide for Analyzing the Efficiency of Credit-Granting / Non-Governmental Organizations (NGOs). 1996.

Band 1 + 2 sind im Verlag für Entwicklungspolitik Breitenbach GmbH, Saarbrücken, erschienen und auch von dort zu beziehen.
Vol. 1 + 2 have already been published by Verlag für Entwicklungspolitik, Breitenbach GmbH, Saarbrücken, and are obtainable through the publishers.

Entwicklung und Finanzierung
Development and Finance

Herausgegeben von / Edited by
Manfred Nitsch, Reinhard H. Schmidt und Claus-Peter Zeitinger

Bd./Vol. 3 Ilonka Rühle: Why Banks? Microeconomic Foundations of Financial Intermediaries. 1997.

Bd./Vol. 4 Manfred Kiefer: Die Rentenreform in Peru. Auswirkungen auf soziale Sicherung, Finanzmärkte und Staatsfinanzen. 1998.

Bd./Vol. 5 Modibo Khane Camara: Die Finanzsektorreform in Afrika. Das Beispiel der Franc-Zone. 1998.

Bd./Vol. 6 Andreas Hackethal: Banken, Unternehmensfinanzierung und Finanzsysteme. 2000.

Bd./Vol. 7 Silvio Andrae / Kathrin Pingel: Tropical Finance. Von den (Un-)Möglichkeiten eines ländlichen Finanzsystems im brasilianischen Amazonien. 2001.

Bd./Vol. 8 Marcel Gounot: The Efficiency of Multi-Tier Savings and Credit Cooperatives in Developing Countries. A Study Based on Empirical Research in West Africa. 2001.

Bd/Vol. 9 Christian M. Pfeil: Capital Structure, Managerial Incentives and Corporate Governance. 2002.

Bd/Vol. 10 Sofia Harrschar-Ehrnborg: Finanzplatzstrukturen in Europa. Die Entstehung und Entwicklung von Finanzzentren. 2002.

Bd/Vol. 11 Ingo Tschach: The Theory of Development Finance. How Microcredit Programmes Alleviate Credit and Labour Market Segmentation. 2002.

Bd/Vol. 12 Manfred Nitsch: Glaspaläste und Mikrofinanz. Beiträge zur Entwicklungsfinanzierung. Mit einem Nachwort von Claus-Peter Zeitinger. 2002.

Bd/Vol. 13 Helmut Schwarzer: Sozialstaatliche Rentenreformen in Lateinamerika? Der Fall Brasilien. 2003.

Bd/Vol. 14 Carlos Alberto dos Santos: Directed Credit als Instrument zur Reduzierung von Kleinkreditrationierung? Der Fall PROGER - Brasilien. 2003.

Bd/Vol. 15 Katja Hujo: Soziale Sicherung im Kontext von Stabilisierung und Strukturanpassung. Die Reform der Rentenversicherung in Argentinien. 2004.

www.peterlang.de

FSC
www.fsc.org
MIX
Papier | Fördert gute Waldnutzung
FSC® C083411

Kolibri 360 GmbH
Ferdinand-Jühlke-Straße 7
99095 Erfurt, Deutschland
produktsicherheit@kolibri360.de

Druck:
CPI Druckdienstleistungen GmbH
im Auftrag der
Kolibri 360 GmbH
Ferdinand-Jühlke-Str. 7
99095 Erfurt